中华文史名著精选精译精注

章培恒 安平秋 马樟根 ——— 主编

二十四史（附清史稿）

02

汉书 后汉书

凤凰出版社

目　录

汉　书

后汉书

汉书

张世俊
任巧珍　译注

李国祥　审阅

导 言

一

《汉书》(也称《前汉书》)是我国古代继《史记》之后的又一部史学名著,它详尽地叙述了西汉王朝二百余年间的历史,在政治、经济、军事、文教,以至中西交通、文化交流等方面为后人提供了丰富的历史资料,成为我们今天了解和研究西汉社会的一部主要著作。

《汉书》的主要作者是班固(32—92)。班固字孟坚,扶风安陵(今陕西咸阳东北)人。他的祖父班稚在西汉哀帝时做过广平(今河北鸡泽一带)太守。父亲班彪,字叔皮,在东汉光武帝时做过徐县(今江苏泗洪南)县令和司徒府的属官,后被推荐做了望都县(今河北望都)长吏,五十二岁时死在任上。班彪一生从事续补《史记》的工作,共写出《后传》六十五篇,这些著述后来成了班固写作《汉书》的重要依据。班固出生在这样一个充满学术氛围的家庭,从小就受到很好的文化教育,显示出多方面的才能。班固青年时候进入首都洛阳的太学读书,学习前代典籍,博览诸子百家,为以后的著述打下了坚实基础。班固读书不死抠词句,只求弄懂文章的中心意思,这对于形成从大处着眼、纵观古今的历史眼光可能有一定作用。班固虽然博学多才,但并不自傲,而且性情宽厚,能够容人,所以受到当时读书人的敬仰。

父亲死后,班固回到家乡居丧。这时,他着手整理《后传》,并在此基础上开始《汉书》的编写。明帝永平五年(62),有人告发班固在家私修国史,他因而被捕入狱。他的弟弟班超迅速赶到洛阳,上书替他申辩。明帝看了书稿，很赏识班固的才能，就召他到首都，任命他做兰台令史，掌管皇家图书馆，并正式令他编写《汉书》。在以后的二十多年中，班固精思熟虑，专心写作。和帝永元元年(89)，班固随车骑将军窦宪出征北匈奴，登燕然山，窦宪“刻石勒功，纪汉威德”，由班固写成铭文。永元四年(92)，窦宪图谋叛乱，事情败露而自杀。班固因此被免官，为人所陷而被捕，死在狱中，时年六十一岁。

班固死时，《汉书》的大部分篇章已经成稿，只剩八表和《天文志》没有写出，和帝就令他的妹妹班昭(也称曹大家)继续补写八表，后来马续又帮助班昭写成了《天文志》。前后经历三四十年，一部史学巨著终于完成了。

二

《汉书》是我国第一部纪传体的断代史。全书由四个部分组成：帝纪十二篇，表八篇，志十篇，列传七十篇，共一百篇。帝纪按照年月记述了西汉一代十一个皇帝及吕后的事迹。表分别记录了汉代王侯贵族的世系、秦汉官制沿革、汉代大臣的任免，以及为数众多的历史人物。志叙述古代到汉代的典章制度和经济、文化。列传记叙了汉代三百多个人物的生平事迹，以及边疆各族的历史和邻近各国的情况。

武帝以前的史实，《汉书》多沿用《史记》的文字，班固只作了少量的改动和必要的补充。武帝以后一个多世纪的历史记录，则是班固以班彪的《后传》和各家续《史记》之作为依据，加上自己收集到的新材料而写成的。

班固把《史记》的《礼书》《乐书》合为《礼乐志》，把《律书》《历书》合为《律历志》，把《平准书》改为《食货志》，把《封禅书》改为《郊祀志》，把《天官书》改为《天文志》，把《河渠书》改为《沟洫志》。此外，他还创造性地增写了《刑法志》《五行志》《地理志》和《艺文志》四篇重要的志，填补了《史记》的空缺。在武帝以下他又增写了七篇帝纪和一百多个人物的传记。由司马迁开创的纪传体，经班固略加改变而确立为纪、表、志、传四种体裁的断代史体例，就成为后世编著断代史的标准形式。

班固编著《汉书》，除了他的家学渊源和个人志趣，还有一个重要原因，就是为了适应东汉统治阶级的需要。东汉政权在农民起义的激烈斗争中产生，为巩固封建统治，缓和阶级矛盾，就需要总结西汉的历史经验。班固在《叙传》中说："汉绍尧运，以建帝业，至于六世，史臣乃追述功德，私作本纪，编于百王之末，厕于秦、项之列。太初（武帝年号，公元前 104—前 101）以后，阙而不录，故探纂前记，缀辑所闻，以述《汉书》，起元高祖，终于孝平王莽之诛，十有二世，二百三十年。"这里，班固只说明了写《汉书》的两个起因：一是司马迁贬损刘邦的功德，在《史记》中给他排列的位置不当；二是武帝以后历史出现了空白，需要续补。然而另一个重要的原因他却没有明说，那就是他断代为史，是为了给东汉统治者提供一部前朝兴衰成败的历史，让他们以史为鉴，汲取经验和教训，求得长治与久安。班固在每一篇末尾的论赞中，都对本篇的人和事作一番简要的评议，论是非，寓褒贬，态度明朗，就清楚地表明了这个动机。

三

《汉书》以其规模宏大、内容精深著称于世，它全面系统地叙述了西汉一代的历史，为后人提供了研究西汉社会的丰富史料，在中国史学著作中占有特殊的重要地位。

《汉书》十志从《史记》的八书发展演变而来，在内容的丰富和叙事的周详方面又超过了八书。尤其是其中新增写的《刑法志》《五行志》《地理志》《艺文志》四篇，为史书开拓了新领域。《刑法志》记述了西汉的法律制度，是一部上及周秦的古代法律简史。《五行志》虽然贯穿着迷信思想，但保存了大量有关气候异常、山崩地震、日食月食的记录，是珍贵的研究资料。《地理志》叙述了上古九州的山川地理，物产分布，西汉时期郡县封国的建置和变革，各个地区的经济文化、风俗民情，以及海外交通，等等，是一部重要的历史地理专著。《艺文志》记载了西汉官府的藏书目录，分析了古代学术思想的源流和派别，是研究古代文化思想和图书流传等方面的珍贵著作。其他六篇志，虽然源于《史记》，但都作了较大的改进，补充了不少新内容。如《食货志》，就把只局限于记述西汉经济制度的《平准书》，扩充为上自周秦、下迄王莽的一部经济专史。自《汉书》变《史记》的八书为十志，后世编修正史多以此作为依据，有所增减而已。

《汉书》的八表，主要记录了西汉一代王侯将相的任免废立情况。其中《百官表》兼及秦代官制，《古今人表》列举从远古至秦末的重要历史人物，突破断代体例，补充了《史记》的不足。

《汉书》中占篇幅最多的是帝纪和列传两部分。补写的《惠帝纪》及武帝以下的七篇帝纪按时间顺序，脉络清晰地记载了连续发生的历史事件，保存了许多重要的诏令。至于列传，内容就更丰富。除了《史记》已有的人物，班固新写了武帝以后一百多个人物的传记，极大地充实了西汉的历史。他们之中有战功赫赫的将军，有威武不屈的使节，有极力维护皇权的大臣，有权术圆通的野心家，有草菅人命的酷吏，有重义轻生的游侠，有皓首穷经的学者，有腰缠万贯的巨商，还有争宠的后妃，厚颜的佞幸，等等。通过这些形形色色的人物及其活动，可以了解西汉社会各方面的情况。此外，班固继承《史记》为边疆内外各少数民族和国家立传的优良传统，在《史记》原有的基础上进行扩充和增补，写成《匈奴传》《西南夷两粤朝鲜传》和《西域传》三篇，记述了汉代东北、西北、西南边疆内外各族各国政治、经济、文化及其与汉朝和平交往、战争争夺的历史，是研究我国古代边疆兄弟民族及邻近的亚洲国家历史的珍贵资料。

《汉书》不仅是一部重要的史书，也是价值很高的古典文学名著。作为一部早期的史学著作，它还没有完全与文学分离开，仍旧保持着文史合一的特点。不过，当史学的真实性与文学的艺术性两者不能兼顾时，班固总是把史学摆在首位。这就是为什么《汉书》的文学性不如《史记》，而史学意义却有所增强和发展的缘故。作为史学，《汉书》是断代史的开山之作，作为文学，它又是汉代散文的代表作。班固本人就是个辞赋家，所以《汉书》的文字很讲究，词汇丰富，句法灵活，语言凝炼，结构严整。他还善于根据真实的材料，选择典型的事例，运用各种文学描写手段，对不同类型的人物作精细的刻画。因此，他笔下的历史人物大多写得生动可信，少数人物形象逼真，呼之欲出，是优秀的传记文学作品。此外，《汉书》中还汇集了许多西汉作者的政论和辞赋作品，为后人保存了可贵的文学资料。

四

班固生活在儒家思想的统治地位得到进一步肯定和加强的东汉初期，从小就受到封建主义的正统教育，与皇室又保持着比较密切的联系，因此，封建正统思想在他的思想意识中占据着主导地位，这是不难理解的。此外，班固还继承了班彪的唯心主义天命论，认为汉朝的兴起是受命于天的，给社会历史的演变和发展蒙上了神秘色彩。这些正是班固的历史局限性和阶级局限性之所在，读《汉书》不能不注意到这一点。

然而，班固毕竟是一位严肃的史学家，他总是尽量客观地记述历史事件，全面地评价历史人物。他既颂扬“德政”，也揭露社会矛盾，贬斥王公贵族的骄奢与残暴。甚至对武帝，班固也不作全面肯定，他在赞语中就说：“如武帝之雄材大略，不改文、景之恭俭，虽《诗》《书》所称，何有加焉!”由于他尊重客观事实,所以比较了解民众的疾苦,同情人民。利国利民的他就赞扬,祸国殃民的他就反对,态度很鲜明。他把各族人民反抗统治者的斗争称为“盗贼”,这正是他政治立场和思想意识的局限,但他并不回避矛盾,而是实事求是地指出统治者的横征暴敛使得民力耗尽,无以为生,才引起人民的武力反抗。如他在说到西汉末年农民起义时就指出:“四方皆以饥寒穷愁,起为盗贼。”这些,都是《汉书》中进步的方面。

五

《汉书》问世之后,由于比较难懂,到东汉末期,就有服虔、应劭开始为它作注。唐初颜师古汇集汉、魏以来二十多家的注释,纠正错误,补充缺漏,成为古代最详备的注本。清末王先谦更汇集了颜师古以来数十家的见解,加以考证,作成《汉书补注》,是集大成的注本。本书选出文史兼顾、可读性强、具有代表性的十一篇传记,译成白话,加以简要注释,以供一般读者阅读。在选译过程中,武汉大学古籍整理研究所给予了大力支持,宗福邦、陈世铙两位先生阅读了全稿,并提出了宝贵意见,特致谢忱。

张世俊　任巧珍

高帝纪

导读

公元前209年9月，正当陈胜、吴广领导农民起义军冲决着秦帝国的腐朽统治的时候，有两支武装力量在东南部几乎同时崛起。其一是项梁、项羽在吴县杀郡守起义，领着八千江东子弟向北挺进；其二是刘邦在沛县斩蛇起义，然后率领沛县民众攻城略地。起初，刘邦军与项梁军相配合，在江苏、安徽西北部、山东西南部、河南东部辗转作战，打击秦军。项梁死后，项羽北上救赵，抗击秦军主力。刘邦受怀王派遣，出山东西行，横贯河南，没有遭遇特大阻力，从武关攻入关中，结束了秦帝国的统治。

项羽入关之后，本打算消灭刘邦军，经过鸿门宴上的一番较量，形势发生了戏剧性的转变。刘邦不甘心屈居汉中为王，不久便暗度陈仓，还定三秦，出关东征，揭开了长达四年的楚汉战争的历史篇章。

刘邦虽曾一度战败，甚至全军覆没，但很快他又重整旗鼓，卷土重来。他以荥阳、成皋为据点，与项羽展开拉锯战，消耗了项羽的有生力量，扩大了战果，形成了对项羽的包围圈。项羽陷于孤立境地，不得不同意中分天下。成皋之战使刘邦由战略防御变为战略反攻。刘邦终于调动了一切力量在垓下决战中消灭了项羽军。公元前202年2月，刘邦登上了皇帝的宝座。一个强大的帝国在复杂激烈的斗争中诞生了。

刘邦知人善任，能听取不同意见，顺应民心，得到民众的支持，这些都是他取得胜利的重要原因，值得我们借鉴。

本篇选入刘邦的主要经历和活动，有关的人物和事件一般从略。（选自卷一）

原文

高祖[①]，沛丰邑中阳里人也[②]，姓刘氏。母媪尝息大泽之陂[③]，梦与神遇。是时雷电晦冥[④]，父太公往视，则见交龙于上[⑤]。已而有娠[⑥]，遂产高祖。

翻译

高祖姓刘，是沛县丰邑中阳里人。他的老母曾经有一次在大水洼的岸边休息时，梦见与神相遇。这时雷电大作，天昏地暗。父亲太公前去察看，就见在岸边上有一条蛟龙。之后她有了身孕，便生下高祖。

注释　① 高祖：姓刘，名邦，字季。 ② 沛：县名，在今江苏沛县。 ③ 媪(ǎo)：年老的妇人。陂(bēi)：水边，岸。 ④ 晦(huì)：昏暗。 ⑤ 交龙：同"蛟龙"。 ⑥ 娠(shēn)：胎儿在母体中微动，泛指怀胎。

原文

高祖为人，隆准而龙颜[①]，美须髯[②]，左股有七十二黑子。宽仁爱人，意豁如也。常有大度，不事家人生产作业。及壮，试吏，为泗上亭长[③]，廷中吏无所不狎侮[④]。好酒及色。常从王媪、武负贳酒[⑤]，时饮醉卧，武负、王媪见其上常有怪。高祖每酤留饮，酒雠数倍[⑥]。及见怪，岁竟，此两家常折券弃责[⑦]。

翻译

高祖其人，高鼻梁，容貌像龙，胡须很美，左大腿上有七十二个黑痣。他待人宽厚仁爱，豁达开朗。他常常胸怀大志，不肯为家里人的生计而操劳。待到壮年，被试用为小吏，当了个泗上的亭长，他对郡府县衙里的官吏，没有一个不是既亲昵又轻慢。他还好酒贪杯，喜爱女色。他时常向王大娘、武大娘赊酒喝，醉了就躺在那里，两位大娘都曾看见他身上常常有灵怪之事。高祖每次前去买酒留饮，生意会突然变得好，卖出去的酒比以往多数倍。自从发现了灵怪，到年终结账时，这两家总是把记账的契据折毁，不要高祖还酒钱。

注释 ① 隆准：高鼻梁。 ② 髯(rán)：两腮的胡子。 ③ 泗上：地名，在今沛县东。亭长：秦时乡村十里一亭，亭有亭长。 ④ 狎(xiá)侮：亲近而不庄重。 ⑤ 负：同"妇"，老妇。贳(shì)：赊欠。 ⑥ 雠：同"售"。 ⑦ 折券(quàn)：折毁契据。责：同"债"。

原文

高祖常繇咸阳[①]，纵观秦皇帝，喟然大息[②]，曰："嗟乎，大丈夫当如此矣！"

翻译

高祖曾经去咸阳服过徭役，有机会观看过秦始皇出行，他大为感叹地说："唉，大丈夫就该这个样子啊！"

注释 ① 常：同"尝"，曾经。繇：同"徭"，服劳役。咸阳：秦都，在今陕西咸阳东。② 喟(kuì)然：叹气的样子。大息：即"太息"，叹息。

原文

单父人吕公善沛令[①]，辟仇，从之客，因家焉。沛中豪杰吏闻令有重客，皆往贺。萧何为主吏[②]，主进[③]，令诸大夫曰："进不满千钱，坐之堂下。"高祖为亭长，素易诸吏[④]，乃绐为谒曰"贺钱万"[⑤]，实不持一钱。谒入，吕公大惊，起，迎之门。吕公者，好相人，见高祖状貌，因重敬之，引入坐上坐。萧

翻译

单父人吕公与沛县县令原是好友，为躲避仇家就前往沛令处客住，因此定居下来。沛县地方上的豪杰和县衙里的府吏听说县令有贵客，就都去庆贺。萧何是功曹，负责收贺礼。他告诉接待宾客的人说："贺礼不满一千钱的，就让他到堂下去坐。"高祖做亭长时，向来就看轻这些府吏，于是就递上个名帖，假称"贺钱一万"，其实一文钱也没有带。名帖送进去，吕公很惊讶，立即起身到门口去迎接。吕公喜欢替人相面，见高祖相貌非凡，因此对他格外敬重，请他

何曰："刘季固多大言，少成事。"高祖因狎侮诸客，遂坐上坐，无所诎[6]。酒阑[7]，吕公因目固留高祖。竟酒，后。吕公曰："臣少好相人，相人多矣，无如季相，愿季自爱。臣有息女，愿为箕帚妾。"酒罢，吕媪怒吕公曰："公始常欲奇此女，与贵人。沛令善公，求之不与，何自妄许与刘季？"吕公曰："此非儿女子所知。"卒与高祖。吕公女即吕后也，生孝惠帝、鲁元公主。

上堂坐上位。萧何说："刘季本来就大话多，成事少。"高祖趁便要表示对来客们的轻蔑，坐了上位，一点也不谦让。当饮酒的人逐渐散去的时候，吕公使眼色留住高祖。高祖饮完酒，一直待到最后。吕公对他说："我从小就爱相面，相过很多人的面，没有哪一个的面相赶得上你，愿你多多自爱。我有个亲生女儿，愿意给你做妻子。"散席之后，吕老太太就冲着吕公发脾气，说："你起先曾想使这女儿显异于世，要嫁与贵人。沛县县令和你交情好，他向你求得这女儿，你都不肯给，为什么自己倒随随便便就把女儿许给了刘季？"吕公说："这不是你们老娘儿们和小孩儿所能懂得的。"终于把女儿嫁给了高祖。吕公的女儿就是吕后，后来生了孝惠帝和鲁元公主。

注释 ① 单(shàn)父：地名，在今山东单县。 ② 主吏：即功曹，县令的属官。 ③ 进：同"赆"，送礼的钱财。 ④ 易：轻视，轻慢。 ⑤ 绐(dài)：欺诈。谒(yè)：名帖。 ⑥ 诎(qū)：退让。 ⑦ 阑：稀少。酒阑，饮酒的人半去半留。

原文

高祖尝告归之田。吕后与两子居田中，有一老父过请饮，吕后因餔之[1]。老

翻译

高祖曾经请假回家种田。吕后和两个子女正在田中干活，有一老丈路过，向他们讨水喝，吕后便给他东西吃。

父相后曰："夫人天下贵人也。"令相两子，见孝惠帝，曰："夫人所以贵者，乃此男也。"相鲁元公主，亦皆贵。老父已去，高祖适从旁舍来，吕后具言客有过，相我子母皆大贵。高祖问，曰："未远。"乃追及，问老父。老父曰："乡者夫人儿子皆以君[②]，君相贵不可言。"高祖乃谢曰："诚如父言[③]，不敢忘德。"及高祖贵，遂不知老父处。……

老丈观察吕后的相貌，说："夫人是天底下的贵人啊！"吕后请他给两个子女看相，老丈看着孝惠帝说："夫人之所以尊贵，就是因为有了这个儿子的缘故。"再看看鲁元公主，也都是贵人的相貌。老丈走后，高祖恰好从旁边房屋里走过来，吕后就把刚才有老头儿路过、看相、说他们母子都大有贵人福相的事跟他说了。高祖问走多远了，吕后说："还不远。"于是高祖追上了这位老丈，再问他，老丈就说："刚才看到夫人和孩子有贵人相都是因为你的缘故啊，你的相貌贵不可言啊。"高祖便感谢他说："果真像老伯说的那样，在下不敢忘记老伯的恩德。"等到高祖显贵时，竟不知老丈居处在什么地方。……

注释 ① 餔(bǔ)：以食物与人。 ② 乡(xiàng)：同"向"，以往。 ③ 诚：果真。

原文

高祖以亭长为县送徒骊山[①]，徒多道亡。自度比至皆亡之[②]，到丰西泽中亭，止饮，夜皆解纵所送徒。曰："公等皆去，吾亦从此逝矣[③]！"徒中壮士愿从者十余

翻译

高祖以亭长的身份为沛县押送服劳役的人去骊山，一路上有很多人逃亡。高祖自己估计，到达骊山时押送去服劳役的人也都跑光了，于是到了丰乡西边的泽中亭便停下来，喝了一顿酒，到夜里就把押送的徒众都解散放走了。高祖说："诸位都逃走吧，我也从此一走

人。高祖被酒，夜径泽中[4]，令一人行前。行前者还报曰："前有大蛇当径，愿还。"高祖醉，曰："壮士行，何畏！"乃前，拔剑斩蛇。蛇分为两，道开。行数里，醉困卧。后人来至蛇所，有一老妪夜哭。人问妪何哭，妪曰："人杀吾子。"人曰："妪子何为见杀？"妪曰："吾子，白帝子也[5]，化为蛇，当道，今者赤帝子斩之[6]，故哭。"人乃以妪为不诚，欲苦之，妪因忽不见。后人至，高祖觉。告高祖，高祖乃心独喜，自负[7]。诸从者日益畏之。……

了之！"徒众中有十几个壮汉愿意跟着高祖。高祖趁着酒意，当夜就沿着小路往洼地中走去。他派一个人走在前面探路。探路的人回来告诉说："前面有大蛇挡住了路，请往回走吧。"高祖有些醉意，就说："壮士走路，怕什么！"他于是走上前去，拔出剑来，把蛇斩为两截。走了好几里路，高祖酒性发作，感觉困倦就地睡了。后面的人来到有蛇的地方，见有一位老妇人在黑夜中啼哭，人们问她为什么哭，她说："有人杀了我的儿子。"又问："你儿子为什么事被杀的？"老妇人说："我儿子本是白帝之子，化身为蛇，当路而伏，刚才赤帝之子把他杀了，所以我哭。"人们都以为老妇人说假话，准备让她吃点苦头，忽然间老妇人就不见了。等这些走在后边的人赶到，高祖也睡醒了。他们告诉高祖，高祖于是心里暗中高兴，自以为有了依凭。那些跟随的人从此也越来越敬畏高祖。……

注释 ① 骊山：在今陕西临潼。 ② 比：及，等到。 ③ 逝：往，去。 ④ 径：走小路。 ⑤ 白帝子：指秦皇。 ⑥ 赤帝子：指刘邦。 ⑦ 负：恃。

原文

高祖隐于芒、砀山泽间[①]，吕后与人俱求，常得之。高祖怪问之。吕后曰："季所居上常有云气，故从往常得季。"高祖又喜。沛中子弟或闻之，多欲附者矣。

秦二世元年，秋七月，陈涉起蕲[②]，至陈[③]，自立为楚王，遣武臣、张耳、陈余略赵地。八月，武臣自立为赵王。郡县多杀长吏以应涉。九月，沛令欲以沛应之。掾、主吏萧何、曹参曰[④]："君为秦吏，今欲背之，帅沛子弟，恐不听。愿君召诸亡在外者，可得数百人，因以劫众[⑤]，众不敢不听。"乃令樊哙召高祖。高祖之众已数百人矣。

翻译

高祖隐匿在芒、砀的山林水泽之间，吕后和别人一起来寻找，每每都能找到他。高祖觉得奇怪，就问她。吕后说："你所在之处的上头常有一团云气，所以随着云气的方向就总能找到你。"高祖听了又是一番欢喜。沛县地方的年轻人有听说这事的，许多人便打算归附高祖了。

秦二世元年（前209）秋七月，陈涉在蕲县起义，到了陈县，就自己立为楚王。他派遣武臣、张耳和陈余去攻取赵地。八月，武臣自己立为赵王。当时一些郡县多有杀死长官来响应陈涉的。九月，沛县县令也准备举沛县响应陈涉。属官萧何、曹参说："你是秦朝的官吏，现今想背叛朝廷，率领沛县子弟响应陈涉，恐怕他们不听信你。希望你能把那些逃亡在外的人召唤回来，这样就可以得到几百人，凭借这些人去威胁众人，大家就不敢不听从。"县令便让樊哙去召唤高祖。这时高祖的徒众已经有几百人了。

注释 ① 芒、砀（dàng）：二山名，均在今河南永城东北。 ② 蕲（qí）：县名，在今安徽宿州。 ③ 陈：县名，在今河南淮阳。 ④ 掾（yuàn）：属官的通称。 ⑤ 劫：威胁。

原文

于是樊哙从高祖来[①]。沛令后悔，恐其有变，乃闭城城守，欲诛萧、曹。萧、曹恐，逾城保高祖[②]。高祖乃书帛射城上，与沛父老曰："天下同苦秦久矣。今父老虽为沛令守，诸侯并起，今屠沛。沛今共诛令，择可立立之，以应诸侯，即室家完。不然，父子俱屠，无为也。"父老乃帅子弟共杀沛令，开城门迎高祖，欲以为沛令。高祖曰："天下方扰[③]，诸侯并起，今置将不善，一败涂地。吾非敢自爱，恐能薄，不能完父兄子弟。此大事，愿更择可者。"萧、曹皆文吏，自爱，恐事不就[④]，后秦种族其家，尽让高祖。诸父老皆曰："平生所闻刘季奇怪，当贵，且卜筮之[⑤]，莫如刘季最吉。"高祖数让。众莫肯为，高祖乃立为沛公。祠黄帝，祭蚩尤于沛廷，而

翻译

于是樊哙领着高祖回来了。这时，沛县县令后悔，恐怕他们有变乱，就紧闭城门，固守县城，还打算杀掉萧何、曹参。萧、曹二人很惶恐，便越墙出城去投靠高祖以求保全自己的性命。高祖便写了帛书，射上城头，对沛县的父老们说："天下人共同遭受秦的压迫之苦已经很久了。现在父老们虽然还在为沛县县令守城，但各地诸侯都起来了，他们早晚就要杀进沛县。沛县人现在同去杀掉县令，找个合适的人立他为首领，以响应诸侯，就可以保全家室。否则父子一起被杀，不值得。"父老们于是率领着子弟一齐去杀死了县令，打开城门迎接高祖，并准备让高祖当沛县县令。高祖说："天下正值大乱，诸侯纷纷而起，现在如果设置的将帅不强，一打败仗大家都要肝脑涂地。我并不是想顾惜自己，而是怕才能不足，不能保全父老兄弟。这是大事情，望你们另选个合适的人。"萧何、曹参都是文职吏员，很顾惜自己，担心事情不能成功，以后秦的官府会诛灭他们的家族，因此都竭力辞让，推举高祖。父老们都说："我们一向就听说刘季是不同寻常的奇异人，该当显贵，况且占卜的结果，没有谁比

衅鼓旗[6]。帜皆赤，由所杀蛇白帝子，杀者赤帝子故也。于是少年豪吏如萧、曹、樊哙等皆为收沛子弟，得三千人。

得上刘季，刘季最吉利。”高祖一再推让，众人中没有人肯担当的。于是高祖便被立为沛公。高祖在沛县县府大堂上祭祀黄帝和蚩尤，用牛羊血涂抹鼓、旗。由于被杀的蛇是白帝之子，而杀蛇者是赤帝之子，所有的旗帜都用红色。于是像萧何、曹参和樊哙这些年轻的豪杰和县吏，就都为高祖去招募沛县子弟，一共聚集了三千多人。

注释 ① 从：领，带。 ② 保：保障。 ③ 扰：动乱。 ④ 就：成就。 ⑤ 卜筮(shì)：古人迷信，占卜时，用龟甲称卜，用蓍草称筮，合称卜筮。 ⑥ 衅(xìn)鼓旗：用牛羊血涂抹在鼓或旗上。

原文

是月，项梁与兄子羽起吴[1]。田儋与从弟荣、横起齐，自立为齐王。韩广自立为燕王。魏咎自立为魏王。陈涉之将周章西入关，至戏[2]，秦将章邯距破之[3]。

翻译

就在这一月，项梁和他哥哥的儿子项羽在吴县起兵。田儋与堂弟田荣、田横在齐地起兵，田儋自己立为齐王。韩广自己立为燕王。魏咎自己立为魏王。陈涉的将领周章往西攻入关中，直到戏水，秦将章邯抵挡并打垮了他。

注释 ① 吴：县名，在今江苏苏州。 ② 戏：水名，在今陕西西安临潼区东。 ③ 距：同“拒”，抵挡。

原文

秦二年十月，沛公攻胡

翻译

秦二世二年(前 208)十月，沛公进

陵、方与[①]，还守丰。秦泗川监平将兵围丰[②]。二日出与战，破之。令雍齿守丰。十一月，沛公引兵之薛[③]。……十二月，楚王陈涉为其御庄贾所杀。魏人周市略地丰、沛，使人谓雍齿曰："丰，故梁徙也[④]，今魏地已定者数十城。齿今下魏，魏以齿为侯守丰；不下，且屠丰。"雍齿雅不欲属沛公[⑤]，及魏招之，即反为魏守丰。沛公攻丰，不能取。沛公还之沛，怨雍齿与丰子弟畔之[⑥]。

攻胡陵、方与，回军守卫丰邑。秦的泗川监平带兵包围丰邑。过了两天，沛公出兵与平交战，把他打败。沛公叫雍齿驻守丰邑。十一月，沛公领兵去薛地。……十二月楚王陈涉被他的车夫庄贾所杀。魏人周市攻占地盘来到丰、沛，派人告诉雍齿说："丰，原先是梁王迁居来的驻地，如今魏地已经有几十座城被我攻占下来。雍齿现在降魏，魏就封雍齿为侯，继续守卫丰；不降，就杀进城来。"雍齿一向就不想依附沛公，等到魏人一召唤，就反过来为魏守卫丰地了。沛公进攻丰，不能取胜。沛公回到沛县，怨恨雍齿和丰地子弟背叛了自己。

注释 ① 胡陵：地名，在今山东鱼台东南。方与：地名，在鱼台境内。 ② 泗川监平：泗川，郡名，后改为沛郡，在今江苏西北部和安徽西北部。监，官名。平，人名。 ③ 薛：地名，在今山东滕州南。 ④ 梁徙：魏王假被秦灭后，向东迁徙至丰地。 ⑤ 雅：平素，一向。 ⑥ 畔：同"叛"，反叛。

原文

正月，张耳等立赵后赵歇为赵王。东阳宁君、秦嘉立景驹为楚王，在留[①]。沛公往从之，道得张良，遂与俱见景驹，请兵以攻

翻译

正月，张耳等人拥立赵国的后裔赵歇为赵王。东阳县宁君、秦嘉在留县拥立景驹为楚王。沛公前去投奔，在路上遇见张良，就与他一起去见景驹，请求分兵与他去攻打丰。……二月，沛公进

丰。……二月，攻砀[2]，三日拔之[3]。收砀兵，得六千人，与故合九千人。三月，攻下邑[4]，拔之。还击丰，不下。四月，项梁击杀景驹、秦嘉，止薛，沛公往见之。项梁益沛公卒五千人，五大夫将十人[5]。沛公还，引兵攻丰，拔之。雍齿奔魏。……

攻砀县，三天就将城池攻取了。收聚砀县的兵，获得六千人，加上原先所有共九千人。三月，进攻下邑，又攻取了城池。回兵攻打丰，不能攻克。四月项梁攻击并杀死景驹、秦嘉，然后在薛停驻下来，于是沛公前往见项梁。项梁给沛公增加了五千士兵及五大夫将十人。沛公领着兵众回头再来攻丰，终于攻破。雍齿奔逃去魏地。……

注释 ① 留：县名，在今江苏沛县东南。 ② 砀：县名，在今河南永城东北。 ③ 拔：攻破并占领城池，像连根把树木拔起一样。 ④ 下邑：县名，在今安徽砀山。 ⑤ 五大夫：秦汉时二十等爵的第九级。

原文

六月，沛公如薛[1]，与项梁共立楚怀王孙心为楚怀王。……

项梁再破秦军，有骄色。宋义谏，不听。秦益章邯兵。九月，章邯夜衔枚击项梁定陶[2]，大破之，杀项梁。时连雨自七月至九月。沛公、项羽方攻陈留[3]，闻梁死，士卒恐，乃与将军吕臣引兵而东，徙怀王自盱台都

翻译

六月，沛公到薛地，与项梁共同将楚怀王的孙子名叫心的立为楚怀王。……

项梁再次打败了秦军，就有些骄傲。宋义劝谏，他不听。秦给章邯增援了兵卒。九月的一天夜里，章邯命令士卒口中衔枚，在定陶袭击项梁，大败项梁军，并杀死了项梁。那时正连续不断地下雨，从七月到九月没有停止。沛公和项羽正在攻打陈留，听说项梁战死，士卒惶恐，就与将军吕臣领着部队东行，将怀王从盱台迁徙到彭城，在那里

彭城[④]。吕臣军彭城东，项羽军彭城西，沛公军砀。魏咎弟豹自立为魏王。后九月[⑤]，怀王并吕臣、项羽军自将之。以沛公为砀郡长，封武安侯，将砀郡兵。以羽为鲁公，封长安侯；吕臣为司徒，其父吕青为令尹[⑥]。

章邯已破项梁，以为楚地兵不足忧，乃渡河北击赵王歇，大破之。歇保巨鹿城[⑦]，秦将王离围之。赵数请救，怀王乃以宋义为上将，项羽为次将，范增为末将，北救赵。

定都。吕臣驻军彭城东，项羽在彭城西驻军，沛公在砀驻军。魏咎的弟弟魏豹自立为魏王。闰九月，怀王将吕臣与项羽的部队合并，由自己率领。怀王命沛公为砀郡长，封为武安侯，统领砀郡的驻军。怀王又命项羽为鲁公，封为长安侯；吕臣任司徒，吕臣的父亲吕青为令尹。

章邯打败项梁之后，就认为楚地的兵力不足以令人担忧，于是渡过大河往北去攻击赵王歇，大败赵军。赵王歇退军保卫巨鹿城，秦将王离将巨鹿包围。赵王几次请求救援，怀王于是令宋义为上将军，项羽为次将，范增为末将，一同北上救赵。

注释 ① 如：往。 ② 衔枚：枚，形如筷子，两端有带，可挂在颈上，古时打仗袭击敌人时，常令士兵衔在口中，以防止喧哗。定陶：县名，在山东西南部。 ③ 陈留：县名，在今河南开封东南。 ④ 盱台（xū yí）：县名，在今江苏盱眙。彭城：县名，在今江苏徐州。 ⑤ 后九月：闰九月。 ⑥ 令尹：原为春秋战国时楚国的最高官职，掌军政大权，怀王沿用旧制，故置。 ⑦ 巨鹿城：县名，在今河北平乡西南。

原文

初，怀王与诸将约，先入定关中者王之[①]。当是时，秦兵强，常乘胜逐北[②]，

翻译

当初，怀王曾经与将领们约定，谁先攻入及平定关中的，就让他在那里为王。那时秦军强盛，常常乘得胜之势追

诸将莫利先入关。独羽怨秦破项梁，奋势，愿与沛公西入关。怀王诸老将皆曰："项羽为人慓悍祸贼③，尝攻襄城④，襄城无噍类⑤，所过无不残灭。且楚数进取，前陈王、项梁皆败⑥，不如更遣长者扶义而西⑦，告谕秦父兄。秦父兄苦其主久矣，今诚得长者往，毋侵暴，宜可下。项羽不可遣，独沛公素宽大长者。"卒不许羽，而遣沛公西收陈王、项梁散卒。……

击败兵，因此将领们没有人认为，先入关破秦会对自己有利。唯独项羽怨恨秦军打败并杀死了项梁，振奋气势，愿意与沛公西向攻入关中。怀王的一些老将都说："项羽为人行动迅疾作战骁勇，但生性残忍好为祸害，他曾攻打襄城，杀得襄城不剩一个活人，他打仗经过的地方没有不被残杀灭绝的。况且楚兵虽然多次攻城略地，可是像以前的陈王及项梁也都战败死亡了，所以不如改派有德行的人仗义西行，向秦的父老兄弟把道理讲明白。秦的父老兄弟早就受够了他们主子的苦，现今真能得到一位忠厚长者前去，不侵扰、不残害他们，一定可以使关中秦地降服。项羽不可以派遣前去，唯有沛公向来是一位宽大厚道的长者。"怀王最终没让项羽西行，而派遣沛公往西收集陈王和项梁被打散的兵卒。……

注释 ①关中：秦汉时自函谷关以西总名关中。 ②逐北：追逐败北者。 ③慓悍：慓，迅疾；悍，骁勇。祸贼：好作祸，像盗贼一样残忍。 ④襄城：地名，在今河南襄城。 ⑤噍（jiào）类：噍，嚼，吃东西。噍类，活人。 ⑥陈王：陈涉。 ⑦长者：指有德行、宽厚谨慎的人。

原文

（秦三年十二月）羽大

翻译

（秦二世三年［前207］十二月）项

破秦军巨鹿下，虏王离，走章邯。

二月，沛公从砀北攻昌邑①，遇彭越。越助攻昌邑，未下。沛公西过高阳②，郦食其为里监门③，曰："诸将过此者多，吾视沛公大度。"乃求见沛公。沛公方踞床，使两女子洗。郦生不拜，长揖曰："足下必欲诛无道秦，不宜踞见长者。"于是沛公起，摄衣谢之，延上坐。食其说沛公袭陈留④。沛公以为广野君，以其弟商为将，将陈留兵。三月，攻开封，未拔。西与秦将杨熊会战白马⑤，又战曲遇东⑥，大破之。杨熊走之荥阳⑦，二世使使斩之以徇。四月，南攻颍川⑧，屠之。因张良遂略韩地⑨。……

羽在巨鹿城下大败秦军，俘虏了王离，使章邯败退。

二月，沛公从砀县北边进攻昌邑，与彭越相遇。彭越帮助沛公攻打昌邑，不能攻克。沛公往西进军，路过高阳，看守里门的小吏郦食其对人说："从这里经过的将军很多，我看沛公有宏大的气度。"于是请求拜见沛公。这时沛公正叉开两腿坐在床上，让两个侍女在替他洗脚。郦食其也不跪拜，作了个长揖，说："足下真要打算诛灭暴虐无道的秦国，就不该这样坐着接见年长的人。"沛公于是立即起身，整一整衣服，向郦食其赔不是，请他上坐。食其建议沛公袭击陈留。沛公封食其为广野君，任命他的弟弟郦商为将军，统领陈留的兵马。三月，沛公攻打开封城，不能攻破。于是向西进军，在白马与秦将杨熊会战，接着又在曲遇以东继续激战，大败杨熊。杨熊逃往荥阳，二世皇帝派使臣将他斩首示众。四月，沛公往南攻打颍川，攻陷并血洗颍川城。靠着张良的帮助沛公便在韩地攻城略地。……

注释 ① 昌邑：县名，在今山东巨野东南。 ② 高阳：地名，在今河南杞县西南。 ③ 郦食(yì)其(jī)：人名。里监门：看守里门的小吏。 ④ 陈留：县名，在今河南开封东南。 ⑤ 白马：县名，在今河南滑县东。 ⑥ 曲遇：地名，在今河南中牟。

⑦ 荥(xíng)阳:县名,在今河南荥阳东。 ⑧ 颍川:郡名,治所在阳翟,即今河南禹州。 ⑨ 因:凭借,凭靠。

原文

七月,南阳守齮降,封为殷侯,封陈恢千户。引兵西,无不下者。至丹水[1],高武侯鳃、襄侯王陵降。还攻胡阳,遇番君别将梅鋗[2],与偕攻析、郦[3],皆降。所过毋得卤掠[4],秦民喜。遣魏人宁昌使秦。是月章邯举军降项羽,羽以为雍王。瑕丘申阳下河南[5]。

翻译

七月,南阳郡守齮投降,沛公封他为殷侯,封陈恢为千户。沛公率军西行,所向无不降服。打到丹水时,高武侯戚鳃、襄侯王陵投降。回军攻胡阳,遇番君的别将梅鋗,和他共同攻析县和郦县,两县都投降,凡经过的地方,沛公都明令士兵不得虏掠,因此秦国的百姓很高兴。沛公派魏地人宁昌出使秦国。就在这一个月,章邯领着全军投降项羽,项羽封他为雍王。瑕丘人申阳攻下河南郡。

注释 ① 丹水:县名,在今河南淅川西。 ② 番(pó)君:同"鄱君",即吴芮,因曾做过鄱阳县县令,故称。 ③ 析:县名,在今河南西峡。郦:县名,在今河南南阳西北。 ④ 卤掠:同"虏掠"。 ⑤ 瑕丘:县名。河南:指河南郡,秦称三川郡,在今河南西北部。

原文

八月,沛公攻武关[1],入秦。秦相赵高恐,乃杀二世,使人来,欲约分王关中,沛公不许。九月,赵高立二世兄子子婴为秦王。子婴

翻译

八月,沛公攻破武关,进入关中秦国腹地。秦丞相赵高惶恐,便杀死二世皇帝,派人来见沛公,想订立和约中分关中之地为王,沛公不答应。九月,赵高将二世哥哥的儿子子婴立为秦王。

诛灭赵高，遣将将兵距峣关[②]。沛公欲击之，张良曰："秦兵尚强，未可轻。愿先遣人益张旗帜于山上为疑兵，使郦食其、陆贾往说秦将，啖以利[③]。"秦将果欲连和，沛公欲许之。张良曰："此独其将欲叛，恐其士卒不从，不如因其怠懈击之。"沛公引兵绕峣关，逾蒉山[④]，击秦军，大破之蓝田南。遂至蓝田，又战其北，秦兵大败。

子婴诛灭了赵高和他的家族，并派遣将领领兵去峣关防守。沛公打算攻打峣关，张良说："秦国的兵力还强，不能轻视。请先派人在山上多张设旗帜作为疑兵，叫郦食其和陆贾去劝说守关的秦将，以重利引诱他们。"秦国的将领果然愿意连和，沛公也打算答应他们。张良说："这仅仅是他们的将军想背叛秦王，恐怕秦的士兵们不听从，不如乘他们防守懈怠的时候袭击他们。"沛公带领人马绕过峣关，翻越蒉山，猛攻秦军，在蓝田县以南击溃了秦军。于是沛公进军蓝田，又在蓝田北边大战，秦国的士兵惨遭失败。

注释 ① 武关：关名，秦的南关，在今陕西丹凤东南。 ② 峣(yáo)关：关名。在陕西蓝田东南。 ③ 啖(dàn)：以利诱人。 ④ 蒉(kuì)山：山名，在陕西蓝田南。

原文

元年冬十月，五星聚于东井[①]。沛公至霸上[②]。秦王子婴素车白马，系颈以组[③]，封皇帝玺符节[④]，降枳道旁[⑤]。诸将或言诛秦王，沛公曰："始怀王遣我，固以能宽容，且人已服降，杀之不祥。"乃以属吏[⑥]。遂西入

翻译

高帝元年(前 206)冬十月，五星聚会于东井星处。沛公到达霸上。秦王子婴乘坐白马拉的白色车子，颈上系着丝带，手里捧着封存好的皇帝玺印、兵符和符节，在枳道路旁向沛公投降。将领中有人建议杀秦王，沛公说："当初怀王派我来，原是相信我能宽容人，何况人家已经降顺了，杀了他是不吉祥的。"便将子婴交给吏员看管。沛公于是往

咸阳，欲止宫休舍，樊哙、张良谏，乃封秦重宝财物府库，还军霸上。萧何尽收秦丞相府图籍文书。十一月，召诸县豪杰曰："父老苦秦苛法久矣，诽谤者族，耦语者弃市[7]。吾与诸侯约，先入关者王之，吾当王关中。与父老约，法三章耳：杀人者死，伤人及盗抵罪。余悉除去秦法。吏民皆按堵如故[8]。凡吾所以来，为父兄除害，非有所侵暴，毋恐！且吾所以军霸上，待诸侯至而定要束耳[9]。"乃使人与秦吏行至县乡邑告谕之。秦民大喜，争持牛羊酒食献享军士。沛公让不受，曰："仓粟多，不欲费民。"民又益喜，唯恐沛公不为秦王。

西进入咸阳，想在宫中居留，经樊哙、张良劝谏，沛公于是让人把秦宫中的贵重珍宝及各种财物封藏在府库里，然后领着队伍回到霸上驻扎。萧何全部收集了秦丞相府的图册簿籍和文件。十一月，沛公召集了各县的父老豪杰，对他们说："父老们受秦朝苛刻法令之苦够长久了，说一说对朝廷不满的话就要灭族，两人相对私语就要当众处死。我和诸侯们有约在前，先进入关中的就在那里做王，所以我应当在关中称王。我现在就跟父老们立约，定法三章而已：杀人的处死刑，打伤人及偷盗的当受相应的惩罚。其余的秦法一概废除。官员百姓恪守本职安居乐业，如同往常一样。我来关中的目的，是为父老兄弟消除祸害，不是来侵扰虐待百姓，大家不用害怕！而且我驻军霸上的动机，也只是为着等待各路诸侯军的到来，共同定个约束。"接着沛公又派人与秦朝的吏员到各县各乡邑去向民众宣告讲明。秦人高兴非常，都争着拿牛羊及酒食敬献慰劳军士。沛公辞让不受，说："仓里粮食多，不打算破费百姓的财物。"民众又更加欢喜，只怕沛公不做秦王。

注释 ① 五星聚于东井：五星，金、木、水、火、土五星。东井，星名，该星与秦的地理位置相对应。古人迷信，认为五星聚会处，其下必出天子。 ② 霸上：地名，在今陕西西安东。 ③ 组：丝带。 ④ 玺：印章。符：调兵遣将的凭证。节：使臣持以表示信用的符节。 ⑤ 枳(zhǐ)道：亭名，在今陕西咸阳东北。 ⑥ 属(zhǔ)：托付。⑦ 弃市：在市集当众处死。 ⑧ 按：次第，顺序。堵：墙。 ⑨ 要束：同“约束”。

原文

或说沛公曰：“秦富十倍天下，地形强。今闻章邯降项羽，羽号曰雍王，王关中。即来，沛公恐不得有此。可急使守函谷关[①]，毋内诸侯军[②]，稍征关中兵以自益，距之。”沛公然其计，从之。十二月，项羽果帅诸侯兵欲西入关，关门闭。闻沛公已定关中，羽大怒，使黥布等攻破函谷关，遂至戏下[③]。沛公左司马曹毋伤闻羽怒[④]，欲攻沛公，使人言羽曰：“沛公欲王关中，令子婴相，珍宝尽有之。”欲以求封。亚父范增说羽曰[⑤]：“沛公居山东时[⑥]，贪财好色，今闻其入关，珍物无所取，妇

翻译

有人怂恿沛公说：“秦地比天下别处富裕十倍，地势又险要。现在听说章邯投降了项羽，项羽给他个雍王的名号，让他在关中做王。果真到来，沛公恐怕就保不住这关中地方了。可以速急派人守住函谷关，不让诸侯的军队进来，另外，在关中征募一些兵员，增强自己的实力，抵御诸侯。”沛公认为这个计谋很好，就照此去办理。十二月，项羽果然统帅着各路诸侯的军队准备向西进入关中，可是关门已经紧闭。听说沛公已经平定关中，项羽大发雷霆，就派黥布等人去攻破了函谷关，于是大军开进到戏下。沛公的左司马曹毋伤听说项羽震怒了，要攻打沛公，就派人去告诉项羽说：“沛公打算在关中为王，令子婴当丞相，宫中的全部珍宝由沛公收归己有。”曹毋伤是想以此求得项羽的封赏。亚父范增劝谏项羽说：“沛公在山东的时候，贪财好色，现在听说他进了

女无所幸，此其志不小。吾使人望其气，皆为龙，成五色，此天子气。急击之，勿失。”于是飨士[7]，旦日合战[8]。是时，羽兵四十万，号百万；沛公兵十万，号二十万，力不敌。会羽季父左尹项伯素善张良[9]，夜驰见张良，具告其实，欲与俱去，毋特俱死[10]。良曰：“臣为韩王送沛公[11]，不可不告，亡去不义。”乃与项伯俱见沛公。沛公与伯约为婚姻，曰：“吾入关，秋毫无所敢取[12]，籍吏民[13]，封府库，待将军。所以守关者，备他盗也。日夜望将军到，岂敢反邪！愿伯明言不敢背德。”项伯许诺，即夜复去。戒沛公曰：“旦日不可不早自来谢。”项伯还，具以沛公言告羽，因曰：“沛公不先破关中兵，公巨能入乎[14]？且人有大功，击之不祥，不如因善之。”羽许诺。

关，反而不掠取珍宝财物，不贪恋妇女，由此看来他的心志不小呢。我派人去观察他头顶上的云气征兆，据说那都是龙的形状，成五彩，这正是天子之气。赶快攻击他，不要失去时机。”项羽于是犒劳士卒，准备第二天与沛公决战。这时候，项羽的兵马四十万，号称百万；沛公的兵马十万，号称二十万，实力不及项羽。恰逢项羽的叔父左尹项伯跟张良素有交情，项伯连夜骑马疾驰去见张良，把实情全都告诉了他，想带着他一起走，不让他白白地陪着沛公一块死掉。张良说：“我是为韩王送沛公入关的，不能不告诉一声，不辞而逃亡离去太不仗义。”张良于是和项伯一同去见沛公。沛公与项伯相约结为儿女亲家，沛公接着说：“我进关之后，一点点小东西都不敢据为己有，我登记了官吏百姓的户口，封存了放藏财物的府库，一心等待着将军的到来。至于派人去守关的原因，那是为了防备别的盗贼。日日夜夜都在盼望将军的到来，我哪里还敢反叛啊！希望您向将军说明白，刘某不敢辜负他的恩德。”项伯答应了，当夜就离开沛公返回营地。临别时他告诫沛公说：“明天不可不早些来亲自谢罪啊！”项伯回营后，就把沛公所说的话全都告诉了项羽，然后说："沛公如不先打垮关中的秦军，你岂能领兵进入关中么？况且人家立了大功，你反而攻击他，不吉利啊，不如顺应时势好意待他。"项羽答应了。

注释 ① 函谷关：关名，在今河南灵宝西南。 ② 内：同"纳"。 ③ 戏下：地名，在陕西临潼东。 ④ 左司马：官名。曹毋伤：人名。 ⑤ 亚父：敬称，仅次于父亲的意思。 ⑥ 山东：秦汉时称崤山或华山以东为山东，也称关东。 ⑦ 飨：犒劳酒食。 ⑧ 旦日：明日。 ⑨ 左尹：官名，令尹之佐。 ⑩ 特：空。 ⑪ 为韩王送沛公：张良本是韩王的申徒(相当于楚国的令尹)，后从刘邦西行，直入关中。所说为韩王送沛公，无非是托辞。 ⑫ 秋毫：鸟兽在秋天生出极细的新毛，称秋毫。常用以比喻微细的事物。 ⑬ 籍：簿籍。造册登记户口。 ⑭ 巨：同"讵"，岂。

原文

沛公旦日从百余骑见羽鸿门[①]，谢曰："臣与将军勠力攻秦[②]，将军战河北，臣战河南，不自意先入关，能破秦，与将军复相见。今者有小人言，令将军与臣有隙[③]。"羽曰："此沛公左司马曹毋伤言之，不然，籍何以至此？"羽因留沛公饮。范增数目羽击沛公，羽不应。范增起，出谓项庄曰[④]："君王为人不忍，汝入以剑舞，

翻译

第二天沛公果然带着百多人马来鸿门拜见项羽，谢罪说："我跟将军合力攻打秦国，将军在大河之北作战，我在大河之南作战，我自己都没料到能先进入关中，打败秦军，又跟将军相见。现在有小人进谗言，使将军和我之间产生怨隙。"项羽说："这都是沛公你的左司马曹毋伤说的，不然，我凭什么要这样做？"项羽因此留下沛公饮酒。范增几次递眼色，要项羽击杀沛公，项羽没有反应。范增起身，出去对项庄说："君王为人下不了狠心，你进去请求舞剑，乘机刺沛公，杀死他。否则，你们这些人

因击沛公，杀之。不者，汝属且为所虏。”庄入为寿[⑤]，寿毕，曰：“军中无以为乐，请以剑舞。”因拔剑舞。项伯亦起舞，常以身翼蔽沛公。樊哙闻事急，直入，怒甚。羽壮之，赐以酒。哙因谯让羽[⑥]。有顷，沛公起如厕，招樊哙出，置车官属[⑦]，独骑，与樊哙、靳强、滕公、纪成步，从间道走军[⑧]，使张良留谢羽。羽问：“沛公安在？”曰：“闻将军有意督过之[⑨]，脱身去，间至军，故使臣献璧。”羽受之。又献玉斗范增[⑩]。增怒，撞其斗，起曰：“吾属今为沛公虏矣！”

就将都被他俘虏。”于是项庄进帐，敬酒祝颂，祝颂完毕，然后说：“军营之中没有什么可以作乐的，请求允许我舞剑助兴。”说罢就拔剑起舞。项伯也起身舞剑，常常用身子遮掩着沛公。樊哙听说事情紧急，就径直闯入帐内，怒不可遏。项羽称赞他为壮士，赐酒给他。樊哙趁势责备项羽。不久，沛公起身上厕所，招呼樊哙出来，留下车马和随从，沛公一人独骑，樊哙、靳强、滕公、纪成四人步行相护，抄近路奔军营而去，留下张良去向项羽道歉。项羽问：“沛公在哪里？”张良说：“听说将军存心责怪他。他已经脱身离开这里，走小路回军中去了，因此让我来奉献白璧。”项羽接受了献礼。张良又把玉斗献给范增。范增怒容满面，砸碎玉斗，起身说：“我们这帮人从现在起就要准备做沛公的俘虏了。”

注释 ① 鸿门：地名，在今陕西临潼东。 ② 勠（lù）力：合力。 ③ 隙：间隙，裂缝。 ④ 项庄：项羽的堂弟。 ⑤ 为寿：敬酒祝颂长寿。 ⑥ 谯让：责备。 ⑦ 置：留。 ⑧ 走：去，往。 ⑨ 督过：责备之意。 ⑩ 斗：酒器。

原文

沛公归数日，羽引兵西屠咸阳，杀秦降王子婴，烧秦宫室，所过无不残灭。秦

翻译

沛公回营后过了几天，项羽就领兵往西杀进咸阳，杀死已经投降的秦王子婴，烧毁秦朝的大小宫室，凡大军所过

民大失望。……春正月，阳尊怀王为义帝[①]，实不用其命。

二月，羽自立为西楚霸王[②]，王梁、楚地九郡[③]，都彭城。背约，更立沛公为汉王，王巴、蜀、汉中四十一县[④]，都南郑[⑤]。三分关中，立秦三将：章邯为雍王，都废丘[⑥]；司马欣为塞王，都栎阳[⑦]；董翳为翟王，都高奴[⑧]。……汉王怨羽之背约，欲攻之，丞相萧何谏，乃止。

之处，没有不被残杀毁灭的。秦地的民众因此对项羽大失所望。……春正月，项羽表面上尊奉怀王为义帝，实际上并不照他的命令办事。

二月，项羽自己立为西楚霸王，统辖梁、楚之地的九个郡，以彭城作国都。项羽违背前约，改立沛公为汉王，统辖巴郡、蜀郡及汉中郡所属四十一县，以南郑作国都。项羽又把关中分为三部分，将三个秦将立为王：章邯为雍王，以废丘作国都；司马欣为塞王，以栎阳作国都；董翳为翟王，以高奴作国都。……汉王怨恨项羽违约，想攻打他，经丞相萧何劝阻，方才停止。

注释 ① 阳：同“佯”，假装。 ② 西楚：指彭城以西的地方。 ③ 梁、楚地九郡：指泗水、东阳、东海、砀、薛、鄣、吴、会稽、东郡等九郡。 ④ 巴、蜀、汉中：秦时分四川为巴、蜀二郡。汉中郡约当今陕西秦岭以南及湖北西北部地区。 ⑤ 南郑：县名，在今陕西南郑。 ⑥ 废丘：县名，在今陕西兴平东南。 ⑦ 栎(yuè)阳：县名，在今陕西临潼北，渭水北岸。 ⑧ 高奴：县名，在今陕西延安东。

原文

夏四月，诸侯罢戏下，各就国。羽使卒三万人从汉王，楚子、诸侯人之慕从者数万人，从杜南入蚀中[①]。张良辞归韩，汉王送至褒

翻译

夏四月，诸侯从项羽的指挥部撤军，各回自己的封国。项羽派三万士卒跟随汉王归国，而原来楚国的子弟及诸侯的人员仰慕追随汉王的就有数万之众。他们从杜县往南进入蚀中。张良

中[②]，因说汉王烧绝栈道[③]，以备诸侯盗兵，亦视项羽无东意[④]。

辞别汉王，要回归韩国，汉王送他至褒中，张良建议汉王把沿途所经的栈道都烧毁，这样既可防备别的诸侯派来进犯的部众，也是向项羽表明自己断绝了东进的念头。

注释 ① 杜：县名。蚀中：谷名。均在今西安市南。 ② 褒中：即古褒国，在今陕西。 ③ 栈道：即阁道，凿山架木为道。 ④ 视：同“示”，显示。

原文

汉王既至南郑，诸将及士卒皆歌讴思东归[①]，多道亡还者。韩信为治粟都尉[②]，亦亡去，萧何追还之，因荐于汉王曰：“必欲争天下，非信无可与计事者。”于是汉王斋戒设坛场，拜信为大将军，问以计策。信对曰：“项羽背约而王君王于南郑[③]，是迁也。吏卒皆山东之人，日夜企而望归[④]，及其锋而用之，可以有大功。天下已定，民皆自宁，不可复用。不如决策东向。”因陈羽可图、三秦易并之计[⑤]。汉王大说[⑥]，遂听信策，部署

翻译

汉王到了南郑，将领和士卒们思念着东归故乡，都用歌唱来寄托情思，半道上就已经有很多人逃亡回去了。韩信这时在汉王部下做治粟都尉，也出走离去，萧何把他追回来，便向汉王推荐说：“如果一定要争夺天下，除了韩信就再没有别人可以共同谋事的了。”于是汉王斋戒沐浴，垒起土台，整理场地，拜韩信为大将军。然后，汉王询问计策，韩信回答说：“项羽背弃前约而让您在南郑做王，这明明是贬谪的意思。您的官员和士卒都是关东人，他们翘首企足日夜盼望着东归，乘着他们情绪正高昂的时候而利用他们的气势，就可以大获成功。如果等到天下安定之后再来着手，那时百姓都已各自安居守业，再没有什么可以利用的了。因此，不如下决断定计东进吧。”接着韩信就陈述了项

诸将。留萧何收巴蜀租，给军粮食。

羽可以打败、三秦之地容易夺取的计谋。汉王喜出望外，就采取韩信的计策，调配将领。留下萧何负责征收巴蜀的租税以供给军饷。

注释 ① 讴(ōu)：唱歌。 ② 治粟都尉：官名，掌管粮食。 ③ 君王：对汉王刘邦的尊称。 ④ 企：踮起脚跟。 ⑤ 图：图谋。三秦：指秦降将章邯、司马欣、董翳三人被分封在关中之地。 ⑥ 说：同“悦”，喜悦。

原文

五月，汉王引兵从故道出袭雍[①]。雍王邯迎击汉陈仓[②]，雍兵败，还走；战好畤[③]，又大败，走废丘。汉王遂定雍地。东如咸阳，引兵围雍王废丘，而遣诸将略地。……塞王欣、翟王翳皆降汉。……

翻译

五月，汉王领着兵马经由故道县袭击雍地。雍王章邯在陈仓迎战汉军，章邯兵败退走；在好畤县再战，又大败，逃回废丘。汉王便占据了雍地。沛公接着向咸阳进军，亲自带兵将雍王围困在废丘城中，一方面派遣将军们去攻占地盘。……(秋八月)塞王司马欣、翟王董翳都投降汉王。……

注释 ① 故道：县名，在陕西凤县西北。雍：地名，在今陕西凤翔南。 ② 陈仓：县名，在今陕西宝鸡东。 ③ 好畤：县名，在今陕西乾县东。

原文

及闻汉王并关中，而齐、梁畔之，羽大怒，乃以故吴令郑昌为韩王，距汉。令萧公角击彭越[①]，越败角兵。

翻译

听说汉王兼并了关中，而齐地和梁地又已反叛自己，项羽大怒，于是命令前吴县县令郑昌为韩王，抵挡汉军。又命令萧公角向彭越进攻，彭越打败萧公角的部时张良徇韩地[②]，遗羽书曰[③]："汉欲得关中，如约即止，不敢复东。"羽以故无西意，而北击齐。……

队。这时，张良正在韩国境内略地平乱，便派人送信给项羽说："汉王不过想得到关中之地，实现了前约即停止用兵，不敢再往东来。"项羽因此没有西进打汉王的意思，而决心北上去攻打齐国。……

注释 ① 萧公角：秦汉之际，县令称公，萧公即萧令。角，名。彭越：彭越当时还是一支独立的武装力量，因受齐国田荣支使，在梁地反楚。 ② 徇：略取。 ③ 遗(wèi)：送。

原文

二年冬十月，项羽使九江王布杀义帝于郴[①]。……张良自韩间行归汉，汉王以为成信侯。

汉王如陕[②]，镇抚关外父老。河南王申阳降，置河南郡。使韩太尉韩信击韩，韩王郑昌降。十一月，立韩太尉信为韩王。汉王还归，都栎阳，使诸将略地，拔陇西[③]。以万人若一郡降者封万户。缮治河上塞[④]。故秦苑囿园池[⑤]，令民得田之[⑥]。……

翻译

二年(前205)冬十月，项羽命令九江王黥布在郴县杀死义帝。……张良从韩地抄小路投奔汉王，汉王封他为成信侯。

汉王去到陕县，安抚关外的父老。河南王申阳降汉，设置河南郡。使韩国的太尉韩信攻击韩王，韩王郑昌投降。十一月，立韩太尉韩信为韩王。汉王回到关中，在栎阳建立都城，派将领们外出攻取地盘，占领陇西。凡领着一万人投降或者以一个郡投降的，封万户。派人修筑河上地区的边塞，原来秦国的那些苑囿园池，允许百姓去开垦作为农田耕种。……

注释 ① 郴(chēn):县名,在今湖南郴州。 ② 陕:县名,在今河南陕县。 ③ 陇西:郡名,约当今甘肃东南部。 ④ 河上:郡名,当今陕西东部渭河以北地区。 ⑤ 苑囿(yòu)园池:畜养禽兽的地方叫苑,有墙垣的叫囿,种植树木的叫园。 ⑥ 田:耕作。

原文

二月癸未,令民除秦社稷[①],立汉社稷。施恩德,赐民爵。蜀汉民给军事劳苦,复勿租税二岁[②]。关中卒从军者,复家一岁。举民年五十以上,有修行,能帅众为善,置以为三老[③],乡一人。择乡三老一人为县三老,与县令丞尉以事相教,复勿繇戍。以十月赐酒肉。

翻译

二月的癸未这天,发布政令,要百姓废除秦的社稷,奉立汉国的社稷。又施布恩德,把爵位赐给百姓。巴蜀及汉中地区的民众因为要供给军粮,运输往返,终年劳苦,免除两年的赋税和徭役。关中兵从军在外的,免除其家中一年的赋税和徭役。在百姓中推举年龄在五十以上,品行好,能带领大众行善的人,把他们立为三老,每乡一人。又从乡三老中选出一人做县三老,与县令、丞、尉在一处研讨事宜,免除他们的徭役。于每年十月赐酒肉给他们。

注释 ① 社稷:土神和谷神,也称祭祀土、谷神的场所。历代以社稷为国家政权的标志。 ② 复:免除赋税和徭役。 ③ 三老:掌教化的乡官。

原文

三月,汉王自临晋渡河[①],魏王豹降,将兵从。下河内[②],虏殷王印,置河内郡。至修武[③],陈平亡楚来

翻译

三月,汉王从临晋渡过黄河,魏王豹投降,带着兵马跟随汉王。汉王攻下河内地方,俘虏了殷王司马印,在那里设置河内郡。汉王到达修武时,陈平逃

降。汉王与语，说之，使参乘④，监诸将。南渡平阴津⑤，至洛阳，新城三老董公遮说汉王曰⑥："臣闻'顺德者昌，逆德者亡'，'兵出无名，事故不成'。故曰：'明其为贼，敌乃可服。'项羽为无道，放杀其主，天下之贼也。夫仁不以勇，义不以力，三军之众为之素服⑦，以告之诸侯，为此东伐，四海之内莫不仰德。此三王之举也⑧。"汉王曰："善，非夫子无所闻。"于是汉王为义帝发丧，袒而大哭⑨，哀临三日⑩。发使告诸侯曰："天下共立义帝，北面事之⑪。今项羽放杀义帝江南，大逆无道。寡人亲为发丧，兵皆缟素。悉发关中兵，收三河士⑫，南浮江汉以下，愿从诸侯王⑬，击楚之杀义帝者！"……

离楚国前来归降。汉王和他交谈，很高兴地接受了他的意见，就让他做参乘，并监察将领。汉王往南渡过平阴津，到达洛阳时，有个新城乡的三老叫董公的拦住汉王建议说："臣听说有这样的话：'顺应仁德的就会兴盛，违背仁德的就要衰亡'，'出兵打仗因为没有个讨伐罪人的名义，所以战事不能成功'。因此说：'要让大家都知道那人是国贼，敌人才可以被征服。'项羽做了大逆不道的事，流放并且弑杀了他的君主，他是天下的大贼人。自己有仁德，就不必凭借勇武，正义在我一方即无需诉诸武力。让全军上下都为义帝穿上丧服，并把这事告诉诸侯，要他们为此而东进，讨伐项羽，这样，四海之内就没有谁不仰慕你的仁德。这才是像夏、商、周三王一样的行事呢。"汉王说："好，要不是老先生赐教，我就听不到这些话。"于是汉王为义帝举哀，脱袖露臂，放声大哭，军士们也都哀哭吊唁了三天。然后，汉王派出使者通告诸侯说："天下人共同拥立义帝，大家都向他称臣，听命于他。如今项羽把义帝流放到江南，并且加以杀害，实属大逆不道。寡人亲自为义帝举哀，全军将士也都披麻戴孝。现在，寡人调集了全部的关中兵，收编了三河的勇士，正准备沿长江汉水顺流而下，愿跟随诸侯王一道去征讨楚国那个杀害义帝的人。”……

注释 ①临晋：县名，在今陕西大荔东。②河内：指今河南黄河以北地区。③修武：县名，在今河南获嘉。④参乘：也称陪乘，如后世的近侍警卫。⑤平阴津：平阴，地名，在今河南孟津东。津，渡口。⑥新城：乡名，在今洛阳南。⑦三军：指全军。⑧三王：指夏禹、商汤、周文王三个开国的君主。⑨袒：脱去衣袖，露出臂膊。⑩临：众人哭泣叫临。⑪北面：指向人称臣。⑫三河：称河南、河东、河内地区。⑬诸侯王：诸侯及诸王。

原文

（夏四月）羽虽闻汉东，既击齐，欲遂破之而后击汉，汉王以故得劫五诸侯兵[①]，东伐楚。到外黄[②]，彭越将三万人归汉。汉王拜越为魏相国，令定梁地。汉王遂入彭城，收羽美人货赂，置酒高会[③]。羽闻之，令其将击齐，而自以精兵三万人从鲁出胡陵[④]，至萧，晨击汉军，大战彭城灵璧东睢水上[⑤]，大破汉军，多杀士卒，睢水为之不流。围汉王三帀[⑥]。大风从西北起，折木

翻译

（夏四月）项羽虽然知道汉军东来，但既然在讨伐齐国，就想把它完全打败之后再去迎击汉军，汉王因此获得时机率领五个诸侯的兵马，往东征讨楚国。汉王到了外黄，彭越领着三万人前来归附，汉王就任命他做魏国的相国，叫他去占领梁地。汉王于是进入彭城，收取了项羽宫中的美女、珍宝和财物，大摆酒宴，高歌痛饮。项羽得到这个消息，就命令他的将领留在齐地作战，自己带着三万精兵从鲁出发，经由胡陵，到达萧县，在清晨猛攻汉军，在彭城和灵壁县以东的睢水上与汉水展开激战，大败汉军，死伤无数，尸体壅塞河中，睢水几乎不流。于是楚军将汉王团团围了三圈。突然间大风从西北刮来，刮断了树

发屋，扬砂石，昼晦，楚军大乱，而汉王得与数十骑遁去。过沛，使人求室家，室家亦已亡，不相得。汉王道逢孝惠、鲁元[⑦]，载行。楚骑追汉王，汉王急，推堕二子，滕公下收载，遂得脱。审食其从太公、吕后间行，反遇楚军，羽常置军中以为质。诸侯见汉败，皆亡去。……

木，掀开了屋顶，扬起了沙石，一时天昏地暗，楚军因此大乱，汉王这才得以随同几十人骑马逃走。汉王从沛县经过时，派人去寻找家里人，可是家里的人也已逃走，无法找到。汉王在路上遇到孝惠和鲁元公主，就车载同行。楚国的骑兵紧追汉王，汉王着急了，就把两个孩子推下车去，亏得滕公下车将他们又扶上来，才得以逃脱。审食其领着太公和吕后抄小路走，反而遇到楚军。以后项羽在行军之中总是带着他们，作为人质。诸侯见汉王失败，也都离散逃走。……

注释 ① 五诸侯：常山王张耳、河南王申阳、韩王郑昌、魏王豹、殷王司马卬。 ② 外黄：县名，在今河南杞县东。 ③ 高会：大聚会。 ④ 鲁：在今山东曲阜。 ⑤ 灵璧：县名，在今安徽宿州西北。睢（suī）水：故蒗荡渠支流，此指在灵璧以东的一段。 ⑥ 帀（zā）：圈。 ⑦ 孝惠、鲁元：即后来的孝惠帝和鲁元公主。

原文

汉王西过梁地，至虞[①]，谓谒者随何曰："公能说九江王布使举兵畔楚，项王必留击之。得留数月，吾取天下必矣。"随何往说布，果使畔楚。

五月，汉王屯荥阳[②]，萧

翻译

汉王往西经过梁地，到了虞县，对谒者随何说："你如能劝说九江王黥布带领全军反叛楚国，项王就必然会留下来讨伐他。只要项王留驻几个月，我就一定可以夺得天下了。"随何前去劝说黥布，果然使得他背叛了楚国。

五月，汉王在荥阳屯驻，萧何把关中的老人、少年以及还没有登记服役的

何发关中老弱未傅者悉诣军[③]。韩信亦收兵与汉王会,兵复大振。与楚战荥阳南京、索间[④],破之。筑甬道[⑤],属河,以取敖仓粟[⑥]。……

人都组织起来开赴前线军中。韩信也收集了兵马来荥阳与汉王会合,这样,汉王的兵力才又壮大起来。汉军与楚军在荥阳以南的京邑与索亭之间展开战斗,打败了楚军。汉军修筑甬道,把荥阳城与黄河连接起来,以取得敖仓的粮食。……

注释 ① 虞:县名,在今河南虞城。 ② 屯:驻扎,防守。荥(xíng)阳:县名,在今河南郑州西,黄河南岸。 ③ 未傅者:未登记服兵役的人。诣(yì):去到。④ 京:邑名,在今河南荥阳东南。索:亭名,在今荥阳。 ⑤ 甬(yǒng)道:两旁有墙的通道。 ⑥ 敖仓:敖,山名,在荥阳西北。秦在此山上筑城修仓储粮,名敖仓。

原文

六月,汉王还栎阳。壬午,立太子,赦罪人。令诸侯子在关中者皆集栎阳为卫。引水灌废丘,废丘降,章邯自杀。……

(八月)汉王以韩信为左丞相,与曹参、灌婴俱击魏。……九月,信等虏豹,传诣荥阳[①]。定魏地,置河东、太原、上党郡。信使人请兵三万人,愿以北举燕赵,东击齐,南绝楚粮道。

翻译

六月,汉王回到栎阳。壬午这一天,册立了太子,并下令赦免罪人。又命令诸侯的儿子凡身在关中的都到栎阳集中,担任侍卫。汉兵引河水灌废丘,废丘投降,章邯自杀。……

(秋八月)汉王任命韩信为左丞相,与曹参、灌婴一同去攻打魏王。……九月,韩信军俘虏了魏王豹,用传车将他解送到荥阳。攻下了魏地,就在那里设置了河东、太原、上党三个郡。韩信派人向汉王请求给他三万士兵,愿意带领这支人马北上,夺取燕地和赵地,往东打败齐国,再往南截断楚军的粮道。汉汉王与之。……

（三年冬十月）随何既说黥布，布起兵攻楚。楚使项声、龙且攻布②，布战不胜。十二月，布与随何间行归汉。汉王分之兵，与俱收兵至成皋③。……

王把兵交给了他。……

（三年［前 204］冬十月）随何说服了黥布，黥布就起兵进攻楚军。楚国派项声、龙且征讨黥布，黥布抵挡不住。十二月，黥布与随何走小路回到汉营。汉王分给黥布一支人马，与他一同带兵到成皋。……

注释 ① 传（zhuàn）：驿站的马车。 ② 龙且（jū）：人名，楚将。 ③ 成皋（gāo）：县名，在今河南荥阳。

原文

项羽数侵夺汉甬道，汉军乏食，与郦食其谋桡楚权①。食其欲立六国后以树党②，汉王刻印，将遣食其立之。以问张良，良发八难。汉王辍饭吐哺③，曰："竖儒几败乃公事④！"令趋销印⑤。又问陈平，乃从其计，与平黄金四万斤，以间疏楚君臣⑥。

翻译

项羽几次占夺汉军的甬道，汉军粮食供应不足。汉王与郦食其谋划要削弱楚国的力量。郦食其主张立六国的后裔为王，以自树党羽，汉王叫人把印都刻好了，准备派郦食其前去立王。汉王拿这事询问张良，张良提出了八个难题。汉王于是停止吃饭，把嘴里的食物吐了出来，说："这竖儒小子差点儿把老子的大事给弄糟了！"便叫赶快把印都毁掉。汉王又征询陈平的意见，于是听从了他的计划，给陈平四万斤黄金，让他去离间楚国的君臣。

注释 ① 桡（náo）：削弱。 ② 六国：指战国时期关东六国，即韩、魏、燕、赵、齐、楚。树：立。 ③ 辍（chuò）：停止。哺：口中所含的食物。 ④ 竖儒：这儒生竖子。乃：你，你的。⑤ 趋:同“促”,赶快,速急。销:毁掉。⑥ 间疏:离间他们,使他的关系疏远。

原文

夏四月,项羽围汉荥阳,汉王请和,割荥阳以西者为汉。亚父劝项羽急攻荥阳,汉王患之。陈平反间既行,羽果疑亚父,亚父大怒而去,发病死。

五月,将军纪信曰:“事急矣!臣请诳楚[①],可以间出。”于是陈平夜出女子东门二千余人,楚因四面击之。纪信乃乘王车,黄屋左纛[②],曰:“食尽,汉王降楚。”楚皆呼万岁,之城东观,以故汉王得与数十骑出西门遁。……

翻译

夏四月,项羽把汉军围困在荥阳,汉王请求讲和,割荥阳以西的地方为汉所有。亚父范增劝说项羽急速进攻荥阳,汉王很忧惧。于是陈平巧施了反间计,项羽果然怀疑亚父,亚父大怒,就离开了项羽,后来发病而死。

五月,汉将纪信说:“形势太紧迫了!臣请求去诓骗楚兵,大王就可趁机突围出去。”于是陈平在半夜里把二千多妇女放出东门,楚兵因而从四方来进攻他们。纪信乘坐着配有左纛的黄盖大车,他大声说:“粮食吃光了,汉王来向楚军投降。”楚兵都山呼万岁,跑到城的东门外观看,因此,汉王才得以随同几十人骑马冲出西门逃走。……

注释 ① 诳:同“诓”,欺诈。② 黄屋:帝王车盖,用黄缯作盖里。左纛(dào):在车前衡木左上方竖着用旄牛尾做的羽毛幢。

原文

汉王出荥阳,至成皋。自成皋入关,收兵欲复东。辕生说汉王曰:“汉与楚相

翻译

汉王从荥阳逃出后,就到了成皋。又从成皋进入关中,收集了士兵准备再出关东进。辕生向汉王建议说:“汉与

距荥阳数岁，汉常困。愿君王出武关，项王必引兵南走，王深壁[1]，令荥阳成皋间且得休息。使韩信等得辑河北赵地，连燕齐，君王乃复走荥阳。如此，则楚所备者多，力分。汉得休息，复与之战，破之必矣。”汉王从其计，出军宛叶间[2]，与黥布行收兵。

楚在荥阳争斗了几年，汉军常常被困。望君王从武关出去，项王必定会带领人马往南走，君王只消坚守营垒之中，不出击，让荥阳和成皋之间的汉军暂得休息，使韩信等人能够收取大河以北的赵地，连接燕国和齐国，到那时，君王就可以再到荥阳去。这样一来，楚军需要多处设防，力量分散。汉军得到了休整，再与他们作战，打败他们就毫无疑问了。”汉王听从了他的计谋，于是将汉军开往宛县和叶县之间，与黥布沿途收集士兵。

注释 ① 深壁：加固营垒或城堡以自卫，不出击。 ② 宛叶(shè)：宛，县名，在今河南南阳。叶，县名，在今河南叶县南。

原文

羽闻汉王在宛，果引兵南，汉王坚壁不与战。是月，彭越渡睢，与项声、薛公战下邳[1]，破杀薛公。羽使终公守成皋，而自东击彭越。汉王引兵北，击破终公，复军成皋。六月，羽已破走彭越，闻汉复军成皋，乃引兵西拔荥阳城，生得周苛。羽谓苛：“为我将，以公为上将军，封三万户。”周苛骂曰：“若不趋

翻译

项羽听说汉王在宛县一带，果然就带着兵马南来，汉王坚守营垒，不跟项羽交战。就在这一月，彭越渡过睢水，与项声、薛公在下邳会战，楚军战败，薛公被杀。项羽命终公守卫成皋，自己往东去讨伐彭越。汉王领兵北上，大败终公，又占领成皋。六月，项羽打败并赶走了彭越，听说汉王又占领成皋，就领军往西，攻下荥阳城，活捉了周苛。项羽对他说：“做我的将领，我让你当上将军，封三万户。”周苛骂项羽说：“你不赶快投降汉王，马上就要当俘虏啦！你不

降汉[2]，今为虏矣！若非汉王敌也。”羽亨周苛[3]，并杀枞公，而虏韩王信，遂围成皋。汉王跳[4]，独与滕公共车出成皋玉门[5]，北渡河，宿小修武[6]。自称使者晨驰入张耳、韩信壁，而夺之军。乃使张耳北收兵赵地。秋七月，有星孛于大角[7]。汉王得韩信军，复大振。……

是汉王的对手。”项羽烹杀了周苛，并杀死枞公，又俘虏了韩王信，于是包围了成皋。汉王逃走，只身与滕公同乘一辆车从成皋玉门出逃，往北渡过黄河，在小修武止宿。清晨，汉王自称是使者，骑马闯入张耳、韩信军营，夺了他们的军权。于是派张耳往北去收集赵地的兵卒。秋七月，在大角星的旁边出现了彗星。汉王夺了韩信的军队，实力又得到了恢复。……

注释 ① 下邳：县名，在今江苏宿迁。 ② 若：汝，你。 ③ 亨：同“烹”。 ④ 跳：同“逃”，逃脱。 ⑤ 玉门：成皋北门。 ⑥ 小修武：邑名，在今河南获嘉。 ⑦ 孛(bèi)：彗星。大角：星名，北方天空的一颗亮星。

原文

汉王引兵渡河，复取成皋，军广武[1]，就敖仓食。

翻译

（四年[前 203]冬十月）汉王领兵渡过黄河，夺取了成皋，以便从敖仓取得食粮。

注释 ① 广武：山名，在今河南荥阳东北。

原文

羽下梁地十余城，闻海春侯破[1]，乃引兵还。汉军方围钟离眛于荥阳东[2]，闻羽至，尽走险阻。羽亦军广

翻译

项羽在梁地攻克十几座城池，听到海春侯全军覆灭的消息，就带领人马返回。汉军在荥阳东边正围困着钟离眛，听说项羽到来，全部向险要之处逃走。

武，与汉相守[③]。丁壮苦军旅，老弱罢转饷[④]。汉王、羽相与临广武之间而语。羽欲与汉王独身挑战，汉王数羽曰[⑤]："吾始与羽俱受命怀王，曰先定关中者王之。羽负约，王我于蜀汉，罪一也。羽矫杀卿子冠军[⑥]，自尊，罪二也。羽当以救赵还报，而擅劫诸侯兵入关，罪三也。怀王约入秦无暴掠，羽烧秦宫室，掘始皇帝冢，收私其财，罪四也。又强杀秦降王子婴，罪五也。诈坑秦子弟新安二十万[⑦]，王其将，罪六也。皆王诸将善地，而徙逐故主，令臣下争畔逆，罪七也。出逐义帝彭城，自都之，夺韩王地，并王梁楚，多自与，罪八也。使人阴杀义帝江南，罪九也。夫为人臣而杀其主，杀其已降，为政不平，主约不信，天下所不容，大逆无道，罪十也。吾以义兵从诸侯诛残贼，使刑

项羽也在广武驻军，与汉军对垒相守。这时，壮丁们为军争战乱之事而遭受苦楚，老弱因转运军饷粮草而疲惫不堪。于是，汉王和项羽在广武绝涧边隔岸对话。项羽要跟汉王单独决斗，汉王责备项羽的罪过："我当初与你一同接受怀王的命令，说先打下关中的就在那里做王。你违背前约，把我放到巴蜀汉中去做王，这是第一条大罪。你假托王命杀死卿子冠军，然后自处尊位，这是第二条大罪。你本当在救赵之后就即刻回来向怀王禀报，然而你却擅自强迫诸侯带兵跟随入关，这是第三条大罪。怀王曾经有约在先，要求进入秦地不得残杀抢掠，而你却烧毁秦都的宫殿，发掘始皇帝陵墓，收取并私藏墓中财宝，这是第四条大罪。你又强行杀死秦国降王子婴，这是第五条大罪。你在新安县诓骗并活埋二十万秦国子弟，却封他们的将领为王，这是第六条大罪。把你自己的将领都封在好地方做王，而将那里原来的王室旧主迁移驱逐，使得做人臣的都起来争权反叛，这是第七条大罪。把义帝赶出彭城，自己在那里建都，占夺了韩王的国土，同时在梁地和楚地做王，给自己的地盘比别人多，这是第八条大罪。派人暗杀义帝于江南，这是第

余罪人击公，何苦乃与公挑战！”羽大怒，伏弩射中汉王。汉王伤胸，乃扪足曰：“虏中吾指[⑧]！”汉王病创卧，张良强请汉王起行劳军，以安士卒，毋令楚乘胜。汉王出行军，疾甚，因驰入成皋。……

九条大罪。作为人臣却弑杀自己的君主，残杀已经投降的兵众，处理政事不公平，立约不守信用，如此大逆不道，天地都不能容忍，这是第十条大罪。我领着正义之师跟随诸侯讨伐残暴的贼子，只让受过刑罚的罪人来惩处你，我自己何苦要跟你挑战决斗！”项羽大怒，暗中埋伏的弓弩手放箭，射中了汉王。汉王胸部受伤，于是摸着脚说：“虏贼射中了我的脚指头！”汉王受了伤，正卧床休养，张良极力请求汉王起床去慰问士兵，以稳定军心，不让楚军乘胜前来进攻。汉王于是走到军营中巡视了一番，伤痛很厉害，接着就骑马疾驰进入成皋。……

注释　① 海春侯：楚将曹咎的封爵。 ② 钟离眛(mò)：楚将。 ③ 与汉相守：广武山上有二城，西城为汉所筑，东城为楚所建，两城间有大沟名广武涧，楚汉在此对垒相守。 ④ 罢：同“疲”，疲劳。 ⑤ 数(shǔ)：责备，数说。 ⑥ 卿子冠军：指称宋义。卿子，尊称，相当于“公子”；怀王命宋义为上将，是全军之冠，故称冠军。⑦ 新安：县名，在今河南渑池东。 ⑧ 虏：对敌人的蔑称。

原文

汉王疾愈，西入关，至栎阳，存问父老，置酒。枭故塞王欣头栎阳市。留四日，复如军，军广武。关中兵益出，

翻译

（十一月）汉王病愈，往西入关，到栎阳，慰问父老，和父老们在一起饮酒，又将前塞王司马欣的头悬挂在栎阳市上示众。停留了四天，就赶回军中，驻守

而彭越、田横居梁地，往来苦楚兵，绝其粮食。

韩信已破齐，使人言曰："齐边楚，权轻，不为假王[①]，恐不能安齐。"汉王怒，欲攻之。张良曰："不如因而立之，使自为守。"春二月，遣张良操印，立韩信为齐王。秋七月，立黥布为淮南王。八月，初为算赋[②]。北貉、燕人来致枭骑助汉[③]。汉王下令：军士不幸死者，吏为衣衾棺敛[④]，转送其家。四方归心焉。

在广武。越来越多的关中兵开出关来了，而彭越和田横身居梁地，他们来回作战，困扰楚兵，截断楚军的粮食供应。

韩信攻下了齐地，就派人来说："齐国与楚国边界相连，而我的权力太轻；不当摄政王，恐怕不足以安定齐国。"汉王发怒，打算攻打韩信，张良说："不如就趁势立他为王，让他自己守住那里。"春二月，汉王派张良带着王印去齐国，立韩信为齐王。秋七月，立黥布为淮南王。八月，开始订立征收算赋的制度。北貉和燕人派出勇猛的骑兵援助汉王。汉王下令：军士不幸而战死的，由所在地方的官吏置办衣被，将尸体装殓入棺，运送回各人的家乡。因此，四方的民众都全心向着汉王。

注释 ① 假王：代理为王，暂摄王位。 ② 算赋：即人头税。按规定，民年十五岁到五十六岁，每年每人出一百二十钱，为一算，供给车马兵甲之用。 ③ 北貉：同"北貊(mò)"。古代泛指北方民族，或认为北貉在朝鲜境内。 ④ 衾(qīn)：覆盖尸体的被单。

原文

项羽自知少助食尽，韩信又进兵击楚，羽患之。汉遣陆贾说羽，请太公，羽弗听。汉复使侯公说羽，羽乃

翻译

项羽自己知道，既处于孤立少有援助的地步，粮草又将食用殆尽，再加上韩信调动了兵马来进攻楚国，他深深忧虑这不利的形势。这时，汉王派遣陆贾

与汉约，中分天下，割洪沟以西为汉[①]，以东为楚。九月，归太公、吕后，军皆称万岁。乃封侯公为平国君。羽解而东归。汉王欲西归，张良、陈平谏曰："今汉有天下太半，而诸侯皆附，楚兵罢食尽，此天亡之时，不因其几而遂取之[②]，所谓养虎自遗患也。"汉王从之。

去劝说项羽，请求归还太公，项羽不答应。汉王又派侯公去劝说，项羽这才与汉订立和约，中分天下，划鸿沟为界，鸿沟以西是汉的国土，鸿沟以东是楚的地盘。九月，项羽将太公和吕后放回，全军山呼万岁。汉王于是封侯公为平国君。项羽解除了在广武一带驻扎的军队，领兵回东边去。汉王也准备西归，张良和陈平劝谏说："现今大半个天下都归汉家所有，诸侯又都归附我们，楚军既疲惫又缺乏粮饷，这正是天亡楚国的时候，如果不乘他们危难之际去消灭他们，就正像豢养老虎给自己留下了祸患。"汉王听从了他们的建议。

注释 ① 洪沟：即鸿沟，流经今河南中牟等县境，为古汴水的分流，即今贾鲁河。② 几：危，危机。

原文

五年冬十月，汉王追项羽至阳夏南止军[①]，与齐王信、魏相国越期会击楚，至固陵[②]，不会。楚击汉军，大破之。汉王复入壁，深堑而守。谓张良曰："诸侯不从，奈何？"良对曰："楚兵且破，

翻译

五年(前202)冬十月，汉王追击项羽来到阳夏南边便停止前进，他与齐王韩信、魏相国彭越约好了会合进攻楚国的时日，可是到了固陵还不见他们前来会合。楚军发起进攻，大败汉军。汉王又躲进城堡，深挖壕沟加强防守。汉王对张良说："诸侯不听我的，怎么办？"张良回答说："眼看楚军

未有分地[③]，其不至固宜。君王能与共天下，可立致也。齐王信之立，非君王意，信亦不自坚。彭越本定梁地，始君王以魏豹故，拜越为相国。今豹死，越亦望王，而君王不早定。今能取睢阳以北至谷城皆以王彭越[④]，从陈以东傅海与齐王信[⑤]，信家在楚，其意欲复得故邑。能出捐此地以许两人，使各自为战，则楚易败也。”于是汉王发使使韩信、彭越。至，皆引兵来。

就要彻底失败，而诸侯都还没有明确划分的封地，他们到期不来会合，这是该当如此的。君王若能够与他们共有天下，就可以马上使他们到来。韩信立为齐王，并非君王的意愿，韩信自己也知道他的王位不稳固，彭越本来打下了梁地，起初君王因为魏豹的缘故，只让他做了相国。现在魏豹已死，彭越也想做王，而君王却没有及早作出决定。如今若能拿出从睢阳以北到谷城一带的地盘作为彭越的王国领地，把陈县以东到海滨一带的疆土分给韩信，韩信家在楚国，他的心愿就是想得到故乡的土地。若能舍出这些地方答应给他们两人，让他们各人为自己的利益而战，楚军就容易打败了。”于是汉王派遣使臣出使韩信、彭越两处，使臣一到，两人就都领着大军前来。

注释 ① 阳夏(jiǎ)：县名，在今河南太康。 ② 固陵：县名，在今河南淮阳西北。 ③ 分地：明确划分的封地。 ④ 睢阳：县名，在今河南商丘南。谷城：县名，在今山东东阿。 ⑤ 陈：县名，在今河南淮阳。傅海：沿海。

原文

十一月，刘贾入楚地，围寿春[①]。汉亦遣人诱楚大司马周殷。殷畔楚，以舒屠

翻译

十一月，刘贾进入楚国境内，包围寿春。汉王也派人诱降楚国的大司马周殷。周殷反叛楚国，用舒地的兵众，

六[②],举九江兵迎黥布[③],并行屠城父[④],随刘贾皆会。

去屠杀六地的军民,又率领九江的军队去迎接黥布,并且在行军中又屠杀城父的军民,然后跟随刘贾一同去会师。

注释 ① 寿春:县名,在今安徽寿县。 ② 舒:地名,在今安徽舒城。六:地名,在今安徽六安。 ③ 九江:郡名,在今江苏、安徽两省长江以北、淮河以南一带,及江西省全境。 ④ 城父:地名,在今安徽亳州东南的城父村。

原文

十二月,围羽垓下[①]。羽夜闻汉军四面皆楚歌,知尽得楚地,羽与数百骑走,是以兵大败。灌婴追斩羽东城[②]。……汉王还至定陶,驰入齐王信壁,夺其军。……(春正月)下令曰:"楚地已定,义帝亡后,欲存恤楚众,以定其主。齐王信习楚风俗,更立为楚王,王淮北,都下邳。魏相国建城侯彭越勤劳魏民,卑下士卒,常以少击众,数破楚军,其以魏故地王之,号曰梁王,都定陶。"……

翻译

十二月,汉军将项羽围困在垓下。项羽在夜间听见四面的汉军都在唱楚歌,就知道汉王已经夺得了所有的楚地,于是他和几百名骑兵逃走,因此楚军大败。灌婴追击,在东城境内杀了项羽。……汉王回到定陶,即骑马闯入齐王韩信营中,夺了他的军权。……(春正月)汉王下令说:"楚地已经平定,义帝没有后人,要抚慰楚地的民众,以确定谁做他们的君主。齐王韩信熟知楚地民情风俗,改立他为楚王,统辖淮北地区,在下邳建都。魏相国建城侯彭越为魏国民众奔波劳苦,对士卒谦恭体恤,常常以少敌众,多次打败楚军,故此封他在原有魏地做王,号称梁王,在定陶建都。"……

注释 ① 垓(gāi)下：地名，在今安徽灵璧东南。 ② 东城：县名，在今安徽定远东南。

原文

于是诸侯王及太尉长安侯臣绾等三百人[①]，与博士稷嗣君叔孙通谨择良日二月甲午[②]，上尊号，汉王即皇帝位于氾水之阳[③]。……

翻译

于是，诸侯王及太尉长安侯臣卢绾等三百人，与博士稷嗣君叔孙通恭谨地择定了一个好日子，献上尊号，二月甲午这天，汉王在氾水之北登上了皇帝的宝座。……

注释 ① 绾：卢绾，汉臣。 ② 博士：秦汉均设博士，博士是有专门知识及品行合乎统治者要求的士人。叔孙通在秦时为博士，降汉后又拜为博士。 ③ 氾(fàn)水：济水的支流，在山东省。

原文

帝乃西都洛阳。夏五月，兵皆罢归家。……帝置酒雒阳南宫[①]。上曰："通侯诸将毋敢隐朕[②]，皆言其情。吾所以有天下者何？项氏之所以失天下者何？"高起、王陵对曰："陛下嫚而侮人[③]，项羽仁而敬人。然陛下使人攻城略地，所降下者，因以与之，与天下同利也。项羽妒贤嫉能，有功者

翻译

高帝于是西去洛阳，在那里建都。夏五月，所有的士兵都解散回家。……高帝在洛阳南宫大摆酒宴。高帝说："彻侯、将军们，不准瞒我，都说说自己的看法。我能取得天下，是什么缘故？姓项的之所以失去天下，又是什么缘故？"高起和王陵回答说："陛下傲慢，好侮辱人，项羽仁爱，能敬重人，然而陛下派人去攻城略地，谁攻下来的地盘，就把那地盘给谁，与天下人共享利益。项羽妒贤嫉能，谁有功就陷害谁，谁贤能就怀疑谁，打了胜仗不给人记功，得了

害之[4]，贤者疑之，战胜而不与人功，得地而不与人利，此其所以失天下也。”上曰：“公知其一，未知其二。夫运筹帷幄之中[5]，决胜千里之外，吾不如子房；填国家[6]，抚百姓，给饷馈，不绝粮道，吾不如萧何；连百万之众，战必胜，攻必取，吾不如韩信。三者皆人杰，吾能用之，此吾所以取天下者也。项羽有一范增而不能用，此所以为我禽也[7]。”群臣说服[8]。……

土地不给人好处，这就是他失掉天下的缘故。”高帝说：“你只知其一，不知其二。坐在军帐之中出谋划策，料定千里之外的胜负，我不如张良；镇守国家，安抚百姓，供给军饷，使粮道畅通，我不如萧何；联合百万大军，战必胜，攻必克，我不如韩信。他们三个都是杰出人才，而我却能够重用他们，这就是我能取得天下的缘故。项羽有一个范增却不能重用，这是他被我擒杀的缘故啊。”臣子们听了又高兴又佩服。……

注释 ① 雒阳：同“洛阳”。 ② 通侯：即彻侯，第二十级爵位名，后称列侯。 ③ 嫚：同“慢”，轻慢。 ④ 害：忌嫉。 ⑤ 夫（fú）：句首语气词，引出议论。 ⑥ 填：同“镇”，镇守。 ⑦ 禽：同“擒”。 ⑧ 说：同“悦”。

原文

戍卒娄敬求见，说上曰：“陛下取天下与周异，而都雒阳，不便，不如入关，据秦之固。”上以问张良，良因劝上。是日，车驾西都长安[1]。……

翻译

戍守边疆的士兵娄敬求见高帝，他对高帝说：“陛下取得天下跟周朝不同，在洛阳定都不合适，不如进关中，可以凭借秦地山川的险固。”高帝拿这件事问张良，张良因此劝谏高帝。就在当天，高帝乘车西行，定都长安。……

（六年冬十月）人告楚王信谋反，上问左右[②]，左右争欲击之。用陈平计，乃伪游云梦[③]。十二月，会诸侯于陈，楚王信迎谒，因执之。……上还至雒阳，赦韩信，封为淮阴侯。……

（六年[前201]冬十月）有人告发楚王韩信谋反，高帝征询大臣们的意见，大家都抢着要去讨伐韩信。高帝采纳陈平的计谋，于是假装巡游云梦。十二月，在陈县会见诸侯，楚王韩信亲自迎接拜见，高帝趁机将他捉拿。……高帝回到洛阳，就赦免了韩信，并封他为淮阴侯。……

注释　① 车驾：谓皇帝乘车而行。 ② 左右：指左右的大臣们。 ③ 云梦：古泽名，在今湖北京山以南，枝江以东，蕲春以西，及湖南华容以北地区。

原文

上已封大功臣二十余人，其余争功，未得行封。上居南宫，从复道上见诸将往往耦语[①]，以问张良。良曰："陛下与此属共取天下[②]，今已为天子，而所封皆故人所爱，所诛皆平生仇怨。今军吏计功，以天下为不足用遍封，而恐以过失及诛，故相聚谋反耳。"上曰："为之奈何？"良曰："取上素所不快，计群臣所共知最甚者一人，先封以示群臣。"三

翻译

高帝已经封了二十几位大功臣，其余的人互相争功，一时还没有行封。高帝住在南宫，从阁道上看见将军们常常聚在一起相互私语，就问张良。张良说："陛下跟这些人一同夺取天下，现在已经做了天子，而受封赏的都是旧友和最喜欢的人，被杀的人又都是陛下过去怨恨的仇人。现在将校们计量军功，以为天下之大不够用来普遍封赐有功的人，又担心因有过失而被杀，所以聚集在一起商量反叛的事。"高祖说："该怎么办呢？"张良说："可以选取陛下平素不喜欢而大家又都知道的那最为突出的一个人，先封他，以昭示臣下及将领们。"三月，高帝摆酒席，封了雍齿，并催

月，上置酒，封雍齿，因趣丞相急定功行封[③]。罢酒，群臣皆喜，曰：“雍齿且侯，吾属亡患矣[④]！”

促丞相快些审定各人的功劳以便行封。酒宴之后，臣子们都很欢喜，他们说：“雍齿既然封侯，我们这些人就没有顾虑了！”

注释 ① 复道：洛阳南宫上下有道，称复道，即架空的通道，也叫阁道。 ② 此属：此辈。 ③ 趣（cù）：同“促”，催促。 ④ 亡：同“无”。

原文

上归栎阳，五日一朝太公。太公家令说太公曰[①]：“天亡二日，土亡二王。皇帝虽子，人主也；太公虽父，人臣也。奈何令人主拜人臣！如此，则威重不行。”后上朝，太公拥彗[②]，迎门却行。上大惊，下扶太公。太公曰：“帝，人主，奈何以我乱天下法！”于是上心善家令言，赐黄金五百斤。……

（七年）二月，至长安。萧何治未央宫[③]，立东阙、北阙、前殿、武库、大仓[④]。上见其壮丽，甚怒，谓何曰：“天下匈匈[⑤]，劳苦数岁，成败未可知，是何治宫室过度

翻译

高帝回到栎阳，每五天朝拜一次太公。太公的家令劝谏太公说：“天上没有两个太阳，地上没有两个君王。皇帝虽然是儿子，但他是一国之主；太公虽然是父亲，也是国君的臣下。怎么可以叫君主拜候臣下呢！像这样下去，君主的威望就不能畅行。”以后高帝再来朝拜，太公就手持扫帚，到门口迎接，并往后倒退而行。高帝十分惊讶，连忙躬着身子搀扶太公。太公说：“皇帝是一国之主，怎么可以因为我的缘故扰乱天下通行的法度！”于是高帝感激家令说了那番话，就赐给他五百斤黄金。……

（七年［前 200］）二月，高帝到长安，萧何修未央宫，建立东阙、北阙、前殿、武库和大仓。高帝见构筑壮丽，大怒，对萧何说：“天下纷扰，老百姓劳苦多年，我们成功或是失败还不能确定，

也!”何曰:“天下方未定,故可因以就宫室[⑥]。且夫天子以四海为家,非令壮丽亡以重威[⑦],且亡令后世有以加也。”上说[⑧]。自栎阳徙都长安。……

为什么把宫殿修得这样过分华丽啊!”萧何说:“正因为现在天下还没有安宁,所以可以趁这时机建造好宫殿。四海之内都是天子的家业,不把宫殿修得壮丽华美就无以显示威严,这也是为了不叫后代子孙再超过它啊。”高帝听了很高兴。于是从栎阳迁都到长安。……

注释 ① 家令:官名。 ② 彗:扫帚。 ③ 未央宫:官名,遗址在今西安市汉长安城西南部的西安门里。 ④ 阙(què):皇宫前面两侧的楼台。 ⑤ 匈匈:动乱,纷扰。 ⑥ 就:成就。 ⑦ 亡:同“无”。 ⑧ 说:同“悦”。

原文

九年冬十月,淮南王、梁王、赵王、楚王朝未央宫,置酒前殿。上奉玉卮为太上皇寿[①],曰:“始大人常以臣亡赖[②],不能治产业,不如仲力[③]。今某之业所就孰与仲多?”殿上群臣皆称万岁,大笑为乐。……

翻译

九年(前198)冬十月,淮南王、梁王、赵王和楚王都来未央宫朝拜高帝,在前殿举行酒宴。高帝捧着玉酒杯向太上皇敬酒祝颂,他说:“起初父亲大人总以为我是个无赖,不能料理生产家业,不如老二得力。如今我所成就的产业和老二比哪一个多呢?”殿上的大臣们听了都呼万岁,开怀大笑为乐。……

注释 ① 卮(zhī):盛酒的饮器。 ② 亡赖:同“无赖”。 ③ 仲:旧时兄弟排行以伯、仲、叔、季为序。

原文

(十一年)春正月,淮阴

翻译

(十一年[前196])春正月,淮阴侯

侯韩信谋反长安，夷三族[1]。……

韩信在长安谋反，被杀灭三族。……

注释 ① 三族：指父族、母族、妻族。

原文

二月，诏曰："欲省赋甚。今献未有程[1]，吏或多赋以为献，而诸侯王尤多，民疾之。令诸侯王、通侯常以十月朝献，及郡各以其口数率[2]，人岁六十三钱，以给献费。"又曰："盖闻王者莫高于周文，伯者莫高于齐桓[3]，皆待贤人而成名[4]。今天下贤者智能岂特古之人乎[5]？患在人主不交故也，士奚由进[6]！今吾以天之灵，贤士大夫定有天下，以为一家，欲其长久，世世奉宗庙亡绝也。贤人已与我共平之矣，而不与吾共安利之，可乎？贤士大夫有肯从我游者，吾能尊显之，布告天下，使明知朕意。御史大夫昌下相国，相国酂侯下

翻译

二月，下诏令说："很想减少赋敛。现在的献赋都没有法规，有的官吏向百姓多收赋税，以贡献朝廷，而诸侯王所收尤多，民众以此为苦。命令诸侯王、彻侯定在十月朝贺贡献，和郡一样，各自按人口实数计算，每人一年出六十三钱，以供给献赋之费。"又说："听说帝王没有谁高过周文王，诸侯盟主没有谁高过齐桓公，他们都依靠贤人而成名，现在天下的贤人和智能之士，难道只有古代才有吗？可忧虑的就在于君主不去和他们交往，贤士们从哪里得到上进的途径啊！现在我靠着上天的威灵，贤士大夫助我平定了天下，天下成了一家，就想帝业长久，世世代代尊奉汉室宗庙，永不断绝。贤人们已经和我一起平定了天下，而不跟我共同治理国家，行吗？贤士大夫有愿与我交游的，我可以给他尊位，使他扬名。特为布告天下，让所有的人都知道我的心愿。由御史大夫昌将此事下达相国，相国酂侯下达

诸侯王[⑦]，御史中执法下郡守[⑧]，其有意称明德者[⑨]，必身劝，为之驾，遣诣相国府，署行、义、年。有而弗言，觉，免。年老癃病[⑩]，勿遣。”

诸侯王，御史中执法下达郡守，凡有思想行为合乎完美德行的，郡守要亲自前往劝勉，并且驾车遣送来京师相国府中，写明品行、容貌和年龄。如有这样的贤人而不上报，一经发觉，即行免官。年老体弱多病的，不要送来京城。”

注释　① 献：诸侯和王每年从所收算赋中抽取一定数量贡献给皇帝。程：法式。② 率：计算。③ 伯：同“霸”，诸侯盟主。④ 待：倚靠。⑤ 特：独。⑥ 奚：何，哪里。⑦ 酂侯：萧何。⑧ 御史中执法：即御史中丞。⑨ 明德：完美的德行。⑩ 癃(lóng)：衰弱多病。

原文

三月，梁王彭越谋反，夷三族。……六月，令士卒从入蜀、汉、关中者皆复终身。

秋七月，淮南王布反。……上赦天下死罪以下，皆令从军；征诸侯兵，上自将以击布。

十二年冬十月，上破布军于会缶[①]，布走，令别将追之[②]。

翻译

三月，梁王彭越谋反，被杀灭三族。……六月，命令士兵凡跟随高帝进入蜀、汉和关中的终身免服徭役。

秋七月，淮南王黥布反。……高帝赦免死罪以下的犯人，命令他们都去当兵；又征调了诸侯的兵，由高帝自己率领着去讨伐黥布。

十二年(前 195)冬，十月，高帝在会缶大败黥布的军队，黥布逃走，高帝派别将去追击他。

注释　① 会缶：乡名，属蕲县。② 别将：与主力军配合作战的部队的将领。

原文

上还，过沛，留，置酒沛宫，悉召故人父老子弟佐酒[①]。发沛中儿得百二十人，教之歌。酒酣，上击筑[②]，自歌曰："大风起兮云飞扬，威加海内兮归故乡，安得猛士兮守四方！"令儿皆和习之[③]。上乃起舞，忼慨伤怀[④]，泣数行下[⑤]。谓沛父兄曰："游子悲故乡[⑥]。吾虽都关中[⑦]，万岁之后吾魂魄犹思沛。且朕自沛公以诛暴逆，遂有天下，其以沛为朕汤沐邑[⑧]，复其民，世世无有所与[⑨]。"沛父老诸母故人日乐饮极欢，道旧故为笑乐。十余日，上欲去，沛父兄固请。上曰："吾人众多，父兄不能给。"乃去。沛中空县皆之邑西献。上留止，张饮三日[⑩]。沛父兄皆顿首曰："沛幸得复，丰未得，唯陛下哀矜[⑪]。"上曰："丰者，吾所生长，极不忘

翻译

高帝返回关中，路过沛县，就在那里住下来，在沛宫中设置酒宴，把当地的旧友和父老兄弟都召唤来饮酒助兴。找来一百二十个儿童，教他们唱歌。饮酒到兴奋时，高帝击筑，自己唱道："大风一起呀云彩飞扬，威加四海呀回到故乡，哪来勇士呀守卫四方！"高帝叫儿童们都跟着他唱和，伴着歌声，自己又跳起舞来，感慨伤心，不禁淌下眼泪。高帝对沛县的父老们说："离家远游的人总是怀念故乡。我虽然住在关中，将来就是死了，我的魂灵仍然会思念沛县。况且我是从这里起事做沛公，以至诛灭了暴虐不道的秦朝，才取得天下的，就把沛县作为我的汤沐邑吧，沛县的民众免服徭役，世世代代都不让他们负担徭役和赋税。"沛县的父老和老妇、老友天天痛饮尽欢，拿往日的旧事说笑取乐。住了十几天，高帝准备离去，沛县的父老兄弟执意不让走。高帝说："我的人太多，父老兄弟们供应不起。"这才离去。动身那天，整个沛县万人空巷，都到城镇的西头去奉献物品。高帝停留下来，扯起帷帐又宴饮了三天。沛县父老们都叩头说："沛县有福气，得以免除徭役，丰乡却没有免除，祈请陛下

耳。吾特以其为雍齿故反我为魏。"沛父兄固请之,乃并复丰,比沛。

哀怜。"高帝说:"丰乡是我生长的地方,最不能忘怀的了。我不过怨他们因雍齿的缘故反叛我顺从了魏。"沛县的父老们一再请求免丰乡徭役,高帝才答应同时免除丰乡人的徭役,和沛县一样。

注释 ① 佐酒:陪酒助兴。 ② 筑:古弦乐器名,十三弦,用竹尺敲击。 ③ 和(hè):跟着唱。 ④ 忼慨:同"慷慨",感慨。 ⑤ 泣:眼泪。 ⑥ 悲:顾念。 ⑦ 都:居住。 ⑧ 汤沐邑:收取赋税以供汤沐之费的私邑。 ⑨ 与:同"豫",参与,干预。 ⑩ 张:同"帐",帷帐。 ⑪ 矜(jīn):怜悯,同情。

原文

汉别将击布军洮水南北[①],皆大破之,追斩布番阳[②]。……

翻译

汉的别将在洮水南北攻击黥布军,都大败他们,追击黥布到番阳县境,将他杀死。……

注释 ① 洮水:湘水支流,在今湖南省。 ② 番阳:县名,在今江西鄱阳。

原文

上击布时,为流矢所中[①],行道疾。疾甚,吕后迎良医。医入见,上问医。曰:"疾可治。"于是上嫚骂之,曰:"吾以布衣提三尺取天下,此非天命乎?命乃在天[②],虽扁鹊何益!"遂不使

翻译

高帝亲自讨伐黥布时,曾经被流矢射中,在行军路上就病了。后来病情加重,吕后请来了医术高明的医生。医生入内看病,高帝问医生说:"病可以治好吗?"医生说:"可以治好。"于是高帝辱骂他,说:"我以一个平头百姓提着三尺剑夺得天下,这不是天命么?命只在上

治疾，赐黄金五十斤，罢之。吕后问曰："陛下百岁后[3]，萧相国既死，谁令代之？"上曰："曹参可。"问其次，曰："王陵可，然少戆[4]，陈平可以助之。陈平知有余[5]，然难独任。周勃厚重少文，然安刘氏者必勃也，可令为太尉[6]。"吕后复问其次，上曰："此后亦非乃所知也。"……

天掌握之中，即使是扁鹊那样的名医又有什么用！"因此不让治疗疾病，赐给医生五十斤黄金，让他走了。吕后问："陛下百年之后，萧相国死了，让谁来代替他？"高帝说："曹参可以。"吕后往下问，回答说："王陵可以，然而他刚直了些，陈平可以做他的助手。陈平才智有余，但难以单独担任要职。周勃忠厚稳重但缺少文才，然而将来安定刘家天下的必定是周勃，可让他做太尉。"吕后再往下问，高帝说："此后的事也不是你所能知道的了。"……

注释 ① 流矢：乱箭。 ② 乃：仅，只。 ③ 百岁后：指死后。 ④ 戆（zhuàng）：刚直。 ⑤ 知：同"智"。 ⑥ 太尉：官名，掌军事。

原文

夏四月甲辰，帝崩于长乐宫[1]。……

翻译

夏四月甲辰这天，高帝在长乐宫去世。……

注释 ① 崩：皇帝死叫崩。

原文

吕后与审食其谋曰："诸将故与帝为编户民[1]，北面为臣，心常鞅鞅[2]，今乃事少主，非尽族是[3]，天下不

翻译

吕后与审食其谋划说："将军们原先跟皇帝都是一样的编了户口的老百姓，后来却北面向皇帝称臣，内心经常怏怏不满，如今却要侍奉小皇帝，不把

安。"以故不发丧。人或闻，以语郦商。郦商见审食其曰："闻帝已崩，四日不发丧，欲诛诸将。诚如此，天下危矣。陈平、灌婴将十万守荥阳，樊哙、周勃将二十万定燕代，此闻帝崩，诸将皆诛，必连兵还乡[4]，以攻关中。大臣内畔，诸将外反，亡可蹻足待也。"审食其入言之，乃以丁未发丧，大赦天下。

五月丙寅，葬长陵。已下，皇太子群臣皆反至太上皇庙。群臣曰："帝起细微，拨乱世反之正[5]，平定天下，为汉太祖，功最高。"上尊号曰高皇帝。

这些人都阖族杀掉，天下不会安宁。"因此不发出高祖去世及举哀的告令。有人听说了，就去告诉郦商。郦商去见审食其，对他说："听说皇帝已经去世，过了四天还不举哀，吕后打算杀死诸位将军。果真如此，天下形势就危险了。陈平、灌婴领着十万大军驻守在荥阳，樊哙、周勃领二十万大军控制着燕地和代地，若听到皇帝去世、诸将被杀的消息，他们必定联军反向而西进，来攻打关中。这样大臣叛于内，诸侯反于外，汉室的灭亡将会很快地到来。"审食其进宫向吕后述说了郦商的话，便在丁未这天举哀，大赦天下。

五月丙寅这天，葬高祖于长陵。下葬完毕，皇太子及群臣都返回到太上皇庙。群臣说："皇帝由平民起事，拨乱反正，平定天下，是我汉朝的始祖，功勋最高。"于是献上崇高的谥号叫高皇帝。

注释 ① 编户民：编在户籍簿上的百姓。 ② 鞅鞅：不满足。 ③ 是：此。 ④ 乡：同"向"，朝向。 ⑤ 拨：治理。反：回复，回归。

原文

初，高祖不修文学，而性明达，好谋，能听，自监门戍卒，见之如旧。初顺民心

翻译

当初，高祖不学文墨，而性格明智豁达，好用谋略，能听取意见，即便守门的小吏或戍卒，也是一见如故。起初，

作三章之约。天下既定，命萧何次律令[①]，韩信申军法，张苍定章程[②]，叔孙通制礼仪，陆贾造《新语》[③]。又与功臣剖符作誓[④]，丹书铁契[⑤]，金匮石室[⑥]，藏之宗庙。虽日不暇给，规摹弘远矣[⑦]。

高祖顺应民心，立约而定法三章。统一天下之后，又命萧何编定法律条令，韩信申明军法，张苍审定各种规章制度，叔孙通制定朝廷礼仪，陆贾著《新语》。高祖又与功臣们立下凭证发愿起誓，把丹书铁券收在金柜石屋之内，藏于祖庙之中。虽然每天的时间都不够用，高祖对未来的规划还是宏大而长远的。

注释　① 次：编列。 ② 章程：章术法式。章，历数的章术；程，权衡丈尺斛斗的平正标准。 ③《新语》：陆贾时任太中大夫，刘邦命他著书总结历来兴亡成败的经验和教训，书成，名为《新语》。 ④ 剖符：一种竹制的凭证，剖分为二，各执其一。 ⑤ 丹书铁契：写有红字的铁券。 ⑥ 匮（guì）：柜子。 ⑦ 规摹：规模，规划。

苏 武 传

导读

苏武是中国历史上著名的民族英雄。汉武帝天汉元年(前100),奉命出使匈奴。被匈奴扣留十九年,历尽艰辛,持节不屈。《苏武牧羊》的故事,作为一曲爱国主义的颂歌,古今广为流传。

班固在《汉书》中,通过感人的史实,表现了苏武不屈节、不辱使命的英雄气节。记事详尽,感人至深。苏武是《汉书》中塑造得最成功的传记人物之一。(选自卷五四)

原文

武字子卿[①],少以父任[②],兄弟并为郎[③],稍迁至栘中厩监[④]。时汉连伐胡,数通使相窥观[⑤]。匈奴留汉使郭吉、路充国等[⑥],前后十余辈。匈奴使来,汉亦留之以相当。天汉元年,且鞮侯单于初立[⑦],恐汉袭之,乃曰:"汉天子我丈人行也[⑧]。"尽归汉使路充国等。武帝嘉其义,乃遣武以中郎将使持节送匈奴使留在汉者[⑨],

翻译

苏武,字子卿,年轻时因为父亲的官位被任职,兄弟三人都做了郎官,后来苏武逐渐地升为栘中厩监。当时汉朝接连讨伐匈奴,双方多次派遣使节互相侦探。匈奴先后扣留汉使郭吉、路充国等十几批人。匈奴使者来汉,汉朝也扣留他们以作抵偿。天汉元年(前100),且鞮侯单于刚刚登位,害怕汉朝趁机侵袭匈奴,就说:"汉朝皇帝是我的长辈!"并且全部送回被扣留的汉使路充国等人。汉武帝很赞赏他明白事理,于是派遣苏武以中郎将的身份持旄节出使匈奴,护送被扣留在汉朝的匈奴使

因厚赂单于,答其善意。武与副中郎将张胜及假吏常惠等募士斥候百余人俱[10]。既至匈奴,置币遗单于[11]。单于益骄,非汉所望也。

者回国,并借这个机会赠送给单于很丰厚的礼物,答谢他的好意。苏武与副中郎将张胜以及临时委任的下属官员常惠等,招募了兵士、侦察兵一百多人一起出发。到了匈奴后,把准备好了的财物送给单于。然而,单于却变得更加骄横了,根本不是汉朝所希望的那样。

注释 ① 武:苏武。事迹附于其父《苏建传》后。故文中不标其姓。 ② 父任:以父荫而担任官职。汉制,俸禄二千石以上的官吏,任满三年,可保任子弟为郎官。苏武的父亲苏建,封爵平陵侯,任代郡太守。因此苏武兄弟三人都被保任为郎官。 ③ 兄弟:此指苏嘉、苏武、苏贤三兄弟。郎:皇帝侍从官的通称。 ④ 移(yí)中厩监:官名。掌管宫中鞍马鹰犬射猎等用物。移中厩,西汉宫中马厩因设在移园中,故名移中厩。 ⑤ 数(shuò):多次,屡次。 ⑥ 郭吉:汉武帝元封元年(前110),出使匈奴被扣留。路充国:汉武帝元封四年(前107),出使匈奴被扣留。 ⑦ 且(jū)鞮(dī)侯单于:匈奴王。公元前100年继位。单(chán)于,匈奴君主的称号。 ⑧ 丈人行(háng):父辈,长辈。 ⑨ 节:又称节符,旄节。古代使臣所持信物,以竹为杆,上饰旄牛尾。 ⑩ 假吏:临时兼任的官。斥候:此指侦察兵。 ⑪ 遗(wèi):赠送。

原文

方欲发使送武等,会缑王与长水虞常等谋反匈奴中[1]。缑王者,昆邪王姊子也[2],与昆邪王俱降汉,后随浞野侯没胡中[3]。及卫律所将降者[4],阴相与谋劫单于母阏氏归汉[5]。会武等至匈

翻译

匈奴正要派使者护送苏武等人回国,适逢缑王与长水人虞常等人在匈奴谋反。缑王是昆邪王姐姐的儿子,曾经与昆邪王一起投降汉朝,后来又跟随浞野侯赵破奴出征匈奴,战败后沦落在匈奴。这时候缑王、虞常伙同卫律带领投降匈奴的官兵,暗中串通策划劫持单于

奴，虞常在汉时素与副张胜相知，私候胜曰[⑥]：“闻汉天子甚怨卫律，常能为汉伏弩射杀之。吾母与弟在汉，幸蒙其赏赐。”张胜许之，以货物与常。后月余，单于出猎，独阏氏子弟在。虞常等七十余人欲发，其一人夜亡，告之。单于子弟发兵与战。缑王等皆死，虞常生得。

的母亲投奔汉朝。恰巧遇上苏武等人到了匈奴，虞常在汉朝时一向与副使张胜熟识，就私下里拜访了张胜，对他说：“听说汉朝皇帝很怨恨卫律，我能为汉朝效力，用暗箭杀死他。我的母亲和弟弟在汉朝，希望他们能得到赏赐。”张胜赞许他们这样做，并送了一些财物给虞常。一个多月以后，单于出外打猎，只有后妃及王室子弟留在宫中。虞常等七十多人想趁机发难。他们当中有一个人夜里逃走了，告发了这件事。单于子弟发兵与他们战斗。缑王等人都战死了，只有虞常被活捉。

注释 ① 会：恰巧，适逢。虞常：西汉长水人，沦落匈奴。缑(gōu)王：匈奴亲王。长水：水名，在今陕西蓝田西北，流经长安东南。此地多胡人。 ② 昆邪王：匈奴亲王。 ③ 浞野侯：即汉将赵破奴的封爵。太原人。太初二年(前103)春率两万骑兵抗击匈奴，兵败后投降匈奴。 ④ 卫律：西汉长水胡人。投降匈奴后被封为丁灵王。 ⑤ 阏氏(yān zhī)：汉代匈奴王妻妾的称号。称单于母亲为母阏氏。 ⑥ 候：拜访。

原文

单于使卫律治其事[①]。张胜闻之，恐前语发[②]，以状语武[③]。武曰：“事如此，此必及我，见犯乃死[④]，重负国。”欲自杀，胜、惠共止之。

翻译

单于派卫律审理这个案子。张胜听到这个消息，害怕以前和虞常说的话被揭发出来，就把事情经过告诉苏武。苏武说：“事情已经弄成这样，这事必然要牵连我。到那时受侮辱而死，就更对

虞常果引张胜[⑤]。单于怒，召诸贵人议，欲杀汉使者。左伊秩訾曰[⑥]:“即谋单于，何以复加？宜皆降之。”单于使卫律召武受辞[⑦]，武谓惠等:“屈节辱命，虽生，何面目以归汉！”引佩刀自刺。卫律惊，自抱持武，驰召医。凿地为坎[⑧]，置煴火[⑨]，覆武其上，蹈其背以出血[⑩]。武气绝，半日复息。惠等哭，舆归营[⑪]。单于壮其节，朝夕遣人候问武，而收系张胜。

不起国家了。”苏武想要自杀，被张胜、常惠一起劝止住了。虞常果然牵扯上张胜。单于很生气，召集一些贵族商议，要杀汉朝使者。左伊秩訾说:“谋杀卫律就判处死罪，假若谋杀单于，那又怎样加重处罚呢？最好让他们全部投降匈奴。”于是单于派卫律招来苏武受审讯。苏武对常惠等人说:“丧失气节污辱了国家使命，即使活着，还有什么脸面回汉朝！”说完拔出佩刀就往身上刺。卫律大吃一惊，亲自抱住苏武，并派人骑马请来医生。医生吩咐在地上挖了个坑穴，坑内点起一堆小火，然后把苏武面朝下放在坑穴上，医生轻轻地敲击苏武的背，使淤血放出来。苏武一时气绝，半天才苏醒过来。常惠等人一面哭着一面把苏武抬回汉使的营帐。单于很赞赏苏武的气节，早晚派人问候苏武，却把张胜逮捕囚禁了。

注释 ① 治:审理。 ② 发:泄露。此指被揭发。 ③ 状:情形。 ④ 见犯:受到侮辱。 ⑤ 引:攀引，牵扯。 ⑥ 左伊秩訾:匈奴王号。 ⑦ 受辞:审讯口供。 ⑧ 坎:坑穴。 ⑨ 煴(yūn)火:没有火苗的小火堆。 ⑩ 蹈(tāo):同“搯”，叩，轻敲。 ⑪ 舆:此作动词用，抬。

原文

武益愈。单于使使晓

翻译

苏武的伤渐渐好了。单于派使臣通

武[①]，会论虞常[②]，欲因此时降武。剑斩虞常已，律曰："汉使张胜谋杀单于近臣，当死，单于募降者赦罪。"举剑欲击之，胜请降。律谓武曰："副有罪，当相坐[③]。"武曰："本无谋，又非亲属，何谓相坐？"复举剑拟之[④]，武不动。律曰："苏君，律前负汉归匈奴，幸蒙大恩，赐号称王，拥众数万，马畜弥山，富贵如此。苏君今日降，明日复然。空以身膏草野[⑤]，谁复知之！"武不应。律曰："君因我降，与君为兄弟，今不听吾计，后虽欲复见我，尚可得乎？"武骂律曰："女为人臣子[⑥]，不顾恩义，畔主背亲[⑦]，为降虏于蛮夷，何以女为见？且单于信女，使决人死生，不平心持正，反欲斗两主，观祸败。南越杀汉使者[⑧]，屠为九郡；宛王杀汉使者[⑨]，头县北阙；朝鲜杀汉使者[⑩]，即时诛灭。独匈奴未耳。若知我不降明[⑪]，欲令两国相

知苏武，参加审判虞常，想趁此机会迫使苏武投降。用剑斩了虞常之后，卫律宣布："汉朝副使张胜图谋暗杀单于的亲信大臣，判为死罪，受单于召募归降的人免罪。"说完，举剑要杀张胜，张胜请求投降。卫律又对苏武说："副使有罪，你也应当连坐。"苏武说："我本来没有同谋，又不是他们的亲属，怎么能说连坐？"卫律又举起剑，做出要杀苏武的样子，苏武毫不动摇。卫律说："苏君，我从前背叛汉朝归降匈奴，幸运地得到单于的恩典，赐我封号称为王，拥有部众几万人，马牛羊满山遍野，这样富贵荣华。您今日归降匈奴，明天也会像我这样。如若不然，白白地葬身在荒漠草原当肥料，谁还会知道你呢！"苏武不理他。卫律又说："您依靠我的引荐归降匈奴，我与您结拜为兄弟，如果今天不听我的劝告，以后即使想再见到我，还会有可能吗？"苏武大骂卫律说："你身为汉朝臣子，不顾念朝廷的恩惠，不守信义，叛逆国家，背弃亲友，甘愿在匈奴当降附之人，要见你作什么？况且单于信任你，让你裁决人的生死，你不但不主持正义，反而想挑起两国君主互相攻打，你旁观祸败。南越曾经杀了汉朝使者，结果被汉朝消灭，划为九个郡；大宛王杀了汉朝使者，被汉朝杀了，头颅悬挂在汉宫的北阙下示众；

攻，匈奴之祸从我始矣。”

朝鲜杀了汉朝使者，也很快就被汉朝讨平。如今只有匈奴还没有被讨伐了。你明知道我不会投降却以死相逼，就是企图让两国互相征战，看来匈奴的灾祸，就要从我身上开始了。”

注释 ① 晓：通知。 ② 会论：共同审判。论，定罪。 ③ 相坐：也叫连坐。一人犯法，株连其他人同时治罪。 ④ 拟：比划。此处指用兵器作杀人的样子。 ⑤ 膏：肥沃。这里作动词用。 ⑥ 女（rǔ）：同“汝”，你。 ⑦ 畔：同“叛”，背叛。 ⑧ 南越杀汉使者：南越，汉代国名，在今广东、广西一带。元鼎五年（前 112），南越相吕嘉杀南越王及汉使者，自立为王。次年，汉武帝派兵讨伐南越，斩吕嘉，并把南越改置为南海、苍梧、郁林、合浦、交阯、九真、日南、珠厓、儋耳九郡。 ⑨ 宛王杀汉使者：宛，即大宛，西域国名。汉武帝太初元年（前 104）秋，宛王毋寡杀汉使车令。武帝大怒，于太初三年（前 102），派大将李广利讨伐大宛。次年，李广利获胜携毋寡首级回京师。 ⑩ 朝鲜杀汉使者：武帝元封二年（前 109），朝鲜王右渠杀汉使涉河。汉武帝派兵讨伐朝鲜，右渠部下杀了右渠后投降。 ⑪ 若：你。

原文

律知武终不可胁，白单于[①]。单于愈益欲降之，乃幽武置大窖中[②]，绝不饮食[③]。天雨雪[④]，武卧啮雪与旃毛并咽之[⑤]，数日不死，匈奴以为神，乃徙武北海上无人处[⑥]，使牧羝[⑦]，羝乳乃得归[⑧]。别其官属常惠等，各置他所。

翻译

卫律知道苏武到底不能因威胁而投降，就报告了单于。单于越发想招降苏武，于是把苏武囚禁在一个空地窖里，断绝他的吃喝。天下着雪，苏武躺在地窖里，口中咬着雪和着毡毛一起吞咽，过了好多天也没死。匈奴以为有神保佑，于是把苏武流放到荒无人迹的北海边上，让他放牧公羊，声言待公羊生育之后才得归来。苏武的其他随员常惠等分别隔开，囚禁在别的地方。

注释 ① 白：下对上陈述。 ② 幽：囚禁。窖（jiào）：蓄存粮食的地穴。此指空窖。 ③ 饮食：指吃饭、喝水。皆作及物动词用。 ④ 雨雪：落雪。雨，作动词用。 ⑤ 旃（zhān）：同“毡”，毛织物。 ⑥ 北海：即今俄罗斯的贝加尔湖。为当时匈奴最北方，故名北海。 ⑦ 羝（dī）：公羊。 ⑧ 乳：生育。

原文

武既至海上，廪食不至[①]，掘野鼠去草实而食之[②]。杖汉节牧羊，卧起操持，节旄尽落。积五六年，单于弟于靬王弋射海上[③]。武能网纺缴[④]，檠弓弩[⑤]，于靬王爱之，给其衣食[⑥]。三岁余，王病，赐武马畜服匿穹庐[⑦]。王死后，人众徙去。其冬，丁令盗武牛羊[⑧]，武复穷厄。

翻译

不久苏武到了北海边上，匈奴断绝了对他的粮食供应，苏武只好挖野鼠所蓄藏的草籽充饥。他每天都拄着汉朝的旄节牧羊，因为早晚都握在手中，连旄节上的旄尾都脱落光了。这样又过了五六年，单于的弟弟于靬王到北海边射猎。因为苏武能结网纺丝线，并善于矫正弓弩，经常为于靬王修补猎具，于靬王很喜欢他，就供给他一些衣服食物。过了三年多，于靬王病了，赏赐给苏武一些马牛羊、陶罐、帐篷等物。后来于靬王死了，他的部下也纷纷迁移离开北海。这年冬天，丁令部落盗走了苏武的牛羊，从此苏武又陷于穷困之中。

注释 ① 廪食：官方供给的粮食。廪，官方供给。此作动词用。 ② 去（jǔ）：同“弆”，收藏。草实：草籽。一说野生果食。 ③ 于（wū）靬（jiān）王：且鞮侯单于的弟弟。弋：指用带绳子的箭射。 ④ 网：据王念孙《汉书补注》考证应为“结网”，漏“结”字。此说可取。缴：生丝线绳。弋射时箭尾所用的丝线。 ⑤ 檠（qíng）：本指矫正弓弩用的器具。此处作动词用，当作“矫正”解。 ⑥ 给（jǐ）：供给，供应。 ⑦ 服匿：盛酒酪的器具。小口，大腹，方底。穹庐：圆顶帐篷。 ⑧ 丁令：匈奴部落名，又作“丁灵”。据说卫律投降匈奴后，被单于封为丁灵王。

原文

初，武与李陵俱为侍中[①]，武使匈奴明年，陵降，不敢求武。久之，单于使陵至海上，为武置酒设乐，因谓武曰：“单于闻陵与子卿素厚，故使陵来说足下[②]，虚心欲相待。终不得归汉，空自苦亡人之地[③]，信义安所见乎？前长君为奉车[④]，从至雍棫阳宫[⑤]，扶辇下除[⑥]，触柱折辕，劾大不敬[⑦]，伏剑自刎[⑧]，赐钱二百万以葬。孺卿从祠河东后土[⑨]，宦骑与黄门驸马争船[⑩]，推坠驸马河中溺死，宦骑亡，诏使孺卿逐捕不得，惶恐饮药而死。来时，大夫人已不幸[⑪]，陵送葬至阳陵[⑫]。子卿妇年少，闻已更嫁矣。独有女弟二人[⑬]，两女一男，今复十余年，存亡不可知。人生如朝露，何久自苦如此！陵始降

翻译

当初，苏武与李陵都在汉朝做过侍中，苏武出使匈奴的第二年，李陵投降了匈奴，不敢寻访苏武，过了很久，单于让李陵到北海边上，置办酒宴，陈设乐舞款待苏武，席间李陵对苏武说：“单于听说我与子卿一向交情深厚，所以叫我来劝说您，单于很想以礼相待。您终究回不了汉朝，白白地在这荒无人迹的地方受苦，您所守的信义又有谁知道呢？前些时候，你的大哥做奉车都尉，跟随皇帝到雍城的棫阳宫，扶着车辇下殿阶时，撞在柱子上，车辕撞断了，被控告犯了大不敬的罪，他用剑自杀了，只赐钱二百万用来安葬。你的弟弟跟随皇帝到河东郡祭祀土地神，一个骑马的宦官和黄门驸马争夺船只，宦官把黄门驸马推落河里淹死了，宦官畏罪逃亡，皇帝下令让孺卿追踪缉捕，没有捕获，孺卿惶恐害怕，服毒药自杀了。我来的时候，您母亲也已经去世，我送葬到了阳陵。您的妻子还很年轻，听说已经改嫁了。只剩下您的两个妹妹，两个女儿，一个儿子，如今已经又过了十多年，死活也不知道。人生像早晨的露水那样

时，忽忽如狂[14]，自痛负汉，加以老母系保宫[15]，子卿不欲降，何以过陵？且陛下春秋高[16]，法令亡常[17]，大臣亡罪夷灭者数十家[18]，安危不可知，子卿尚复谁为乎？愿听陵计，勿复有云。”武曰：“武父子亡功德[19]，皆为陛下所成就，位列将，爵通侯[20]，兄弟亲近[21]，常愿肝脑涂地。今得杀身自效，虽蒙斧钺汤镬[22]，诚甘乐之。臣事君，犹子事父也，子为父死亡所恨[23]。愿勿复再言。”陵与武饮数日，复曰：“子卿壹听陵言[24]。”武曰：“自分已死久矣[25]！王必欲降武[26]，请毕今日之欢，效死于前[27]！”陵见其至诚，喟然叹曰[28]：“嗟乎[29]，义士！陵与卫律之罪上通于天。”因泣下沾衿[30]，与武决去[31]。

短促，何必这样长久地自讨苦吃！我刚刚投降匈奴的时候，整日心神恍惚像发狂一样，因痛心自己对不起汉朝，又加上老母亲被囚禁在监狱里。你如今不想投降的心情，怎么能超过我呢？况且，皇上年岁大了，法令没有定准，朝中大臣无罪而被诛灭全族的有几十家，连自己的安危都难以预料，子卿还为谁这样吃苦受罪呢？希望您听我的劝告，不要再固执下去了。”苏武说：“我苏武父子没有什么功德，都是因为皇帝的栽培，我父亲才做了将军，被封为彻侯，我兄弟三人也都做了朝廷的近臣，我常希望有机会为国家抛头颅洒热血。现在有了杀身报国的机会，即使遭受巨斧砍、汤锅烹的极刑，也实在是甘心乐意这样献身。大臣侍奉君王，像儿子侍奉父亲，儿子为父亲而死没有什么遗憾的。希望你不要再劝说我了。”李陵陪苏武喝了几天酒，又对苏武说：“子卿，你一定要听我的话呀。”苏武说：“我认定自己已经早死了！大王一定要使我投降，请在今天尽情欢宴之后，让我死在您的面前。”李陵见苏武这样赤诚，长叹一声说：“哎，真是忠义之士啊！我李陵与卫律罪恶滔天。”因而泪湿衣襟，与苏武告别离去了。

注释 ① 李陵:西汉将领。汉武帝时为骑都尉。天汉二年(前99)率兵出征匈奴,陷入重围,奋勇突围九昼夜,终因寡不敌众,被迫投降。公元前74年死在匈奴。其事迹附于《汉书·李广传》后。侍中:官名。自列侯以下至郎中的加官,侍从皇帝左右,出入宫廷,应对顾问。 ② 说(shuì):劝说。足下:同辈相称的敬辞。 ③ 亡:同“无”。 ④ 长君:苏武的长兄苏嘉。奉车:奉车都尉的省称。官名,掌管皇帝出行时的车驾。 ⑤ 雍:县名,在今陕西凤翔。棫(yù)阳宫:秦宫名,在雍县东北,汉代尚存。 ⑥ 辇(niǎn):原指用人拉的车,汉以后特指帝王乘坐的车。除:台阶,此指殿阶。一说,指门与屏风之间。 ⑦ 大不敬:不敬皇帝的罪名。 ⑧ 伏剑:用剑自杀。伏,同“服”,使用。 ⑨ 孺卿:苏武的弟弟苏贤。祠:祭祀。河东:郡名。河东郡在今陕西境内。后土:指土地神。 ⑩ 宦骑(jì):指侍卫皇帝的宦官骑马者。黄门:本指黄色宫门,此指宫廷养马处。驸马:官名。汉武帝时置驸马都尉,掌管皇宫副车车马。 ⑪ 大(tài)夫人:太夫人。汉制,列侯之母称太夫人。此指苏武的母亲。 ⑫ 阳陵:长安东北弋阳山,在今陕西咸阳东。苏氏葬地在阳陵。 ⑬ 女弟:妹妹。 ⑭ 忽忽:恍惚。失意的样子。 ⑮ 保宫:拘禁犯罪的大臣及家属的监狱。 ⑯ 春秋:指年龄。 ⑰ 亡:同“无”。 ⑱ 亡:同“无”。 ⑲ 亡:同“无”。 ⑳ 通侯:爵位名,即“彻侯”。因避汉武帝刘彻讳,改称通侯。汉代爵分二十级,以彻侯为最尊。 ㉑ 亲近:指皇帝亲信的侍臣。 ㉒ 钺(yuè):古代一种形似大斧的兵器。 ㉓ 亡:同“无”。 ㉔ 壹:犹“一定”,表示决定。 ㉕ 分(fèn):料想。 ㉖ 王:指单于王。一说,指李陵。匈奴封李陵为右校王,故称之为王。 ㉗ 欢:此指宴饮。效:致。 ㉘ 喟(kuì):叹息声。 ㉙ 嗟(jiē)乎:叹词。 ㉚ 衿:同“襟”。 ㉛ 决:辞别。

原文

陵恶自赐武[①],使其妻赐武牛羊数十头。后陵复至北海上,语武:“区脱捕得云中生口[②],言太守以下吏

翻译

李陵羞于亲自馈赠苏武礼物,让妻子送给苏武几十头牛羊。后来李陵又来到北海上,告诉苏武说:“在边界捕获到云中郡的俘虏,据说汉朝太守以下的

民皆白服，曰上崩[3]。”武闻之，南乡号哭[4]，欧血，旦夕临[5]。

官民都穿着孝服，说是皇上去世了。”苏武听到这个消息，面向南方大声号哭，口吐鲜血，每天早晚都这样痛哭。

注释 ① 恶(wù)：羞恶，愧恶。 ② 区(ōu)脱：匈奴语，指汉朝与匈奴连界处所建的土堡哨所。因此也称边界地区为区脱。云中：郡名，在今内蒙古自治区南部。生口：犹“活口”，即俘虏。 ③ 崩：帝王死称崩。 ④ 乡(xiàng)：面向。 ⑤ 临：哭吊。

原文

数月昭帝即位。数年[1]，匈奴与汉和亲。汉求武等，匈奴诡言武死。后汉使复至匈奴，常惠请其守者与俱，得夜见汉使，具自陈道。教使者谓单于，言天子射上林中[2]，得雁，足有系帛书，言武等在某泽中[3]。使者大喜，如惠语以让单于[4]。单于视左右而惊，谢汉使曰[5]：“武等实在。”于是李陵置酒贺武曰：“今足下还归，扬名于匈奴，功显于汉室，虽古竹帛所载[6]，丹青所画[7]，何以过子卿！陵虽驽怯[8]，令汉且贳陵罪[9]，全其老母，使得奋大辱之积志，

翻译

过了几个月，昭帝继位。过了八年，匈奴与汉朝和好结亲。汉朝要求匈奴放回苏武等人，匈奴谎称苏武死了。后来汉朝使者又到了匈奴，常惠听说后，请求看守一起夜里去见汉使，这样才有机会把全部情况向汉使陈述。常惠教汉使对单于说，说是皇上在上林苑射猎，射下一只大雁，雁的脚上系着帛书，上面写着苏武等人仍然活在荒泽中。汉使听到这个主意很高兴，按照常惠教的话责问单于。单于看着左右的人，感到很吃惊，向汉使道歉说：“苏武他们确实还活着。”于是李陵备办酒宴向苏武贺喜，说：“如今您返回汉朝，威名扬于匈奴，功勋显赫于汉室，即使是古代史书中记载的图画上画的英雄豪杰，又谁能超过子卿呢！我李陵虽然才能低下生性懦弱，假使当年汉朝廷姑且宽恕我的罪行，保全我的老母亲，让我

庶几乎曹柯之盟[10]，此陵宿昔之所不忘也[11]。收族陵家[12]，为世大戮，陵尚复何顾乎？已矣！令子卿知吾心耳。异域之人，壹别长绝[13]！”陵起舞，歌曰：“径万里兮度沙幕[14]，为君将兮奋匈奴[15]。路穷绝兮矢刃摧，士众灭兮名已隤[16]。老母已死，虽欲报恩将安归！”陵泣下数行，因与武决[17]。单于召会武官属，前以降及物故[18]，凡随武还者九人。

能把忍受耻辱积郁在心里的报国之志施展出来，也许我能像曹沫在柯邑结盟时一样，为国家作出贡献，这正是我往日不忘怀的想法啊。但是汉朝收捕族灭了我全家，活在世上蒙受奇耻大辱，我李陵还有什么留恋的呢？一切都完了！我向您诉说，只是让您了解我的内心罢了。从此，你我成为两个国家的人，今日一别就是永别了！”李陵说完起身舞剑，歌唱道：“跋涉万里啊渡过沙漠，为君王领兵啊奋战匈奴。被困峡谷啊刀折剑摧，众将士捐躯啊我失名节。老母已惨死，虽想报国啊哪里是归宿！”李陵唱罢泪流满面，就此与苏武诀别。单于召集苏武及随从官员，除去先前已经投降的和死去的，随苏武回国的一共有九个人。

注释 ① 昭帝：武帝小儿子，名弗陵。公元前 87 年继位。 ② 上林：秦苑名。汉武时扩建，供皇帝春秋游猎。在今陕西西安的长安、周至、鄠邑一带。 ③ 某泽中：王念孙《汉书补注》考证，“某”当为“荒”字之误，某泽即荒泽，指北海上。 ④ 让：责备，责问。 ⑤ 谢：道歉。 ⑥ 竹帛：竹简，白绢。古代无纸，用以书写文字。后来竹帛也指书册、史籍。 ⑦ 丹青：绘画用的颜料。 ⑧ 驽：本指能力低下的劣马，此处比喻人的才能低下。 ⑨ 令：假使。贳(shì)：赦免，宽恕。 ⑩ 庶几：几乎，也许。曹柯之盟：春秋时，鲁庄公十三年，齐桓公和鲁庄公在柯邑结盟，曹沫为鲁庄公胁迫齐桓公归还鲁国失地，取得胜利。此处，李陵以曹沫自喻，说明想立功赎罪。曹沫，《左传》作“曹刿”。 ⑪ 宿昔：往日，向来。 ⑫ 族：灭族，诛杀全家族。 ⑬ 壹：一旦。 ⑭ 径：走过，穿过。沙幕(mò)：同“沙漠”。 ⑮ 将(jiàng)：带兵。 ⑯ 隤

(tuí):坠落。 ⑰ 决:同“诀”,永别。 ⑱ 物故:死去。

原文

武以始元六年春至京师。诏武奉一太牢谒武帝园庙[①],拜为典属国[②],秩中二千石[③],赐钱二百万,公田二顷,宅一区[④]。常惠、徐圣、赵终根皆拜为中郎,赐帛各二百匹。其余六人老归家,赐钱人十万,复终身[⑤]。常惠后至右将军,封列侯,自有传。武留匈奴凡十九岁,始以强壮出,及还,须发尽白。

翻译

苏武在始元六年(前81)春天回到京师。汉昭帝命令苏武供奉一份太牢祭品谒拜武帝陵庙,并任命苏武做了典属国,享受中二千石级别的俸禄,赏赐钱二百万,公田二顷,住宅一所。常惠、徐圣、赵终根都被任命为中郎,各赐帛二百匹。其余六个人因为年老,让他们返回故乡,各赐钱十万,终生免除徭役。常惠后来官至右将军,封了侯,《汉书》另外有他的传记。苏武被扣留在匈奴共十九年,出使匈奴时正是壮年,到返回汉朝的时候,胡须和头发已经全都白了。

注释 ① 太牢:以牛羊猪三牲为祭品祭祀称太牢。园庙:皇帝墓地所在的宗庙。园,帝王墓地。 ② 典属国:官名,掌管归附的各外族属国事务。 ③ 秩中二千石:汉代二千石的官秩分为三等。最高一等是中二千石,次为二千石,再次为比二千石。秩,俸禄。 ④ 区(qū):建筑物的量词。相当于“一所”“一栋”。 ⑤ 复:免除赋税或徭役。

原文

武来归明年,上官桀子安与桑弘羊及燕王、盖主谋反[①]。武子男元与安有谋,坐死[②]。

翻译

苏武回国的第二年,上官桀、上官安父子与桑弘羊、燕王旦、盖主策划造反。苏武的儿子苏元与上官安同谋,被牵连处死。

注释 ① 上官桀：陇西上邽（今甘肃天水）人，武帝末年被封为安阳侯。受武帝遗诏与霍光共同辅佐幼主。其子上官安，娶霍光之女，生女六岁，即为昭帝皇后，上官安因为是皇后的父亲，被封为桑乐侯。上官桀父子阴谋杀霍光，废昭帝，立燕王。事败后，灭族。桑弘羊：武帝时为侍中，因为善理财务，做了治粟都尉，领大农丞，掌管全国盐铁和运输。昭帝时，与上官桀谋反，被杀。燕王：名旦，武帝的四子，昭帝之兄。为了夺取皇位与上官桀等谋反，事败自杀。盖主：武帝长女，盖侯之妻，故称盖主。 ② 坐死：被牵连处死。

原文

初桀、安与大将军霍光争权[①]，数疏光过失予燕王[②]，令上书告之。又言苏武使匈奴二十年不降[③]，还乃为典属国，大将军长史无功劳[④]，为搜粟都尉[⑤]，光颛权自恣[⑥]。及燕王等反诛，穷治党与[⑦]，武素与桀、弘羊有旧，数为燕王所讼，子又在谋中，廷尉奏请逮捕武[⑧]。霍光寝其奏[⑨]，免武官。

翻译

当初上官桀父子与大将军霍光争权，上官桀屡次把霍光的过失逐条记录下来交给燕王，让燕王上书告发霍光。又说苏武在匈奴被扣留二十年不投降，回国后仅仅封了个典属国的官，霍光府中的长史杨敞没有什么功劳，却做了搜粟都尉，霍光太专权为所欲为了。到了燕王等人谋反被杀以后，朝廷追究参加谋反的人，因为苏武一向与上官桀、桑弘羊有老交情，燕王曾多次为苏武功高赏薄向皇帝申诉，儿子苏元又参加过谋反，廷尉上奏昭帝请求逮捕苏武。霍光扣下了廷尉的奏章，只免了苏武的官。

注释 ① 霍光：西汉政治家。汉武帝死后，辅佐昭帝、宣帝，执政二十年。 ② 疏：分条记录下来。 ③ 苏武使匈奴二十年不降：实为十九年。二十年取其整数。 ④ 长史：官名。西汉时，丞相府、将军府等各有长史。此指霍光府中长史杨敞。 ⑤ 搜粟都尉：官名，又名治粟都尉，掌管军粮。 ⑥ 颛：同“专”。 ⑦ 党与：同党的人。 ⑧ 廷尉：官名，掌刑狱。 ⑨ 寝：搁置，扣下不发。

原文

数年，昭帝崩，武以故二千石与计谋立宣帝，赐爵关内侯，食邑三百户[①]。久之，卫将军张安世荐武明习故事[②]，奉使不辱命，先帝以为遗言。宣帝即时召武待诏宦者署[③]，数进见，复为右曹典属国[④]。以武著节老臣，令朝朔望[⑤]，号称祭酒[⑥]，甚优宠之。

翻译

过了几年，昭帝去世了，苏武因为是昭帝时的老臣，参与了谋划立宣帝的事，赐爵号关内侯，拥有三百户的封地。过了很久，卫将军张安世向皇帝推荐，说苏武很熟悉过去的典章制度，出使匈奴不玷辱皇帝的命令，先帝以此特为遗言。宣帝立即命令苏武在宦者署等候宣召。苏武多次被皇帝召见，再次被任命为右曹典属国。因为苏武是有名望的持节老臣，皇帝命令他每逢初一、十五上朝，专管朔望谒见之礼，称他祭酒，对他很优待尊宠。

注释 ① 食邑：卿大夫的封地。收其赋税而食，故名食邑。 ② 张安世：昭帝时封为富平侯，宣帝时封为大司马。事见《汉书·张汤传》。明习故事：了解熟悉过去的典章制度。 ③ 宦者署：宦者令的衙署，靠近皇宫。 ④ 右曹：属于尚书令下设的官，加衔。 ⑤ 朔望：指朔望朝谒之礼。朔，农历每月初一；望，农历每月十五。 ⑥ 祭酒：对年长有德位尊者的敬称。

原文

武所得赏赐，尽以施予昆弟故人，家不余财。皇后父平恩侯、帝舅平昌侯、乐昌侯、车骑将军韩增、丞相魏相、御史大夫丙吉皆敬重武[①]。武年老，子前坐事死，

翻译

苏武得到的赏赐财物，全部送给兄弟及故交，家里没有多余的钱财。皇后的父亲平恩侯、皇帝的舅舅平昌侯、乐昌侯、车骑将军韩增、丞相魏相、御史大夫丙吉都很敬重苏武的为人。苏武年纪老了，儿子以前因为参加谋反被处

上闵之，问左右："武在匈奴久，岂有子乎？"武因平恩侯自白："前发匈奴时，胡妇适产一子通国，有声问来[②]，愿因使者致金帛赎之。"上许焉。后通国随使者至，上以为郎。又以武弟子为右曹。武年八十余，神爵二年病卒。

死，皇帝很怜悯他，问左右大臣："苏武在匈奴那么久，可有儿子吗？"苏武通过平恩侯向皇帝陈述说："当初从匈奴回国时，匈奴妻子刚刚生了一个儿子名叫通国，有音信来，希望通过使者送金帛赎回他。"皇帝允许了苏武的请求。后来通国随使者回到汉朝，皇上封他做了郎官。又封苏武弟弟的儿子为右曹。苏武活到八十多岁，在神爵二年（前60）病逝。

注释 ① 平恩侯：许伯。平昌侯：王无故。乐昌侯：王无故的弟弟王武。 ② 声问：音信，消息。

张 骞 传

导读

汉武帝时，由于国力强盛，改变以往的消极和亲政策，开始对匈奴发起攻势。为了联络西迁的大月氏，相约共同夹击匈奴，张骞于建元二年(前139)奉命出使。他穿过河西走廊、天山南路，翻越葱岭，经大宛、康居，到达位于阿姆河上中游的大月氏和大夏。行程数万里，历时十三年，其间途经匈奴时两次被扣留，共达十一年之久，然而张骞坚贞不屈，终于回到汉朝。元狩四年(前119)，张骞再次出使。他率领庞大的使团，携带价值数千万的财物，跋涉万里，抵达位于伊犁河流域和伊塞克湖一带的乌孙，然后又分别派出副使前往大宛、康居、月氏、大夏等国。张骞两次出使，加强了中原与西域各族的联系，发展了汉朝与中亚各国人民的友好关系，促进了我国与西方的经济文化交流。(选自卷六一)

原文

张骞，汉中人也[①]，建元中为郎[②]。时匈奴降者言匈奴破月氏王[③]，以其头为饮器，月氏遁而怨匈奴，无与共击之。汉方欲事灭胡[④]，闻此言，欲通使，道必更匈奴中[⑤]，乃募能使者。骞以郎应募，使月氏，与堂邑氏

翻译

张骞，是汉中人，武帝建元年间在朝廷做郎官。当时，匈奴投降汉朝的人说，匈奴打败了月氏王，拿他的头骨做饮器，月氏遁逃远走而怨恨匈奴，但无人援助他们共同攻击匈奴。汉朝正打算消灭匈奴，听到这个消息，就想派使臣与月氏联系，而使者来往的道路必须经过匈奴，便招募不怕凶险能胜任出使的人。张骞以郎官的资格应募，出使月

奴甘父俱出陇西[6]。径匈奴[7]，匈奴得之，传诣单于[8]。单于曰："月氏在吾北，汉何以得往使？吾欲使越，汉肯听我乎？"留骞十余岁，予妻，有子，然骞持汉节不失[9]。

氏，与堂邑氏的家奴甘父一道从陇西出发。经过匈奴时，匈奴截获他们，把他们押送到单于那里。单于说："月氏在我北边，汉朝怎么能够前往通使呢？比如我要派人出使南越，你们汉朝肯让我随便通过吗？"于是把张骞扣留了十多年。匈奴单于给张骞择配妻室，张骞有了儿子，但他始终保持着汉使的节操，不肯投降。

注释 ① 汉中：今陕西汉中东。 ② 郎：帝王的侍从官。 ③ 月氏（zhī）：也作"月支"，古代西域国名。秦汉之际居敦煌与祁连间。汉文帝时被匈奴击败，大部分人西迁至今新疆伊犁河上游，占据塞种故地，称大月氏；少数没有西迁的人进入祁连山，称小月氏。 ④ 胡：古代对北方和西方各族的泛称。这里指匈奴。 ⑤ 更（gēng）：经过。 ⑥ 堂邑氏奴甘父：堂邑氏的奴仆，名甘父。 ⑦ 径：取道，路过。 ⑧ 诣（yì）：到。 ⑨ 节：古代使臣持的表明身份的凭证。

原文

居匈奴西，骞因与其属亡乡月氏[1]，西走数十日至大宛[2]。大宛闻汉之饶财，欲通不得，见骞，喜，问欲何之。骞曰："为汉使月氏而为匈奴所闭道，今亡，唯王使人道送我[3]。诚得至，反汉，汉之赂遗王财物不可胜言[4]。"大宛以为然，遣骞，为

翻译

张骞的住地在匈奴西部，于是他和随从人员乘机朝月氏方向逃走，他们往西走了几十天便到了大宛。大宛早就听说汉朝财物富饶，想通使而不可得，见到张骞，十分高兴，便问他们要去什么地方。张骞说："我们为汉朝出使月氏，可是匈奴不许我们通过。现在我们逃了出来，希望大王派人引路，护送我们。如能到达月氏，等我们返回汉朝后，汉朝馈送给大王的财物是说不尽

发译道，抵康居[⑤]。康居传致大月氏。大月氏王已为胡所杀，立其夫人为王。既臣大夏而君之[⑥]，地肥饶，少寇，志安乐，又自以远远汉[⑦]，殊无报胡之心。骞从月氏至大夏，竟不能得月氏要领[⑧]。

的。"大宛认为说得对，就遣送张骞出境，并派译员带路，到了康居，康居再把他们转送到大月氏。这时，大月氏王已被匈奴所杀，他的夫人被立为王。大月氏征服了大夏，做了大夏的君主，土地肥沃富饶，境内又少有盗寇，感到满足安乐，加之自以为地处偏远，无意与汉朝亲近，根本就没有报复匈奴的意思了。张骞从月氏来到大夏，却始终摸不透月氏的真实意图。

注释 ① 乡(xiàng)：同"向"，方向，朝着。 ② 大宛(yuān)：古西域国名，西南与大月氏为邻，盛产名马。 ③ 道：同"导"，引导。 ④ 遗(wèi)：赠与。 ⑤ 康居：古西域国名。东临乌孙、大宛，南接大月氏，西与奄蔡交界。 ⑥ 大夏：中亚细亚古国名，在今阿富汗北部一带，西汉时为大月氏所灭。 ⑦ 远汉：疏远汉朝。 ⑧ 要领：喻事物的重点或关键。

原文

留岁余，还，并南山[①]，欲从羌中归[②]，复为匈奴所得。留岁余，单于死，国内乱，骞与胡妻及堂邑父俱亡归汉[③]。拜骞太中大夫[④]，堂邑父为奉使君[⑤]。

翻译

张骞在大夏居留了一年多，便启程返回。他们沿着南山行走，打算经由羌人聚居的地方归来，不料又被匈奴俘获。张骞在匈奴停留了一年多，遇上单于去世，国内动乱，便带着匈奴妻子和堂邑父一同逃归汉朝。天子授给张骞太中大夫的官职，封堂邑父为奉使君。

注释 ① 并(bàng)：同"傍"，挨着，靠近。 ② 羌(qiāng)：我国古代西部民族名。部落众多，主要分布在甘肃、青海、四川一带。 ③ 堂邑父：堂邑氏的姓与甘父的名的合称。 ④ 太中大夫：官名，掌管议论。 ⑤ 奉使君：堂邑父的封号。

原文

骞为人强力，宽大信人，蛮夷爱之。堂邑父胡人，善射，穷急射禽兽给食。初，骞行时百余人，去十三岁，唯二人得还。骞身所至者，大宛、大月氏、大夏、康居，而传闻其旁大国五六，具为天子言其地形，所有。语皆在《西域传》。

骞曰："臣在大夏时，见邛竹杖、蜀布[①]，问安得此，大夏国人曰：'吾贾人往市之身毒国[②]。身毒国在大夏东南可数千里。其俗土著[③]，与大夏同，而卑湿暑热。其民乘象以战。其国临大水焉。'以骞度之[④]，大夏去汉万二千里[⑤]，居西南。今身毒又居大夏东南数千里，有蜀物，此其去蜀不远矣。今使大夏，从羌中，险，羌人恶之；少北，则为匈奴

翻译

张骞为人坚强而有耐心，待人宽厚，守信用，西域人都爱戴他。堂邑父本是胡人，善于射猎，有时穷困窘迫，他就射猎禽兽来供给饮食。当初，张骞出发的时候原有一百多人，出使在外十三年，只有二人得以归来。张骞亲身到过的国家，有大宛、大月氏、大夏和康居，而间接了解的还有与它们相接邻的五六个大国。张骞把这些国家的地形、物产一一向天子详细陈说了。关于这些事，都记载在《西域传》中。

张骞说："我在大夏时，见过邛山的竹杖和蜀郡的细布。我问当地人从哪里得来这些东西，大夏国人说：'是我们的商人从身毒国贩运来的。身毒国在大夏东南数千里的地方，它的风俗是民众定居，与大夏相同，只是地势低洼，潮湿而酷热。那里的居民都乘坐大象打仗，国家面临大海。'据我估计，大夏位于西南方，与我国相距一万二千里，而身毒又在大夏东南几千里处，并且有我蜀地的产物，可见身毒距蜀地不是很远。现在要出使大夏，若取道羌人地区，有危险，羌人厌恶我们的使臣经过；

所得；从蜀，宜径[⑥]，又无寇。”天子既闻大宛及大夏、安息之属皆大国[⑦]，多奇物，土著，颇与中国同俗，而兵弱，贵汉财物。其北则大月氏、康居之属，兵强，可以赂遗设利朝也[⑧]。诚得而以义属之[⑨]，则广地万里，重九译，致殊俗，威德遍于四海。天子欣欣以骞言为然。乃令因蜀犍为发间使[⑩]，四道并出：出駹，出莋，出徙、邛，出僰[⑪]，皆各行一二千里。其北方闭氐、莋[⑫]，南方闭嶲、昆明[⑬]。昆明之属无君长，善寇盗，辄杀略汉使，终莫得通。然闻其西可千余里，有乘象国，名滇越[⑭]，而蜀贾间出物者或至焉，于是汉以求大夏道始通滇国。初，汉欲通西南夷，费多，罢之。及骞言可以通大夏，乃复事西南夷[⑮]。

稍许偏北一点又会被匈奴扣留；只有从蜀地前往，道路当是直而且近，又没有盗寇，最为方便。”天子已得知了大宛及大夏、安息等国都是大国，出产许多稀奇物品，人民定居，习俗与中国很相似，然而兵力薄弱，珍视汉朝的财物。它们的北边是大月氏和康居等国，这些国家兵力强悍，可以多给予些财物利益，让它们前来朝贡。对于以上国家，若真能施以恩义，使它们归顺，汉朝就会扩展土地万里，不同语言不同习俗的各国就都会前来归附，这样，汉朝的威望和恩德就可以遍及四海了。天子以为张骞的话很有道理，非常高兴，于是下令派相机而行的使者经由蜀郡和犍为郡四路齐发：一路出駹，一路出莋，一路出徙、邛，一路出僰，要求各路使者都远行一二千里。出发不久，北边的一行就被氐人和莋人所阻挡，南边的一行被嶲人和昆明人阻遏。昆明和嶲当时都还没有君长，又好抢劫，他们杀了汉使，抢走了财物，这一条路始终不能打通。但听说昆明西边大约一千多里处有个名叫滇越的乘象之国，蜀地的商人私自前往做买卖的人有些到达过那个地方，汉朝为了探寻去大夏的通道，于是开始与滇国交通往来。起初，汉朝曾想交通西南夷，因耗费巨大，没有实行，直到张骞说从那里可以通往大夏，才又从事交通西南夷的活动。

注释 ① 邛(qióng)：汉代西南少数民族名。一说即邛来山，在成都平原西。 ② 身(yuān)毒：古印度的音译。 ③ 土著：定居，有城郭，不逐水草而迁徙。 ④ 度(duó)：忖度，推测。 ⑤ 去：距离。 ⑥ 宜径：宜，当。径，直。 ⑦ 安息：亚洲西部古国名。地处伊朗高原。 ⑧ 赂(lù)：财物。 ⑨ 诚：如果，果真。 ⑩ 因：表所经，相当于“由”“经”“通过”。 ⑪ 駹(máng)、莋(zuó)、徙、邛、僰(bó)：我国古代西南少数民族名。 ⑫ 氐：古族名，分布在今陕西、甘肃、四川等地。 ⑬ 巂(xī)、昆明：我国西南古族名。 ⑭ 滇越：西南古国名、族名。 ⑮ 事：从事。

原文

骞以校尉从大将军击匈奴，知水草处，军得以不乏，乃封骞为博望侯[①]。是岁元朔六年也。后二年，骞为卫尉，与李广俱出右北平击匈奴[②]。匈奴围李将军，军失亡多，而骞后期当斩，赎为庶人[③]。是岁骠骑将军破匈奴西边，杀数万人，至祁连山。其秋，浑邪王率众降汉，而金城、河西并南山至盐泽[④]，空无匈奴。匈奴时有候者到，而希矣。后二

翻译

张骞以校尉身份跟从大将军卫青出击匈奴，由于他熟悉匈奴地势，知道水草所在之处，大军能随时得到补给，不感到匮乏。天子于是封张骞为博望侯。这一年正是元朔六年（前123）。两年之后，张骞被任命为卫尉，与李广一同出右北平去攻打匈奴。李将军被匈奴围困，有很多士卒伤亡和逃走，而张骞没能按期赶来参战，依照法令本当斩首，后花钱赎罪贬为平民。就在那一年，骠骑将军霍去病在西部边境大败匈奴，杀死数万人，直追到祁连山下。当年秋天，匈奴浑邪王率领部属投降汉朝，至此，金城、河西一带至南山、盐泽之间，就不见匈奴的踪迹了。虽然匈奴

年，汉击走单于于幕北[⑤]。

仍不时派人来窥探，人数毕竟很少。又过了两年，汉朝大破匈奴，把单于赶到沙漠以北。

注释 ①博望侯：侯爵名。取其能广博瞻望的意思。 ②右北平：郡名，地在今河北东北部。 ③庶人：平民。 ④金城：古县名，在今甘肃兰州西北。河西：古地区名，指今甘肃、青海两省黄河以西地区。 ⑤幕：同"漠"，沙漠。

原文

天子数问骞大夏之属。骞既失侯，因曰："臣居匈奴中，闻乌孙王号昆莫[①]。昆莫父难兜靡本与大月氏俱在祁连、敦煌间，小国也。大月氏攻杀难兜靡，夺其地，人民亡走匈奴。子昆莫新生，傅父布就翕侯抱亡置草中[②]，为求食，还，见狼乳之，又乌衔肉翔其旁，以为神，遂持归匈奴，单于爱养之。及壮，以其父民众与昆莫，使将兵，数有功。时，月氏已为匈奴所破，西击塞王[③]。塞王南走远徙，月氏居其地。昆莫既健，自请单于报父怨，遂西攻破大月

翻译

天子多次问张骞关于大夏等国的情形。张骞已被免去侯爵，就说："我在匈奴时，听说乌孙王的称号叫昆莫，昆莫的父亲叫难兜靡。本来乌孙和大月氏都是祁连与敦煌之间的小国，大月氏攻击乌孙，杀死难兜靡，占夺了他们的土地，乌孙人就都逃往匈奴去了。那时候昆莫刚出生，昆莫的傅父布就翕侯抱着他逃走，把他放置在草地里，独自去为昆莫寻找食物。傅父归来，看见一头母狼在给昆莫喂奶，又见一只乌鸦嘴里叼着肉在他近旁飞翔，傅父以为孩子是神，立即抱着他去投奔匈奴。单于见孩子可爱，就将他收养下来。等到昆莫长大，单于就把昆莫父亲的民众交还给他，让他带兵出征，昆莫多次建立战功。那时，月氏已被匈奴打败，他们就向西去攻击塞王。塞王被迫南走，迁往远方，月氏于是占领了塞王的国土。昆莫

氏。大月氏复西走，徙大夏地。昆莫略其众，因留居，兵稍强，会单于死，不肯复朝事匈奴。匈奴遣兵击之，不胜，益以为神而远之。今单于新困于汉，而昆莫地空。蛮夷恋故地，又贪汉物，诚以此时厚赂乌孙[④]，招以东居故地，汉遣公主为夫人，结昆弟[⑤]，其势宜听，则是断匈奴右臂也。既连乌孙，自其西大夏之属皆可招来而为外臣。”天子以为然，拜骞为中郎将，将三百人，马各二匹，牛羊以万数，赍金币帛直数千钜万[⑥]，多持节副使，道可便遣之旁国。骞既至乌孙，致赐谕指[⑦]，未能得其决。语在《西域传》。骞即分遣副使使大宛、康居、月氏、大夏。乌孙发译道送骞，与乌孙使数十人，马数十匹，报谢，因令窥汉，知其广大。

长大健壮以后，就请求单于让他去攻打大月氏，以报杀父之仇。昆莫向西进军，大破大月氏。大月氏再次西迁，占据了大夏。昆莫臣服了大月氏的民众，就在那里屯驻下来。昆莫的兵力有所增强，又遇上单于去世，昆莫就不肯再听命于匈奴了。匈奴派兵打昆莫，不能取胜，更以为昆莫是神而远远地避开他。现在，单于刚被我汉朝的大军击败，昆莫原先的驻地空了出来。蛮夷之人都依恋旧地，又贪爱我汉朝的财物，如果能乘此时机拿厚礼馈送乌孙，劝说他们东归旧地，并许诺他们，汉朝愿意遣送公主为其夫人，与乌孙结为兄弟，乌孙一定乐于听从，这样，就切断了匈奴的右臂。我们一旦连合了乌孙，在乌孙西边的大夏等国也就可招来为汉朝的外臣了。”天子认为张骞的建议很好，就任命他为中郎将，率领三百人，各配两匹马，携带着价值数千万的黄金和缯帛，赶着数以万计的牛羊，还配置了多名持节的副使，在道路得便时，就可派遣他们出使旁的国家。张骞到了乌孙，就交付了朝廷的赏赐并把天子的意旨明白地告诉他们，可是却没能得到乌孙方面确切的答复。关于这件事的详情，记载在《西域传》中。张骞便向大宛、康居、月氏和大夏等国分别派出了副使。

乌孙派遣译员和向导护送张骞回国，同时乌孙还派遣使者几十人相随同行，带有良马几十匹报谢汉朝，并要他们窥探汉朝的虚实。乌孙使者到达后才知道汉朝果然幅员广阔，物产丰富。

注释 ① 乌孙：古族名。 ② 布就翕侯：布就，人名。翕(xī)侯，官名。 ③ 塞：古族名。 ④ 赂：赠送财物。 ⑤ 昆弟：兄弟。 ⑥ 赍(jī)：带着。 ⑦ 谕指：谕，晓告。指，同“旨”，意旨。

原文

骞还，拜为大行[①]。岁余，骞卒。后岁余，其所遣副使通大夏之属者皆颇与其人俱来，于是西北国始通于汉矣。然骞凿空[②]，诸后使往者皆称博望侯，以为质于外国[③]，外国由是信之。其后，乌孙竟与汉结婚。

翻译

张骞回国后，被任命为专管接待宾客的大行。过了一年多，张骞就去世了。又过了一年，张骞派往大夏等国去的那些副使，都伴同有关国家的使者一起到来，于是西北各国才开始与汉朝通使和交往。然而张骞是最先开通去西北的路线的人，继此以后出使西北各国的人，便都相沿称博望侯，以取信于外国，外国因此也很信任他们。后来，乌孙终于与汉朝结成了姻亲。

注释 ① 大行：官名。掌管接待宾客。 ② 凿(záo)：开通，打通。 ③ 质：诚信。

原文

初，天子发书《易》，曰“神马当从西北来”。得乌孙马好，名曰“天马”。及得

翻译

当初，天子打开《易》书占卜，占卜所得的话是“神马当从西北来”。后来果然得到乌孙的良马，就取名叫“天

宛汗血马[①]，益壮，更名乌孙马曰“西极马”，宛马曰“天马”云。而汉始筑令居以西[②]，初置酒泉郡，以通西北国。因益发使抵安息、奄蔡、犛靬、条支[③]、身毒国。而天子好宛马，使者相望于道，一辈大者数百，少者百余人，所赍操[④]，大放博望侯时[⑤]。其后益习而衰少焉[⑥]。汉率一岁中使者多者十余，少者五六辈，远者八九岁，近者数岁而反。

马”。等到获得大宛的汗血马，更为健壮，就将乌孙马改名为“西极马”，宛马名为“天马”。汉朝为了与西北诸国交通往来，开始在令居县以西修筑边塞，并开始设置酒泉郡。以后更多地派遣使者到达安息、奄蔡、犛靬、条支以及身毒等国。由于天子喜好宛马，被派去取马的使者络绎不绝，相望于道，多者一批数百人，少的也有百余人，他们携带的财物和操持的符节，大致仿效博望侯张骞时的规格。从这时以后对西域各国日益熟悉，派遣去出使的人员和携带的财物便逐渐减少。汉朝大约每年派出的使者，多者十几批，少者五六批；路远的需八九年才得以归来，路近的也需几年才能返回。

注释 ① 汗血马：一种骏马，据说汗从前肩出，色如血，因此得名。 ② 令居：古县名，在今甘肃永登西北。 ③ 奄蔡、犛(lí)靬(jiān)、条支：西域古国名。 ④ 操：持。 ⑤ 放(fǎng)：依照。 ⑥ 衰：递减。

原文

是时，汉既灭越[①]，蜀所通西南夷皆震，请吏。置牂柯、越嶲、益州、沈黎、文山郡[②]，欲地接以前通大夏。乃遣使岁十余辈，出此初

翻译

这时，汉朝已经征服了南越，经由蜀郡交通往来的西南夷各国都大为震惊，他们请求汉朝派官员去统辖。于是，汉朝在西南设置牂柯、越嶲、益州、沈黎、文山等郡，想使地界相接，一直向

郡，皆复闭昆明，为所杀，夺币物。于是汉发兵击昆明，斩首数万。后复遣使，竟不得通。语在《西南夷传》。

前通往大夏。于是在一年之内就十多次派遣使者从这些新设置的郡出发，可是，这些使者又都在昆明遭到阻隔，使者们在昆明一带被杀害，财物被抢夺。汉朝发兵攻打昆明，杀死数万人。以后再派使者前往，但终究不能通过。这件事记载在《西南夷传》中。

注释 ① 越：即南越，也作“南粤”。古代南方越人的一支。秦末建南越国。公元前 111 年汉灭南越，设置南海、苍梧、郁林、合浦、交址、九真、日南、珠厓、儋耳等九郡。 ② 牂（zāng）柯、越巂、益州、沈（chén）黎、文山：皆汉置郡名，在今西南地区。

原文

自骞开外国道以尊贵，其吏士争上书言外国奇怪利害，求使。天子为其绝远，非人所乐，听其言，予节，募吏民无问所从来，为具备人众遣之，以广其道。来还不能无侵盗币物，及使失指，天子为其习之，辄覆按致重罪[①]，以激怒令赎，复求使。使端无穷[②]，而轻犯法。其吏卒亦辄复盛推外国所有，言大者予节，言小者为副，故妄言无行之徒皆

翻译

自从张骞因为开辟通往外国的道路而获得尊贵的地位，那些官吏和军士都争着上书，称说外国稀奇怪异的物产及通使往来的利害，请求派他们出使。天子以为出使到那些国家去，路途十分遥远，不是人们乐意前往的，因此同意他们的请求，授予符节，并招募官吏和民众作为他们的随行。对于应募的人不论他从什么地方来都录用，还为他们配备人众，遣送他们出使，以求广开交通西域的道路。等他们归来时，不可能不发现他们有侵盗携带财物、出使违背天子的旨意等事。天子以为他们熟习出使诸事宜，便按问审查判以重罪，以

争相效。其使皆私县官赍物[③],欲贱市以私其利。外国亦厌汉使人人有言轻重,度汉兵远,不能至,而禁其食物,以苦汉使。汉使乏绝,责怨,至相攻击。楼兰、姑师小国[④],当空道[⑤],攻劫汉使王恢等尤甚。而匈奴奇兵又时时遮击之[⑥]。使者争言外国利害,皆有城邑,兵弱易击。于是天子遣从票侯破奴将属国骑及郡兵数万以击胡[⑦],胡皆去。明年,击破姑师,虏楼兰王。酒泉列亭鄣至玉门矣[⑧]。

此来激怒他们,使他们再一次请求出使以赎罪。需要派人出使的事由层出不穷,而出使的人也不把犯法不轨当作一回事。那些官吏和士卒也一再夸称外国所有的特产,夸口大的被授予使节,夸口小的任命为副使。这样,那些轻妄夸饰、品行不端的人都争相仿效。使官们都把朝廷交付携带的财物视为私有,并打算低价卖出,将得到的财利装入私囊。外国也厌恶汉朝的使节各人称述国内的情形轻重不一,又估算汉兵距离西域甚远,不能到来,便禁止供给他们食物,以使汉朝的使节们困苦。汉朝使节食物匮乏,断绝了供应来源,便责怪怨恨,以至互相攻击。楼兰和姑师这些小国,正处在交通西域的要道上,他们攻击劫掠汉使王恢等人的人畜财物尤其厉害。而匈奴派出的奇兵又常常拦击使节们。使节们竞相陈说征讨西域则利,不征讨则为祸害,并且还说,那些国家都建有城邑,兵力薄弱,易于攻破。于是,天子派遣从票侯赵破奴率领附属国的骑兵及郡兵几万人以攻击不愿通好的胡人,这些胡人都逃遁而去。一年之后,打败了姑师,俘虏了楼兰王。于是从酒泉筑亭障一直延伸至玉门一带。

注释 ① 覆按：反复审查。 ② 端：事。 ③ 县官：朝廷。 ④ 楼兰、姑师：楼兰，古西域国名，在今新疆罗布泊西。姑师，古西域国名。 ⑤ 空：同“孔”。孔道，即大道。 ⑥ 遮：阻拦。 ⑦ 破奴：即赵破奴，汉将。 ⑧ 亭鄣：古时在边防地带修筑的堡垒。

原文

而大宛诸国发使随汉使来，观汉广大，以大鸟卵及犛靬眩人献于汉[①]，天子大说[②]。而汉使穷河源[③]，其山多玉石，采来，天子案古图书[④]，名河所出山曰昆仑云。

翻译

大宛等国派使者随同汉使来到内地，看见汉朝地域广大，他们将大鸟蛋及犛靬的魔术艺术献给汉朝，天子非常高兴。汉使的足迹深入到了黄河的源头，那里的山上玉石很多，便采掘带回献给天子。天子查考了古代的图书，便把黄河发源的山称为昆仑山。

注释 ① 犛靬(lí qián)：西域国名。眩(huàn)：同“幻”。眩人，即魔术艺人。 ② 说(yuè)：同“悦”。 ③ 穷：寻求到尽头。 ④ 图书：“河图洛书”的省称。古代以讲符命占验为主要内容的书。

原文

是时，上方数巡狩海上[①]，乃悉从外国客[②]，大都多人则过之，散财帛赏赐，厚具饶给之，以览视汉富厚焉。大角氐[③]，出奇戏诸怪物，多聚观者，行赏赐，酒池肉林[④]，令外国客遍观各仓

翻译

那时，皇帝正多次到沿海一带巡游，便让全部外国使客等随从而行，凡是大都会人口众多的就从那里经过，并散发钱财绢帛以赏赐民众，拿丰厚的馔食充足地供给他们，以显示汉朝的财物丰厚富饶，使外国使客得以观览。大设角力杂技，演出奇戏，展出珍禽怪兽，使众多的人聚观；摆出的酒很多，肉也很

库府臧之积[⑤]，欲以见汉广大[⑥]，倾骇之。及加其眩者之工[⑦]，而角氐奇戏岁增变，其益兴，自此始。而外国使更来更去。大宛以西皆自恃远，尚骄恣，未可诎[⑧]，以礼羁縻而使也[⑨]。

多，让外国客到处观看各仓库府藏的屯积，想以此显示汉朝的广大，使他们感到惊骇。及至增加了那些魔术师的技艺，因而角力杂技等奇戏年年增添和变换节目，这类百戏杂耍日益兴盛，就是从这时开始的。外国使者此来彼往，前后不绝。然而大宛以西的国家都自恃遥远，仍旧对汉朝骄慢无礼，不能用礼义加以笼络使他们屈服而通使。

注释 ① 巡狩：皇帝视察各地。 ② 从：率，带领。 ③ 大角氐：古时的一种竞技表演，略同于现代的摔跤，后泛称各种乐舞杂戏。 ④ 酒池肉林：形容酒肉极多，筵席奢华。 ⑤ 臧：同“藏”，储藏。 ⑥ 见：同“现”，显现，显示。 ⑦ 工：技巧。 ⑧ 诎(qū)：屈服。 ⑨ 羁縻：笼络。

原文

汉使往既多，其少从率进孰于天子[①]，言大宛有善马在贰师城[②]，匿不肯示汉使。天子既好宛马，闻之甘心，使壮士车令等持千金及金马以请宛王贰师城善马。宛国饶汉物[③]，相与谋曰：“汉去我远，而盐水中数有败；出其北有胡寇；出其南乏水草，又且往往而绝邑[④]，乏食者多。汉使数百人为

翻译

汉朝派往西域的已是很多了，那些随从前去的年轻人就都纷纷把在西域熟知习见的事物向天子进言陈述，他们说大宛有一种良马养畜在贰师城中，被藏匿起来不让汉使看见。天子本就喜好大宛的马，听到这个消息，更加心驰神往，于是派遣壮士车令等人携带千金及金马前往大宛，以请求宛王允许换取贰师城的良马。宛国多有汉地的财物，他们便商量说：“汉朝离我们很远，以前他们道经盐水中苦恶的地方，常有死亡损伤的；出盐水以北有胡寇的扰掠；从

辈来，常乏食，死者过半，是安能致大军乎？且贰师马，宛宝马也。”遂不肯予汉使。汉使怒，妄言[5]，椎金马而去[6]。宛中贵人怒曰[7]：“汉使至轻我！”遣汉使去，令其东边郁成王遮攻，杀汉使，取其财物。天子大怒。诸尝使宛姚定汉等言：“宛兵弱，诚以汉兵不过三千人，强弩射之，即破宛矣。”天子以尝使浞野侯攻楼兰[8]，以七百骑先至，虏其王，以定汉等言为然，而欲侯宠姬李氏[9]，乃以李广利为将军，伐宛。

盐水以南走又缺乏水草，且沿途又是没有城邑的地区，缺乏食物的人很多。汉朝的使者几百人一批结队而来，常常缺乏粮食，死去的人超过半数，这样又岂能派大军前来？况且贰师马是我国的宝马，怎能轻易给人？”大宛竟不肯把马给汉朝使者，汉使大怒，以轻妄的话大骂，椎碎了金马而离开大宛。大宛国中的贵臣愤怒地说：“汉使也太轻视我宛国了！”于是遣送汉使离去，又指令宛国东部边境的郁成王拦截袭击汉使，杀死了汉使，抢走了汉使的财物。天子得知后大怒。曾经出使过大宛的姚定汉等人建议说：“大宛兵力薄弱，只需派出不超过三千人的汉兵，用强弩射击宛兵，就能攻破大宛。”天子派曾经出使西域的浞野侯赵破奴攻打楼兰，他以七百骑兵先攻进楼兰，俘虏了楼兰王，他认为姚定汉等人的建议可行。为了让曾经受宠爱的已故李夫人的兄弟有机会得到封侯，天子就任命李广利为将军，讨伐大宛。

注释 ① 少从：随从出使的年轻人。 ② 贰师城：大宛城名。故址在今吉尔吉斯西南部马尔哈马特。 ③ 饶：丰富，富有。 ④ 绝邑：没有城邑。 ⑤ 妄言：詈骂。 ⑥ 椎(chuí)：捶击。 ⑦ 中贵人：指宛王左右的重臣。 ⑧ 浞野侯：汉将赵破奴的封爵。 ⑨ 李氏：武帝宠妃李夫人，李广利之妹。

原文

骞孙猛，字子游，有俊才，元帝时为光禄大夫①，使匈奴，给事中②，为石显所谮③，自杀。

翻译

张骞的孙子名叫张猛，字子游，有卓越的才能，元帝时任光禄大夫，出使过匈奴，做过给事中，后来被石显诬陷而自杀。

注释 ① 光禄大夫：官名，掌顾问应对。 ② 给事中：官名。为列侯、将军等的加官，常在皇帝左右侍从，备顾问应对等事。 ③ 谮(zèn)：说坏话，诬陷。

东方朔传

导读

东方朔是汉武帝的弄臣。西汉文学家，善辞赋。性情诙谐滑稽，敢于直言切谏，但终不得重用。曾作散文赋《答客难》，抒泄不能施展才智的苦闷。

本篇节选了《东方朔传》前半部分。文中以生动的事实，刻画了东方朔直言不讳、诙谐不羁的性格。其中“拔剑割肉”“射覆”等故事，叙事生动，言语诙谐，富于喜剧色彩。（选自卷六五）

原文

东方朔，字曼倩，平原厌次人也①。武帝初即位，征天下举方正贤良文学材力之士②，待以不次之位③，四方士多上书言得失，自衒鬻者以千数④，其不足采者辄报闻罢。朔初来，上书曰：“臣朔少失父母，长养兄嫂。年十三学书，三冬文史足用；十五学击剑；十六学《诗》《书》，诵二十二万言；十九学孙吴兵法⑤，战阵之

翻译

东方朔，字曼倩，是平原郡厌次县人。武帝登位不久，征请全国各地推举方正、贤良文学等有才能的人士，以破格授给的职位任用他们，各地的士人纷纷上书谈论国家政治的得失，炫耀卖弄自己才能的人数以千计。其中不值得录用的就通知他们：上书已经看了，可以回家去了。东方朔初到长安，就上书给汉武帝说：“我东方朔从小失去了父母，由哥哥嫂嫂抚养大。十三岁开始读书，三年学会了文书和记事；十五岁学击剑；十六岁学习《诗经》《尚书》，背诵了二十二万字；十九岁学习孙吴兵法，

具，钲鼓之教[⑥]，亦诵二十二万言。凡臣朔固已诵四十四万言。又常服子路之言。臣朔年二十二，长九尺三寸，目若悬珠，齿若编贝，勇若孟贲[⑦]，捷若庆忌[⑧]，廉若鲍叔[⑨]，信若尾生[⑩]。若此，可以为天子大臣矣。臣朔昧死再拜以闻。”

有关战阵的陈述、作战时队伍进退的节制等篇章，也背诵了二十二万字。我总共已经背诵了四十四万字的书，还牢记了子路的一些格言。我今年二十二岁，身高九尺三寸，眼睛像挂起的珍珠那样明亮，牙齿像编串起来的贝壳那样整齐洁白，像孟贲一样勇敢，像庆忌一样敏捷，像鲍叔那样廉洁无私，像尾生那样恪守信约。像这样的人，可以做天子的大臣了。我东方朔冒死再拜向皇帝禀告。”

注释 ① 平原：郡名，包括今山东平原、陵城、禹城、齐河、临邑、商河、惠民、阳信等地。厌次：县名，在今山东惠民东。 ② 方正贤良文学：汉代举用人材的科目。 ③ 不次：不拘于常格。 ④ 衒鬻(xuàn yù)：卖弄自己的才能。 ⑤ 孙：孙武。春秋时齐国人，著名军事家，著有《孙子》十三篇。吴：吴起。战国时魏国人，军事家。 ⑥ 钲(zhēng)鼓之教：指军事教练。古代行军时敲钲表示停止，击鼓表示行动。此处以钲鼓代替军事。 ⑦ 孟贲：战国时卫人(一说齐人)。勇士，传说可活拔牛角。 ⑧ 庆忌：春秋时吴王僚的儿子。行动敏捷灵活。传说能走追奔兽，手接飞鸟，驰马追不上，箭射不中。 ⑨ 鲍叔：鲍叔牙，春秋时齐国大夫，古代廉士。传说他与管仲合作经商，分盈利，总是多分与管仲。 ⑩ 尾生：传说中古代守信用之士。曾约一女子桥下相会，女子没来，潮水上涨，他为了不失信约，抱住桥柱子被淹死。

原文

朔文辞不逊，高自称誉，上伟之，令待诏公车[①]，奉禄薄，未得省见。

翻译

东方朔上书的文辞不谦逊，赞扬美化抬高自己，武帝却认为他奇伟，命令他在公车署待诏，但俸禄微薄，没能得到武帝的接纳进见。

注释 ① 公车:汉代官署名,卫尉下属机构。臣民上书被征召都由公车署接待。

原文

久之,朔绐驺朱儒[①],曰:“上以若曹无益于县官[②],耕田力作固不及人,临众处官不能治民,从军系虏不任兵事,无益于国用,徒索衣食,今欲尽杀若曹。”朱儒大恐,啼泣。朔教曰:“上即过,叩头请罪。”居有顷,闻上过,朱儒皆号泣顿首。上问:“何为?”对曰:“东方朔言上欲尽诛臣等。”上知朔多端,召问朔:“何恐朱儒为?”对曰:“臣朔生亦言,死亦言。朱儒长三尺余,奉一囊粟,钱二百四十。臣朔长九尺余,亦奉一囊粟,钱二百四十。朱儒饱欲死,臣朔饥欲死。臣言可用,幸异其礼;不可用,罢之,无令但索长安米。”上大笑,因使待诏金马门[③],稍得亲近。

翻译

过了很久,有一次东方朔哄骗宫中看马圈的侏儒,说:“皇上认为你们这些人对朝廷毫无益处,耕田劳作当然赶不上别人,居于民众之上做官任职又不能治理民事,参军杀敌不能胜任用兵作战之事,对国家没有益处,白白地耗尽衣食,如今皇上想把你们全杀掉。”侏儒听说后十分恐惧,哭哭啼啼。于是东方朔教唆他们说:“皇帝就要从这里经过,你们叩头请罪。”过了不久,听说皇帝路过,侏儒都跪在地上,一边哭着一边磕头。皇上问:“你们为什么这样?”侏儒回答说:“东方朔说皇上想要把我们全都诛杀。”皇上知道东方朔花招多,召见并责问东方朔:“你为什么恐吓那些侏儒呢?”东方朔回答说:“我活也要说,死也要说。侏儒高刚过三尺,俸禄是一袋粟,钱是二百四十。我东方朔身长九尺多,俸禄也是一袋粟,钱也是二百四十。侏儒饱得要死,我东方朔饿得要死。我的话如果可采用,希望用不同的礼节待我,不可采用,请让我回家,不要让我白吃长安米。”武帝听了大笑起来,因此让东方朔在金马门待诏,渐渐地得到皇帝的亲近。

注释 ① 绐(dài):哄骗。驺(zōu):看马圈的人。朱儒:同“侏儒”。此为供宫中取乐兼做杂事的伶人。 ② 若曹:你们这些人。若,你。曹,辈。县官:指朝廷,或指皇帝。 ③ 金马门:汉代未央宫前有铜马,因称为金马门。武帝使学士待诏于此,充任顾问。

原文

上尝使诸数家射覆[①],置守宫盂下[②],射之,皆不能中。朔自赞曰[③]:“臣尝受《易》,请射之。”乃别蓍布卦而对曰[④]:“臣以为龙又无角,谓之为蛇又有足,跂跂脉脉善缘壁[⑤],是非守宫即蜥蜴。”上曰:“善。”赐帛十匹。复使射他物,连中,辄赐帛。

翻译

武帝曾经让一些擅长占卜的人射覆,把壁虎扣在盆子下面,让他们猜是什么,都没猜中。东方朔自我介绍说:“我曾经学过《易经》,请允许我猜猜是什么。”于是他把蓍草摆成各种卦局,然后回答说:“我以为,说他是龙又没有角,说它是蛇又长有脚,跂跂而行脉脉视,善爬壁,这物不是壁虎就是蜥蜴。”武帝说:“猜得对!”赏给他十匹帛。又让他猜别的东西,接连都猜中了,每次都赏给他帛。

注释 ① 数家:指研究占候、卜筮、星宿的人。射覆:把东西遮盖在盆下,让人猜是什么。 ② 守宫:壁虎。 ③ 自赞:自我介绍。 ④ 蓍(shī):草名。古代用蓍草占卜。 ⑤ 跂(qí)跂:虫爬行的样子。脉(mò)脉:看的样子。

原文

时有幸倡郭舍人[①],滑稽不穷[②],常侍左右,曰:“朔狂,幸中耳,非至数也[③]。臣愿令朔复射,朔中之,臣榜

翻译

当时,宫中有个受宠幸的伶官叫郭舍人,滑稽至极,时常在武帝左右侍从,他说:“东方朔太狂妄,不过是侥幸猜中罢了,并不是有实在的数术。我希望让

百[④]，不能中，臣赐帛。”乃覆树上寄生[⑤]，令朔射之。朔曰：“是窭数也[⑥]。”舍人曰：“果知朔不能中也。”朔曰：“生肉为脍[⑦]，干肉为脯[⑧]；著树为寄生，盆下为窭数。”上令倡监榜舍人，舍人不胜痛，呼謈[⑨]。朔笑之曰：“咄[⑩]！口无毛，声謷謷[⑪]，尻益高[⑫]。”舍人恚曰：“朔擅诋欺天子从官，当弃市[⑬]。”上问朔：“何故诋之？”对曰：“臣非敢诋之，乃与为隐耳[⑭]。”上曰：“隐云何？”朔曰：“夫口无毛者，狗窦也；声謷謷者，鸟哺鷇也[⑮]；尻益高者，鹤俯啄也。”舍人不服，因曰：“臣愿复问朔隐语，不知，亦当榜。”即妄为谐语曰：“令壶龃，老柏涂，伊优亚，狋吽牙[⑯]。何谓也？”朔曰：“令者，命也。壶者，所以盛也。龃者，齿不正也。老者，人所敬也。柏者，鬼之廷也[⑰]。涂者，渐洳

他再猜，东方朔猜中了，鞭打我一百下，不能猜中，就赏给我帛。”于是把树上长的寄生扣在盆子下面，让东方朔猜。东方朔说：“是窭薮。”郭舍人说：“果然知道他不能猜中。”东方朔说：“鲜肉叫脍，干肉叫脯，附着在树上叫寄生，在盆子下面就叫窭薮。”皇帝命令乐工监督鞭打郭舍人，郭舍人忍不住痛，大声呼叫。东方朔讥笑他说：“咄！嘴上无毛，叫声嗷嗷，屁股越来越高。”郭舍人怨恨地说：“东方朔竟敢随意诋毁欺辱天子的侍从官，应该判他弃市的死罪。”武帝责问东方朔说：“你为什么诋毁他？”东方朔回答说：“我不敢诋毁他，只是与他说了个谜语。”武帝说：“说了个什么谜语？”东方朔说：“所说的嘴上无毛，就是狗洞；叫声嗷嗷，是母鸟给雏鸟喂食时的鸣叫；屁股撅得越来越高，那是鹤低头啄食的样子。”郭舍人不服气，于是说：“我希望也问东方朔一个谜语，如果不知道，也应该鞭打。”随即胡乱编了个谐音的谜语说：“令壶龃，老柏涂，伊伏亚，狋吽牙。说的是什么？”东方朔说：“令，就是命令。壶，是用来盛水的。龃，是牙齿长得不正。老，是人所尊敬的老人。柏，是鬼的厅府。涂，就是潮湿的路。伊伏亚，是说话含糊不清。狋

径也[18]。伊优亚者，辞未定也。狋吽牙者，两犬争也。”舍人所问，朔应声辄对，变诈锋出，莫能穷者，左右大惊。上以朔为常侍郎，遂得爱幸。

吽牙，是两只狗打架。”郭舍人问的谜语，东方朔应声对答，变化奇巧锋芒毕出。没有哪个谜语能够难住他的，在场的人都十分惊讶。于是皇上任命东方朔为常侍郎，竟得到了亲近和宠用。

注释 ① 幸倡：得宠的宫廷艺人。 ② 滑稽：指能言善辩，幽默风趣。 ③ 数：数术，也称术数。古代关于天文、历法、占卜的学问。 ④ 榜(péng)：同“搒”，鞭打。 ⑤ 寄生：芝菌之类。寄生在树上。 ⑥ 寠数(jù shǔ)：头上顶东西用的垫子。 ⑦ 脍(kuài)：细切的肉。 ⑧ 脯：肉干。 ⑨ 暑(bó)：痛极大声呼叫。 ⑩ 咄(duō)：叹词。表示呵叱或轻蔑。 ⑪ 謷(áo)謷：同“嗷嗷”，哀鸣声。 ⑫ 尻(kāo)：臀部。 ⑬ 弃市：古代死刑的一种。在闹市执刑，并陈尸街头示众。 ⑭ 隐：隐语。类似现在的谜语。 ⑮ 鷇(kòu)：需母鸟喂食的雏鸟。 ⑯ 狋(yín)吽(ōu)牙：犬相斗的叫声。 ⑰ 鬼之廷：墓地多种柏树，故谓鬼廷。 ⑱ 渐洳(rù)：浸湿。

原文

久之，伏日，诏赐从官肉。大官丞日晏不来[①]，朔独拔剑割肉，谓其同官曰：“伏日当蚤归[②]，请受赐。”即怀肉去。大官奏之。朔入，上曰：“昨赐肉，不待诏，以剑割肉而去之，何也？”朔免冠谢。上曰：“先生起自责也。”朔再拜曰：“朔来[③]！朔

翻译

过了很久，在一个三伏天，武帝命令把肉赏给侍从官员。天晚了太官丞还不来分肉，东方朔独自拔出剑割了块肉，然后对他的同僚们说：“三伏天应当早点儿回家，请允许我接受皇上的赏赐。”随即把肉包好携带着离去。大官丞把这件事上奏给皇帝，东方朔上朝时，武帝说：“昨天赐肉，你不等诏令下来，就用剑割了肉离开，为什么？”东方朔脱下帽子谢罪。武帝说：“先生站起

来！受赐不待诏，何无礼也！拔剑割肉，壹何壮也！割之不多，又何廉也！归遗细君[4]，又何仁也！”上笑曰：“使先生自责，乃反自誉！”复赐酒一石[5]，肉百斤，归遗细君。

来责备自己吧。”东方朔再拜说：“东方朔呀！东方朔呀！你受皇帝的赏赐不等诏令下，是多么无礼！拔剑割肉，举动是多么豪壮！割的肉不多，又是多么廉洁！回家把肉送给妻子吃，又是多么仁爱啊！”武帝笑了起来，说：“让先生责备自己，竟反而称赞起自己来了！”又赏给他一石酒，一百斤肉，让他回家送给妻子。

注释 ① 大官丞：即太官丞。掌管宫廷膳食。晏（yàn）：晚。 ② 蚤：同“早”。 ③ 来：语气词。 ④ 遗（wèi）：赠送。细君：古代诸侯的妻称小君，也称细君。后为妻子的通称。 ⑤ 石（dàn）：容量单位。十斗为一石。

原文

初，建元三年，微行始出[1]，北至池阳[2]，西至黄山[3]，南猎长杨[4]，东游宜春[5]。微行常用饮酎已[6]。八九月中，与侍中常侍武骑及待诏陇西北地良家子能骑射者期诸殿门[7]，故有“期门”之号自此始[8]。微行以夜漏下十刻乃出[9]，常称平阳侯[10]。旦明，入山下驰射鹿豕狐兔，手格熊罴，驰骛禾稼稻粳之地[11]。民皆号呼

翻译

当初，在建元三年（前138），武帝开始便装出行，从长安出发，往北到池阳，往西到黄山宫，往南到长杨，往东到宜春宫，四处游玩射猎。皇帝便装出行往往在每年新酒酿成宗庙饮酎完毕的时候。八、九月间，与随从的侍中、常侍、武骑常侍，以及待诏的陇西和北地能骑善射的良家子弟约定等于殿门，因此这个时候开始有了“期门”的称号。皇帝微服出行在夜漏下了十刻便出发，常常假称是平阳侯。天亮时，进入终南山下，或追射鹿猪狐兔，或徒手搏击熊罴，奔驰在庄稼地里。农民都大声呼喊

骂詈[12]，相聚会，自言鄠杜令[13]。令往，欲谒平阳侯，诸骑欲击鞭之。令大怒，使吏呵止，猎者数骑见留，乃示以乘舆物[14]，久之乃得去。时夜出夕还，后赍五日粮[15]，会朝长信宫[16]，上大欢乐之。是后，南山下乃知微行数出也，然尚迫于太后，未敢远出。丞相御史知指[17]，乃使右辅都尉徼循长杨以东[18]，右内史发小民共待会所[19]。后乃私置更衣，从宣曲以南十二所，中休更衣，投宿诸宫，长杨、五柞、倍阳、宣曲尤幸[20]。于是上以为道远劳苦，又为百姓所患，乃使太中大夫吾丘寿王与待诏能用算者二人[21]，举籍阿城以南[22]，盩厔以东[23]，宜春以西，提封顷亩，及其贾直[24]，欲除以为上林苑，属之南山[25]。又诏中尉、左右内史表属县草田，欲以偿鄠、杜之民。吾丘寿王奏事，上大

叫骂，共同聚会在一起，亲自向鄠杜县令告发，县令前往射猎的地方，要求谒见平阳侯，那些骑手要鞭打县令，县令大怒，使吏员呵斥制止，射猎的有几个骑手被扣留，他们便以皇帝的御物出示，纠缠了好一会儿才得离去。当时皇帝深夜出宫，第二天傍晚返回。后来就携带上五天的食品，到第五天，该到长信宫谒见太后时方才返回，皇帝对于这种便服出游射猎感到十分欢乐。从这以后，终南山下老百姓才知道是皇帝经常便装出来射猎，但武帝毕竟还是迫于太后的威严，不敢远行。丞相御史了解皇帝的心思，就派右辅都尉在长阳以东巡逻，又命令右内史调遣平民，在皇帝射猎的地方供使唤。后来又私下为皇帝设置了更衣处，并配备宫人，从宣曲宫以南，共设了十二所更衣处，专供皇帝白天休息更衣，夜晚则到各行宫住宿。当时武帝多临驾长杨宫、五柞宫、倍阳宫、宣曲宫。汉武帝觉得这样路远劳苦，又被老百姓厌恨，于是命令太中大夫吾丘寿王与两个会算术的待诏官员，将阿房宫以南，盩厔县以东，宜春宫以西的地区，总计其中农田的顷亩数，及折合价值多少，统行计算登录，编成簿册，打算在这里建成上林苑，使它与

说称善[26]。时朔在傍,进谏曰:

终南山相接。武帝又诏令中尉,左右内史标划出属县的荒地,想以此抵偿给鄠杜的农民。吾丘寿王向皇帝奏上了所做的事,皇上很高兴,称赞他做得好。当时东方朔在旁边,他向皇帝规劝说:

注释 ① 微行:便装出行,不显露尊贵的身份。 ② 池阳:汉宫名,在今陕西泾阳西北。 ③ 黄山:汉宫名,在今陕西兴平西南。 ④ 长杨:汉宫名,在今陕西周至东南。 ⑤ 宜春:汉宫名,在今陕西西安长安区东南。 ⑥ 饮酎(zhòu):宗庙里一种隆重祭祀。汉制,八月饮酎于宗庙。酎,醇酒。 ⑦ 陇西:郡名,今甘肃东南部。北地:古代郡名,约有今宁夏、甘肃东北部。 ⑧ 期门:官名。执兵器,护卫皇帝出入。原为汉武帝微行时的侍从。 ⑨ 夜漏:古代夜间用铜壶漏水,计算时刻。 ⑩ 平阳侯:曹寿。娶汉武帝姊为妻,很受尊宠。 ⑪ 粳(jīng):黏性较强的稻。 ⑫ 詈(lì):骂。 ⑬ 鄠杜:鄠县、杜陵。鄠县,属右扶风,在今陕西境内。 ⑭ 示:同"视",给人看。 ⑮ 赍(jī):装备,携带。 ⑯ 长信宫:汉宫名。太后所居。皇帝每五天一次朝谒太后。 ⑰ 指:同"旨"。 ⑱ 右辅都尉:官名。西汉以京兆、冯翊、扶风为三辅,元鼎四年(前 113)置三辅都尉。徼循:巡逻。 ⑲ 右内史:官名。掌治京师。景帝时分置左右内史,武帝太初元年(前 104)更名右内史为京兆尹,左内史为左冯翊。 ⑳ 五柞、倍阳、宣曲:皆汉行宫名。幸:特指皇帝到某处去。 ㉑ 太中大夫:官名。掌议论。吾丘寿王:武帝时为侍中,后来官至光禄大夫。 ㉒ 阿城:秦阿房宫旧址,在今西安长安区西。 ㉓ 盩厔(zhōu zhì):县名。今作"周至",属陕西省。 ㉔ 直:同"值",价值。 ㉕ 属(zhǔ):连接。 ㉖ 说:同"悦"。

原文

"臣闻谦逊静悫[1],天表之应,应之以福;骄溢靡丽,天表之应,应之以异。今陛

翻译

"我听说,为人谦逊清静谨慎,天会显示报应,用福泽来报应他;为人骄纵奢华,天会显示报应,用灾祸来报应他。

下累郎台[②]，恐其不高也；弋猎之处，恐其不广也。如天不为变，则三辅之地尽可以为苑，何必盩厔、鄠、杜乎！奢侈越制，天为之变，上林虽小，臣尚以为大也。

如今陛下修建台观廊屋，唯恐其不高，射猎的地方，唯恐其不广。如果天不降灾难，那么三辅地区都可以当作您弋猎的苑囿，何必局限于周至、鄠、杜这个范围呢？奢侈超越了礼制，天就要为此而降下灾难，上林苑虽小，我还认为它太大了。

注释 ① 悫(què)：诚实忠厚。 ② 郎：同"廊"，堂下四周的厢房。

原文

"夫南山[①]，天下之阻也，南有江淮，北有河渭，其地从汧陇以东[②]，商雒以西[③]，厥壤肥饶。汉兴，去三河之地[④]，止霸产以西[⑤]，都泾渭之南，此所谓天下陆海之地[⑥]，秦之所以虏西戎兼山东者也[⑦]。其山出玉石，金、银、铜、铁，豫章、檀、柘，异类之物，不可胜原，此百工所取给，万民所卬足也[⑧]。又有秔稻梨栗桑麻竹箭之饶，土宜姜芋，水多蛙鱼，贫者得以人给家足，无饥寒之忧。故酆镐之间号为土膏[⑨]，其贾亩一金。今规以

翻译

"终南山是天下险要的地方，南有长江、淮河，北有黄河、渭水。这块地方，起自汧水、陇坻以东，直至商县与上洛县以西，土壤肥沃，物产富饶。汉朝建立的时候，离开三河郡，居留在灞水、浐水以西，定都在泾水、渭水以南的长安，这一带被称为天下陆海之地，秦国正是靠着它降服西戎吞并山东六国的。这一带山上出产玉石，及金、银、铜、铁等矿产，又出产豫章、檀香、柘树等珍贵木材，异类的奇物，不可究尽它的原本，这里有工匠取之不尽的原料，是老百姓赖以致富的宝地。这里又有秔稻、梨树、栗子树、桑、麻、竹箭的丰饶，土壤适宜种植姜和芋头，江河盛产蛙、鱼。穷人靠这些丰衣足食，没有受饥寒之苦的忧虑。所以酆县、镐京之间号称沃土膏

为苑，绝陂池水泽之利，而取民膏腴之地，上乏国家之用，下夺农桑之业，弃成功，就败事，损耗五谷，是其不可一也。且盛荆棘之林，而长养麋鹿，广狐兔之苑，大虎狼之虚[10]，又坏人冢墓，发人室庐，令幼弱怀土而思，耆老泣涕而悲，是其不可二也。斥而营之[11]，垣而囿之，骑驰东西，车骛南北，又有深沟大渠，夫一日之乐不足以危无堤之舆[12]，是其不可三也。故务苑囿之大，不恤农时，非所以强国富人也。

壤，这里的地价每亩值一斤黄金。如今把它圈为苑囿，断绝了陂池水泽的利益，而又占取了农民肥沃的土地，对上而言使国家的财用匮乏，对下而言剥夺了百姓赖以谋生的农桑之业。丢弃成功，趋就失败，削减了粮食收入，这是不可修上林苑的第一个原因。况且，使荆棘之林日滋繁茂，以生长养育麋鹿，使狐兔活动的园地增广，使虎狼栖息的丘墟扩大，又毁坏人家的坟墓，拆除人家居室屋庐，使幼弱的人怀念乡土而愁思，耆年老人涕泣而悲哀，这是不可修建上林苑的第二个原因。开拓土地而营造上林，筑垣墙圈围上林，马骑驰骋于东西，车驾纵奔于南北，又有深沟大渠，一日田猎的欢乐没有尽兴却危及天子无限的富贵，这是不可修上林苑的第三个原因。因此，一味追求苑囿的广大，不体恤农时，不是强国富民的做法。

注释 ① 南山：终南山，在今陕西西安以南。 ② 汧(qiān)：汧水，渭河支流。陇：陇山。 ③ 商：商县，在今陕西商洛。雒(luò)：上洛县，在今陕西商洛。 ④ 三河：地名。西汉以河内、河南、河东三郡为三河，即今河南洛阳黄河南北一带。因地处中原，汉以前多建都此地。 ⑤ 霸：灞水，关中八川之一。产：浐水，关中八川之一。 ⑥ 陆海之地：关中山川物资富饶，故称陆海。 ⑦ 西戎：古代西部边境少数民族的总称。山东：秦汉时称崤山、华山以东为山东。 ⑧ 卬(yǎng)：仰仗，依靠。 ⑨ 酆(fēng)：地名，在今陕西鄠邑东。镐：镐京，地名，在今陕西西安长安区西南。 ⑩ 虚：同“墟”。 ⑪ 斥：丈量。 ⑫ 无堤（dī）：无限度。

原文

“夫殷作九市之宫而诸侯畔[①]，灵王起章华之台而楚民散[②]，秦兴阿房之殿而天下乱。粪土愚臣，忘生触死，逆盛意，犯隆指，罪当万死，不胜大愿，愿陈《泰阶六符》[③]，以观天变，不可不省。”

翻译

“殷纣王修建九市之宫，因而诸侯反叛，楚灵王筑起章华台，因而楚民离散，秦朝兴建阿房宫殿，因而天下大乱。我是像粪土一样的愚昧臣子，忘生命而触犯死罪，悖逆皇上隆盛的旨意，罪该万死，不能了却一片心愿，我愿陈述《泰阶六符经》，用它来观察天的变异，这是不可不明察的。”

注释 ① 九市之宫：殷纣王造宫室七十三所，大宫百里，在宫中设九市。畔：同“叛”。 ② 章华之台：战国时楚灵王所建，在今湖北监利西北。 ③ 泰阶：星名。即三台，每台二星，共六星。六符：六星的应验。古人以为天星与人事相应和，天星有变异，必主人事变化。传说黄帝著有《泰阶六符经》。

原文

是日因奏《泰阶》之事，上乃拜朔为太中大夫给事中，赐黄金百斤。然遂起上林苑，如寿王所奏云。

久之，隆虑公主子昭平君[①]，尚帝女夷安公主[②]，隆虑主病困，以金千斤钱千万为昭平君豫赎死罪，上许

翻译

这天东方朔因为上奏《泰阶六符经》的事，被任命为太中大夫、给事中，并赏赐黄金一百斤。然而武帝仍按照吾丘寿王奏明的计划，修建了上林苑。

过了很久，隆虑公主的儿子昭平君，娶了汉武帝的女儿夷安公主。隆虑公主病危时，用黄金千斤、钱一千万替昭平君预先赎免死罪，武帝允许了她。隆虑公主死后，昭平君日益骄纵，有一

之。隆虑主卒，昭平君日骄，醉杀主傅[3]，狱系内官[4]。以公主子，廷尉上请请论。左右人人为言："前又入赎，陛下许之。"上曰："吾弟老有是一子[5]，死以属我[6]。"于是为之垂涕叹息，良久曰："法令者，先帝所造也，用弟故而诬先帝之法，吾何面目入高庙乎！又下负万民。"乃可其奏，哀不能自止，左右尽悲。朔前上寿，曰："臣闻圣王为政，赏不避仇雠，诛不择骨肉。《书》曰：'不偏不党，王道荡荡[7]。'此二者，五帝所重[8]，三王所难也[9]。陛下行之，是以四海之内元元之民各得其所，天下幸甚！臣朔奉觞，昧死再拜上万岁寿。"上乃起，入省中[10]，夕时召让朔[11]，曰："传曰'时然后言，人不厌其言'[12]。今先生上寿，时乎？"朔免冠顿首曰："臣闻乐太甚则阳溢，哀太

次喝醉了酒，杀死了夷安公主的保姆，被收进监狱囚禁在内官。因为他是公主的儿子，不能轻易判罪，廷尉向武帝请示，请求给昭平君定罪。皇帝的左右大臣纷纷替昭平君说好话："以前隆虑公主以重金为他赎过死罪，陛下允许了这件赎罪的事。"武帝说："我妹妹年纪大了，才生了这么个儿子，临死把他托付给我。"于是为昭平君的事流泪叹气，过了好大一会儿才说："法令，是先帝制定的，因为同情妹妹的缘故，而违背先帝的法令，我还有什么脸面进高帝的祠庙呢！再说也对不起老百姓。"于是批准了廷尉的奏请，为此武帝哀痛不止，左右的人也都十分悲伤。东方朔却走上前向皇上祝贺说："我听说，圣明的君王治理政事，行赏不撇开仇人，诛杀不管是不是亲骨肉。《尚书》说：'不要偏私不要袒护，先王的道路才能坦荡无阻。'这两句话，是五帝所推重的，也是三王难以做到的。陛下这样做了，因此四海之内平民百姓各得其所，是国家的大幸。我东方朔敬献一杯酒，冒死再拜，祝皇上万岁。"武帝竟起身，回后宫去了，傍晚召见东方朔，责备他说："古书上说：'应该说话的时候才说话，别人就不讨厌他的话。'今天先生为我上寿，

甚则阴损，阴阳变则心气动，心气动则精神散，精神散而邪气及。销忧者莫若酒，臣朔所以上寿者，明陛下正而不阿，因以止哀也。愚不知忌讳，当死。”先是，朔尝醉入殿中，小遗殿上，劾不敬。有诏免为庶人，待诏宦者署[13]，因此对复为中郎，赐帛百匹。

是时候吗？”东方朔摘下帽子叩头说：“我听说，高兴过度就阳气过盛，悲哀过度就阴气亏损，阴阳变异就会心气激动，心气激动就使精神散乱，精神散乱邪气就趁虚而入。消愁解忧没有比酒更有效的了。我给陛下上寿的缘由，是明扬陛下刚正无私，所以才用酒为您止哀。我愚昧不知道忌讳，该死。”在这以前，东方朔曾因喝醉了酒进入殿中，在殿上小便，被弹劾犯了大不敬的罪，皇帝下令把他贬为平民，在宦官署待诏，因为这次与皇帝的对话，重新被任命为中郎，赏赐帛一百匹。

注释 ① 隆虑：县名，属河内郡，今河南省林州。 ② 尚：特指娶公主为妻。 ③ 傅：保姆。 ④ 内官：官署名。 ⑤ 弟：女弟，妹妹。 ⑥ 属：同“嘱”。 ⑦ 不偏不党，王道荡荡：语出《尚书·洪范》。 ⑧ 五帝：传说中的五位古代帝王。即伏羲、神农、黄帝、尧、舜。 ⑨ 三王：夏禹、商汤、周文王。 ⑩ 省中：汉代称宫中为禁中，到元帝时，因皇后父名禁，避讳改称省中。 ⑪ 让：责备。 ⑫ 时然后言，人不厌其言：语出《论语·宪问》。 ⑬ 宦者署：宦者令的衙署，靠近皇宫。

原文

初，帝姑馆陶公主号窦太主[1]，堂邑侯陈午尚之。午死，主寡居，年五十余矣，近幸董偃。始偃与母以卖珠为事，偃年十三，随母出

翻译

当初，武帝的姑母馆陶公主称为窦太主，堂邑侯陈午娶了她。陈午死后，太主寡居，五十多岁了，却宠幸一个叫董偃的年轻人。本来董偃与母亲以卖珠为生计，那时董偃十三岁，跟随母亲

入主家。左右言其姣好，主召见，曰："吾为母养之。"因留第中，教书计相马御射，颇读传记。至年十八而冠，出则执辔，入则侍内。为人温柔爱人，以主故，诸公接之，名称城中，号曰"董君"。主因推令散财交士，令中府曰[②]："董君所发，一日金满百斤，钱满百万，帛满千匹，乃白之。"安陵爰叔者，爰盎兄子也[③]，与偃善，谓偃曰："足下私侍汉主，挟不测之罪，将欲安处乎？"偃惧曰："忧之久矣，不知所以。"爰叔曰："顾城庙远无宿宫[④]，又有萩竹籍田[⑤]，足下何不白主献长门园[⑥]？此上所欲也。如是，上知计出于足下也，则安枕而卧，长无惨怛之忧。久之不然，上且请之，于足下何如？"偃顿首曰："敬奉教。"入言之主，主立奏书献之。上大说[⑦]，更名窦太主园为长门宫。主

经常出入窦太主家。窦太主的侍从都夸董偃长得俊美，于是窦太主召见了董偃母子，对董偃母亲说："我替你抚养这个孩子吧。"因而把他留在府中，教他写字、算术、相马、驾车、射猎等功课，董偃读了一些书。到十八岁时行了加冠礼，董偃已经成年，太主出门他驾车，太主回府他在身边伺奉。董偃性情温柔爱护别人，因为窦太主喜爱他的缘故，一些有地位的人也都接待他，在长安城中出了名，都称呼他"董君"。窦太主为了推荐他，让他用钱财与士人结交，并且命令中府说："'董君'支取出去的财物，每天金达到一百斤，钱达到一百万，帛达到一千匹时，再告诉我。"安陵人爰叔，是爰盎哥哥的儿子，与董偃很要好，他对董偃说："你私下里伺奉窦太主，暗藏着难以预料的大祸，你将怎样自处呢？"董偃恐惧地说："我担心这件事已经很久了，不知用什么办法解决。"爰叔说："顾成庙离长安远又没有供皇上居住的宿宫，再说那里有一片竹林和楸树林，可供皇帝游玩，又有皇帝的籍田，你为什么不禀告太主，把长门园献给皇帝呢？这正是皇帝想要的地方。这样做，皇帝知道是由你出的主意，那你就可以安睡无忧，永远没有恐惧忧伤的愁苦。

大喜，使偃以黄金百斤为爰叔寿。

如果长久不这样做，皇帝要长门园，你怎么办呢？”董偃点头说：“遵从您的教诲。”于是，董偃入府把这个主意告诉了太主，太主立即上书，把长门园献给武帝。武帝很高兴，把窦太主的长门园改名长门宫。太主也很高兴，让董偃用一百斤黄金给爰叔祝寿。

注释 ① 窦太主：汉武帝的姑母，窦太后的女儿。汉制，皇帝的女儿称公主，皇帝的姐妹称长公主，皇帝的姑母称太主。 ② 中府：官名，掌管金帛的官。 ③ 爰盎：字丝，汉文帝时为中郎将。 ④ 顾成庙：文帝的祠庙。 ⑤ 萩：同“楸”，树名。籍田：皇帝每年举行亲耕仪式的田地。 ⑥ 长门园：窦太主有长门园，献给汉武帝改名长门宫。长门，在长安城东南。 ⑦ 说：同“悦”。

原文

叔因是为董君画求见上之策，令主称疾不朝。上往临疾，问所欲，主辞谢曰：“妾幸蒙陛下厚恩，先帝遗德，奉朝请之礼，备臣妾之仪，列为公主，赏赐邑入，隆天重地，死无以塞责。一日卒有不胜洒扫之职[①]，先狗马填沟壑，窃有所恨，不胜大愿，愿陛下时忘万事，养精游神，从中掖庭回舆，枉

翻译

爰叔因此替董偃谋划求见皇帝的计策，让太主假装有病不能朝见皇帝。武帝亲自到窦太主府上探视疾病，问太主需要什么，太主辞谢说：“我幸运地得到皇帝的厚恩、先帝的遗德，使我能参加奉朝请的大典，行君臣之礼，置身公主的行列，享受封地的收入，这恩德天高地厚，我即使是死也无法弥补自己的愧疚。如果有一天我猝然不能尽侍奉陛下的职事，我这臣妾贱躯死去，私下有遗憾的是，不能了却我报答陛下的一片心愿，希望陛下有时也能忘掉朝中的事务，调养精神，从中掖庭返回宫中时，

路临妾山林[2]，得献觞上寿，娱乐左右。如是而死，何恨之有！”上曰：“主何忧，幸得愈。恐群臣从官多，大为主费。”上还。有顷，主疾愈，起谒，上以钱千万从主饮。后数日，上临山林，主自执宰敝膝[3]，道入登阶就坐[4]。坐未定，上曰：“愿谒主人翁。”主乃下殿，去簪珥，徒跣顿首谢曰：“妾无状，负陛下，身当伏诛。陛下不致之法，顿首死罪。”有诏谢。主簪履起，之东箱自引董君[5]，董君绿帻傅韦韝[6]，随主前，伏殿下。主乃赞：“馆陶公主胞人臣偃昧死再拜谒。”因叩头谢，上为之起。有诏赐衣冠上。偃起，走就衣冠。主自奉食进觞。当是时，董君见尊不名，称为“主人翁”，饮大欢乐。主乃请赐将军列侯从官金钱杂缯各有数。于是董君贵宠，天下莫不闻。郡国狗马蹴鞠

多绕点儿路光临我的宅第，使我有机会敬献一杯酒给陛下祝寿，在您身边与您作乐。能这样，即使是死了，还有什么遗恨呢！”武帝说：“太主担忧什么？希望你早日康复。我只是担心跟随我的群臣侍从太多，让你太破费了。”武帝返回宫去。不久，太主病好了，上朝谒见皇帝，武帝以钱一千万办酒宴同太主饮宴。过了几天，武帝来到太主府第，太主穿上厨子用的围裙，亲自引路而入，登上台阶请武帝在大厅就坐。武帝还没坐定，就说：“希望见见主人翁。”太主急忙下殿，除去簪子耳环，赤着脚磕头请罪说：“我没有脸面见人，辜负了陛下，犯下死罪。陛下不加罪于我，我磕头请罪。”武帝下诏令免太主的罪。太主戴上簪子穿上鞋站起来，前往东厢房领董偃出来。董偃戴着绿帻，穿着套袖，一副仆役的打扮，随着太主走到殿前，俯伏在殿下。太主这才介绍说：“馆陶公主的厨子董偃冒死罪拜见皇帝。”董偃叩头请罪，皇帝让他起来。命令赐给他衣帽上殿。董偃起身，忙去换衣服就座。太主亲自给皇帝敬酒献食。在这时，董偃虽被尊重但没有称号，只是被赐予“主人翁”的称号，和武帝尽兴畅饮。于是太主奉献许多金、钱以及杂

剑客辐凑董氏[⑦]。常从游戏北宫,驰逐平乐[⑧],观鸡鞠之会[⑨],角狗马之足[⑩],上大欢乐之。于是上为窦太主置酒宣室[⑪],使谒者引内董君。

色丝帛,请武帝赏赐给将军、列侯、侍从官。从此董偃更加显贵尊宠,国内没有不知道他的。各郡国那些赛狗的、跑马的、踢球的、弄剑的,纷纷聚集到董偃那里。董偃经常陪同武帝在北宫游戏,到上林苑平乐观射猎、观看踢球、斗鸡、赛狗、跑马,武帝对于这样的游乐十分高兴。于是皇上在宣室设酒宴招待窦太主,让谒者引董偃进宫。

注释 ① 卒:同“猝”,突然。 ② 山林:此代指窦太主府第。 ③ 执宰敝膝:穿上厨子的围裙。 ④ 道(dǎo):引导,引路。 ⑤ 箱:同“厢”,厢房。 ⑥ 绿帻:古代侍役戴的帽子。傅韝(gōu):戴着套袖。韝,皮革制的套袖。 ⑦ 蹴鞠(cù jū):古时一种踢球游戏。辐凑:辐,车轮的辐条,三十根辐条与车轮中心的圆木(毂)相接,比喻聚集,如车辐集中于毂。 ⑧ 平乐:观名。在上林苑中。 ⑨ 鸡鞠:斗鸡和踢球的游戏。 ⑩ 角:同“校”,校量。 ⑪ 宣室:未央宫前殿的正室。

原文

是时,朔陛戟殿下,辟戟而前曰:“董偃有斩罪三,安得入乎?”上曰:“何谓也?”朔曰:“偃以人臣私侍公主,其罪一也。败男女之化,而乱婚姻之礼,伤王制,其罪二也。陛下富于春秋[①],方积思于六经[②],留神于王事,驰骛于唐虞[③],折节

翻译

这时候,东方朔正持戟站在殿阶下,他放下戟走向前对武帝说:“董偃有三条该杀的罪,怎么能放他进宫呢?”武帝说:“是什么罪?”东方朔说:“董偃身为皇帝的臣民,私下伺候公主,这是第一条罪。败坏男女之间的风化,扰乱婚姻大礼,破坏朝廷制度,这是第二条罪。陛下年富力强,正应该用心于六经,留心于国家的政事,追随唐、虞盛世,敬仰夏、商、周三代的贤君。董偃不遵从经

于三代[④]，偃不遵经劝学，反以靡丽为右，奢侈为务，尽狗马之乐，极耳目之欲，行邪枉之道，径淫辟之路[⑤]，是乃国家之大贼，人主之大蜮[⑥]。偃为淫首，其罪三也。昔伯姬燔而诸侯惮[⑦]，奈何乎陛下？"上默然不应，良久曰："吾业已设饮，后而自改。"朔曰："不可。夫宣室者，先帝之正处也，非法度之政不得入焉。故淫乱之渐，其变为篡，是以竖貂为淫而易牙作患[⑧]，庆父死而鲁国全[⑨]，管蔡诛而周室安[⑩]。"上曰："善。"有诏止，更置酒北宫，引董君从东司马门。东司马门更名东交门。赐朔黄金三十斤。董君之宠由是日衰，至年三十而终。后数岁，窦太主卒，与董君会葬于霸陵。是后，公主贵人多逾礼制，自董偃始。

典不劝勉学习，反而崇尚华丽，追求奢侈，极尽狗马声色之乐，走的是淫佚邪恶的歪道。这个人正是国家的大贼，迷惑皇上的阴险小人。董偃是淫逸邪恶的祸首，这是他的第三条罪状。从前，宋恭姬遇了火灾，为了恪守礼制等待保姆而被烧死，从而受到诸侯的敬佩，陛下看怎么办？"武帝沉默不回答，好大一会儿才说："我已经摆下了酒宴，以后改正就是啦。"东方朔说："不合适。宣室是先帝的正殿，不是商讨国家大事的不得入内。因为淫乱开了头，就会演变成篡位的大祸，所以古时竖貂行为淫乱而与易牙相谋作乱，庆父死了鲁国才得保全，杀了管叔、蔡叔周王室才得安宁。"武帝说："好吧。"于是命令不在宣室设宴，把酒宴改设在北宫，引董偃从东司马门进宫。把东司马门改名为东交门。赏赐给东方朔黄金三十斤。从此，董偃享受的尊宠一天不如一天，活到三十岁就死了。又过了几年，窦太主也去世了，与董偃合葬在霸陵。这以后，公主贵人多有越礼的行为，就是从董偃开始的。

注释 ① 春秋：指年龄。富于春秋，犹言年富力强，来日方长。 ② 六经：指《诗经》《尚书》《易经》《春秋》《仪礼》《乐记》六部经典。 ③ 唐：陶唐氏。传说中远古部落名，尧为部落酋长。虞：有虞氏。传说中远古部落名，舜为部落酋长。相传唐、虞时代为太平盛世。 ④ 三代：夏、商、周称为三代。 ⑤ 淫辟(pì)：即淫僻，放纵邪恶。辟，同"僻"。 ⑥ 蜮(yù)：传说使人发病的动物。以喻阴险小人。 ⑦ 伯姬：宋恭姬。春秋时鲁国人。宫中失火，因为守礼，等待保姆，被烧死。燔(fán)：烧。⑧ 竖貂、易牙：都是春秋时齐桓公的内监，很得宠信，桓公病，他们阴谋作乱。⑨ 庆父：春秋时鲁桓公的儿子，庄公的弟弟。庄公死后，庆父杀了庄公的儿子闵公作乱，失败后逃莒国。僖公即位后，以重金请莒国送回庆父。途中庆父自杀，僖公正式继位。 ⑩ 管蔡：管叔鲜、蔡叔度，都是周武王的弟弟。成王年幼，周公摄政，管、蔡联合纣的儿子武庚作乱，后来武庚、管叔被杀，蔡叔被囚禁。

原文

时天下侈靡趋末[①]，百姓多离农亩。上从容问朔："吾欲化民，岂有道乎？"朔对曰："尧、舜、禹、汤、文、武、成、康上古之事，经历数千载，尚难言也，臣不敢陈。愿近述孝文皇帝之时，当世耆老皆闻见之。贵为天子，富有四海，身衣弋绨[②]，足履革舄[③]，以韦带剑[④]，莞蒲为席[⑤]，兵木无刃，衣缊无文[⑥]，集上书囊以为殿帷[⑦]；以道德为丽，以仁义为准。

翻译

当时天下风气奢华，争相从事工商业，老百姓也纷纷离开农田。有一天武帝随便问东方朔："我想教化老百姓，是否有什么办法？"东方朔回答说："尧、舜、禹、汤、文王、武王、成王、康王这都是上古的事，已经经历了几千年，还难说得明白，臣不敢陈述。我愿意就近说说孝文帝时候的事，这是当今还在世的老人都知道的情形。文帝贵为天子，拥有四海之内的财富。但是，文帝身上穿着黑粗布做的衣服，脚上穿着生皮做的鞋，用没有饰物的皮带挂着剑，铺着莞蒲编的草席，兵器像木制的那样没有利刃，穿的旧絮棉衣不带文彩。用装奏章

于是天下望风成俗，昭然化之。今陛下以城中为小，图起建章[⑧]，左凤阙[⑨]，右神明[⑩]，号称千门万户；木土衣绮绣，狗马被缋罽[⑪]；宫人簪瑇瑁，垂珠玑；设戏车[⑫]，教驰逐，饰文采，藂珍怪[⑬]；撞万石之钟，击雷霆之鼓，作俳优，舞郑女。上为淫侈如此，而欲使民独不奢侈失农，事之难者也。陛下诚能用臣朔之计，推甲乙之帐燔之于四通之衢，却走马示不复用，则尧舜之隆宜可与比治矣。《易》曰：'正其本，万事理；失之豪氂，差之千里。'愿陛下留意察之[⑭]。"

朔虽诙笑，然时观察颜色，直言切谏，上常用之。自公卿在位，朔皆敖弄[⑮]，无所为屈。

的青布袋缝成宫殿帷幕。文帝以道德高尚为美，以仁义为准绳。所以天下老百姓都仰望他的风范，蔚然成为淳厚的时俗，彰明昭著地教化了天下的民众。如今陛下嫌长安城内地方小，在城外建起建章宫，左边修了凤阙，右边修了神明台，号称千门万户；宫内土木裹着锦绣丝绸，狗马披着五彩毛毯；宫人头上簪着玳瑁，身上佩挂珠玑；设置杂耍车，倡导驰逐游猎之乐，追求装饰的文彩艳丽，收聚珍奇怪异之物；宫内撞响百万斤的大钟，敲击如雷霆巨响的大鼓，乐人演戏，郑女起舞。皇上这样奢侈无度，而竟想要老百姓不奢侈，不弃农从商，这是难以做到的事。陛下果真能采用我东方朔的意见，撤去许许多多华丽的帷帐，在四通八达的大街上烧掉，放弃那些善于奔驰的良马表示不再骑用，那就只有尧舜盛世才能与陛下的功业相媲美了。《易经》上说：'理正事物的本源，万事才有条理；开始失误毫厘，结果相差千里。'望陛下用心察省上面所说的事。"

东方朔虽然诙谐调笑，然而他时常观察皇帝的脸色情绪，适时地直言极谏，武帝常常采用他的意见。从公卿到在位的群臣，东方朔都轻视嘲弄，没有什么人是他肯屈从的。

注释 ① 趋末:从事工商业。末,古书中常以本指农业,末指工商业。 ② 弋绨(tì):黑色的粗织厚帛。 ③ 革舃(xì):生皮做的鞋。 ④ 韦带:古代贫贱人系的无饰物的皮带。 ⑤ 莞蒲:皆草名,可制席。 ⑥ 衣缊:旧乱絮铺成的衣服。 ⑦ 上书囊:封奏章用的青布袋。 ⑧ 建章:汉宫名,在未央宫西,长安城外。 ⑨ 凤阙:建章宫的门观。 ⑩ 神明:建章宫的台名,祭祀神仙的地方。 ⑪ 缋罽(huì jì):五彩的毛毯。缋,同“绘”。 ⑫ 戏车:表演杂技的车。 ⑬ 藂:同“丛”。 ⑭ “正其本,万事理;失之豪氂,差之千里”:今本《易经》无此语。《大戴礼记·保傅》引:“《易》曰:‘正其本,万物理;失之毫厘,差之千里,故君子慎失也。’”豪,同“毫”。 ⑮ 敖:同“傲”,轻视。

杨 恽 传

导读

杨恽是西汉昭帝时丞相杨敞的儿子，司马迁的外孙。宣帝时被封为平通侯，官至诸吏光禄勋。

杨恽为人轻财好义，才能过人，为官廉洁无私。但是因为自矜其才，又刻薄不容人，多结怨于朝廷，因此被诬告废官，贬为庶人。后来退居乡间，治理产业，由于在给朋友孙会宗的回信中抒泄了对现实的不满，对礼教的抨击，从而触怒朝廷，被处以腰斩，妻、子流放酒泉。（选自卷六六）

原文

忠弟恽[①]，字子幼，以忠任为郎，补常侍骑[②]。恽母，司马迁女也。恽始读外祖《太史公记》[③]，颇为《春秋》[④]。以材能称。好交英俊诸儒，名显朝廷，擢为左曹[⑤]。霍氏谋反，恽先闻知，因侍中金安上以闻，召见言状。霍氏伏诛，恽等五人皆封[⑥]，恽为平通侯，迁中郎将。

翻译

杨忠的弟弟杨恽，字子幼，凭靠杨忠的官位被任命为郎官，补任常侍骑。杨恽的母亲，是司马迁的女儿。杨恽最先读外祖父写的《史记》，对《春秋》也很熟悉。因为有才能受到人们的称赞。他喜欢结交那些才智出众的儒生，在朝廷里也很有名望，被提拔为左曹。霍氏阴谋反叛，杨恽先听说了，他又通过侍中金安上告知皇帝，于是杨恽被召见向皇帝禀报了霍氏谋反的事。霍氏家族伏法被杀，杨恽等五人因为告发有功封了爵位，杨恽封为平通侯，升任中郎将。

注释 ① 忠：杨忠。昭帝时丞相杨敞的长子，杨恽(yùn)之兄。 ② 常侍骑：郎的加官。 ③《太史公记》：司马迁的《史记》，原名《太史公书》，汉代或称《太史公记》《太史公传》，东汉桓帝时始称《史记》。 ④《春秋》：我国第一部编年体的史书。⑤ 擢(zhuó)：提拔，提升。左曹：官名。加官。汉代有左、右曹，办理尚书事务。⑥ 恽等五人：此指告发霍氏谋反有功的五个人，即张章、董忠、杨恽、金安上、史高。

原文

郎官故事[①]，令郎出钱市财用，给文书，乃得出，名曰“山郎”[②]。移病尽一日，辄偿一沐[③]，或至岁余不得沐。其豪富郎，日出游戏，或行钱得善部。货赂流行，传相放效[④]。恽为中郎将，罢山郎，移长度大司农[⑤]，以给财用。其疾病休谒洗沐[⑥]，皆以法令从事。郎、谒者有罪过[⑦]，辄奏免，荐举其高弟有行能者[⑧]，至郡守九卿。郎官化之，莫不自厉，绝请谒货赂之端，令行禁止，宫殿之内翕然同声[⑨]。由是擢为诸吏光禄勋，亲近用事。

翻译

郎中的旧例，是要郎官私人出钱支付财务用度，供给文书，才得到出任加官的机会，所以又名“山郎”。郎官告病假满一天，就要用一个休假日来抵偿，有的郎官长达一年得不到休假。那些豪门富家出身的郎官，整日游玩作乐，有的用钱财行贿，就可以到好的部门任职。因此贿赂之风盛行，争相仿效。杨恽担任中郎将，免除了“山郎”的旧例，把郎官衙署一年的支付计划移交大司农，由大司农供给财务用度。郎官的病假、探亲假、沐休假，都依照法令办事。郎官、谒者当中犯有罪过的，立即奏明罢免，而推举郎官中品第高德才兼备的加官，有的提升到郡守九卿。郎官因此受到感化，个个激励自己奋发努力，断绝了求情送礼的弊端，有令就行，有禁就止，宫殿内协力同心。因此又提拔杨恽做了诸吏光禄勋，作为皇帝的亲信大臣办理政事。

注释 ① 故事：旧例。 ② 山郎：西汉中期郎官俗称。当时，郎官衙署，由郎官自己出钱，供文书费用，才可以出任加官。山，是财用物资产生的地方，当时称山郎，是取自己供给财用的意思。 ③ 一沐：西汉官吏五天一休假。一沐，一个休假日。 ④ 放（fǎng）效：放，同“仿”。 ⑤ 长度：长年支付计划。此指一年支付计划。 ⑥ 休谒：探亲假。 ⑦ 谒者：官名。郎中令的属官，掌管接待宾客。 ⑧ 高弟：即高第。弟，同“第”，名次。 ⑨ 翕（xī）然：一致的样子。

原文

初，恽受父财五百万，及身封侯，皆以分宗族。后母无子[①]，财亦数百万，死皆予恽，恽尽复分后母昆弟。再受訾千余万[②]，皆以分施。其轻财好义如此。

恽居殿中，廉洁无私，郎官称公平。然恽伐其行治[③]，又性刻害[④]，好发人阴伏[⑤]，同位有忤己者[⑥]，必欲害之，以其能高人。由是多怨于朝廷，与太仆戴长乐相失，卒以是败。

翻译

当初，杨恽接受了父亲的钱财五百万，到了自己被封为平通侯，就把这些钱财全都分给同宗族的人。他的继母没有儿子，也有几百万财产，死后也都留给了杨恽，他又都分给了继母的兄弟。杨恽两次继承资财总共一千多万，全分给了别人。他就是这样轻财好义。

杨恽在宫廷做官，廉洁无私，郎官都称赞他公正。然而杨恽常夸耀自己的品德和办事能力，又加上生性刻薄不容人，喜欢揭发别人的阴私，同事中有触犯自己的，一定想法损害他，倚仗自己才能而高傲凌人。因此在朝廷得罪了很多人，与太仆戴长乐不和，最终因为这件事毁了自己。

注释 ① 后母：继母。 ② 訾（zī）：同“资”，资财。 ③ 伐：夸耀。 ④ 刻害：刻薄不容人。 ⑤ 阴伏：阴私。 ⑥ 忤（wǔ）：触犯。

原文

长乐者，宣帝在民间时与相知，及即位，拔擢亲近。长乐尝使行事肄宗庙[①]，还谓掾史曰[②]：“我亲面见受诏，副帝肄秺侯御[③]。”人有上书告长乐非所宜言，事下廷尉。长乐疑恽教人告之，亦上书告恽罪：“高昌侯车奔入北掖门[④]，恽语富平侯张延寿曰：‘闻前曾有奔车抵殿门，门关折，马死，而昭帝崩。今复如此，天时，非人力也。’左冯翊韩延寿有罪下狱，恽上书讼延寿。郎中丘常谓恽曰：‘闻君侯讼韩冯翊，当得活乎？’恽曰：‘事何容易！胫胫者未必全也[⑤]。我不能自保，真人所谓鼠不容穴衔窭数者也[⑥]。’又中书谒者令宣持单于使者语，视诸将军、中朝二千

翻译

戴长乐是宣帝在民间时结交的知己，宣帝当了皇帝，提拔他为亲信大臣。有一次戴长乐在演习宗庙祭祀礼仪时，代理执行天子的事务，回来后他对掾史说：“我受到皇帝的召见并接受诏令，代替皇帝演习礼仪，秺侯金赏给我驾车。”有人上书告发戴长乐言语失当，朝廷把他交付廷尉审讯。戴长乐怀疑是杨恽唆使别人告发了自己，也上书控告杨恽的罪行，说：“有一次高昌侯董忠驱车奔入北掖门，杨恽对富平侯张延寿说：‘听说以前有急奔的车撞到殿门上，门闩被折断，马撞死了，不久昭帝去世。今天又出现了这种事，是天命，不是人为的。’左冯翊韩延寿有罪下了狱，杨恽上书为他申诉。郎中丘常对杨恽说：‘听说您为韩冯翊申诉冤屈，能保全他的性命吗？’杨恽说：‘事情哪有那么容易！正直的人未必能够保全自己呀。我自己都不能保全，正像人所说的老鼠因为口衔比洞穴口还要大的窭数所以进不了洞。’又有一次，中书谒者令宣把单于使者的话翻译成文字，拿给将军们和朝中二千石以上

石[7]。恽曰：'冒顿单于得汉美食好物，谓之殠恶[8]，单于不来明甚。'恽上观西阁上画人，指桀纣画谓乐昌侯王武曰：'天子过此，一二问其过，可以得师矣。'画人有尧舜禹汤，不称而举桀纣。恽闻匈奴降者道单于见杀，恽曰：'得不肖君，大臣为画善计不用，自令身无处所[9]。若秦时担任小臣，诛杀忠良，竟以灭亡；令亲任大臣，即至今耳。古与今如一丘之貉。'恽妄引亡国以诽谤当世，无人臣礼。又语长乐曰：'正月以来，天阴不雨，此《春秋》所记，夏侯君所言[10]。行必不至河东矣[11]。'以主上为戏语，尤悖逆绝理。"

的官吏看。杨恽说：'冒顿单于得到汉朝赏给的美食好物，却说成是腐臭的食物不好的东西，单于不来朝见不是很明白了吗。'杨恽观看西阁上画的人物，指着桀、纣的画像对乐昌侯王武说：'皇帝经过这里，多问问桀纣犯有什么过错，可以得到鉴诫。'画中人物有尧、舜、禹、汤等贤君，杨恽不称扬，却把桀、纣抬出来。还有一次，杨恽听到匈奴投降的人说单于被杀了，就说：'竟有这么一位不贤明的君主，大臣为他定的好计策不用，却自取灭亡。正像秦朝只任用奸邪小臣，而杀害忠良，终究因为这个原因灭亡，如果能够亲近任用有才德的大臣，秦朝可以一直延续到今天。古代和现在的坏人都是同类。'杨恽乱引亡国的例子来诽谤当今朝廷，失去了人臣的礼节。他还对我戴长乐说过：'从正月以来，天气久阴不下雨，这种现象只有《春秋》记载过，夏侯胜谏诤昌邑王时说过。皇帝必定不能再去河东后土祠祭祀了。'杨恽拿皇帝开玩笑，尤其大逆不道。"

注释 ① 行事：此指兼执行天子的事务。肄(yì)：演习。 ② 掾史：分曹治事的属吏。 ③ 秺(dù)侯：金赏。 ④ 高昌侯：董忠。北掖门：宫中旁门。 ⑤ 胫胫：固执，此指正直。胫，同"硁"。 ⑥ 真人：正人。窭(jù)数：头上顶东西用的垫子。 ⑦ 视：同"示"。中朝：汉代朝官有中朝、外朝之分。大司马，左、右、前、后将军，侍中常侍散骑诸吏都为中朝。 ⑧ 殠(chòu):腐气。 ⑨ 身无处所:指被杀。 ⑩ 夏侯君所言:夏侯君指夏侯胜。夏侯胜曾谏诤昌邑王:“天久阴不雨,臣下必有谋上者。” ⑪ 河东:郡名,在今陕西西部。西汉后土祠在河东郡汾阳(今陕西万荣),皇帝每年都去祭祀。

原文

事下廷尉。廷尉定国考问[①],左验明白[②]。奏:“恽不服罪,而召户将尊[③],欲令戒饬富平侯延寿[④],曰:‘太仆定有死罪数事,朝暮人也[⑤]。恽幸与富平侯婚姻,今独三人坐语,侯言“时不闻恽语”,自与太仆相触也。’尊曰:‘不可。’恽怒,持大刀,曰:“蒙富平侯力,得族罪!毋泄恽语,令太仆闻之乱余事。恽幸得列九卿诸吏,宿卫近臣,上所信任,与闻政事[⑥],不竭忠爱,尽臣子义,而妄怨望,称引为妖恶言,大逆不道,请逮捕治。”上不忍加诛,有诏皆免恽、长乐为庶人。

翻译

杨恽的案件交给廷尉审理。廷尉于定国审讯调查,又有证明人佐证,案情清楚。上奏皇帝说:“杨恽不认罪,反而召去户将尊,让他警告富平侯张延寿,说:‘太仆戴长乐有几件事可以定为死罪,已经是早晚就要被处死的人了。我有幸与富平侯是姻亲,如今只有我们三个人一起谈论的话,只要富平侯说“当时没听见杨恽说过这话”,自然就与太仆所揭发的相矛盾了。’户将尊说:‘不能这样做。’杨恽大发脾气,手拿大刀,说:‘如果富平侯证明了太仆揭发的话是真的,我就会得到灭族的罪名!不准你泄露我说的话,让太仆知道了这些话,更增加我的其他罪状。’杨恽侥幸列为九卿任诸吏光禄勋的官职,是朝廷的侍卫近臣,皇帝的亲信,参与国家政事。但是他不但不竭尽忠爱之心,尽臣子的义务,反而放肆地发泄心中的不满,散播妖言恶语,大逆不道,请求逮捕判罪。”皇帝不忍心判他死罪,下了一道诏令，把杨恽和戴长乐都免官贬为平民。

注释 ① 定国：于定国。 ② 左：同“佐”，佐证。 ③ 户将：官名，管宫内门户警卫。 ④ 戒饬：警告。饬，同“敕”。富平侯：张延寿。 ⑤ 朝暮人：指早晚将死的人。 ⑥ 与：参加。

原文

恽既失爵位，家居治产业，起室宅，以财自娱。岁余，其友人安定太守西河孙会宗[①]，知略士也[②]，与恽书谏戒之，为言大臣废退，当阖门惶惧，为可怜之意，不当治产业，通宾客，有称誉。恽宰相子，少显朝廷，一朝以晻昧语言见废[③]，内怀不服，报会宗书曰：

翻译

杨恽失去了爵位，在家里经营产业，兴建房屋，靠着钱财自寻欢乐。过了一年多，他的朋友安定郡太守西河人孙会宗，一个有智慧有谋略的人，写信劝告杨恽，说大臣被免官退居以后，应该闭门思过，表现出诚惶诚恐值得哀怜的样子，不应该治办产业，联络宾客，接受称赞。杨恽是丞相的儿子，年轻时就在朝廷显露了头角，一旦因为一些真假不明的言语被废弃罢官，心内不服，他给孙会宗写了一封回信。信中说：

注释 ① 安定：郡名，在今甘肃东北部，治所在高平（即今宁夏固原）。 ② 知：同“智”。 ③ 晻：同“暗”。

原文

“恽材朽行秽，文质无所底，幸赖先人余业得备宿卫，遭遇时变以获爵位[①]，终非其任，卒与祸会。足下哀

翻译

“我才能很低，行为卑下，学问和修养都没有什么根基，侥幸靠着父亲留下的功业，充数做了宫廷的宿卫官，又遇到霍氏谋反，因为告发有功被封了侯

其愚，蒙赐书，教督以所不及，殷勤甚厚。然窃恨足下不深惟其终始[②]，而猥随俗之毁誉也[③]。言鄙陋之愚心，若逆指而文过[④]，默而息乎，恐违孔氏'各言尔志'之义[⑤]，故敢略陈其愚，唯君子察焉！

爵，但是我毕竟不能胜任，终于遭到灾祸。你哀怜我愚昧，承蒙你来信，教导我所认识不到的道理，情意殷勤深厚。但是我私下里埋怨你不深入考虑事情的来龙去脉，而随便相信一般人的诽谤。讲出我鄙陋的想法吧，好像违背了你的意思，掩饰了自己的过错；沉默不说吧，又恐违背了孔子说的'各人说说自己的志向'的意思，所以才敢大概地向你陈述我的看法，请你考虑。

注释 ① 时变：指霍光子孙谋反事。 ② 惟：考虑。 ③ 猥(wěi)：苟且。 ④ 逆指：逆旨。指，同"旨"。文过：掩饰过错。 ⑤ 各言尔志：语出《论语·公冶长》。

原文

"恽家方隆盛时，乘朱轮者十人[①]，位在列卿[②]，爵为通侯[③]，总领从官，与闻政事，曾不能以此时有所建明，以宣德化，又不能与群僚同心并力，陪辅朝廷之遗忘，已负窃位素餐之责久矣[④]。怀禄贪势，不能自退，遭遇变故，横被口语，身幽北阙，妻子满狱。当此之时，自以夷灭不足以塞责，岂意得全首领，复奉先人之

翻译

"我家正当显赫的时候，乘坐朱轮车的人有十个，官位在九卿之列，爵位在彻侯之中，统领侍从官，参与国家政事，但我竟不能在这个时候有所建树，用来宣扬皇帝的仁德教化，又不能与众位同僚同心合力，辅佐朝廷弥补缺失，受到窃取官位白吃饭的指责已经很久了。我贪俸禄图权势，不能自动引退，于是遇到变故，横遭别人的毁谤，被囚禁在宫殿北边的观楼里，妻子儿女被关在监狱中。在这个时候，自己认为灭族也不能抵偿罪责，哪里想到还能保全脑袋，继续奉祀祖先的坟墓呢？我想到圣

丘墓乎？伏惟圣主之恩，不可胜量。君子游道，乐以忘忧；小人全躯，说以忘罪[⑤]。窃自思念，过已大矣，行已亏矣，长为农夫以没世矣。是故身率妻子，戮力耕桑，灌园治产，以给公上[⑥]，不意当复用此为讥议也。

主的恩惠，真是不可计量。君子奉行道义，快乐得忘记了忧愁；小人保全性命，高兴得忘记了罪过。我暗中想过，我的罪过已经很大了，品德已经欠缺了，只能永远做个农民以了此一生。因此我带领妻子儿女，合力耕田种桑，灌溉果园，经营产业，向朝廷交纳赋税，没想到又因此而受到指责非议。

注释 ① 朱轮：即朱轮车。汉制，官俸二千石以上的官吏方可乘坐朱轮车。② 列卿：指九卿之列。③ 通侯：即“彻侯”，爵位名。汉代爵分二十级，以彻侯为尊。④ 素餐：不劳而食。素，空，有名无实。⑤ 说：同“悦”。⑥ 公上：公家，此指朝廷。

原文

“夫人情所不能止者，圣人弗禁，故君父至尊亲[①]，送其终也，有时而既[②]。臣之得罪，已三年矣。田家作苦，岁时伏腊[③]，亨羊炰羔[④]，斗酒自劳。家本秦也，能为秦声。妇，赵女也，雅善鼓瑟[⑤]。奴婢歌者数人，酒后耳热，仰天拊缶[⑥]，而呼乌乌[⑦]。其诗曰：‘田彼南山，芜秽不治，种一顷豆，落

翻译

“人情不能避免的事情，连圣人也不加以禁止。所以，君主是最尊贵的人，父亲是最亲的人，为他们送终服丧，也有结束的时候。我获罪已经有三年了。我们种田人劳作辛苦，每年到了伏日、腊日，煮羊肉烤羊羔，斟上一杯酒自己慰劳自己。我的老家本在秦地，我会唱秦地的歌。我的妻子是赵地的女子，很会弹瑟。奴婢中也有几个会唱歌的，酒后耳朵发热，抬头望天，用手击缶，口中发出乌乌的歌声。歌辞唱道：‘南山那边种庄稼，不锄不理草成堆。种下豆

而为其[8]。人生行乐耳,须富贵何时!'是日也,拂衣而喜,奋袖低卬[9],顿足起舞,诚淫荒无度,不知其不可也。恽幸有余禄,方籴贱贩贵,逐什一之利,此贾竖之事,污辱之处,恽亲行之。下流之人,众毁所归,不寒而栗[10]。虽雅知恽者,犹随风而靡,尚何称誉之有!董生不云乎[11]:'明明求仁义,常恐不能化民者,卿大夫意也;明明求财利,常恐困乏者,庶人之事也[12]。'故'道不同,不相为谋[13]',今子尚安得以卿大夫之制而责仆哉!

子一顷地,豆荚落光剩豆萁。人生在世要行乐,等待富贵到何时!'在这样的日子里,我高兴得抖着衣服,挥动衣袖,踩脚起舞,实在是放纵得没有限度,我不知道这样做为什么不行。我幸亏还有剩下来的俸禄,才在粮食价格低时买进来,贵时卖出去,追求十分之一的利润。这是生意人做的事情,蒙耻受辱的事,我也亲自做了。地位卑下的人,是众人诽谤的对象,想起这些,我常常不寒而栗。虽然是很了解我的人,也都跟着别人的议论而诋毁我,哪里还会有人称扬我呢?董仲舒不是说过吗:'勤勤敏敏地求仁求义,常常担心不能用仁义感化百姓,这是卿大夫所想的事。勤勤敏敏地求财求利,常常担心生活困穷,这是老百姓的事。'所以说'主张不同,就不要互相商量',现在你怎么还能用卿大夫的制度来责备我呢!

注释 ① 君父至尊亲:君为至尊,父为至亲。 ② 既:终了,完了。 ③ 伏腊:伏指夏至后的第三个庚日;腊指冬至后的第三个戌日。古时以伏日、腊日为节日,举行祭祀活动。 ④ 亨(pēng):同"烹",烧煮。炰(páo):同"炮",烧烤。 ⑤ 雅:很。 ⑥ 缶:瓦制的打击乐器。 ⑦ 乌乌:唱歌中的一种和声。 ⑧ "田彼"四句:田,作动词用,种植庄稼。治,此指清理。萁(qí),豆秆。杨恽用诗歌讽喻现实。《汉书》张晏注:"山高在阳,人君之象也。芜秽不治,言朝廷之荒乱也。一顷百亩,以喻百官也。言豆者,贞实之物,常在囷仓,零落在野,喻己见放弃也。箕曲而不直,言朝臣皆谄谀也。" ⑨ 卬(áng):高。 ⑩ 栗:发抖,哆嗦。 ⑪ 董生:指董仲舒。 ⑫ 引文出自董仲舒《对贤良策》。明明:《汉书·董仲舒传》引作"皇皇"。皇皇,同"惶惶",匆匆忙忙。 ⑬"道不同,不相为谋":语出《论语·卫灵公》。

原文

"夫西河魏土[①],文侯所兴[②],有段干木、田子方之遗风[③],漂然皆有节概[④],知去就之分[⑤]。顷者,足下离旧土,临安定,安定山谷之间,昆戎旧壤[⑥],子弟贪鄙,岂习俗之移人哉?于今乃睹子之志矣。方当盛汉之隆,愿勉旃[⑦],毋多谈。"

翻译

"西河是战国时魏地,魏文侯兴起的地方,那里有段干木、田子方留下的风范,他们二位都有高尚的节操和度量,懂得什么时候该辞官不做,什么时候该出任官职。近来你离开家乡西河,到了安定郡,安定郡位于山谷之间,是昆夷的故土,那里的人贪婪卑鄙,难道是当地的习俗改变了你的品性吗?到了今天我才看清了你的志向。如今兴旺的汉朝处于鼎盛时期,希望你努力功业吧,不用多与我谈论了。"

注释 ① 西河:古代地区名,指战国时魏地,今陕西东部的黄河西岸地区。与孙会宗西河郡并非一地,两地并提以此讽喻孙会宗。 ② 文侯:魏文侯名斯,战国诸侯。他任用李悝为相,吴起为将,西门豹为邺令,使魏成为当时的诸侯强国。 ③ 段干木:战国时魏国学者。田子方:战国时魏人,与段干木齐名,魏文侯的老师。 ④ 漂然:高远的样子。 ⑤ 去:此指辞官。就:此指做官。 ⑥ 昆戎:古代我国西北部少数民族部落,也称"昆夷""混夷"。 ⑦ 旃(zhān):"之焉"的合音。

原文

又恽兄子安平侯谭为典属国,谓恽曰:"西河太守建平杜侯[①],前以罪过出,今

翻译

又杨恽哥哥杨忠的儿子安平侯杨谭在朝中做典属国,他对杨恽说:"西河郡太守建平人杜延年,以前因为犯了罪

征为御史大夫。侯罪薄，又有功，且复用。”恽曰：“有功何益？县官不足为尽力。”恽素与盖宽饶、韩延寿善，谭即曰：“县官实然，盖司隶、韩冯翊皆尽力吏也，俱坐事诛。”会有日食变，驺马猥佐成上书告恽②：“骄奢不悔过，日食之咎，此人所致。”章下廷尉案验，得所予会宗书，宣帝见而恶之。廷尉当恽大逆无道③，要斩④。妻子徙酒泉郡⑤。谭坐不谏正恽，与相应，有怨望语，免为庶人。召拜成为郎，诸在位与恽厚善者，未央卫尉韦玄成、京兆尹张敞及孙会宗等，皆免官。

被罢官，如今被征召做了御史大夫。您罪过轻，又立过功，还会被再任用的。”杨恽说：“有功有什么用，皇帝不值得我为他尽力。”杨恽平素与盖宽饶、韩延寿要好，于是杨谭说：“天子确实是这样，盖司隶、韩冯翊都是为朝廷尽力的官吏，都因为一点事就被杀了。”这时候正遇上有日食出现，一个名叫成的，管车马的下等小官，上书控告杨恽：“骄奢不悔改，日食的灾祸，是他所引来的。”皇帝把这个奏章交给廷尉审讯验查，审讯中搜得杨恽写给孙会宗的信，宣帝看了信，很憎恶杨恽。廷尉判杨恽犯了大逆不道的罪，处以腰斩。杨恽的妻子儿女被放逐到酒泉郡。杨谭由于不规劝杨恽悔改，反而与他互相应和，有怨恨的言论，免官为平民。皇帝下令任命成做了郎官，那些在位的与杨恽交情深厚的人，像未央宫卫尉韦玄成、京兆尹张敞以及孙会宗等人，也都被罢了官。

注释 ① 杜侯：杜延年。 ② 猥（wěi）：卑贱，指地位低下。佐：小官吏。成：人名。 ③ 当：判处。 ④ 要斩：同“腰斩”。 ⑤ 酒泉郡：郡名，在今甘肃。

霍 光 传

导读

霍光是西汉政治家。汉武帝死后，霍光辅佐昭帝、宣帝，执政二十年。霍光执政期间，采取了“轻徭薄赋，与民休息”等一系列措施，对当时经济繁荣、社会安定起了积极作用。班固在《汉书·霍光传》中，以“百姓充实，四夷宾服”高度评价了霍光的功绩。

本篇选译了《霍光传》的前一部分。文中记述了武帝托孤；霍光辅佐幼主；诛灭政敌上官桀；废昌邑王立宣帝等事迹。展示了作为封建统治阶级政治家霍光的政治风采。（选自卷六八）

原文

霍光，字子孟，票骑将军去病弟也①。父中孺②，河东平阳人也③，以县吏给事平阳侯家④，与侍者卫少儿私通而生去病。中孺吏毕归家，娶妇生光，因绝不相闻。久之，少儿女弟子夫得幸于武帝，立为皇后，去病以皇后姊子贵幸。既壮大，乃自知父为霍中孺，未及求问。会为票骑将军击

翻译

霍光，字子孟，是票骑将军霍去病的弟弟。他的父亲霍仲孺，河东郡平阳县人，在县衙里做小官，被派到平阳侯家中当差，与平阳侯家的侍女卫少儿私通，生了霍去病。霍仲孺当差期满回家，娶妻生了霍光，于是与卫少儿断绝往来，互相不通音信。过了很久，卫少儿的妹妹卫子夫得到武帝的宠爱，立为皇后，霍去病因为是皇后姐姐的儿子也很受宠爱。霍去病成年以后，才知道自己的父亲是霍仲孺，只是还没来得及寻访探问。正巧被任命为票骑将军出击

匈奴，道出河东，河东太守郊迎，负弩矢先驱[⑤]，至平阳传舍[⑥]，遣吏迎霍中孺。中孺趋入拜谒[⑦]，将军迎拜，因跪曰："去病不早自知为大人遗体也。"中孺扶服叩头[⑧]，曰："老臣得托命将军，此天力也。"去病大为中孺买田宅奴婢而去。还，复过焉，乃将光西至长安[⑨]，时年十余岁，任光为郎，稍迁诸曹侍中[⑩]。去病死后，光为奉车都尉光禄大夫[⑪]，出则奉车，入侍左右，出入禁闼二十余年[⑫]，小心谨慎，未尝有过，甚见亲信。

匈奴，路过河东郡。河东郡太守到郊界上迎接，亲自背着弓和箭在前面引路，到了平阳县客舍，霍去病便派差吏去接霍仲孺。霍仲孺小跑着进去拜见，霍去病连忙迎上去回拜，于是跪下说："去病早先不知道自己是大人的亲骨肉。"霍仲孺伏在地上叩头，说："我这个老头子能把后半生托付给将军，这是老天爷的力量啊。"霍去病替父亲买了许多田地房屋和奴婢之后离去。霍去病出征匈奴回来，又路过平阳，就带着霍光西行到长安，这时霍光十几岁，汉武帝任命他做了郎官，慢慢地提升为侍中，负责掌管尚书下设的各部事务。霍去病死后，霍光做了奉车都尉兼任光禄大夫，皇帝出行时侍奉车驾，回宫就侍奉在身边。出入宫廷二十多年，小心谨慎，没有什么过失，很得皇帝的信任。

注释 ① 票骑：汉代将军的称号，同"骠骑"。去病：霍去病，西汉名将，事迹见《汉书·霍去病传》。 ② 中(zhòng)孺：即霍仲孺。 ③ 河东：郡名，在今山西境内黄河以东地区。平阳：县名，在今山西临汾南。 ④ 给(jǐ)事：供职，服役。⑤ 先驱：在前面领路。 ⑥ 传舍：古代供来往行人休止的处所。 ⑦ 趋：小步快走，表示尊敬。 ⑧ 扶服：同"匍匐"，伏在地上。 ⑨ 将：携带，带着。 ⑩ 诸曹侍中：负责掌管尚书各部门的侍中。曹，此指尚书令下设的部门。侍中，为加官。加侍中的官可出入宫廷，成为皇帝亲信。 ⑪ 奉车都尉：官名，掌管皇帝出行时的车驾。光禄大夫：官名，无固定职守，相当于顾问。 ⑫ 禁闼(tà)：宫禁之中，即皇帝居住的地方。

原文

征和二年，卫太子为江充所败[①]，而燕王旦、广陵王胥皆多过失[②]。是时上年老，宠姬钩弋赵倢伃有男[③]，上心欲以为嗣，命大臣辅之。察群臣唯光任大重，可属社稷[④]。上乃使黄门画者画周公负成王朝诸侯以赐光[⑤]。后元二年春，上游五柞宫[⑥]，病笃，光涕泣问曰："如有不讳[⑦]，谁当嗣者？"上曰："君未谕前画意邪？立少子，君行周公之事。"光顿首让曰："臣不如金日磾[⑧]。"日磾亦曰："臣外国人，不如光。"上以光为大司马大将军[⑨]，日磾为车骑将军[⑩]，及太仆上官桀为左将军[⑪]，搜粟都尉桑弘羊为御史大夫[⑫]，皆拜卧内床下，受遗诏辅少主。明日，武帝崩，太子袭尊号，是为孝昭皇帝。帝年八岁，政事壹决于光。

翻译

征和二年（前91），卫太子刘据受到江充的诬陷，被迫自杀，而燕王刘旦、广陵王刘胥都有很多过失。这时候武帝年老了，宠姬钩弋夫人赵倢伃有一个儿子，武帝心里想立他为继承人，让一位大臣辅佐他。细察众大臣当中只有霍光能担当重任，可以把国家托付给他。于是武帝就命令宫廷画工画了一幅周公怀抱着成王受诸侯朝见的画赐给霍光。后元二年（前87）春天，武帝到五柞宫游玩，病情沉重了，霍光流着眼泪问道："陛下如有不幸，谁应当是皇帝的继承人呢？"武帝说："先生没明白前次送你那幅画的意思吗？立我的小儿子，先生像周公那样辅佐幼主。"霍光叩头辞让说："我比不上金日磾。"金日磾也辞让说："我是外国人，比不上霍光。"于是，武帝任命霍光为大司马大将军，金日磾为车骑将军，太仆上官桀为左将军，搜粟都尉桑弘羊为御史大夫，他们都在武帝卧室床前下拜受封，接受遗诏辅佐少主。第二天，武帝去世，太子刘弗陵继承皇帝的称号，他就是孝昭皇帝。昭帝年仅八岁，国家政事一概由霍光决定。

注释 ① 卫太子为江充所败：此指武帝征和二年的巫蛊事件。卫太子，名据，汉武帝次子。江充与卫太子有仇，诬告卫太子用邪术害武帝致病。卫太子发兵讨伐江充，兵败被迫自杀。 ② 燕王旦：汉武帝三子。广陵王胥：汉武帝四子。 ③ 钩弋赵倢伃：昭帝的母亲。钩弋，宫名，钩弋夫人所居。倢伃(jié yú)，也作婕妤，汉代女官名。 ④ 属：同“嘱”，嘱托，托付。 ⑤ 黄门画者：宫廷画工。 ⑥ 五柞宫：汉离宫名，在今陕西周至东南。 ⑦ 不讳：死的委婉说法。 ⑧ 金日(mì)䃅(dī)：西汉大将。本为匈奴休屠王太子，休屠王不降被杀，金日䃅母子沦落汉官养马，后被武帝重用，赐姓金。 ⑨ 大司马：官名。是加在大将军职衔上的加衔。 ⑩ 车骑将军：将军的名号。 ⑪ 太仆：官名，掌管皇帝的车马及牧畜事务，九卿之一。 ⑫ 御史大夫：官名，主管监察、执法，兼管重要文书图籍。

原文

先是[①]，后元年，侍中仆射莽何罗与弟重合侯通谋为逆[②]，时光与金日䃅、上官桀等共诛之，功未录[③]。武帝病，封玺书曰[④]：“帝崩发书以从事。”遗诏封金日䃅为秺侯，上官桀为安阳侯，光为博陆侯，皆以前捕反者功封。时卫尉王莽子男忽侍中[⑤]，扬语曰：“帝崩，忽常在左右，安得遗诏封三子事！群儿自相贵耳。”光闻之，切让王莽[⑥]，莽酖杀忽[⑦]。

翻译

当初，后元元年（前88），侍中仆射莽何罗与他的弟弟重合侯马通阴谋反叛，霍光、金日䃅、上官桀等人共同杀了他们，没有论功封赏。武帝病重时，写了一封玺书封好说：“我死后打开玺书，依照上面指示行事。”这封遗诏封金日䃅为秺侯，上官桀为安阳侯，霍光为博陆侯，都是因为以前捕杀反叛者有功加封的。当时卫尉王莽的儿子王忽随侍在宫中，他扬言说：“皇帝临终时，我常在旁边，哪里有遗诏封这三个人的事情！不过是这帮家伙互相抬高罢了。”霍光听到这话后，狠狠地责备王莽，逼得王莽用毒酒杀死了儿子王忽。

注释 ① 先是：当初。 ② 侍中仆射（yè）：侍中的首长。莽何罗：即马何罗。 ③ 录：酬偿。 ④ 玺书：加盖皇帝大印的诏书。 ⑤ 卫尉：官名，掌管宫门警卫。王莽：字稚升，天水人。与西汉末年篡位的王莽是两个人。 ⑥ 切让：狠狠地责备。 ⑦ 酖：用鸩鸟的羽毛泡成的毒酒。

原文

光为人沈静详审，长财七尺三寸[①]，白皙疏眉目[②]，美须髯[③]。每出入下殿门，止进有常处，郎仆射窃识视之[④]，不失尺寸，其资性端正如此。初辅幼主，政自己出，天下想闻其风采。殿中尝有怪，一夜群臣相惊，光召尚符玺郎[⑤]，郎不肯授光。光欲夺之，郎按剑曰："臣头可得，玺不可得也！"光甚谊之[⑥]。明日，诏增此郎秩二等。众庶莫不多光[⑦]。

翻译

霍光为人稳重谨慎，身高才七尺三寸，面色白净，眉清目秀，胡须很美。他每次出入宫门下殿阶，停走都有一定的位置，郎仆射暗中记下仔细察看，每次都不差分寸，他的天性就是这样严谨一丝不苟。霍光开始辅佐昭帝时，政令都由他亲自颁布，天下吏民都仰慕他的政治风采。有一天夜里，殿中曾经发生怪异，众大臣惊恐不安，霍光召见尚符玺郎，要收回玉玺，尚符玺郎不肯交给霍光。霍光便要夺取玉玺，尚符玺郎手按着剑说："我的头你可以拿去，玉玺你绝对得不到！"霍光认为他做得很对。第二天，下令把这个郎官的俸禄提升了两级。老百姓听说后没有不称赞霍光的。

注释 ① 财：同"才"，仅仅。七尺三寸：汉制。约合今1.68米。 ② 皙（xī）：皮肤白。 ③ 须：颏下胡子。髯（rán）：两颊上的络腮胡子。 ④ 郎仆射（yè）：郎官的首长。识（zhì）：记住，标记。 ⑤ 尚符玺郎：官名，掌管皇帝玺印。 ⑥ 谊之：肯定他做得对。谊，适宜，合理。 ⑦ 多：称赞。

原文

光与左将军桀结婚相亲[①]，光长女为桀子安妻。有女年与帝相配，桀因帝姊鄂邑盖主内安女后宫为倢伃[②]，数月立为皇后。父安为票骑将军，封桑乐侯。光时休沐出[③]，桀辄入代光决事。桀父子既尊盛，而德长公主[④]。公主内行不修[⑤]，近幸河间丁外人[⑥]。桀、安欲为外人求封，幸依国家故事以列侯尚公主者[⑦]，光不许。又为外人求光禄大夫，欲令得召见，又不许。长主大以是怨光。而桀、安数为外人求官爵弗能得，亦惭。自先帝时，桀已为九卿，位在光右[⑧]。及父子并为将军，有椒房中宫之重[⑨]，皇后亲安女，光乃其外祖，而顾专制朝事[⑩]，繇是与光争权[⑪]。

翻译

霍光与左将军上官桀结为儿女亲家，关系亲密，霍光的大女儿做了上官桀儿子上官安的妻子。生了个女儿与昭帝年龄相当，上官桀通过昭帝姐姐鄂邑盖主的关系，把孙女纳入后宫做了倢伃，过了几个月就立为皇后。上官安因此做了票骑将军，封为桑乐侯。每逢霍光休假出宫的时候，上官桀就入宫代替霍光处理政事。上官桀父子已经得到了显贵的地位，因此很感激盖主的恩德。盖主私生活不检点，与河间丁外人相爱。上官桀父子想替丁外人求封爵位，希望依照娶公主者封为列侯的国家旧例，也封丁外人为列侯，霍光不允许。又请求封丁外人为光禄大夫，想让他有机会被皇帝召见，霍光又没允许。盖主因为这件事很怨恨霍光。上官桀父子多次为丁外人求封官爵都没有达到目的，也感到羞愧。武帝在世时，上官桀就已经做到九卿，地位原在霍光之上。到后来父子二人都做了将军，又有皇后在宫中的显贵地位，皇后是上官安的亲女儿，霍光不过是皇后的外祖父，但是却独揽了朝政，由此上官桀与霍光争起权来了。

注释 ① 结婚：结为姻亲。 ② 内：同“纳”。 ③ 休沐：汉制，大臣每五天休假一天，供休息沐浴，称为休沐日。 ④ 德：此作动词用，感恩，感激。 ⑤ 内行不修：私生活不检点。 ⑥ 河间：今属河北省。 ⑦ 尚：特指娶公主为妻。 ⑧ 右：上。 ⑨ 椒房：皇后居住的宫殿。中宫：代指皇后。 ⑩ 顾：反，反而。 ⑪ 繇(yóu)：同“由”。

原文

燕王旦自以昭帝兄，常怀怨望。及御史大夫桑弘羊建造酒榷盐铁[①]，为国兴利，伐其功[②]，欲为子弟得官，亦怨恨光。于是盖主、上官桀、安及弘羊皆与燕王旦通谋，诈令人为燕王上书，言：“光出都肄郎、羽林[③]，道上称跸[④]，太官先置[⑤]。”又引：“苏武前使匈奴，拘留二十年不降，还乃为典属国，而大将军长史敞亡功为搜粟都尉[⑥]。又擅调益莫府校尉[⑦]。光专权自恣，疑有非常。臣旦愿归符玺，入宿卫，察奸臣变。”候司光出沐日奏之[⑧]。桀欲从中下其事，桑弘羊当与诸大

翻译

燕王刘旦自以为是昭帝的哥哥，却不能继承皇位，心里常怀有怨恨。还有御史大夫桑弘羊因为创立了酒类专卖、盐铁官营的制度，为国家开辟了财源，就夸耀自己的功劳，想为子弟谋官做，达不到目的，也怨恨霍光。于是盖主、上官桀、上官安及桑弘羊都与燕王旦串通谋划，派人假冒燕王刘旦的使臣给皇帝上奏书，奏书上说：“霍光出外总领郎官、羽林军演习时，竟然下令沿途禁止通行，又派皇帝的膳食官先到目的地准备饮食。”又说：“从前苏武出使匈奴，被匈奴扣留二十年不投降，回国后才做了个典属国，而大将军幕府的长史杨敞，没有什么功劳却做了搜粟都尉。霍光还擅自选调增加大将军府的校尉。霍光独揽大权为所欲为，我怀疑他图谋不轨。我刘旦愿意把信符玺印交还朝廷，回京进宫护卫皇帝，监视奸臣反叛的行迹。”上官桀等到霍光出宫休假的日子，

臣共执退光。书奏，帝不肯下。

把奏章呈送给皇帝。上官桀打算乘机把这事交给下面主管部门处理，桑弘羊则与其他大臣一起逼迫霍光辞职。奏章呈上后，昭帝不肯批交下来。

注释 ① 酒榷(què)：酒类专卖。盐铁：此指盐铁专卖。 ② 伐：夸耀。 ③ 羽林：护卫皇帝的羽林军。 ④ 跸(bì)：皇帝出行时清道并禁止行人通行。 ⑤ 太官：官名，掌管皇帝膳食。 ⑥ 长史敞：指霍光府中长史杨敞。长史，官名。西汉时，丞相府、将军府等各有长史。 ⑦ 益：增加。莫(mù)府：同“幕府”，大将军府。 ⑧ 司：同“伺”，探察。

原文

明旦，光闻之，止画室中不入[①]。上问：“大将军安在？”左将军桀对曰：“以燕王告其罪，故不敢入。”有诏召大将军。光入，免冠顿首谢，上曰：“将军冠。朕知是书诈也，将军亡罪[②]。”光曰：“陛下何以知之？”上曰：“将军之广明[③]，都郎属耳[④]。调校尉以来未能十日，燕王何以得知之？且将军为非，不须校尉。”是时帝年十四，尚书左右皆惊[⑤]，而上书者果亡，捕之甚急。桀等惧，

翻译

第二天早晨，霍光听说了这件事，就停留在西阁画室里不上殿。昭帝问：“大将军在哪里？”左将军上官桀回答说：“因为燕王告发了他的罪行，所以不敢进殿。”昭帝下令召见大将军。霍光进殿，脱去帽子叩头谢罪，昭帝说：“将军把帽子戴上，我知道这封奏书是假的，将军没有罪。”霍光说：“陛下怎么知道是假的？”昭帝说：“你去广明总领郎官演习，是近日的事。你选调校尉以来也还不到十天，燕王怎么可能知道这事？况且你要作乱，并不需要增加校尉。”这时昭帝才十四岁，判断事情这样明智，尚书和左右朝臣都很惊讶，而那个上书的人果然逃跑了，皇帝下令紧急追捕逃犯。上官桀等人害怕了，对昭帝

白上小事不足遂[⑥]，上不听。

说这是小事不值得追究，昭帝不听信他们的话。

注释 ① 画室：殿前西阁室，壁上绘有图画。 ② 亡：同“无”。 ③ 之：往。广明：亭驿名。在长安城东，东都门外。 ④ 属(zhǔ)：近，近日。 ⑤ 尚书：官名，掌殿内文书、奏章等事务。 ⑥ 遂：追究到底。

原文

后桀党与有谮光者[①]，上辄怒曰：“大将军忠臣，先帝所属以辅朕身[②]，敢有毁者[③]，坐之。”自是桀等不敢复言，乃谋令长公主置酒请光，伏兵格杀之[④]，因废帝，迎立燕王为天子。事发觉，光尽诛桀、安、弘羊、外人宗族。燕王、盖主皆自杀。光威震海内。昭帝既冠[⑤]，遂委任光[⑥]，讫十三年，百姓充实，四夷宾服[⑦]。

翻译

后来上官桀的同党凡是有谗言诬陷霍光的，昭帝便发怒说：“大将军是忠臣，是先帝托付辅佐我的人，再有敢诽谤大将军的就治罪。”从此上官桀等人不敢再说什么了，就谋划让盖主设酒席宴请霍光，埋伏下兵士击杀他，再趁机废掉昭帝，迎接燕王刘旦回京做皇帝。这个阴谋被发觉后，霍光把上官桀、上官安、桑弘羊、丁外人及他们的宗族全部杀了。燕王刘旦、盖主也都自杀。从此霍光威震天下。昭帝行过冠礼已到成年，但是还是把政事委托霍光，直到昭帝去世共十三年，百姓富裕，四方各国归服汉朝。

注释 ① 谮(zèn)：诬陷。 ② 属：同“嘱”，托付，嘱托。 ③ 毁：诽谤。 ④ 格杀：击杀。 ⑤ 冠：冠礼。古代男子二十岁行成人礼，结发戴冠，表示成年。昭帝行冠礼在元凤四年(前 77)，十八岁。 ⑥ 遂：竟，始终。 ⑦ 宾服：归服。

原文

元平元年，昭帝崩，亡嗣[①]。武帝六男独有广陵王胥在，群臣议所立，咸持广陵王[②]。王本以行失道，先帝所不用。光内不自安[③]。郎有上书言："周太王废太伯立王季[④]，文王舍伯邑考立武王[⑤]，唯在所宜，虽废长立少可也。广陵王不可以承宗庙。"言合光意。光以其书视丞相敞等[⑥]，擢郎为九江太守[⑦]，即日承皇太后诏，遣行大鸿胪事少府乐成、宗正德、光禄大夫吉、中郎将利汉迎昌邑王贺[⑧]。

翻译

元平元年(前 74)，昭帝去世。昭帝没有儿子，武帝六个儿子当时只有广陵王刘胥还在，大臣们在商议立谁当皇帝的时候，都主张立广陵王。广陵王原先因为品行不端正，不为武帝重用。因此霍光内心忧虑不安。有位郎官上书说："古时候，周太王废掉长子太伯立少子王季，周文王舍弃长子伯邑考不立而立次子武王，只要是最合宜做皇帝的人，虽说是废长立少也是可以的。广陵王不可以继承皇位。"这番话正合霍光的心意。霍光把这封奏章给丞相杨敞等人看，并提升这位郎官做了九江郡太守。当天霍光奉了皇太后的命令，派代理大鸿胪职务的少府史乐成、宗正刘德、光禄大夫丙吉、中郎将利汉等人，迎接昌邑王刘贺进京。

注释 ① 亡：同"无"。 ② 咸持：都主张。 ③ 内：心中。 ④ 周太王：周文王的祖父。太伯：周太王长子。王季：周太王少子，文王的父亲。 ⑤ 伯邑考：周文王的长子。武王：周文王的次子。 ⑥ 视：同"示"。 ⑦ 擢：提升。九江：辖区约今安徽淮河以南、瓦埠湖流域以东、巢湖以北地区。 ⑧ 大鸿胪：官名，掌管接待宾客等事务。宗正：官名，掌管王室亲族的事务。

原文

贺者，武帝孙，昌邑哀王子也[①]。既至，即位，行淫乱。光忧懑[②]，独以问所亲故吏大司农田延年[③]。延年曰："将军为国柱石，审此人不可，何不建白太后，更选贤而立之？"光曰："今欲如是，于古尝有此否？"延年曰："伊尹相殷[④]，废太甲以安宗庙[⑤]，后世称其忠。将军若能行此，亦汉之伊尹也。"光乃引延年给事中[⑥]，阴与车骑将军张安世图计，遂召丞相、御史、将军、列侯、中二千石、大夫、博士会议未央宫。光曰："昌邑王行昏乱，恐危社稷，如何？"群臣皆惊鄂失色[⑦]，莫敢发言，但唯唯而已[⑧]。田延年前，离席按剑，曰："先帝属将军以幼孤，寄将军以天下，以将军忠贤能安刘氏也。今群下鼎沸，社稷将倾，且汉之传谥常为孝者[⑨]，

翻译

刘贺是武帝的孙子，昌邑哀王的儿子。到了京师继承了皇位，行为放纵无道。霍光心里忧愁烦闷，这日独自与亲信的旧部下大司农田延年商量。田延年说："将军是国家的栋梁，既然察觉此人做皇帝不合适，为什么不向太后建议，另选贤明的人立为皇帝呢？"霍光说："现在我打算这样做，在古代曾经有过这样的先例吗？"田延年说："伊尹做殷王朝丞相时，为了国家的安定废掉了太甲，后世称赞他的忠诚。将军如果能这样做，也就是汉朝的伊尹了。"霍光于是推荐田延年做了给事中，又私下里与车骑将军张安世进行谋划，然后召集丞相、御史、将军、列侯、中二千石、大夫、博士等在未央宫共同商议大事。霍光说："昌邑王行为昏庸无道，恐怕会危害国家，大家看怎么办？"众大臣都很惊愕，心中疑虑，个个面无血色，没有人敢发言，只是唯唯诺诺地答应着罢了。田延年向前一步离开座位，手按着剑说："当年先帝把幼主托付给将军，把国家重任交付给将军，是因为将军忠诚贤明能保住刘氏江山。如今百姓动荡不安，国家眼看着有倾覆的危险，况且汉朝世代相传，帝王谥号都用一个'孝'字，就

以长有天下，令宗庙血食也[10]。如令汉家绝祀，将军虽死，何面目见先帝于地下乎？今日之议，不得旋踵[11]。群臣后应者，臣请剑斩之。”光谢曰：“九卿责光是也[12]。天下匈匈不安[13]，光当受难。”于是议者皆叩头，曰：“万姓之命在于将军，唯大将军令。”

是希望子孙永远保有天下，使宗庙永享祭祀。如果汉朝灭亡了，将军即使是死了，九泉之下还有什么面目见先帝呢？今天商议的事情，要迅速决断不可迟疑。大臣们有迟疑不表态的，请允许我用剑斩了他。”霍光谢罪说：“大司农对我的责备完全正确，如今国内纷扰不安，我理当受到责难。”于是参加商议的人都叩头，说：“天下百姓的生死安危全取决于将军了，我们听将军的命令。”

注释 ① 昌邑哀王：昭帝的哥哥刘髆(bó)。 ② 懑(mèn)：烦闷。 ③ 大司农：官名，掌管租税、盐铁、钱谷等事务的财政长官。 ④ 伊尹：商代汤的贤相。 ⑤ 太甲：商汤的长孙，继位后无道，被伊尹放逐到桐宫。后来悔过自新，复位。 ⑥ 引：引荐。给事中：官名，供职殿中，备顾问应对，讨论政事。 ⑦ 鄂(è)：同“愕”。 ⑧ 唯唯：应答声，表示顺从别人的意见。 ⑨ 谥(shì)：古代帝王、贵族、大臣死后的封号为谥号。 ⑩ 血食：受享祭。古代杀牲取血祭祀，故称血食。 ⑪ 旋踵：转动脚跟，比喻迅速不迟疑。 ⑫ 九卿：此代指田延年。田延年任大司农，九卿之一。 ⑬ 匈匈：同“汹汹”，象声词，形容纷扰不安。

原文

光即与群臣俱见白太后，具陈昌邑王不可以承宗庙状[1]。皇太后乃车驾幸未央承明殿[2]，诏诸禁门毋内昌邑群臣[3]。王入朝太后

翻译

霍光随即与众大臣一同上朝禀告太后，详细地陈述了昌邑王刘贺不能胜任皇位的情况。于是皇太后乘车驾到了未央宫承明殿，命令各宫门不准放昌邑王大臣们进宫。昌邑王进宫朝拜太后回来，乘车子打算回温室殿，中黄门

还，乘辇欲归温室[④]，中黄门宦者各持门扇[⑤]，王入，门闭，昌邑群臣不得入。王曰："何为？"大将军跪曰："有皇太后诏，毋内昌邑群臣。"王曰："徐之，何乃惊人如是！"光使尽驱出昌邑群臣，置金马门外。车骑将军安世将羽林骑收缚二百余人，皆送廷尉诏狱[⑥]。令故昭帝侍中中臣侍守王[⑦]。光敕左右[⑧]："谨宿卫，卒有物故自裁[⑨]，令我负天下，有杀主名。"王尚未自知当废，谓左右："我故群臣从官安得罪，而大将军尽系之乎。"顷之，有太后诏召王。王闻召，意恐，乃曰："我安得罪而召我哉！"太后被珠襦[⑩]，盛服坐武帐中[⑪]，侍御数百人皆持兵，期门武士陛戟[⑫]，陈列殿下。群臣以次上殿，召昌邑王伏前听诏。光与群臣连名奏王，尚书令读奏。……

宦官各把持门扇，昌邑王刚进宫门，宫门紧跟着就关闭了，使昌邑王的众大臣无法进宫。昌邑王说："为什么关门？"霍光跪下说："有皇太后的命令，不准昌邑王的群臣进宫。"昌邑王说："慢一点嘛，为什么弄得这样惊人！"霍光派人把昌邑王的群臣全赶出去，赶到金马门外。车骑将军张安世率领禁卫军羽林骑兵逮捕了昌邑王手下二百多人，都送交廷尉关进诏狱里。霍光派原先昭帝的侍中、中常侍看守昌邑王。并告诫他们说："要小心看守，如果昌邑王突然死亡或自杀了，那样就使我对不起天下人，要担当杀君的恶名。"昌邑王这时还不知道自己要被废掉，对看守他的人说："我带来的那些大臣、侍从犯了什么罪，大将军竟把他们都逮捕了？"过了一会儿，传来太后召见昌邑王的命令。昌邑王听说太后召见，心里害怕，这才说："我犯了什么罪太后召见我？"太后披着珍珠缀饰的短袄，身穿华贵的礼服端坐在武帐中，守卫在左右的数百名侍从都手持武器，期门武士也都拿着戟，排列在殿阶下守护。众大臣按品级依次上殿，命令昌邑王伏在太后面前听诏令。霍光与众大臣联名参奏昌邑王，尚书令宣读奏章。……

注释 ① 具：详细。 ② 承明殿：殿名，在未央宫内。 ③ 禁门：宫门。 ④ 温室：温室殿，在未央宫内。 ⑤ 中黄门宦者：在后宫服役的宦官。 ⑥ 诏狱：奉皇帝令关押犯人的特种监狱。 ⑦ 中臣侍：应作“中常侍”，侍从皇帝的加官。 ⑧ 敕(chì)：告诫。 ⑨ 卒：同“猝”，突然。物故：死亡。自裁：自杀。 ⑩ 珠襦(rú)：用珍珠串成的短上衣。 ⑪ 武帐：皇帝升殿时用的帷帐，内陈列着兵器，以示威严。 ⑫ 期门：官名，负责护卫皇帝出入。

原文

皇太后诏曰：“可。”光令王起拜受诏，王曰：“闻天子有争臣七人，虽无道不失天下[①]。”光曰：“皇太后诏废，安得天子！”乃即持其手[②]，解脱其玺组[③]，奉上太后，扶王下殿，出金马门，群臣随送。王西面拜，曰：“愚戆不任汉事。”起就乘舆副车。大将军光送至昌邑邸，光谢曰：“王行自绝于天，臣等驽怯，不能杀身报德。臣宁负王，不敢负社稷。愿王自爱，臣长不复见左右。”光涕泣而去。群臣奏言：“古者废放之人屏于远方[④]，不及以政，请徙王贺汉中房陵

翻译

皇太后下诏说：“准奏。”霍光让昌邑王起来跪拜接受诏令，昌邑王说：“我听说，天子有七个谏诤的大臣，即使是无道也不至于失去天下。”霍光说：“皇太后已经下令废掉了你，那还是什么天子！”于是走向前抓起昌邑王的手，解下玺印，呈献给太后，然后扶着昌邑王下殿，走出金马门，群臣随着陪送。昌邑王面朝西拜别，说：“我愚昧不能胜任朝廷大事！”起身坐上皇帝的副车。霍光送到昌邑王府，谢罪说：“王的行为自绝于上天，臣等怯懦无能，不能用死报答您！我宁可对不起您，不敢对不起国家。希望您善自珍重，今后我再也不能侍从在您的左右了。”霍光流着眼泪离去。众大臣上奏说：“古时候被废掉放逐的人要退避到远方，不再参与政事，请求把昌邑王流放到汉中房陵县。”太后命令刘贺依旧回到昌邑旧封地，又赐

县[5]。”太后诏归贺昌邑，赐汤沐邑二千户[6]。昌邑群臣坐亡辅导之谊，陷王于恶，光悉诛杀二百余人。出死，号呼市中曰：“当断不断，反受其乱。”

给他汤沐邑二千户。昌邑王旧臣们因为没有尽到辅导君王的职责，使昌邑王陷于邪恶，霍光把他们二百多人全杀了。这些人从监狱出来押赴刑场时，在街上哭喊着说：“应当杀霍光时不当机立断，反而遭到他的残杀。”

注释 ① 此二句出自《孝经·谏争章》。原为：“昔者天子有争臣七人，虽无道，不失其天下。”争（zhèng），同“诤”，谏诤，直言规劝。 ② 即：近前。 ③ 玺组：即玺绶。皇帝印玺上佩有四彩组绶，称为玺绶。此处代指玉玺。 ④ 屏（bǐng）：退避。 ⑤ 汉中房陵县：今湖北房县。 ⑥ 汤沐邑：天子赐给诸侯的京都附近的封邑，邑中收入供沐浴之用，也是备朝见的封地。

原文

光坐庭中，会丞相以下议定所立。广陵王已前不用，及燕刺王反诛，其子不在议中。近亲唯有卫太子孙，号皇曾孙，在民间，咸称述焉。光遂复与丞相敞等上奏曰：“《礼》曰[1]：‘人道亲亲故尊祖，尊祖故敬宗。’大宗亡嗣[2]，择支子孙贤者为嗣。孝武皇帝曾孙病已，武帝时有诏掖庭养视[3]，至今年十八，师受《诗》《论语》

翻译

霍光坐在庭堂中，会集丞相以下的官员商议立谁做皇帝。当时，广陵王早已不被信用，还有燕刺王刘旦因谋反自杀，他的儿子也不在考虑之中。皇帝的近亲中，只有卫太子的孙子，号皇曾孙的，现在民间，老百姓都称赞他。于是霍光又与丞相杨敞等上奏皇太后说：“《礼记》上说：‘为人的道理，人总是亲爱自己的父母，所以才尊敬自己的祖先；因为尊敬自己的祖先，所以也应该敬重同宗的人。’嫡亲长房没有后代，可以选择同族近支子孙中贤能的人做继承人。武帝的曾孙名叫病已，武帝在世

《孝经》[4]，躬行节俭，慈仁爱人，可以嗣孝昭皇帝后，奉承祖宗庙，子万姓。臣昧死以闻。”皇太后诏曰：“可。”光遣宗正刘德至曾孙家尚冠里[5]，洗沐赐御衣，太仆以軨猎车迎曾孙[6]，就斋宗正府[7]，入未央宫见皇太后，封为阳武侯[8]。已而光奉上皇帝玺绶，谒于高庙，是为孝宣皇帝。明年，下诏曰：“夫褒有德，赏元功，古今通谊也，大司马大将军光宿卫忠正，宣德明恩，守节秉谊，以安宗庙。其以河北、东武阳益封光万七千户[9]。”与故所食凡二万户。赏赐前后黄金七千斤，钱六千万，杂缯三万匹[10]，奴婢百七十人，马二千匹，甲第一区[11]。

时命令掖庭抚养照顾，至今已经十八岁了，从师学习《诗经》《论语》《孝经》，为人俭朴，仁慈爱人，可以做昭帝的继承人，祭祀宗庙，统治万民。臣等敢冒死罪禀告太后。”皇太后下令说：“准奏。”霍光派宗正刘德到尚冠里的曾皇孙家，让他洗了澡又赐给他御衣，再由太仆用轻便小车迎接到宗正府斋戒，然后进未央宫拜见皇太后，被封为阳武侯。过了不久，霍光向曾皇孙奉上皇帝玉玺，拜谒了高祖陵庙，这就是汉宣帝。第二年，宣帝下诏令说：“表扬有德的人，赏赐立大功的人，这是古今共同的道理。大司马大将军霍光多年宿卫后宫，忠心耿耿，正直无私，宣扬表彰皇家恩德，谨守节操，主持正义，使汉朝江山得到安定。把河北、东武阳两县的一万七千户加封给霍光。”与原来的封邑合起来共二万户。前后共赏赐黄金七千斤，钱六千万，杂色丝绸三万匹，奴婢一百七十人，豪华的宅第一所。

注释 ①《礼》曰：所引语出《礼记·大传》。 ② 大宗：指嫡亲长房。古代贵族都由长子继承父位，代代相传。 ③ 掖庭：官署名。 ④ 师受：从师受业。 ⑤ 尚冠里：长安里名，在长安城南。 ⑥ 軨（líng）猎车：一种轻便猎车。 ⑦ 斋：斋戒。古时参加大典前的一种仪式。整洁身心，表示虔诚。 ⑧ 封为阳武侯：古代不立庶民为皇帝，因此先封曾皇孙为阳武侯。阳武，县名，在今河南内。 ⑨ 河北：县名，在今山西芮城东北。东武阳:县名,在今山东朝城镇西。 ⑩ 杂缯:杂色丝绸。 ⑪ 甲第:指贵族住宅。

原文

自昭帝时,光子禹及兄孙云皆中郎将,云弟山奉车都尉侍中,领胡越兵[①]。光两女婿为东西宫卫尉[②],昆弟诸婿外孙皆奉朝请[③],为诸曹大夫,骑都尉,给事中。党亲连体,根据于朝廷。光自后元秉持万机[④],及上即位,乃归政。上谦让不受,诸事皆先关白光[⑤],然后奏御天子。光每朝见,上虚己敛容,礼下之已甚。

翻译

从昭帝在位时,霍光的儿子霍禹、霍光哥哥的孙子霍云都做中郎将,霍云的弟弟霍山任奉车都尉侍中,统领南北各民族归附的军队。霍光的两个女婿是东西两宫的卫尉,兄弟辈的女婿、外孙都享有奉朝请的资格,分别做了各部门的大夫、骑都尉、给事中等官。霍光亲戚族人在朝中连成一体,根深蒂固地盘据着朝廷。霍光从后元年间把持朝政,直到宣帝继位,才把政权交给宣帝。宣帝谦让不肯接受,一切大事都先通过霍光,然后呈奏皇帝。霍光每次朝见宣帝,宣帝虚心庄重,对霍光十分谦恭有礼。

注释 ① 胡越兵:指外族归附的军队。胡,指我国古代北方少数民族。越,指我国古代南方少数民族。 ② 光两女婿:霍光女婿范明友为未央宫卫尉、邓广汉为长乐宫卫尉。 ③ 奉朝请:汉代对一些退职大臣、将军、皇室、外戚,给以奉朝请名义,使参加朝会,受到皇帝的朝见。 ④ 秉持:把持,掌握。 ⑤ 关白:关,通过。白,通知,告知。

原文

光秉政前后二十年,地节二年春病笃[①],车驾自临

翻译

霍光执政前后共二十年,在地节二年(前 68)春天病重,宣帝亲自登门探

问光病[②]，上为之涕泣。光上书谢恩曰："愿分国邑三千户，以封兄孙奉车都尉山为列侯，奉兄票骑将军去病祀。"事下丞相御史，即日拜光子禹为右将军。

视，见霍光病情沉重，宣帝难过得流泪。霍光上书谢恩，说："希望把我的封地三千户，用来封哥哥的孙子车骑都尉霍山为列侯，以供奉哥哥票骑将军霍去病的享祀。"皇帝把这事交丞相、御史办理，当天封霍光的儿子霍禹为右将军。

注释　① 地节二年：宣帝继位第六年。　② 车驾：此处代指皇帝。

原文

光薨[①]，上及皇太后亲临光丧。太中大夫任宣与侍御史五人持节护丧事[②]。中二千石治莫府冢上[③]。赐金钱、缯絮[④]，绣被百领，衣五十箧，璧珠玑玉衣[⑤]，梓宫、便房、黄肠题凑各一具[⑥]，枞木外臧椁十五具[⑦]。东园温明[⑧]，皆如乘舆制度[⑨]。载光尸柩以辒辌车[⑩]，黄屋左纛[⑪]，发材官轻车北军五校士军陈至茂陵[⑫]，以送其葬。谥曰宣成侯。发三河卒穿复土[⑬]，起冢祠堂，置园邑三百家[⑭]，长

翻译

霍光病逝，皇帝和皇太后亲临吊丧。太中大夫任宣和侍御史五人持节符护理丧事。中二千石的官在墓地设置临时办事机构。皇帝赏赐了金钱、丝绸絮绵、绣被一百领，衣服五十箱，金缕玉衣，梓木棺材、楩木外椁、黄肠题凑各一具，枞木外臧椁各十五具。东园温明秘器等随葬物品，都与皇帝葬礼一样。装载霍光棺柩的灵车，车上有黄缯做的车盖，左边车衡插上装饰了羽毛的大旗。调遣材官、轻车、北军五个营的军士列队直到茂陵，为霍光送葬。霍光谥号宣成侯。皇帝征调河东、河内、河南三郡的士卒为霍光掘土修墓，建造祠堂，并在祠堂附近设置了三百户人家作为守墓的封邑，长丞按照旧例守墓。

丞奉守如旧法[15]。

注释 ① 薨(hōng):古代王侯死叫薨。 ② 太中大夫:官名,掌议论应对等。侍御史:官名。设在御史大夫之下,行监察等职,或奉使出外执行特定任务。 ③ 中二千石:汉代二千石的官秩分为三等,最高一等为中二千石。莫府:即幕府。此指在坟边设置的临时办事机构。 ④ 缯絮:用绸丝、丝绵制成的衣服。 ⑤ 玉衣:玉制葬服,用金丝连缀玉片而成,也叫玉匣。 ⑥ 梓宫:帝后用的梓木棺材。便房:用楩木做成的椁。便(pián),同“楩”。黄肠题凑:用黄心柏木叠累而成,像四面有檐的屋子,置于棺上。木的头部向内,故称题凑。 ⑦ 外臧:外臧椁,厨厩之属。臧,同“藏”。 ⑧ 东园:官署名,专门制作供丧葬用的器物,属少府。温明:“温明”下脱“秘器”二字(依王念孙说)。形如方漆桶,一面开着,把镜子放在里面,悬在尸上,大敛时放入棺内,因藏棺内,故称秘器。 ⑨ 乘舆:代指皇帝。 ⑩ 辒(wēn)辌(liáng)车:一种供人卧息的车,旁有窗,可供开闭以调节温凉,故名辒辌车,后用作葬车。 ⑪ 黄屋:帝王车盖,以黄绸盖裹。左纛(dào):皇帝车上饰有羽毛的大旗,设在车衡左方。 ⑫ 材官、轻车、北军:汉代三个军事部门。五校:五营。校,古代军事编制。 ⑬ 三河:指河东郡、河内郡、河南郡。 ⑭ 园:陵园,指霍光墓。⑮ 长丞:守护墓园的官吏。

赵广汉传

导读

赵广汉是西汉中期一位守法尽职的官吏。汉宣帝时任颍川太守，因政绩突出，迁京兆尹。赵广汉为官廉明，豪强慑伏，很受老百姓的颂扬。他尤其善于调查研究，也即文中所说的“钩距”法。

尽管赵广汉精于政务，勤于职守，但终因执法不避权贵，犯了“摧辱大臣”的罪被腰斩。班固赞叹说：“广汉虽坐法诛，为京兆尹廉明，威制豪强，小民得职，百姓追思，歌之至今。”(选自卷七六)

原文

赵广汉，字子都，涿郡蠡吾人也①，故属河间②。少为郡吏、州从事③，以廉洁通敏下士为名。举茂材④，平准令⑤。察廉为阳翟令⑥。以治行尤异，迁京辅都尉⑦，守京兆尹⑧。会昭帝崩，而新丰杜建为京兆掾，护作平陵方上⑨。建素豪侠，宾客为奸利⑩，广汉闻之，先风告⑪。建不改，于是收案致法。中贵人豪长者

翻译

赵广汉，字子都，涿郡蠡吾县人，这地方旧时属于河间。赵广汉年轻的时候担任过郡吏和州从事等官职，因为做官廉洁、为人聪明机智、礼贤下士而出了名。被选拔为茂才，当了平准令。后来，通过考核被推举为廉士出任阳翟县令。因为治理政务成绩突出，调任京畿都尉，并试任京兆尹。当时正逢昭帝去世，新丰县人杜建担任京兆属官，负责助理监作昭帝在平陵的墓穴。杜建一向强横放纵，家中宾客又乘修墓之机营私谋利，赵广汉听说这件事后，先婉言规劝他。杜建不改，于是赵广汉把他逮捕立

为请无不至，终无所听。宗族宾客谋欲篡取[12]，广汉尽知其计议主名起居，使吏告曰："若计如此，且并灭家。"令数吏将建弃市[13]，莫敢近者，京师称之。

案，准备以法惩办。朝中有地位的宦官及豪杰和长者都纷纷前来请求从宽处理杜建，赵广汉始终没听从他们的请求。杜建的族人和宾客谋划劫取杜建，赵广汉对他们中间主谋者的姓名和日常动向，了解得一清二楚，于是派差吏警告他们说："你们计划这样做，将一并杀灭全家。"赵广汉命令几个差吏押解杜建到闹市执行死刑，杜建的宗族宾客没有谁敢近前的。于是京师的人都称赞赵广汉。

注释 ① 涿郡：汉代郡名，在今河北。蠡(lǐ)吾：县名，在今河北博野西南。 ② 河间：地名，汉为河间国，在今河北境内。 ③ 州从事：官名，州刺史的佐官。 ④ 茂材：茂才，即秀才，汉代举用人才的科目。东汉时因避光武帝刘秀讳改称茂才。 ⑤ 平准令：官名，大司农属官，掌管转输物资，平衡物价。 ⑥ 廉：汉代选举人才的科目。由郡内选举孝、廉各一人，后合称孝廉。 ⑦ 京辅：即京畿，京都所在地及行政管辖区。都尉：官名，辅佐郡守，掌管郡内军事治安。 ⑧ 京兆尹：官名，京辅的行政长官，掌治长安、新丰等十二个县，相当于郡太守。 ⑨ 方上：墓穴。 ⑩ 宾客：指家内依附人员，相当于后世投靠豪门的人。 ⑪ 风：同"讽"，用暗示的话规劝。 ⑫ 篡取：强取。 ⑬ 弃市：古代死刑，执行于闹市，且暴尸街头示众。

原文

是时，昌邑王征即位，行淫乱，大将军霍光与群臣共废王，尊立宣帝。广汉以与议定策[1]，赐爵关内侯[2]。

翻译

这时，昌邑王被征召进京继承了皇位，昌邑王行为荒淫无道，大将军霍光与众大臣一起废掉了昌邑王，尊立宣帝。赵广汉因为参加讨论定策，被赐了关内侯的爵位。

注释 ① 与(yù):参加。 ② 关内侯:爵名,居京畿食租税,故称关内侯。

原文

迁颍川太守[①]。郡大姓原、褚宗族横恣,宾客犯为盗贼,前二千石莫能禽制[②]。广汉既至数月,诛原、褚首恶,郡中震栗[③]。

翻译

赵广汉调任颍川太守。郡中有原、褚两个大姓宗族横行不法,为所欲为,他们家中的宾客偷盗抢劫,危害治安,前几任太守没有谁能捉拿并制服他们的。赵广汉到了颍川几个月,杀了原、褚两姓的首恶分子,郡中人都很震惊害怕。

注释 ① 颍川:郡名,今河南中部与南部一带。 ② 二千石:官俸每月二千石一级的官,代称太守。禽制:制服。禽,同"擒"。 ③ 栗:害怕。

原文

先是,颍川豪杰大姓相与为婚姻,吏俗朋党。广汉患之,厉使其中可用者受记[①],出有案问,既得罪名,行法罚之。广汉故漏泄其语,令相怨咎[②],又教吏为缿筒[③],及得投书,削其主名,而托以为豪杰大姓子弟所言。其后强宗大族家家结为仇雠[④],奸党散落,风俗大改。吏民相告讦,广汉得以为耳目,盗贼以故不发,发

翻译

在这以前,颍川豪强大姓互相结为姻亲,郡中吏民也拉帮结伙。赵广汉厌恨这些人,于是奖励其中可利用的人,让他们了解控告书的内容,并出庭审讯查问有关案犯,已经弄清罪状的,执行刑法处罚。赵广汉不故意泄露出告发人说的话,使他们互相怨恨责怪。又让差吏设置了控告信箱,收到控告信后,删去控告者的姓名,而假托控告内容是某豪强大姓子弟说出来的。从这以后,强宗大族家家结为仇人,奸党纷纷散伙,郡中风俗大变。官吏和老百姓也互相揭发阴私,赵广汉得到这些人做耳

又辄得。壹切治理[5]，威名流闻，及匈奴降者言匈奴中皆闻广汉。

目，因此盗贼不敢作案，即使有作案的又很快被捉获。郡内处处安定而有秩序，赵广汉威名四方流传，投降汉朝的匈奴人说，连匈奴国内都知道赵广汉。

注释 ① 厉：勉励；奖励。记：此指诉讼书之类的文记。 ② 怨咎（jiù）：怨恨，责怪。 ③ 缿（xiàng）筒：接受信件的器具，相当于现在的信箱。缿，古代储钱器，由瓦或竹制成，小口，可入而不可出。 ④ 仇雠（chóu）：仇人。 ⑤ 壹切：一切。

原文

本始二年，汉发五将军击匈奴[1]，征广汉以太守将兵，属蒲类将军赵充国[2]。从军还，复用守京兆尹，满岁为真[3]。

翻译

本始二年（前77），汉朝派遣五位将军统兵抗击匈奴，征调赵广汉以太守的官职领兵，隶属在蒲类将军赵充国部下。赵广汉从征回来，又试任京兆尹，一年后正式任职。

注释 ① 五将军：本始二年秋天，汉宣帝派遣五位将军统兵讨伐匈奴：御史大夫田广明为祁连将军，度辽将军范明友，前将军韩增，后将军赵充国为蒲类将军，云中太守田顺为虎牙将军。 ② 蒲类将军：临出征时，为统帅别加的称号。 ③ 真：正式任命。

原文

广汉为二千石，以和颜接士，其尉荐待遇吏[1]，殷勤甚备。事推功善，归之于下，曰："某掾卿所为，非二千石所及。"行之发于至诚。吏见者皆输写心腹[2]，无所

翻译

赵广汉担任京兆尹，接待贤士，态度和蔼，对待下属，安抚慰劳和奖掖，殷勤周到。凡是有举功行赏的事，总是把功劳归于属下，他说："这些事是某属官所做的事，这不是郡守能做得到的。"他这样做完全是真诚的发自内心。求见

隐匿，咸愿为用，僵仆无所避。广汉聪明，皆知其能之所宜，尽力与否。其或负者[③]，辄先闻知，风谕不改[④]，乃收捕之，无所逃。按之罪立具，即时伏辜[⑤]。

他的差吏都向他倾吐心里话，没有什么隐瞒的，都愿替他卖力，即使冒着生命危险也没有谁躲开。赵广汉为人聪明，了解每个差吏的能力适合做什么工作，工作是否尽力。其中有不尽力的人，总是先了解清楚，婉言规劝之后不改正的，才去逮捕他，没有谁逃掉。通过审问验查，立刻定罪，被讯问的人都当即服罪。

注释 ① 尉荐：安慰。 ② 写：宣泄，倾吐。 ③ 负者：指不尽力的人。 ④ 风谕：同"讽谕"。 ⑤ 伏辜：服罪，认罪。

原文

广汉为人强力[①]，天性精于吏职。见吏民，或夜不寝至旦。尤善为钩距[②]，以得事情。钩距者，设欲知马贾[③]，则先问狗，已问羊[④]，又问牛，然后及马，参伍其贾[⑤]，以类相准，则知马之贵贱不失实矣。唯广汉至精能行之，它人效者莫能及也。郡中盗贼，闾里轻侠，其根株窟穴所在，及吏受取请求铢两之奸，皆知之。长

翻译

赵广汉为人努力能干，生性擅长做官。接见下属官吏和老百姓，有时整夜不睡直到天亮。赵广汉尤其善于钩距法，用这种方法弄清事实。所谓"钩距"法，譬如想知道马的价钱，却先问狗的价钱，随后问羊价，又问牛价，然后才问到马价，这样错综验证，按类比照，就知道马价的高低，不会有差错了。只有赵广汉最精通运用这种方法，别人仿效都比不上他。郡中盗贼，乡里行为不轨的人，他们的根基和巢穴在什么地方，以及差吏收取极小的贿赂，赵广汉都知道得一清二楚。有一次，长安城里几个年

安少年数人会穷里空舍谋共劫人[⑥]，坐语未讫[⑦]，广汉使吏捕治具服[⑧]。富人苏回为郎，二人劫之。有顷，广汉将吏到家，自立庭下，使长安丞龚奢叩堂户晓贼[⑨]，曰："京兆尹赵君谢两卿，无得杀质，此宿卫臣也。释质，束手，得善相遇，幸逢赦令，或时解脱。"二人惊愕，又素闻广汉名，即开户出，下堂叩头，广汉跪谢曰："幸全活郎，甚厚！"送狱，敕吏谨遇，给酒肉[⑩]。至冬当出死，豫为调棺[⑪]，给敛葬具，告语之，皆曰："死无所恨！"

轻人，聚集在偏僻里巷的一间空屋里策划绑架人，坐在那里还没有商议完，赵广汉就派差吏把他们逮捕审讯，几个人全都认了罪。郡中富人苏回是个郎官，有两个人劫持了他。过了不一会儿，赵广汉就带领差吏来到罪犯家中，赵广汉站在院子里，让长安县丞龚奢敲堂屋门告知罪犯，说："京兆尹赵君告诉二位，不准杀害人质，他是朝廷的侍卫官。你们释放人质，束手就擒，会得到优待，有幸遇到皇帝的恩赦令，也还是有机会免罪释放的。"那两个人很惊慌，又一向听说赵广汉的威名，就立即开门出来，到屋前阶下叩头请罪，赵广汉跪谢说："幸亏你们保全了郎官的生命，承蒙厚意。"于是赵广汉把他们送到狱中，又嘱咐差役好好对待，供给他们酒肉饮食。到了这年冬天，这两个罪犯被处以死刑，赵广汉事先为他们征调了棺材，供给敛葬的衣物，并事先告诉他们，这两个人都说："我们该死，没什么怨恨的！"

注释 ① 强力：尽力，努力。 ② 钩距：多方面调查比较。 ③ 贾：价钱。 ④ 已：随后。 ⑤ 参伍：也作"参五"，错综比较验证。 ⑥ 穷里：偏僻的里巷。 ⑦ 讫(qì)：完毕。 ⑧ 具：同"俱"。 ⑨ 丞：官名，即县丞，县令的佐官。 ⑩ 给(jǐ)：供给。 ⑪ 豫：事先准备。

原文

广汉尝记召湖都亭长[①]，湖都亭长西至界上，界上亭长戏曰："至府，为我多谢问赵君。"亭长既至，广汉与语，问事毕，谓曰："界上亭长寄声谢我[②]，何以不为致问？"亭长叩头服实有之。广汉因曰："还为吾谢界上亭长，勉思职事，有以自效，京兆不忘卿厚意。"其发奸擿伏如神[③]，皆此类也。

翻译

有一次赵广汉发文书召见湖都亭长，湖都亭长西行到界上，界上亭长开玩笑说："到了郡府，替我多多问候赵君。"湖都亭长到了郡府，赵广汉与他谈话，又问了一些事情，谈话完毕后，对他说："界上亭长让你传口信问候我，为什么不替他传达问候呢？"这个亭长忙点头表示佩服，承认确实有这回事。赵广汉便托咐说："回去路过界上，替我感谢界上亭长，让他努力多多考虑分内的政务，如果能够尽心尽力，我不会忘了他的厚意。"赵广汉揭发坏人坏事，揭露别人隐秘如神明，全都像这一样。

注释 ① 亭长：官名。西汉时，在乡村每十里间设亭，置亭长，掌管治安。 ② 寄声：口头传达问候。 ③ 擿（tī）伏：揭露隐秘的事。擿，揭露。

原文

广汉奏请，令长安游徼狱吏秩百石[①]，其后百石吏皆差自重[②]，不敢枉法妄系留人。京兆政清，吏民称之不容口。长老传以为自汉兴以来治京兆者莫能及。左冯翊、右扶风皆治长安

翻译

赵广汉替吏属请求加封，使长安游徼狱吏的俸禄加到一百石，这以后，那些被加封的官吏都比较自重，不敢违反法律拘留人。京兆地区政治清明，官吏和老百姓都赞不绝口。年长的人传颂说，从汉朝建立以来，治理京兆的官没有谁比得上赵广汉。左冯翊、右扶风官署都设在长安城里，犯法的逃跑喜欢路过京兆

中[③]，犯法者从迹喜过京兆界[④]，广汉叹曰："乱吾治者，常二辅也！诚令广汉得兼治之，直差易耳。"

界。赵广汉感叹地说："扰乱我们安宁的，常常是这左冯翊、右扶风二辅！果真让我兼管这二辅，只不过是很容易的事罢了。"

注释 ① 游徼(jiào)：乡官名，掌管察捕盗贼。 ② 差(chā)：比较。 ③ 左冯翊、右扶风：西汉时，关中分为三区，即京兆、左冯翊、右扶风，合称三辅。官署都设在长安城内。 ④ 从迹：同"踪迹"。

原文

初，大将军霍光秉政，广汉事光。及光薨后，广汉心知微指[①]，发长安吏自将，与俱至光子博陆侯禹第，直突入其门，廋索私屠酤[②]，椎破卢罂[③]，斧斩其门关而去。时光女为皇后，闻之，对帝涕泣。帝心善之，以召问广汉。广汉由是侵犯贵戚大臣。所居好用世吏子孙新进年少者[④]，专厉强壮蜂气[⑤]，见事风生，无所回避，率多果敢之计，莫为持难。广汉终以此败。

翻译

当初，大将军霍光掌握朝中大权，赵广汉在霍光手下做官。到了霍光死后，赵广汉明白宣帝心中的意图，于是调遣长安差吏由他亲自带领，一起来到霍光的儿子博陆侯霍禹的府第，径直冲进他的府门，搜捕私自营业的屠户和酒贩子，并且用木槌打破酒坛酒缸，用斧子砍断门闩，扬长而去。当时霍光的女儿是皇后，听说这事后，在皇帝面前哭泣。宣帝心里喜欢赵广汉这样做，所以只是召见他询问了这件事，没有处罚。从此赵广汉常侵辱冒犯朝廷的贵族大臣。赵广汉喜欢任用旧官吏家的子孙，这些人都是新出来做官的年轻人，独断专行，性猛体壮，锋芒毕露，遇事冲动，无所顾忌，常常提出一些果断坚决的主张，因此没有人坚持与他们为难。赵广汉却终究因此毁败。

注释 ① 微指：也作“微旨”，指隐微不明的意图。 ② 廋（sōu）：同“搜”。 ③ 卢：同“垆”，酒家安放盛酒器的土坛子。罂（yīng）：瓦缸，盛酒器。 ④ 进：指出来做官。 ⑤ 蜂：同“锋”，锋利。

原文

初，广汉客私酤酒长安市[①]，丞相吏逐去。客疑男子苏贤言之，以语广汉。广汉使长安丞按贤，尉史禹故劾贤为骑士屯霸上，不诣屯所，乏军兴[②]。贤父上书讼罪，告广汉。事下有司覆治[③]，禹坐要斩[④]，请逮捕广汉。有诏即讯，辞服，会赦，贬秩一等。广汉疑其邑子荣畜教令，后以它法论杀畜。人上书言之，事下丞相御史，案验甚急[⑤]。广汉使所亲信长安人为丞相府门卒，令微司丞相门内不法事[⑥]。地节三年七月中，丞相傅婢有过[⑦]，自绞死。广汉闻之，疑丞相夫人妒杀之府舍。而丞相奉斋酎入庙祠[⑧]，广汉得此，使中郎赵奉

翻译

当初，赵广汉家中食客在长安市场私营酒业，被丞相手下差吏赶出长安城。食客怀疑是苏贤告发了这件事，把这个想法告诉了赵广汉。赵广汉让长安丞审问苏贤，尉史禹故意弹劾苏贤身为驻扎在霸上的骑士，不去霸上服役，犯了乏军兴的罪。苏贤的父亲上书申诉，控告赵广汉。案子交给主事的官吏审理，结果尉史禹被判了腰斩罪，并要求逮捕赵广汉。皇帝下令就地审讯，赵广汉认罪，正巧遇到恩赦，只减了俸秩一级。赵广汉怀疑这件事是苏贤的同邑人荣畜唆使的，后来用别的罪名处死了荣畜。有人上书告发赵广汉，皇帝把这个案子交给丞相御史办理，追查得很紧。赵广汉让一个亲信的长安人做了丞相府的门卒，叫他暗中探察丞相府内违法的事。早在地节三年（前67）七月中，丞相的贴身侍女因犯了过错，自缢而死。赵广汉听说了这件事，怀疑是丞相夫人因为嫉妒在府舍中杀死了侍女。正巧遇上丞相因为要去帝王宗庙祭祀，

寿风晓丞相，欲以胁之，毋令穷正己事。丞相不听，按验愈急。广汉欲告之，先问太史知星气者[9]，言今年当有戮死大臣。广汉即上书告丞相罪。制曰[10]："下京兆尹治。"广汉知事迫切，遂自将吏卒突入丞相府，召其夫人跪庭下受辞[11]，收奴婢十余人去，责以杀婢事。丞相魏相上书自陈："妻实不杀婢。广汉数犯罪法不伏辜，以诈巧迫胁臣相，幸臣相宽不奏。愿下明使者治广汉所验臣相家事。"事下廷尉治[12]，实丞相自以过谴笞傅婢，出至外弟乃死[13]，不如广汉言。司直萧望之劾奏[14]："广汉摧辱大臣，欲以劫持奉公，逆节伤化，不道。"宣帝恶之，下广汉廷尉狱。又坐贼杀不辜，鞠狱故不以实[15]，擅斥除骑士乏军兴数罪。天子可其奏。吏民守阙号泣者数万人，或言："臣

而在家中斋戒，赵广汉得到这个机会，就让中郎赵奉寿暗示丞相关于杀死侍女的事，想以此来要挟他，使他不去追查自己的案子。丞相不听，追查得更紧了。赵广汉想控告丞相，事先询问懂得星象的太史，太史说今年将有大臣被杀。于是赵广汉控告丞相杀害侍女有罪。皇帝下令说："这事由京兆尹审理。"赵广汉知道事情紧迫，立即亲自带领吏卒突然冲入丞相府，召来丞相夫人，让她跪在院子里受审问，然后又带走了奴婢十多人，责问她们关于杀死侍女的事。丞相魏相上书陈述说："我妻子确实没有杀死侍女。赵广汉多次触犯刑法而不认罪，却用奸诈的手段胁迫我，目的是让我宽容不追查上报他的罪行。我请求把赵广汉审理的我家杀死侍女一案，交给清正的官吏审理。"于是案子交给廷尉审理，审讯的结果是，由于侍女有过错，受到丞相责问鞭打，被逐出相府，在外宅死的，与赵广汉说的不一样。司直萧望之上奏弹劾赵广汉，说："赵广汉凌辱大臣，企图劫持奉公守法的人，违逆节操，有伤风化，大逆不道。"于是宣帝厌恶赵广汉，把他押进廷尉监狱，又判赵广汉犯有以下罪状：戕杀无罪的人；审案故意不依据事实；擅

生无益县官[16]，愿代赵京兆死，使得牧养小民。”广汉竟坐要斩。

自以乏军兴罪遣除骑士等。皇帝批准了这个奏章。有官吏和老百姓数万人守在宫门外哭喊着，有的人说：“我活着对朝廷没什么用处，愿意代替赵京兆去死，让他能活着牧养老百姓。”赵广汉终究被判了腰斩的死罪。

注释 ① 酤酒：卖酒。 ② 乏军兴：违犯军队纪律的罪名。 ③ 有司：指官吏。古代设官分职，各有其司，故称有司。 ④ 要斩：即腰斩。 ⑤ 案验：审问，调查。⑥ 微司：暗地里侦察。司，同“伺”。 ⑦ 傅婢：亲近的侍女。 ⑧ 酎（zhòu）：祭祀于天子的宗庙。 ⑨ 太史：官名，掌天文历法。 ⑩ 制：皇帝的命令。 ⑪ 受辞：受审问。 ⑫ 廷尉：官名，掌管刑狱。 ⑬ 弟：同“第”。 ⑭ 司直：官名，辅助丞相检举不法。 ⑮ 鞠狱：审讯囚犯。鞠，同“鞫”，审讯。 ⑯ 县官：指皇帝，或指朝廷。

原文

广汉虽坐法诛，为京兆尹廉明，威制豪强，小民得职，百姓追思，歌之至今。

翻译

赵广汉虽然被判罪处死，但是他做京兆尹，廉洁清明，用强力制服了豪强，使郡内的百姓各得其所，老百姓怀念他，直到今天还在颂扬他。

严延年传

导读

少年时候就在丞相府学习过法律的严延年，敢于告发，得到宣帝的赏识，先后被任命为平陵县令和好畤县令。以后又升任涿郡太守，调任河南郡太守。为官期间，严延年用严刑峻法维持地方的表面平静，建立个人的威望。虽然他也打击豪强，但他生性残忍，往往凭个人憎恶，歪曲法令，制造冤狱，给人民带来灾难，使各阶层的人都生活在恐怖之中，由于他杀人无度，不仅百姓称他为“屠伯”，就连自己的母亲也不禁为之寒心，并且预见到他必然覆灭的下场。

原文

严延年，字次卿，东海下邳人也[①]。其父为丞相掾[②]，延年少学法律丞相府，归为郡吏。以选除补御史掾[③]，举侍御史[④]。是时大将军霍光废昌邑王，尊立宣帝。宣帝初即位，延年劾奏光“擅废立，亡人臣礼，不道”。奏虽寝[⑤]，然朝廷肃焉敬惮。延年后复劾大司农田延年持兵干属车[⑥]，大司

翻译

严延年，字次卿，是东海郡下邳县人。他的父亲是丞相的属官，严延年年轻时便在丞相府学习法律，后来回到家乡，就在郡府做官。以后经过选拔，补任御史属官，又被推荐做了侍御史。这时，正赶上大将军霍光废掉昌邑王而拥立宣帝。宣帝即位不久，严延年就上书弹劾霍光，说他“擅自废立国君，失去了为臣下的体统，犯了大逆不道之罪”。奏章虽被搁置起来，但朝廷为之震肃，大家对严延年又敬重又畏惧。严延年又弹劾大司农田延年携带武器冒犯天

农自讼不干属车[7]。事下御史中丞[8]，谴责延年何以不移书宫殿门禁止大司农，而令得出入宫。于是覆劾延年阑内罪人[9]，法至死。延年亡命。会赦出，丞相御史府征书同日到，延年以御史书先至，诣御史府，复为掾。宣帝识之，拜为平陵令，坐杀不辜[10]，去官。后为丞相掾，复擢好畤令。神爵中，西羌反，强弩将军许延寿请延年为长史[11]，从军败西羌，还为涿郡太守。

子的副车，而大司农自己却辩白说没有这回事。案件交给御史中丞去查办，御史中丞申斥严延年，责问他为什么不写公文给宫殿门卫，阻止大司农入宫，而让大司农得以随意出入宫廷。这样，严延年反被检举为纵容罪人闯入宫禁，依照法律，当判死罪。于是，严延年出逃。不久遇上大赦，才重新露面。丞相府和御史府所发出的征用他的文书都在同一天送到，由于御史的文书先到，严延年便去御史府供职，又做了属官。宣帝还记得严延年弹劾霍光的事，就任命他为平陵县令。任职期间因杀了无罪的人而获罪，被免了官。后来严延年被任用为丞相的属官，接着又提拔为好畤县令。神爵年间，西羌反叛，强弩将军许延寿邀请严延年做长史，从军出征，打败了西羌，严延年就被任命为涿郡太守。

注释 ① 下邳(pī)：在今江苏睢宁西北。 ② 掾(yuàn)：属官的通称。 ③ 除：拜官任职。 ④ 侍御史：御史大夫的属官，职责是受理公卿奏事，举劾非法，督察郡县。 ⑤ 寝：停止进行，搁置。 ⑥ 大司农：官名，掌管国家的财政收支。 ⑦ 讼：争辩，辩解。 ⑧ 御史中丞：官名，御史大夫的副职。 ⑨ 阑：擅自进出。 ⑩ 辜：犯罪。 ⑪ 长(zhǎng)史：此处为将军的属官。

原文

时郡比得不能太守，涿人毕野白等由是废乱。大姓西高氏、东高氏，自郡吏以下皆畏避之，莫敢与牾[①]，咸曰："宁负二千石[②]，无负豪大家。"宾客放为盗贼[③]，发，辄入高氏，吏不敢追。浸浸日多[④]，道路张弓拔刃，然后敢行，其乱如此。延年至，遣掾蠡吾赵绣桉高氏得其死罪[⑤]。绣见延年新将[⑥]，心内惧，即为两劾，欲先白其轻者，观延年意怒，乃出其重劾。延年已知其如此矣。赵掾至，果白其轻者，延年索怀中，得重劾，即收送狱。夜入，晨将至市论杀之[⑦]，先所桉者死，吏皆股弁[⑧]，更遣吏分考两高，究竟其奸，诛杀各数十人。郡中震恐，道不拾遗。

翻译

那时，连连派往涿郡去的都是些无能太守，涿郡人毕野白等因此得以无视公法，扰乱乡里。而豪强大族西高氏和东高氏就更猖狂，连郡府的官吏都畏避他们，不敢与他们顶撞，都说："宁可得罪太守，不可得罪豪门。"这两家的门客在外放肆地偷盗抢劫，一旦闹出事来，他们就躲进主家，官吏也就不敢追捕。这样，日子一长，行人都要张弓拔刀才敢在路上行走，郡中的盗贼为乱，竟到如此程度。严延年到任后，即派遣郡府的属官蠡吾人赵绣去调查高家的罪行，核定他们犯有死罪。赵绣见严延年是新来的郡将，心里害怕，就起草了两份劾罪书，准备先禀告那轻的，若严延年发怒，就把那重的检举书拿出来。严延年先已知道了他的这种做法。赵绣来了，果然禀告那轻的。严延年在赵绣怀里搜出了那份重罪检举书，当即就把他送进了监狱。头一天夜里才入狱，第二天一大早就被押赴市中定罪斩首，死在他所查究的高氏的前头，吓得官吏们都两腿发抖。严延年再派人分头查考两个高家，彻底追查他们奸诈为盗的罪恶，在两家各诛杀了几十人。郡中民众大为震惊。从此境内路不拾遗。

注释 ① 牾(wǔ):同“忤”,违逆,抵触。 ② 二千石:汉代郡守的俸禄为二千石,“二千石”就成了郡守的代称。 ③ 放:放纵。 ④ 浸:渐。 ⑤ 桉:同“案”,查考,查究。 ⑥ 新将:即新为郡将。称郡守为郡将,是因郡守也兼掌兵权。 ⑦ 论:定罪。 ⑧ 弁:颤抖。

原文

三岁,迁河南太守,赐黄金二十斤。豪强胁息[①],野无行盗,威震旁郡。其治务在摧折豪强,扶助贫弱。贫弱虽陷法,曲文以出之;其豪桀侵小民者,以文内之。众人所谓当死者,一朝出之;所谓当生者,诡杀之。吏民莫能测其意深浅,战栗不敢犯禁。桉其狱,皆文致不可得反。

翻译

过了三年,严延年调任河南太守,赏赐黄金二十斤。河南郡中的豪强顿时行为收敛,郊野僻远的地方也没有行劫的盗贼,严延年的声威震动了邻近几郡。严延年治理地方的宗旨是摧抑制服豪强,扶助贫弱。贫弱者即使犯法,也要回护掩饰使他们解脱;对那些欺侮百姓的豪强恶霸,他就加重案文辞语把他们抓进监狱。大家都认为一定会被处死的犯人,不定什么时候就被释放出狱,而那些被认为没有犯死罪的,严延年却又出乎常情地将他杀死。官吏和百姓都无法揣测严延年什么时候执法严厉,什么时候执法宽松,因此,大家都十分惶恐,生怕触法犯禁。至于严延年所处理的案件,核查起来,又都文案缜密,无可翻改。

注释 ① 胁息:胁,收敛。息,气息。

原文

延年为人短小精悍，敏捷于事，虽子贡、冉有通艺于政事[①]，不能绝也。吏忠尽节者，厚遇之如骨肉，皆亲乡之，出身不顾，以是治下无隐情。然疾恶泰甚[②]，中伤者多，尤巧为狱文[③]，善史书[④]，所欲诛杀，奏成于手，中主簿亲近史不得闻知。奏可论死，奄忽如神[⑤]。冬月，传属县囚，会论府上，流血数里，河南号曰“屠伯”[⑥]。令行禁止，郡中正清[⑦]。

翻译

严延年身材短小，精明强干，办事灵活迅速，虽然子贡、冉有精通政务，但也未必就能超过他。郡府的吏员忠诚奉公的，严延年待他们就优厚，如同自家人一样，都亲近并一心向着他们，居官办事，不顾个人得失，所以在他管辖的区域之内没有什么事情是他不知道的。然而严延年痛恨坏人坏事太过，被伤害的人很多，尤其是他长于写狱辞，又善于写官府文书，想要诛杀的人，就亲手写成奏折，连掌管文书的中主簿，以及最接近他的属吏，都无从得知。奏准判定一个人的死罪，迅速得就像神明一样。到了冬天行刑时，严延年命令所属各县把囚犯解送来郡，总集在郡府判处死刑，一时血流数里，河南郡的人因此称严延年为“屠伯”。在他管辖的境内，有令则行，有禁则止，一郡之内政治清明。

注释 ① 子贡、冉有：孔子的学生，都曾做过官。冉有，即“冉求”。 ② 泰甚：过甚。 ③ 巧：善于。 ④ 史书：指汉代通行的隶书。 ⑤ 奄忽：急速。 ⑥ 伯：魁首。 ⑦ 正：同“政”，政事。

原文

是时张敞为京兆尹[①]，素与延年善。敞治虽严，然

翻译

这时，张敞担任京兆尹，他与严延年一向友善。张敞治理地方虽然严峻，

尚颇有纵舍，闻延年用刑刻急，乃以书谕之曰：“昔韩卢之取菟也[②]，上观下获，不甚多杀。愿次卿少缓诛罚，思行此术。”延年报曰：“河南天下咽喉，二周余斃[③]，莠盛苗秽[④]，何可不锄也？”自矜伐其能，终不衰止。时黄霸在颍川以宽恕为治，郡中亦平，娄蒙丰年[⑤]，凤皇下。上贤焉，下诏称扬其行，加金爵之赏。延年素轻霸为人，及比郡为守[⑥]，褒赏反在己前，心内不服。河南界中又有蝗虫，府丞义出行蝗，还见延年，延年曰：“此蝗岂凤皇食邪？”义又道司农中丞耿寿昌为常平仓[⑦]，利百姓，延年曰：“丞相御史不知为也，当避位去。寿昌安得权此？”后左冯翊缺[⑧]，上欲征延年，符已发，为其名酷复止。延年疑少府梁丘贺毁之[⑨]，心恨。会琅邪太守以视事久病[⑩]，满三月免，延年

但还能对一些犯法的人从宽处理。他听说严延年使用刑律苛刻严酷，便去信劝告他说：“古时候有名的良犬韩卢猎取野兔时，都先要看一看主人的示意，然后再去追逐捕获，不过多地捕杀。希望次卿你稍稍放松诛杀，考虑依照韩犬的办法来行事。”延年回复说：“河南地方是天下咽喉所在，东西两周国君留下的弊端甚多，恶草茂盛，禾苗稀疏，怎么可以不加铲除呢？”严延年夸耀自己的才能和功绩，始终不肯减少乃至停止诛杀。那时黄霸在颍川用宽容的办法来治理地方，郡内也很平静，而且接连出现丰年，凤凰从天而降。皇上赞赏黄霸的才德，下诏令表扬他的政绩，并赏赐他黄金和爵位。严延年一向鄙视黄霸的为人，想不到他在邻郡做了太守，所得的奖赏反而在自己之上，因此内心很不服气。正巧在河南境内又出现蝗虫，府丞义去视察灾情，回郡后去见严延年，严延年便说：“这蝗虫难道就是凤凰的食物吗？”义又告诉说，司农中丞耿寿昌在边郡修筑常平仓，对百姓有利。严延年说：“丞相和御史连这种办法都想不出，应当退位离开！耿寿昌怎么能以此来谋取权位呢？”以后左冯翊空缺，皇上打算任用严延年，征召的竹符已经发

自知见废，谓丞曰："此人尚能去官，我反不能去邪[11]？"又延年察狱史廉[12]，有臧不入身[13]，延年坐选举不实贬秩[14]，笑曰："后敢复有举人者矣！"丞义年老颇悖，素畏延年，恐见中伤。延年本尝与义俱为丞相史，实亲厚之，无意毁伤也，馈遗之甚厚[15]。义愈益恐，自筮得死卦，忽忽不乐，取告至长安[16]，上书言延年罪名十事。已拜奏，因饮药自杀，以明不欺。事下御史丞按验，有此数事，以结延年[17]，坐怨望非谤政治不道弃市[18]。

出，由于严延年残忍之名在外，便又作罢。严延年怀疑少府梁丘贺在皇上面前说了自己的坏话，于是怀恨在心。遇上琅邪太守因为在任职中长期有病，已满三月而被免官，严延年知道自己将被罢免，就对府丞说："这个人都能被免官，我反而不够免官的条件么？"又有，严延年推荐狱官为廉，不料此人却犯了贪赃罪，而犯贪赃罪的人又不准入选，为此，严延年因推荐人才不符实际而获罪，受到降级处分。他笑着说："往后看还有谁敢推荐人才！"府丞义年老，心思颇有些惑乱；他向来就惧怕严延年，担心被严延年伤害。严延年原先曾经与义同在丞相府做过属官，实际上很亲近、厚待义，并没有伤害他的意思，而且常常送他许多东西。义却越来越惶恐，就自己占卦问吉凶，得到的却是一个死卦，他惘然若失，闷闷不乐，于是借休假的机会到长安，向皇帝上书列举了构成严延年罪名的十件事。送上了奏书，义就服毒自尽，以此来表明自己不欺骗君上。案件交由御史丞去审查核实，只要这几件事属实，就可以给严延年定罪。结果，严延年以怨恨朝廷、诽谤国事及杀人无道获罪，被处以死刑，并陈尸示众。

注释 ① 京兆尹：汉代管理京城地区的三个职官之一，职位相当于郡太守。 ② 韩卢之取菟：韩卢，战国时韩氏的良犬。菟，同"兔"。 ③ 罷：同"弊"，弊病，弊陋。 ④ 莠（yǒu）：恶草，常用来比喻坏人。 ⑤ 娄：同"屡"。 ⑥ 比：邻近。 ⑦ 常平仓：耿寿昌首创，在边郡筑粮仓，谷贱高价籴入，谷贵时低价粜出，以调节粮价，备荒赈灾。 ⑧ 左冯（píng）翊（yì）：汉代管理京城地区的三个职官之一。 ⑨ 少府：官名，掌管皇室的税收。 ⑩ 视事：任职，治事。 ⑪ 能：及，到。 ⑫ 廉：孝与廉本为汉代选拔官吏的两种科目名称，孝指孝子，廉指廉洁之士，后合并为一科，称"孝廉"。 ⑬ 臧：同"赃"。 ⑭ 秩：指官吏的职位和品级。 ⑮ 馈遗（kuì wèi）：赠送，赠与。 ⑯ 取告：休假。 ⑰ 结：定罪。 ⑱ 怨望：怨恨。

原文

初，延年母从东海来，欲从延年腊[①]，到洛阳，适见报囚[②]。母大惊，便止都亭[③]，不肯入府，延年出至都亭谒母，母闭阁不见[④]。延年免冠顿首阁下，良久，母乃见之，因数责延年："幸得备郡守[⑤]，专治千里，不闻仁爱教化，有以全安愚民，顾乘刑罚多刑杀人，欲以立威，岂为民父母意哉！"延年服罪，重顿首谢，因自为母御，归府舍。母毕正腊[⑥]，谓延年："天道神明，人不可独杀。我不意当老见壮子被

翻译

当初，严延年的母亲从东海郡来，打算与严延年一起行腊祭礼。刚到洛阳，就碰上处决犯人。母亲很震惊，便在都亭歇止，不肯进入郡府。严延年出城到都亭去拜见母亲，母亲关门不见。严延年在门外脱帽叩头，过了好一阵，母亲才见他，于是斥责他说："有幸当了郡太守，治理方圆千里的地方，没听说你以仁爱之心教化百姓，以使百姓安宁，反而动用刑罚大量杀人，想以此来建立威信，难道作为老百姓的父母官是该这样行事的吗？"严延年赶忙认错，重重地叩头谢罪，于是亲自为母亲驾车，一同回郡府去。正腊的祭祀完毕后，母亲对严延年说："苍天在上，无所不知，岂有乱杀人而不遭报应的？想不到我

刑戮也[⑦]！行矣！去女东归[⑧]，扫除墓地耳。”遂去。归郡，见昆弟宗人，复为言之。后岁余，果败。东海莫不贤知其母。延年兄弟五人皆有吏材，至大官，东海号曰“万石严妪”[⑨]。次弟彭祖，至太子太傅，在《儒林传》。

人老了还要亲眼看见壮年的儿子身受刑戮！我走啦！和你离别，回东边家乡去，为你准备好葬身之地。”母亲就这样走了。回到本郡，见着兄弟本家，母亲又把以上的话对他们说了。过了一年多，严延年果然出事了。东海人没有不称颂严延年母亲贤明智慧的。严延年兄弟五人都有做官的才干，也都做了大官，因此，东海人把他们的母亲称为“万石严妪”。严延年的第二个弟弟叫严彭祖，做官做到太子太傅，《儒林传》中有他的传略。

注释 ① 腊：古时每年在十二月举行一次祭祀活动，称腊祭，也叫“腊”。 ② 报囚：判决罪犯。 ③ 都亭：秦汉时在郡县城郭附近道旁修筑的亭舍，供旅客停宿。 ④ 阁：小门，旁门。 ⑤ 备：谦辞，居官、备员的意思。 ⑥ 正腊：腊祭的那天叫“腊日”。汉代以冬至后第三个戌日为腊日，那天举行的祭祀叫“正腊”。 ⑦ 被刑戮(lù)：因犯法而受刑或被处死。 ⑧ 女：同“汝”。 ⑨ 万石严妪(yù)：一家之中有五个俸禄为二千石的大官，故称万石。妪，老妇。

原 涉 传

导读

官宦之家出身的原涉，因为不接受馈赠、为父亲守丧而闻名远近，受到各方人士的仰慕。和其他游侠一样，原涉广交豪杰，结纳宾客，重义轻生，救人急难。然而他只求报仇雪恨，不顾触犯刑法，甚至为门下违法宾客徇情回护，因此得罪权贵，终于酿成大祸。（选自卷九二）

原文

原涉，字巨先。祖父武帝时以豪杰自阳翟徙茂陵[①]。涉父哀帝时为南阳太守。天下殷富，大郡二千石死官，赋敛送葬皆千万以上，妻子通共受之，以定产业。时又少行三年丧者。及涉父死，让还南阳赙送[②]，行丧冢庐三年[③]，由是显名京师。礼毕，扶风谒请为议曹[④]，衣冠慕之辐辏[⑤]。为大司徒史丹举能治剧，为谷口令，时年二十余。谷口闻其名，不言而治。

翻译

原涉，字巨先，他的祖父在武帝时以豪杰身份从阳翟县迁徙来到茂陵。父亲在哀帝时做南阳郡太守。那时，天下富足，大郡太守死在任上的，所收到人家送来助办丧事的钱财都在千万以上，家属全数得到这一笔钱，就可以用来置办产业。而当时又很少有人能够为死者守丧三年的。到了原涉的父亲死后，原涉退还掉南阳人赠送的丧礼钱财，住进冢庐，为父亲守丧三年，因此他在京城就出了名。守丧礼一完毕，请原涉去做郡府议曹的使者就像疾风一样地迅速到来，仰慕原涉的士大夫也从四面八方向他这里聚集。由于受到大司徒史丹的推荐，说他有处理繁难事务的才干，原涉便当了谷口县令，那时他才二十多岁。谷口县早就听到原涉的名声，所以不需要他多说话，地方上就秩序井然了。

注释 ① 茂陵：县名，在陕西兴平东北。武帝在此筑陵墓，名茂陵，因置县。② 赙(fù)：送财物助人办丧事。③ 冢庐：墓旁的房舍。④ 扶风：疾风。⑤ 衣冠：指士大夫。

原文

先是涉季父为茂陵秦氏所杀，涉居谷口半岁所[①]，自劾去官，欲报仇。谷口豪杰为杀秦氏，亡命岁余，逢赦出。郡国诸豪及长安、五陵诸为气节者皆归慕之[②]。涉遂倾身与相待，人无贤不肖阗门[③]，在所闾里尽满客[④]。或讥涉曰："子本吏二千石之世[⑤]，结发自修[⑥]，以行丧推财礼让为名，正复雠取仇[⑦]，犹不失仁义，何故遂自放纵，为轻侠之徒乎？"涉应曰："子独不见家人寡妇邪[⑧]？始自约敕之时，意乃慕宋伯姬及陈孝妇[⑨]，不幸

翻译

早先，原涉的叔父曾被茂陵的秦氏杀害，原涉在谷口待了半年多，便检举自己主动辞职，打算报仇。谷口的豪杰替原涉杀了秦氏，原涉逃亡在外一年多，赶上大赦，才重新露面。郡县和王国的豪杰们以及长安、五陵那些重义气的人都向往仰慕原涉，原涉也对他们竭诚相待，不论品行好的还是不好的，都来结交原涉，一时宾客盈门，宾客挤满了他家居住的街巷。有人讥讽原涉说："你本是郡太守的后人，年轻时就能自我修养，后来因为为父守丧三年、退还财物及为人谦恭而出名，即使因报仇而结仇，你仍然不失为一个仁义君子，又何必就放纵自己，去做那轻薄的侠义之徒呢？"原涉回答说："你就不见民间的寡妇么？起初自我约束的时候，心里想

壹为盗贼所污，遂行淫佚，知其非礼，然不能自还。吾犹此矣！”

的是学宋伯姬和陈孝妇的榜样，一旦遭遇不幸，被盗贼玷污，就会放荡起来，虽然明知违反礼教，但已不能恢复到洁身自处的时候去了。我就像这样啊！”

注释 ①所：同“许”，大约的意思。 ②五陵：长陵、安陵、阳陵、茂陵、平陵，均设县，合称五陵。 ③阗（tián）：充满。 ④闾里：乡里，街巷。 ⑤世：后嗣。 ⑥结发：指年轻时。 ⑦雠：同“仇”。 ⑧家人：平民。 ⑨宋伯姬及陈孝妇：古代的两个女子，都因严守节操而出名。

原文

涉自以为前让南阳赙送，身得其名，而令先人坟墓俭约，非孝也。乃大治起冢舍，周阁重门。初，武帝时，京兆尹曹氏葬茂陵，民谓其道为京兆仟[1]。涉慕之，乃买地开道，立表署曰南阳仟，人不肯从，谓之原氏仟。费用皆卬富人长者[2]，然身衣服车马才具，妻子内困。专以振施贫穷赴人之急为务。人尝置酒请涉，涉入里门[3]，客有道涉所知母病避疾在里宅者。涉即往候，叩门[4]。家哭，涉因

翻译

原涉认为以前退还南阳人送来的助葬礼金和物品，自己获得了名声，却使父亲的坟墓过于简陋，这不算是尽孝道。于是，他大修坟墓，在墓旁筑房舍，在阁楼四周建重门。当初武帝时，京兆尹曹氏安葬在茂陵，当地百姓称那条墓道为“京兆仟”。原涉羡慕它，就买地开墓道，建立表帜，题署为“南阳仟”，人们不同意这样叫，就称之为“原氏仟”。这一切的费用都依靠有钱有地位的人供给，而原涉自身只有必需的衣服和车马，家中妻儿生活还很困苦。原涉专门做一些救济穷人、为人排忧解难的事。一次，有人置办酒宴请原涉，原涉刚走进里门，宾客中就有人告诉他说，他所知道的母亲有病的那一家，现在因病移

入吊，问以丧事。家无所有，涉曰："但洁扫除沐浴，待涉。"还至主人，对宾客叹息曰："人亲卧地不收，涉何心乡此[⑤]！愿彻去酒食[⑥]。"宾客争问所当得，涉乃侧席而坐[⑦]，削牍为疏[⑧]，具记衣被棺木，下至饭含之物[⑨]，分付诸客。诸客奔走市买，至日昳皆会[⑩]。涉亲阅视已，谓主人："愿受赐矣。"既共饮食，涉独不饱，乃载棺物，从宾客往至丧家，为棺敛劳俫毕葬[⑪]。其周急待人如此[⑫]。后人有毁涉者曰"奸人之雄也"，丧家子即时刺杀言者。

居在里中某处，原涉就立即去登门看望。听见家中有哭声，原涉就进去吊唁，又问办丧事的情况。见家中一无所有，原涉就说："只把屋子打扫干净，给死者洗个澡，等我回来。"原涉来到置办酒席的主人家中，对宾客们叹息说："人家母亲死了，躺在地上不能收敛，我哪有心思享用这些酒食啊！请把酒席撤掉吧！"宾客们抢着问应当买些什么，原涉便按哀怜丧家的礼节，侧身席地坐着，削木简开列购物清单，详细地列出要购买的寿衣、被褥、棺木，以至死者口中所含的东西等物，交给宾客们去置办。宾客们分头奔走购买，直到日头偏西才都回来会集。原涉亲自检查完毕，对主人说："现在可以接受赐宴了。"大家一同饮酒进食，而原涉独独没有吃饱，于是就用车装载着棺木等物件，领着宾客到死者家里，为死者入殓，并且劝勉宾客待安葬完毕再离去。原涉就是这样急人之难、诚心待人的。后来有人诋毁原涉，说他是"奸人之雄"，死者的儿子立即就去把说这话的人刺杀了。

注释 ① 仟：同"阡"，田间南北向的通道。此处指墓前神道。 ② 卬：同"仰"，依赖。 ③ 里门：古时乡民聚居的地方叫里，里有里门。 ④ 叩门：登门求见。 ⑤ 乡：同"享"，享受。 ⑥ 彻：同"撤"，撤除。 ⑦ 侧席：不正坐，表示哀戚。

⑧ 疏：条录。 ⑨ 饭含：在死者口中放入珠、玉、钱、米等物。 ⑩ 日昳(dié)：太阳过午偏斜。 ⑪ 劳俫：劝勉。 ⑫ 周：同“赒”，救济。

原文

宾客多犯法，罪过数上闻。王莽数收系欲杀，辄复赦出之。涉惧，求为卿府掾史[①]，欲以避客。文母太后丧时[②]，守复土校尉[③]。已为中郎[④]，后免官。涉欲上冢，不欲会宾客，密独与故人期会。涉单车驱上茂陵投暮，入其里宅，因自匿不见人。遣奴至市买肉，奴乘涉气与屠争言，斫伤屠者[⑤]，亡。是时，茂陵守令尹公新视事，涉未谒也，闻之大怒。知涉名豪，欲以示众厉俗，遣两吏胁守涉。至日中，奴不出，吏欲便杀涉去。涉迫窘不知所为。会涉所与期上冢者车数十乘到，皆诸豪也，共说尹公。尹公不听，诸豪则曰：“原巨先奴犯法不得，使肉袒自缚[⑥]，箭贯

翻译

原涉的宾客多有犯法的，朝廷也多次听说他们的罪行。王莽几次拘捕这些人，要杀掉他们，但又总是把他们赦免释放了。原涉很害怕，就谋求到卿府去做下属官员，想借此回避宾客。赶上文母太后的丧事，原涉临时充任了复土校尉。以后做了中郎，不久又被免官。原涉想到冢舍去住，不想会见宾客，只与老朋友在那里秘密约会。他独自驾车去茂陵，天快黑时，进入里中住宅，于是藏身家中不肯见人。一天，原涉派奴仆到集市上去买肉，奴仆仗着原涉的气焰，与卖肉的争吵起来，并砍伤了那卖肉的，然后逃跑了。这时，代行茂陵县令的尹公新上任，而原涉又没有去拜会，他听到这事就大发脾气。他知道原涉是闻名的豪侠，就想借这件事来显示威严，严肃风纪。他派遣两个差役在原涉的家门两侧守候。到中午，那个奴仆还不见出来自首，差役就想杀死原涉而去。原涉处境紧迫，十分为难，不知该怎么办才好。正巧这时原先约定来上坟的友人乘着几十辆车到来了，这些人

耳，诣廷门谢罪，于君威亦足矣。”尹公许之。涉如言谢，复服遣去。

都是那一带的豪杰，他们就一同去劝说尹公。尹公不听劝说，豪杰们便说：“原巨先的家奴犯法，不能缉拿归案，那就让巨先本人肉袒自缚，双耳插箭，到官署门前来谢罪吧，这样对于维护你的威望也就足够了。”尹公这才答应。于是，原涉照着豪杰们所说的办法去谢罪，尹公让他仍旧穿着衣服回家去了。

注释 ① 卿：秦汉在三公以下设九卿，为太常、光禄勋、卫尉、太仆、廷尉、大鸿胪、宗正、大司农、少府。 ② 文母太后：成帝之母。 ③ 复土：挖穴下棺封土。 ④ 中郎：官名，担任宫中侍卫。 ⑤ 斫：砍。 ⑥ 肉袒：脱去上衣，裸露肢体。古人常肉袒谢罪，表示诚心和惶惧。

原文

初，涉与新丰富人祁太伯为友，太伯同母弟王游公素嫉涉，时为县门下掾，说尹公曰：“君以守令辱原涉如是，一旦真令至，君复单车归为府吏，涉刺客如云，杀人皆不知主名，可为寒心。涉治冢舍，奢僭逾制[1]，罪恶暴著[2]，主上知之。今为君计，莫若堕坏涉冢舍，条奏其旧恶，君必得真令。

翻译

当初，原涉与新丰的富豪祁太伯是朋友，而太伯的同母弟王游公又一向嫉恨原涉。王游公这时在县府做属官，就向尹公进言说：“你凭着一个代理县令就如此羞辱原涉，一旦正式县令到来，你仍旧驾着单车回郡府去做府吏，而原涉的宾客朋友之中刺客如云，杀了人都不知是谁干的，我真为你担心。原涉修筑坟墓和房舍，奢侈过分，超越了法制，罪恶显著，这些皇上都知道。现在为你着想，不如把原涉修筑的坟墓和房屋捣毁，然后把他以往的罪恶分条上奏，你

如此，涉亦不敢怨矣。”尹公如其计，莽果以为真令。涉由此怨王游公，选宾客，遣长子初从车二十乘劫王游公家。游公母即祁太伯母也，诸客见之皆拜，传曰“无惊祁夫人”。遂杀游公父及子，断两头去。

就一定做得成正式县令。这样一来，原涉也就不敢怀恨了。”尹公照着他的计谋行事，王莽果然任命尹公做了正式县令。原涉因此而怨恨王游公，便挑选宾客，让长子原初领着二十乘车去抢劫王游公的家。王游公的母亲就是祁太伯的母亲，宾客们见到她都俯首跪拜，并传原涉的话说：“不得惊动祁夫人！”于是杀死王游公和他的生父，把二人的头割下来，然后离去。

注释 ① 僭(jiàn)：过分。 ② 暴(pù)：显露。

原文

涉性略似郭解[①]，外温仁谦逊，而内隐好杀。睚眦于尘中[②]，触死者甚多。王莽末，东方兵起，诸王子弟多荐涉能得士死，可用。莽乃召见，责以罪恶，赦贯[③]，拜镇戎大尹[④]。涉至官无几，长安败，郡县诸假号起兵攻杀二千石长吏以应汉[⑤]。诸假号素闻涉名，争问原尹何在，拜谒之。时莽州牧使者依附涉者皆得

翻译

原涉的性情有一些像郭解，外表温和仁厚谦逊，内里却藏着好杀之心。在尘俗之中张目多有怨恨，因触犯他而被他杀死的人很多。王莽末年，东方起兵反叛，有许多王府的子弟向王莽推荐原涉，说他能笼络人心，人家都乐于为他卖命，可以任用。王莽于是召见原涉，因他所犯的罪恶而责备他，接着又赦免了他，并任命他为镇戎大尹。原涉到任不久，长安兵败，附近郡县的一些豪强假借名号纷纷起兵，攻杀郡守长官，响应汉军。那些假借名号者早就听说原涉的大名，便都争先打听原涉的住处，

活[⑥]。传送致涉长安,更始西屏将军申屠建请涉与相见[⑦],大重之。故茂陵令尹公坏涉冢舍者为建主簿[⑧],涉本不怨也。涉从建所出,尹公故遮拜涉,谓曰:"易世矣。宜勿复相怨!"涉曰:"尹君,何壹鱼肉涉也[⑨]!"涉用是怒,使客刺杀主簿。

前往拜见。当时王莽任用的州牧和使者凡是依附原涉的也都保全了性命。原涉被他们用驿车送到长安,更始帝的西屏将军申屠建请求原涉与他相见,对原涉大为器重。曾经捣毁原涉坟墓房舍的那个原茂陵县令尹公,现在做了申屠建的主簿。原涉本已不再仇视尹公,当他从申屠建的官府出来时,尹公故意迎上去拦住拜见原涉,对原涉说:"改朝换代啦,不应当再怀怨恨了!"原涉说:"尹君,你为何专把我当成鱼肉任意宰割啊!"原涉因此而被激怒,便派宾客去刺杀了主簿尹公。

注释 ① 郭解:武帝时人,以任侠闻名。事见《游侠传》。 ② 睚眦(yá zì):怒目而视。 ③ 贳(shì):赦免。 ④ 镇戎大尹:王莽改天水为镇戎,太守为大尹。 ⑤ 汉:指刘玄、刘秀领导的起义军。 ⑥ 州牧:官名。武帝时分全国为十三州,州设刺史,后改州牧,以监察郡县。 ⑦ 更始:即更始帝刘玄。 ⑧ 主簿:官名。汉代各级官署都设置主簿,主管文书,办理事务。 ⑨ 壹:用作语助词,表示强调。

原文

涉欲亡去,申屠建内恨耻之,阳言:"吾欲与原巨先共镇三辅[①],岂以一吏易之哉!"宾客通言,令涉自系狱谢[②],建许之。宾客车数十乘共送涉至狱。建遣兵道

翻译

原涉打算逃走,申屠建觉得蒙受了耻辱因而对原涉怀恨在心。他假意说:"我要和原巨先共同镇抚三辅地区,怎么会因为死了一个小吏就改变主意呢!"宾客把这话告诉了原涉,并要他去自首投狱,向申屠建谢罪,申屠建同意

徼取涉于车上[3]，送车分散驰，遂斩涉，县之长安市[4]。

这样做。于是，宾客们乘着几十辆车一同送原涉去监狱。申屠建派兵途中拦截，在车上将原涉拘捕，护送的车辆一时分头驰走逃散，原涉当即被杀，头颅被悬挂在长安市上。

注释 ① 阳：同“佯”，假装。 ② 系狱：囚禁于牢狱。 ③ 徼（yāo）：阻挡，拦截。 ④ 县：同“悬”，悬挂。

匈 奴 传

导读

公元前三世纪，以畜牧业为主的匈奴人在大漠南北兴起。大约就在这个时期，匈奴由原始氏族公社进入奴隶制社会。秦汉之际，匈奴人在冒顿单于的统领下，征服了邻近一些部族，控制了东起辽河流域、西至葱岭、北抵贝加尔湖、南达长城的广大地区。他们时时派出骑兵侵扰中国北方边境，掠夺人口及财物，使中原地区的封建经济和文化遭受破坏，西汉政权面临着严重威胁。然而，在西汉初期，因国力空虚，不得不对匈奴采取和亲政策，每年送大量财物给匈奴，以维持边境地区的平静。到武帝时，国力充实，便开始对匈奴采取积极防御的战略方针，多次派兵出击，才基本上解除了匈奴侵扰势力的威胁。不久匈奴发生内乱，出现"五单于争立"的复杂局面。后来由于呼韩邪单于归附汉朝，在汉朝的支持和帮助下，才统一了匈奴全境。呼韩邪前后三次入朝，受到汉朝的隆重接待，汉朝每次都赠送他大量的财物，又把王昭君嫁给他做妻子。在呼韩邪前后的六七十年间，汉朝与匈奴保持着和平相处的良好关系，两国的经济文化交流得到加强和发展。这里选译的就是这一段汉朝与匈奴友好往来的历史。以后王莽代汉，改变了汉朝与匈奴友好往来的政策，致使争端又起，直到东汉之初，边境都不得安宁。(选自卷九四)

原文

呼韩邪之败也[①]，左伊秩訾王为呼韩邪计[②]，劝令

翻译

呼韩邪单于被郅支单于打败后，左伊秩訾王向呼韩邪献计，劝他向汉朝称

称臣入朝事汉[③]，从汉求助，如此匈奴乃定。呼韩邪议问诸大臣，皆曰："不可。匈奴之俗，本上气力而下服役，以马上战斗为国，故有威名于百蛮[④]。战死，壮士所有也。今兄弟争国，不在兄则在弟，虽死犹有威名，子孙常长诸国。汉虽强，犹不能兼并匈奴，奈何乱先古之制，臣事于汉，卑辱先单于[⑤]，为诸国所笑！虽如是而安，何以复长百蛮！"左伊秩訾曰："不然，强弱有时，今汉方盛，乌孙城郭诸国皆为臣妾。自且鞮侯单于以来[⑥]，匈奴日削[⑦]，不能取复[⑧]，虽屈强于此[⑨]，未尝一日安也。今事汉则安存，不事则危亡，计何以过此！"诸大人相难久之[⑩]。呼韩邪从其计，引众南近塞，遣子右贤王铢娄渠堂入侍[⑪]。郅支单于亦遣子右大将驹于利受入侍[⑫]。是岁，甘露元年也。

臣，入朝侍奉天子，请求汉朝援助，这样，匈奴的内乱就可以平定。呼韩邪征求大臣们的意见，他们都说："不能这样做。匈奴的习俗，从来就以气力胜人为上，以服役于人为下，以骑马战斗立国，因此在蛮夷各国很有威名。战斗而死，是壮士都会遇到的事。现今是兄弟之间争夺国家大权，最终不是兄胜就是弟胜，即令战死，威名犹在，子孙仍然可以做各属国的酋长统帅。汉朝再强大，也没能兼并匈奴，我们为什么又要一反祖先的制度，去做汉朝的臣子，使先世单于蒙受羞辱，见笑于蛮夷各国呢？即使臣服于汉朝就可求得国内的安定，我们又还能凭什么去称雄长于蛮夷各国呢？"左伊秩訾说："不对。一个国家的强与弱不是一成不变的，现今汉朝正处在强盛时期，像乌孙那样有城郭宫室而定居生活的一些国家也都做了他的臣属。自从且鞮侯单于以后，匈奴一天一天地削弱，始终不能复兴，虽然倔强地生存在这里，但哪里有过一天的安宁！现在，归附汉朝，就安定而长存，不归附汉朝就要危亡，没有比这更好的办法！"大臣们不以为然，驳难了很久。最后，呼韩邪单于采纳了左伊秩訾的建议，领着众人南行到靠近汉朝边塞的地方，派遣儿子右贤王铢娄渠堂到汉朝侍奉天子。不久,郅支单于也派遣他的儿子右大将驹于利受入朝侍奉。这一年,正是甘露元年(前53)。

注释 ① 呼韩邪:名稽侯珊,是匈奴头曼单于第七代孙虚闾权渠单于的儿子,宣帝神爵四年(前58),左地的贵族拥立他为单于。 ② 左伊秩訾:匈奴官名。 ③ 事:侍奉。 ④ 百蛮:对当时西域各国的统称。 ⑤ 卑辱:辱没(他),使(他)更显得低下。 ⑥ 且鞮侯单于:匈奴王,公元前100年继位。 ⑦ 削:削弱。 ⑧ 取复:复兴。 ⑨ 屈:同"倔"。 ⑩ 难(nàn):诘责,非难。 ⑪ 右贤王:匈奴贵族封号,与左贤王同为地方最高长官。 ⑫ 郅支单于:呼韩邪之兄,时在匈奴东边自立为单于,进攻呼韩邪,呼韩邪败走。右大将:与左大将同为匈奴高官。

原文

明年,呼韩邪单于款五原塞[①],愿朝三年正月。汉遣车骑都尉韩昌迎,发过所七郡郡二千骑,为陈道上。单于正月朝天子于甘泉宫,汉宠以殊礼,位在诸侯王上,赞谒称臣而不名[②]。赐以冠带衣裳,黄金玺盭绶[③],玉具剑[④],佩刀,弓一张,矢四发,棨戟十[⑤],安车一乘[⑥],鞍勒一具,马十五匹,黄金二十斤,钱二十万,衣被七十七袭,锦绣绮縠杂帛

翻译

第二年(前52),呼韩邪单于到五原塞前叩问,表示愿意参加甘露三年(前51)正月的朝贺。汉朝于是派遣车骑都尉韩昌前往迎接,又令所经过的七个郡,每郡派两千骑兵夹道护卫。呼韩邪单于在正月正旦这一天朝拜天子于甘泉宫,汉朝给单于以破格的尊宠,把他的位次列在诸侯王之前,拜贺天子时只称臣而不唱名。天子赐予单于冠带衣裳,黄金印绿丝带,玉具剑,佩刀,一张弓,四发箭,十柄棨戟,一辆安车,马鞍和马笼头各一副,马十五匹,黄金二十斤,钱二十万,衣被七十七套,锦绣绮縠杂帛八千匹,粗丝绵六千斤。朝贺仪

八千匹，絮六千斤。礼毕，使使者道单于先行，宿长平。上自甘泉宿池阳宫。上登长平，诏单于毋谒，其左右当户之群臣皆得列观[7]，及诸蛮夷君长王侯数万，咸迎于渭桥下，夹道陈。上登渭桥，咸称万岁。单于就邸[8]，留月余，遣归国。单于自请愿留居光禄塞下[9]，有急保汉受降城[10]。汉遣长乐卫尉高昌侯董忠、车骑都尉韩昌将骑万六千[11]，又发边郡士马以千数，送单于出朔方鸡鹿塞[12]。诏忠等留卫单于，助诛不服，又转边谷米精[13]，前后三万四千斛[14]，给赡其食。是岁，郅支单于亦遣使奉献，汉遇之甚厚。明年，两单于俱遣使朝献，汉待呼韩邪使有加。明年，呼韩邪单于复入朝，礼赐如初，加衣百一十袭，锦帛九千匹，絮八千斤。以有屯兵，故不复发骑为送。

式完毕，让使者引导单于先退朝，去到长平歇息。皇上也离开甘泉宫去池阳宫歇息。第二天，皇上登上长平的坡地，诏令单于不必谒拜，单于的左右当户等群臣都可以列队观看，其他各蛮夷之国的君主王侯共数万人，同在渭桥下夹道列队相迎。皇上登上渭桥，大家齐呼万岁。之后，呼韩邪单于回到府邸，留居一月多，汉朝即遣送他们回国。临行，单于自己请求愿意留守在光禄塞下，如遇紧急情况，自守于汉朝的受降城。汉朝派遣长乐卫尉高昌侯董忠、车骑都尉韩昌率领骑兵一万六千，又命令边区郡县派出士卒和骑兵数千，共同护送呼韩邪单于出朔方鸡鹿塞。同时，又诏令董忠等人留在单于身边保卫单于，帮助单于诛灭不肯顺从者；并转运边境的谷米干粮前后共三万四千斛供他们食用。就在这一年，郅支单于也派使者入朝贡献，汉朝给予的礼遇也很优厚。第二年，两单于都派使者来汉朝拜，奉献贡物，汉朝对待呼韩邪的使者更加优厚。又过了一年，呼韩邪单于再次入朝，汉朝对他的礼遇和赏赐与前次相同，另增加衣服一百一十套，锦帛九千匹，粗丝棉八千斤。单于归去时，因为前次派去护送的士卒仍在边塞屯守，所以没有再派骑兵相送。

注释 ① 款:叩问。 ② 赞谒(yè):臣子朝见帝王。 ③ 盭(lì):同“綟”,绿色。 ④ 玉具剑:剑口和把手用玉制成的剑。 ⑤ 棨(qǐ)戟:有缯衣的木戟,用作仪仗。 ⑥ 安车:可以坐乘的马车。 ⑦ 左右当户:即左当户、右当户,匈奴官名。 ⑧ 邸(dǐ):朝拜天子者在京的住所。 ⑨ 光禄塞:古障塞名,光禄勋徐自为所筑,约在今内蒙古固阳西南至乌拉特后旗阴山北麓一带。 ⑩ 受降城:故址在今内蒙古乌特拉后旗东阴山北。 ⑪ 长乐卫尉高昌侯董忠:长乐,官名。卫尉,官名。高昌侯,封爵名。董忠,人名。 ⑫ 朔方鸡鹿塞:朔方,古县名、郡名,治所在今内蒙古杭锦旗北。鸡鹿塞,古塞名,在今内蒙古磴口西北哈隆格乃峡谷口。 ⑬ 糒(bèi):干粮。 ⑭ 斛(hú):容量单位,十斗为一斛。

原文

始郅支单于以为呼韩邪降汉,兵弱不能复自还,即引其众西,欲攻定右地①。又屠耆单于小弟本侍呼韩邪,亦亡之右地,收两兄余兵得数千人,自立为伊利目单于。道逢郅支,合战,郅支杀之,并其兵五万余人。闻汉出兵谷助呼韩邪,即遂留居右地。自度力不能定匈奴,乃益西近乌孙,欲与并力,遣使见小昆弥乌就屠②。乌就屠见呼韩邪为汉所拥,郅支亡虏,欲攻之以称汉③,乃杀郅支使,持头送

翻译

起初,郅支单于以为呼韩邪投降了汉朝,因兵力薄弱自己无力返回,便领着他的部属向西去,想趁机攻占右边地区。又有屠耆单于的小弟,本来是侍奉呼韩邪的,这时也逃亡到了右地,他收集了两个哥哥余留的兵众,共有数千人,自立为伊利目单于。他与郅支单于途中相逢,交战中,被郅支杀死。郅支合并了伊利目的兵众,共有五万多人。听说汉朝出兵出粮饷援助呼韩邪,郅支不敢东归,便在右地留居下来。他估计自己的力量不足以平定匈奴,就继续西行,靠近乌孙,打算联合乌孙的兵力。郅支派使者去见乌孙的小王乌就屠。乌就屠见呼韩邪受汉朝的扶持,郅支成了流亡者,就想攻击郅支来迎合汉朝,

都护在所，发八千骑迎郅支。郅支见乌孙兵多，其使又不反，勒兵逢击乌孙[④]，破之。因北击乌揭，乌揭降。发其兵西破坚昆，北降丁令，并三国[⑤]。数遣兵击乌孙，常胜之。坚昆东去单于庭七千里[⑥]，南去车师五千里[⑦]，郅支留都之。

于是杀了郅支的使者，把头送到汉朝都护驻地，并派出八千骑兵去迎战郅支。郅支见乌孙兵多，使者又一去不返，就领兵拦击，大败乌孙兵。然后，郅支乘势往北攻打乌揭，乌揭投降。接着，郅支又派兵向西打败了坚昆，向北征服了丁令。这样，郅支就合并了三个国家。郅支又几次派兵出击乌孙，常常取胜。坚昆东距单于庭七千里，南距车师五千里，郅支就在那里留居下来。

注释 ① 右地：匈奴的西部地区。 ② 昆弥：即“昆莫”。 ③ 称（chèn）：适合。 ④ 勒兵：率军。 ⑤ 乌揭、坚昆、丁令：匈奴境内的三个小族。 ⑥ 单于庭：单于祭天、大会诸部的处所。 ⑦ 车师：古西域国名。

原文

元帝初即位，呼韩邪单于复上书，言民众困乏。汉诏云中、五原郡转谷二万斛以给焉[①]。郅支单于自以道远，又怨汉拥护呼韩邪，遣使上书求侍子[②]。汉遣谷吉送之，郅支杀吉。汉不知吉音问，而匈奴降者言闻瓯脱皆杀之[③]。呼韩邪单于使来，汉辄簿责之甚急[④]。明年，汉遣车骑都尉韩昌、光

翻译

元帝即位不久，呼韩邪单于又上书，说他的民众很困乏。朝廷于是诏令云中、五原两郡转运粮谷二万斛供应他们。郅支单于仗恃自己地处边远，又怨恨汉朝护卫呼韩邪，便派使者上书，请求送还侍子。汉朝派遣谷吉护送侍子，郅支杀死谷吉。汉朝一直得不到谷吉的音讯，而匈奴投降汉朝的人都说，在边界得到的消息都说谷吉等人已经被人杀害。因此，当呼韩邪单于的使者到来时，朝廷就用文簿一一责问，很急切。第二年，汉朝派遣车骑都尉韩昌和光禄

禄大夫张猛送呼韩邪单于侍子，求问吉等，因赦其罪，勿令自疑。昌、猛见单于民众益盛，塞下禽兽尽，单于足以自卫，不畏郅支。闻其大臣多劝单于北归者，恐北去后难约束，昌、猛即与为盟约曰：“自今以来[⑤]，汉与匈奴合为一家，世世毋得相诈相攻。有窃盗者，相报，行其诛，偿其物；有寇，发兵相助。汉与匈奴敢先背约者，受天不祥。令其世世子孙尽如盟。”昌、猛与单于及大臣俱登匈奴诺水东山，刑白马，单于以径路刀、金留犁挠酒[⑥]，以老上单于所破月氏王头为饮器者共饮血盟。昌、猛还奏事，公卿议者以为单于保塞为藩，虽欲北去，犹不能为危害。昌、猛擅以汉国世世子孙与夷狄诅盟[⑦]，令单于得以恶言上告于天，羞国家，伤威重，不可得行。宜遣使往告祠

大夫张猛护送呼韩邪单于的侍子回匈奴，追问谷吉等人的下落，然后赦免了单于的罪过，使他不对汉朝产生疑虑。韩昌和张猛看到单于的民众越来越多，而边塞地区的禽兽却已猎取殆尽；呼韩邪单于的力量已足以自卫，不再畏惧郅支。听说大臣中有不少人劝单于北归旧地，韩昌和张猛担心呼韩邪回北边后再难以约束，就与他们订立盟约说：“从今以后，汉与匈奴就是一家，世世代代不得互相欺骗、互相攻击。如有汉人去匈奴中为盗，或者匈奴人去汉地为盗，一经发现，即通报对方，盗贼该杀就杀，偿还被盗的财物；如有一方遭受寇匪侵犯，另一方即当发兵相助。汉与匈奴谁敢先背弃盟约，就必将受到上天的惩罚！愿世世代代子子孙孙都谨守盟约！”韩昌、张猛与呼韩邪单于及其大臣们一起登上匈奴诺水边的东山，杀白马，单于用径路刀、金勺搅和酒，拿老上单于当年攻破月氏后用月氏王的头骨所做的饮器来装血酒，同饮盟誓。韩昌和张猛回朝后把这事向朝廷作了禀报，大臣公卿议论纷纷，都认为“呼韩邪单于保卫边塞，使边塞成为我们的屏障，现在，他虽然要回到北方去，但也不至于会做出损害我们的事。然而韩昌和

天，与解盟。昌、猛奉使无状[8]，罪至不道[9]。上薄其过[10]，有诏昌、猛以赎论，勿解盟。其后呼韩邪竟北归庭，人众稍稍归之，国中遂定。

张猛擅自以我大汉国世代子孙的名义与夷狄起誓结盟，让单于用污秽的言语禀告上天，羞辱我们的国家，损伤我们的威严，这样不行。应当派遣使臣前去通知他们，祭告上苍，与他们解除盟约。韩昌和张猛奉使命去匈奴，擅自结盟，有失体统，犯了不道之罪”。皇上以为韩昌和张猛的过失并不大，就诏令二人以赎罪论处，不必与匈奴解盟。之后不久，呼韩邪终于回到北边的单于庭，民众也逐渐归附他，匈奴国中就平定下来了。

注释 ① 云中：云中郡在今内蒙古托克托一带。五原郡：在今内蒙古包头以西一带。 ② 侍子：诸侯或属国的王遣子入侍皇帝。 ③ 瓯脱：同“区脱”，匈奴语。指汉朝与匈奴连界处所建的土堡哨所，因此也称边界地区为区脱。 ④ 簿责：根据文书所列罪状责问追究。 ⑤ 来：未来。 ⑥ 径路刀：匈奴宝刀名。留犁：饭匙。挠：搅和。 ⑦ 诅：盟誓。 ⑧ 无状：无善状，轻率。 ⑨ 不道：古时刑律中所称十恶之一。 ⑩ 薄：减轻。

原文

郅支既杀使者，自知负汉，又闻呼韩邪益强，恐见袭击，欲远去。会康居王数为乌孙所困，与诸翕侯计[1]，以为匈奴大国，乌孙素服属之，今郅支单于困厄在外，

翻译

郅支杀死了汉使，知道自己已经背负了汉朝，又听说呼韩邪越来越强盛，担心受到袭击，就打算往远处去。正当这时，康居王多次遭到乌孙的困扰，他就招集翕侯们商议对策，大家认为，匈奴是大国，乌孙一向就附属于它，现今

可迎置东边，使合兵取乌孙以立之，长无匈奴忧矣。即使使至坚昆通语郅支。郅支素恐，又怨乌孙，闻康居计，大说，遂与相结，引兵而西。康居亦遣贵人，橐它驴马数千匹[2]，迎郅支。郅支人众中寒道死，余财三千人到康居[3]。其后，都护甘延寿与副陈汤发兵即康居诛斩郅支[4]，语在延寿、汤传。

郅支单于受困在外，可以去迎接他，把他安顿在东边，使他与康居联合兵力共同讨伐乌孙，然后让郅支就在那里立国，这样就再不用担忧会受到匈奴的威胁了。于是，康居就派遣使者到坚昆去传话给郅支。郅支本来就惶恐，又怨恨乌孙，听到康居的计谋，非常高兴，便与康居结盟，领兵西行。康居也派出贵人，带着数千匹骆驼驴马去迎接郅支。不料郅支的人众在途中冻死了很多，到达康居时只剩下三千人。以后，汉朝的都护甘延寿与副职陈汤发兵到康居诛杀了郅支。关于这件事，记载在甘延寿和陈汤的传记中。

注释 ① 翕侯：官名。 ② 橐它（tuó tuó）：即骆驼，也作“橐驼”。 ③ 财：同“才”，仅仅。 ④ 即：到，达到。

原文

郅支既诛，呼韩邪单于且喜且惧，上书言曰：“常愿谒见天子，诚以郅支在西方，恐其与乌孙俱来击臣，以故未得至汉。今郅支已伏诛，愿入朝见。”竟宁元年，单于复入朝，礼赐如初，加衣服锦帛絮，皆倍于黄龙

翻译

郅支被杀后，呼韩邪单于又高兴又害怕，便向朝廷上书说：“我常常想拜见天子，确实因为郅支在西方，怕他联合乌孙一起来袭击我，所以没能来汉朝。现在郅支已经被杀，我很想前来朝拜天子。”竟宁元年（前 33），呼韩邪单于第三次入朝，汉朝给予的礼遇和赏赐与第一次相同，另外又加赐衣服锦帛和丝

时。单于自言愿婿汉氏以自亲。元帝以后宫良家子王嫱字昭君赐单于[①]。单于欢喜,上书愿保塞上谷以西至敦煌[②],传之无穷,请罢边备塞吏卒,以休天子人民。天子令下有司议[③],议者皆以为便[④],郎中侯应习边事,以为不可许。上问状,应曰:"周秦以来,匈奴暴桀[⑤],寇侵边境,汉兴,尤被其害。臣闻北边塞至辽东[⑥],外有阴山[⑦],东西千余里,草木茂盛,多禽兽,本冒顿单于依阻其中[⑧],治作弓矢,来出为寇,是其苑囿也[⑨]。至孝武世,出师征伐,斥夺此地[⑩],攘之于幕北[⑪]。建塞徼[⑫],起亭隧[⑬],筑外城,设屯戍,以守之,然后边境得用少安[⑭]。幕北地平,少草木,多大沙,匈奴来寇,少所蔽隐,从塞以南,径深山谷[⑮],往来差难[⑯]。边长老言匈奴失阴山之后,过之未尝不哭也。

绵,都比汉宣帝黄龙年间入朝时多一倍。单于自己说,希望做汉家的女婿,与汉家亲近。元帝就将后宫中名叫王嫱字昭君的良家女子嫁给单于。单于十分欢喜,于是上书表示,愿意为汉朝守卫从上谷往西直到敦煌一带的边塞,并将把这作为应尽的义务,告诫子孙后代永远恪尽职守,请求汉朝撤走驻守在边境的官吏和士卒,使天子的人民能休养生息。天子命令,把单于的请求交给朝臣们商议。参加议论的人都认为可行,唯有熟悉边防的郎中侯应认为不能应允。皇上问他是什么缘故,侯应说:"自从周秦以来,匈奴就凶暴残忍,时常侵扰边境,我朝兴起,更是倍受其害。我听说北方的边塞一直到辽东,外面又有阴山,东西一千多里,草木茂盛,禽兽又多,当年冒顿单于就安扎在这一带地方,制作弓箭,并从那里出发进行骚扰活动,可以说这里是他们的苑囿。到武帝一代,出兵征讨匈奴,开拓疆土,夺取了那片地方,把单于赶逐至沙漠以北。然后在那里修堡垒,建烽火亭,筑外城,派兵屯戍守卫。这样,边境才稍稍得到安宁。沙漠以北地势平坦,草木少,沙漠多,匈奴来侵扰,少有隐蔽物,从边塞往南,路经深山狭谷,往返比较困难。

如罢备塞戍卒，示夷狄之大利。不可一也。今圣德广被[17]，天覆匈奴，匈奴得蒙全活之恩，稽首来臣[18]。夫夷狄之情，困则卑顺，强则骄逆，天性然也。前以罢外城，省亭隧，今裁足以候望通烽火而已[19]。古者安不忘危，不可复罢。二也。中国有礼义之教，刑罚之诛，愚民犹尚犯禁，又况单于能必其众不犯约哉[20]！三也。自中国尚建关梁以制诸侯[21]，所以绝臣下之觊欲也。设塞徼，置屯戍，非独为匈奴而已，亦为诸属国降民，本故匈奴之人，恐其思旧逃亡；四也。近西羌保塞[22]，与汉人交通，吏民贪利，侵盗其畜产妻子，以此怨恨，起而背畔[23]，世世不绝。今罢乘塞[24]，则生嫚易分争之渐[25]。五也。往者从军多没不还者[26]，子孙贫困，一旦亡出，从其亲戚。六也。又边

边境上的长老们说，匈奴失掉阴山之后，每从那里经过，没有不哭泣的。因此，如果撤掉守卫边塞的戍卒，就是把机会留给匈奴。这是不可允许的第一个理由。现今圣上的仁德遍及四海，像天宇一样覆盖着匈奴，匈奴蒙受圣上的恩泽，保全了自己，所以前来朝拜，稽首称臣。然而夷狄的性情不同，遇到困窘就卑下而顺从，一旦强盛又骄慢而违逆，这是天性使他们这样。之前已经撤过塞外诸城的防御，减少了烽火亭鄣的数量，现在仅仅可以在那些地方派人守望，传递烽火而已。古人居安不忘危难，因此不能再次撤掉边防。这是不可应允的第二个理由。我国自来就用礼义教化人，用刑罚进行惩戒，愚昧的民众尚且敢于触犯禁令，又何况单于就一定能保证他的民众不会违犯盟约么？这是不可应允的第三个理由。自古以来，我国就设置关卡来限制诸侯，以便杜绝臣下的野心。而今在边境修筑障塞，派兵屯守，其实并非仅仅为防御匈奴，也是为了限制那些附属国的降民，因为他们本来是匈奴的人，怕他们思念旧地逃亡出境。这是不可应允的第四个理由。之前西羌归附，羌人与汉人经常往来，而边境上那些贪利的官吏和民

人奴婢愁苦，欲亡者多，曰：'闻匈奴中乐，无奈候望急何！'然时有亡出塞者。七也。盗贼桀黠[27]，群辈犯法，如其窘急[28]，亡走北出，则不可制。八也。起塞以来百有余年，非皆以土垣也[29]，或因山岩石，木柴僵落，溪谷水门，稍稍平之，卒徒筑治，功费久远，不可胜计[30]。臣恐议者不深虑其终始，欲以壹切省繇戍[31]，十年之外，百岁之内，卒有它变[32]，障塞破坏，亭隧灭绝，当更发屯缮治，累世之功不可卒复。九也。如罢戍卒，省候望，单于自以保塞守御，必深德汉，请求无已。小失其意，则不可测。开夷狄之隙[33]，亏中国之固。十也。非所以永持至安，威制百蛮之长策也。"

众掠夺了羌人的牲畜、妇女和儿童，激起了羌人的怨恨，他们起兵背叛，闹得永世不得安宁。现在如果放弃边境的守卫，就会出现因为互相欺侮而引起无穷争斗的开端。这是不可应允的第五个理由。以往从军作战，多有逃跑失踪一去不还的，他们的子孙很贫困，一旦有机会，就会逃亡出境去寻找他们的亲人。这是不可应允的第六个理由。又边境的百姓奴婢忧愁困苦，想逃亡的有很多，他们说：'听说匈奴那边很快活，可惜边防吏卒看守太严，有什么办法！'然而不时也还有逃出边境的。这是不可应允的第七个理由。盗贼凶暴狡猾，常常结伙犯法，如遭追捕，处境窘迫，往北逃跑出境，那就无法控制。这是不可应允的第八个理由。自从开始在边塞险要处修筑城堡以来，已经有百多年了。那些用以防御匈奴的城堡并非都是用土墙筑成的，有的就着山势在险峻的岩石上筑堡，因树木摧折或枯死倒落而受到损毁，有的在峡谷溪流处建造闸门，因年久失修而渐被堵塞填平。这些已受损坏的建筑，由戍边的士兵和服役的民工来加以修缮或重建，要花费很多功夫，工程量大的无法想象。我怕那些参与议论并主张撤除边防的人不深入认真地考虑后果，只图一时方便，节省兵民的劳役，我担心十年之后，百年之内，突然有什么变故，那时，边境上的城堡破坏，烽火熄灭，再来派兵屯守修缮，几代人的营建也终究难以修复。这是不可应允的第九个理由。如果撤除戍卒，减少斥候，单于就会因为替我们守卫了边界而自以为对汉朝有大恩大德，从而不断提出要求。要是对他的要求稍有一点不能满足，就无法猜测他会怎样对待我们。这样，就将导致他们的侵扰，使中国的安定和稳固受到亏损。这是不可应允的第十个理由。总之，这不是用以永久保持边境安宁、凭威力制服蛮夷各国的好计策。”

注释 ① 良家子：指名门贵族家庭出身的子女。 ② 上谷：郡名，在今河北怀来东南。 ③ 有司：指官吏。 ④ 便：便利。 ⑤ 桀：凶暴。 ⑥ 辽东：泛指辽河以东地区。 ⑦ 阴山：在内蒙古中部。 ⑧ 冒顿(mò dú)：匈奴单于，于公元前209年杀父头曼单于而自立。 ⑨ 苑囿：养禽兽植林木的圈地。 ⑩ 斥：开拓。 ⑪ 攘(rǎng)：排除，排斥。 ⑫ 徼(jiào)：边界。 ⑬ 亭隧：传递烽火的堡垒，也作“亭燧”。 ⑭ 用：相当于“以”。 ⑮ 径：经过。 ⑯ 差：颇，略微。 ⑰ 被：覆盖。 ⑱ 稽首：古时一种叩头到地的跪拜礼。 ⑲ 裁：同“才”，仅仅。 ⑳ 必：决定，肯定。 ㉑ 关梁：指在水陆要道设置的关卡。 ㉒ 西羌：对羌人的泛称。 ㉓ 畔：同“叛”。 ㉔ 乘：守卫。 ㉕ 嫚易：欺侮。 ㉖ 没(mò)：隐没，消失。 ㉗ 黠(xiá)：狡猾。 ㉘ 窘：困惑。 ㉙ 垣(yuán)：泛指墙。 ㉚ 胜(shēng)：尽。 ㉛ 壹切：即一切，一时权宜。 ㉜ 卒：同“猝”，突然。 ㉝ 隙(xì)：裂缝，机会。

原文

对奏，天子有诏：“勿议罢边塞事。”使车骑将军口谕单于曰：“单于上书愿罢北边吏士屯戍，子孙世世保塞。单于乡慕礼义[1]，所以为民计者甚厚，此长久之策也，朕甚嘉之[2]。中国四方皆有关梁障塞，非独以备塞外也，亦以防中国奸邪放纵，出为寇害，故明法度以专众心也[3]。敬谕单于之意，朕无疑焉。为单于怪其不罢，故使大司马车骑将军嘉晓单于[4]。”单于谢曰：“愚不知大计，天子幸使大臣告语，甚厚！”

翻译

天子以为侯应的奏言有道理，就下诏令说：“不要再议论撤除边防的事。”于是派车骑将军去向单于口头传达天子的旨意说：“单于上书希望汉朝撤除北方的边防，由匈奴人及其后代子孙来担当守卫。单于仰慕礼义，因此为百姓的利益考虑得很多，这是一个可以行之久远的办法，朕十分赞赏。中国四方边界都设有水陆关卡和城堡，这不单是为了防御塞外，也是为了防止国内的坏人到处逃窜，跑出境外去为非作歹，所以将设置边防立为一项明确的制度，来统一众人的心。单于的善意，朕已敬悉，并无疑心。为了怕单于不理解为什么不肯撤除边防，所以派大司马车骑将军许嘉向单于说明此事。”单于道歉说：“本人无知，不懂得还有重大的策略，承蒙天子厚爱，派大臣来告诉我。”

注释 ① 乡(xiàng)：同“向”，从来，向来。 ② 朕(zhèn)：皇帝自称。 ③ 专：专一。 ④ 嘉：即将军许嘉。

原文

初，左伊秩訾为呼韩邪画计归汉[1]，竟以安定。其

翻译

当初，左伊秩訾为呼韩邪出谋划策，归附汉朝，匈奴才最终得到安定。

后或谗伊秩訾自伐其功[②]，常鞅鞅[③]，呼韩邪疑之。左伊秩訾惧诛，将其众千余人降汉，汉以为关内侯[④]，食邑三百户，令佩其王印绶。及竟宁中，呼韩邪来朝，与伊秩訾相见，谢曰[⑤]："王为我计甚厚，令匈奴至今安宁，王之力也，德岂可忘！我失王意，使王去不复顾留，皆我过也。今欲白天子[⑥]，请王归庭。"伊秩訾曰："单于赖天命，自归于汉，得以安宁。单于神灵，天子之祐也，我安得力！既已降汉，又复归匈奴，是两心也。愿为单于使于汉，不敢听命。"单于固请不能得而归。

那以后就有人进谗言，说左伊秩訾居功自傲，时常怏怏不乐，呼韩邪就对他生了疑心。左伊秩訾害怕被杀，便领着部属一千多人投降了汉朝。汉朝封左伊秩訾为关内侯，食邑三百户，并且让他仍旧佩戴在匈奴为王时的印绶。到竟宁年间，呼韩邪来朝拜天子，又与左伊秩訾相见，呼韩邪道歉说："王为我谋划得非常好，使匈奴至今仍保持安宁，这都是王的功劳。王的恩德我怎能忘怀！是我误解了王的意思，才使得王一无眷恋地离开匈奴，这都是我的过错。现在我想禀告天子，请王回归匈奴王庭。"左伊秩訾说："单于遵照上天的意旨，自己归附汉朝，匈奴便得以安宁。这是由于单于本是神灵，又得到天子的佑助，我哪里有什么功劳！我已经投降了汉朝，又再回匈奴去，那就是一身二心了。就让我作为单于的使臣留在汉朝侍奉天子吧，其他不敢听命。"单于一再请求，也没有办法使左伊秩訾回归匈奴。

注释 ① 画：同"划"，谋划，筹划。 ② 伐：自夸。 ③ 鞅鞅：同"怏怏"，因不平而郁郁不乐。 ④ 关内侯：爵位名，二十等爵的第十九级。 ⑤ 谢：认错，道歉。 ⑥ 白：陈述，说明。

原文

王昭君号宁胡阏氏[①]，生一男伊屠智牙师，为右日逐王。呼韩邪立二十八年，建始二年死。……

翻译

王昭君封号叫宁胡阏氏，生有一个儿子叫伊屠智牙师，以后做了右日逐王。呼韩邪在位二十八年，于建始二年（前31）去世。……

注释 ① 宁胡阏氏：宁胡，使匈奴得以安宁的意思。阏氏，汉代匈奴王妻妾的称号。

王莽传

导读

王莽，一个年轻的贵族子弟，利用自己姑母是当朝皇太后的权势，及伯叔是朝廷显贵的有利环境，乘汉末几代皇帝年少无能、短命无嗣的特殊历史条件，施展权术，不出二十年，竟由一个在宫中担任警卫的侍中，连连擢升，终于独揽朝政，取刘家皇位而代之，这在中国历史上是罕见的。

这里隐含着一个深刻的社会原因。西汉后期，阶级矛盾日益尖锐，地主阶级大肆兼并土地，劳动人民大量沦为奴婢。一场农民起义的伟大风暴正在酝酿。上层统治集团迫切期望但又无法缓和阶级矛盾，王莽便趁着这个机会，使尽手段，取得了统治集团的拥护，做了皇帝。

在这以后，王莽为巩固政权、缓和阶级矛盾，进行了一系列的改革，如实行王田法，禁止买卖奴婢，实行五均六管以加强经济管理、限制豪强大商，但都由于不切实际，反而给人民制造了灾难。农民的土地问题得不到解决，奴婢得不到解放，阶级矛盾更尖锐了。王莽为缓和矛盾，树立威信，又对外发动侵略战争，破坏了睦邻关系，加重了人民负担。以农民为主体的起义遍及各地，王莽的政权终于覆灭了。

《王莽传》全文很长，这里只选译其中的前一部分，到王莽即位做真皇帝为止。（选自卷九九）

原文

王莽，字巨君，孝元皇

翻译

王莽，字巨君，是孝元皇后弟弟的

后之弟子也。元后父及兄弟皆以元、成世封侯，居位辅政，家凡九侯、五大司马，语在《元后传》。唯莽父曼早死，不侯。莽群兄弟皆将军五侯子①，乘时侈靡，以舆马声色佚游相高②。莽独孤贫，因折节为恭俭。受《礼经》，师事沛郡陈参，勤身博学，被服如儒生。事母及寡嫂，养孤兄子，行甚敕备③。又外交英俊，内事诸父，曲有礼意。阳朔中，世父大将军凤病④，莽侍疾，亲尝药，乱首垢面，不解衣带连月。凤且死⑤，以托太后及帝，拜为黄门郎⑥，迁射声校尉。

儿子。元后的父亲及兄弟都在元帝和成帝两朝封侯，身居高位，辅佐朝政，一门之中共有九个侯爵，五个大司马，这些事记载在《元后传》中。唯有王莽的父亲王曼早死，来不及封侯。王莽的叔伯兄弟都是将军五侯之子，他们趁着显贵的时候，穷奢极侈，彼此之间以车马、音乐、女色和纵情游乐来比试高低。唯独王莽孤苦贫穷，因而对人卑躬屈节、恭敬谦逊。王莽拜沛郡人陈参为老师，向他学习《礼经》。王莽勤苦修业，博学多识，穿着与普通读书人相同。他侍奉母亲和寡居的嫂嫂，抚养哥哥的孤儿，行为很是检束端正。王莽在外广交英俊有识之士，在家侍奉伯叔，礼貌殷勤而周到。汉成帝阳朔年间，伯父大将军王凤患病，王莽侍候疾病，亲尝汤药，蓬首垢面，几个月不脱衣睡觉。王凤临死时托请太后和皇帝将王莽拜为黄门郎，后来又升任射声校尉。

注释 ① 五侯：成帝同一天封他的舅舅王谭等五人为侯，时人称“五侯”。② 佚：同“逸”，放纵。 ③ 敕（chì）：整饬。 ④ 世父：伯父。 ⑤ 且：将要。⑥ 黄门郎：官名，皇帝的侍从。

原文

久之，叔父成都侯商上

翻译

过了很久，他的叔父成都侯王商上

书，愿分户邑以封莽，及长乐少府戴崇、侍中金涉、胡骑校尉箕闳、上谷都尉阳并、中郎陈汤[①]，皆当世名士，咸为莽言，上由是贤莽。永始元年，封莽为新都侯，国南阳新野之都乡，千五百户，迁骑都尉光禄大夫侍中。宿卫谨敕，爵位益尊，节操愈谦。散舆马衣裘，振施宾客，家无所余。收赡名士，交结将相卿大夫甚众。故在位更推荐之，游者为之谈说，虚誉隆洽[②]，倾其诸父矣。敢为激发之行[③]，处之不惭恧[④]。

书说，愿意将自己的食邑分出一部分封给王莽，同时，长乐宫少府戴崇、侍中金涉、胡骑校尉箕闳、上谷都尉阳并、中郎陈汤，他们都是当时的知名人士，也都为王莽说话，皇帝因此认为他是贤才。永始元年(前 16)，王莽被封为新都侯，封邑在南阳新野县的都乡，食邑一千五百户，又升任骑都尉光禄大夫侍中。王莽在宫中值宿警卫，认真谨慎，地位更为尊显，节操也更为谦恭。他还把车马衣裘等物分送给门下宾客，自己家中不留余财。他接纳和资助知名人士，结交了许多将相公卿大夫。因此，身居高位的人都竞相推荐他，游食之士也为他到处宣扬，他的虚名高而传播广，盖过了他的伯父叔父。王莽就是这样，敢于作出矫揉造作的行为，而且猎取了虚名不觉得羞惭。

注释 ① 少府、侍中、胡骑校尉、都尉、中郎：都是官名。 ② 洽：周遍。 ③ 激发：矫揉造作的意思。 ④ 恧(nǜ)：惭愧。

原文

莽兄永为诸曹，早死，有子光，莽使学博士门下。莽休沐出，振车骑，奉羊酒，劳遗其师，恩施下竟同学。

翻译

王莽的哥哥王永是一般属吏，早死，有个儿子叫王光，王莽让他在博士门下学习。王莽假日出行，车骑整齐，奉献羊肉美酒慰劳他的老师，恩惠遍及

诸生纵观，长老叹息。光年小于莽子宇，莽使同日内妇，宾客满堂。须臾，一人言太夫人苦某痛，当饮某药，比客罢者数起焉。尝私买侍婢，昆弟或颇闻知，莽因曰："后将军朱子元无子，莽闻此儿种宜子，为买之。"即日以婢奉子元，其匿情求名如此。

是时，太后姊子淳于长以材能为九卿①，先进在莽右②。莽阴求其罪过，因大司马曲阳侯根白之，长伏诛，莽以获忠直，语在长传。根因乞骸骨③，荐莽自代，上遂擢为大司马④。是岁，绥和元年也，年三十八矣。莽既拔出同列，继四父而辅政，欲令名誉过前人。遂克己不倦，聘诸贤良以为掾史，赏赐邑钱悉以享士，愈为俭约。母病，公卿列侯遣夫人问疾，莽妻迎之，衣不曳地，布蔽膝⑤。见之者以

王光的同学。学生们都来观看，长老们感慨叹息。王光比王莽的儿子王宇年纪小，王莽让他二人在同一天娶妻，宾客盈门。片刻间，有一人来说老夫人被某种病痛折磨，应服饮某种药饵，等到客人散去时王莽已经好几次去探望过老夫人了。王莽曾暗地里买下一个婢女，兄弟中有人知道这个情况，王莽就说："后将军朱子元没有儿子，我听说这种婢女善于生育，特地为他买来的。"当天就把这个婢女献给了朱子元。王莽就是这样矫情求名的。

就在这时，太后姐姐的儿子淳于长凭才干官居九卿之列，比王莽先得到晋升，名位在王莽之上。王莽便暗中派人搜寻他的过错，通过大司马曲阳侯王根上告给皇帝，淳于长便被依法处死，王莽因此获得了忠直的名声。这件事，记载在淳于长的传记中。王根就请求退休，推荐王莽代替自己，皇帝便把王莽提升为大司马。这年是绥和元年（前8），王莽三十八岁。王莽的职位既然超出了同辈，继四位伯叔之后辅佐朝政，就想使自己的名誉高过前人。于是他约束自己，勤敏不懈，招聘那些贤良之士做属官，把赏赐所得和采邑收入全都拿来供给贤士们，自己更加节俭。母亲

为僮使，问知其夫人，皆惊。

病了，公卿列侯派夫人去探望，王莽的妻子出来迎接，她所穿的衣裳挨不到地面，围裙是布做的。人家看见还以为是佣人，一问才知道是王莽的夫人，都很吃惊。

注释 ① 九卿：古代朝廷的九个高级官职。 ② 右：前。 ③ 乞骸骨：古时官吏因年老或有病请求退职还家常称乞骸骨。 ④ 擢(zhuó)：提拔。 ⑤ 蔽膝：护膝的围裙。

原文

辅政岁余，成帝崩，哀帝即位，尊皇太后为太皇太后。太后诏莽就第，避帝外家。莽上疏乞骸骨[①]，哀帝遣尚书令诏莽曰："先帝委政于君而弃群臣[②]，朕得奉宗庙，诚嘉与君同心合意。今君移病求退[③]，以著朕之不能奉顺先帝之意，朕甚悲伤焉。已诏尚书待君奏事。"又遣丞相孔光、大司空何武、左将军师丹、卫尉傅喜白太后曰："皇帝闻太后诏，甚悲。大司马即不起，皇帝即不敢听政。"太后复

翻译

王莽执政一年多，成帝死，哀帝即位，皇太后被尊为太皇太后。太后诏令王莽去职回府第，以让权给哀帝的外家。王莽上奏请求退休，哀帝派尚书令诏令王莽说："先皇帝把政事委托给您而丢下众大臣去世了，朕得以继承皇位，确实深自庆幸能够与您同心合力共理朝政。现在您称病请求引退，以显露我不能顺从先帝的意思，朕非常难过。朕已诏令尚书等待您来主事。"皇帝又派丞相孔光、大司空何武、左将军师丹及卫尉傅喜去告诉太后说："皇帝知道了太后的诏令，很难过。大司马如不肯留任，皇帝也不敢主持朝政。"这样，太后才又叫王莽任职。

令莽视事。

注释 ① 疏：奏章。 ② 弃：丢下。 ③ 移病：因病移身归家。

原文

时哀帝祖母定陶傅太后、母丁姬在，高昌侯董宏上书言："《春秋》之义，母以子贵，丁姬宜上尊号。"莽与师丹共劾宏误朝不道，语在《丹传》。后日，未央宫置酒，内者令为傅太后张幄[1]，坐于太皇太后坐旁。莽案行，责内者令曰："定陶太后藩妾，何以得与至尊并！"彻去，更设坐。傅太后闻之，大怒，不肯会，重怨恚莽[2]。莽复乞骸骨，哀帝赐莽黄金五百斤，安车驷马[3]，罢就第。公卿大夫多称之者，上乃加恩宠，置使家，中黄门十日一赐餐[4]。下诏曰："新都侯莽忧劳国家，执义坚固，朕庶几与为治[5]。太皇太后诏莽就第，朕甚闵焉[6]。其以黄邮聚户三百五十益

翻译

那时，哀帝的祖母定陶傅太后和母亲丁姬都还在世，高昌侯董宏上书说："据《春秋》的大义，母因子而尊贵，所以丁姬应当加上尊号。"王莽与师丹于是联名弹劾董宏，说他惑乱朝廷，大逆不道。事情记载在《师丹传》中。后来有一天，未央宫摆酒宴，内者令为傅太后设置幄帐，把她的座位安放在太皇太后的座位旁边。王莽去巡视检查，便斥责内者令说："定陶太后是藩国之妾，岂能与太皇太后同列并坐！"于是撤去幄帐，另设座位。傅太后听说，大发脾气，不肯赴宴，对王莽极为怨恨。王莽又请求去职回家，哀帝便赐他黄金五百斤，乘坐四匹马拉的安车离职归家。公卿大夫多有称赞王莽的，皇帝便增加恩宠，派太监去王莽家中供他差遣，又每十天赏赐一顿饭食。接着，皇帝又下令说："新都侯王莽为国事忧心劳骨，秉持正义坚定不移，朕本期望与他共同治理天下，而太皇太后却令王莽引退，朕实在忧伤。现将黄邮聚的三百五十户加封王莽，赐位特进，加给事中，朔日望日入

封莽[7]，位特进[8]，给事中[9]，朝朔望见礼如三公[10]，车驾乘绿车从[11]。”后二岁，傅太后、丁姬皆称尊号，丞相朱博奏：“莽前不广尊尊之义，抑贬尊号，亏损孝道，当伏显戮，幸蒙赦令，不宜有爵土，请免为庶人。”上曰：“以莽与太皇太后有属，勿免，遣就国。”

莽杜门自守，其中子获杀奴，莽切责获，令自杀。在国三岁，吏上书冤讼莽者以百数。元寿元年，日食，贤良周护、宋崇等对策深颂莽功德[12]，上于是征莽。

朝进见之礼如同三公，朕若车驾出行，王莽可乘绿车随从。”两年之后，傅太后和丁姬都称了尊号，丞相朱博便上奏说：“王莽以前不弘扬尊敬尊长的道义，贬低尊亲的尊号，有损孝道，本当依法处死，幸而受到赦免，不应再享有爵位和封邑，请求免去官职爵禄，贬为平民。”皇帝回答说：“因为王莽与太皇太后有亲戚关系，不便罢免，让他回封邑去吧！”

王莽回到封邑，闭门不出。他的第二个儿子王获杀死了奴仆，王莽就严厉斥责他，让他自杀。在封邑三年，官吏上书为王莽鸣冤的就有几百人。元寿元年(前2)，出现日食，贤良周护、宋崇等人在对策中极力颂扬王莽的功德，皇帝于是征召王莽进京。

注释 ① 内者令：官中女官。 ② 恚(huì)：恨。 ③ 安车驷马：可坐乘的车叫安车，常用一匹马拉车，对于特别尊贵的高官则用四匹马拉车。 ④ 中黄门：在宫中服役的宦官。 ⑤ 庶几：表示希望。 ⑥ 闵：同“悯”。 ⑦ 黄邮聚：地名，属南阳郡棘阳县。 ⑧ 特进：官名，位在三公之下。 ⑨ 给事中：官名，为将军、列侯、九卿等的加官。 ⑩ 朔望：农历每月的初一和十五。 ⑪ 绿车：皇帝乘坐的车。 ⑫ 对策：应考者对皇帝提出有关政治经济问题的答卷。

原文

始莽就国，南阳太守以

翻译

王莽初回封邑时，南阳太守因王莽

莽贵重，选门下掾宛孔休守新都相[①]。休谒见莽，莽尽礼自纳，休亦闻其名，与相答。后莽疾，休候之，莽缘恩意，进其玉具宝剑[②]，欲以为好。休不肯受，莽因曰："诚见君面有瘢，美玉可以灭瘢，欲献其瑑耳[③]。"即解其瑑，休复辞让。莽曰："君嫌其贾邪[④]？"遂椎碎之，自裹以进休，休乃受。及莽征去，欲见休，休称疾不见。

位望显贵，特意选派门下属吏宛县人孔休临时出任新都相。孔休去拜见王莽，王莽礼貌周到地亲自接纳，孔休也知道他名声很大，便与他相互酬答。以后王莽生病，孔休又亲往探视，王莽就借机给予恩惠，把自己的玉具宝剑送给孔休，想以此结为友好。孔休不肯接受，王莽就说："确实因为看见你脸上有疤痕，而美玉可以把它磨掉，才想把剑上的玉饰送给你。"说着就取下剑上的玉饰，孔休仍旧推辞。王莽说："你是嫌它太贵重了吗？"于是就将玉饰砸碎，又亲手把碎玉包裹起来送给孔休，孔休这才接受。等到王莽被征召进京离去时，要见孔休，孔休却称病不肯相见。

注释 ① 门下掾：由州郡长官自己提拔的属官。新都相：新都是王莽封邑所在地，其行政长官为相，相当于郡太守。 ② 玉具宝剑：剑口和把手用玉制成的剑。 ③ 瑑(zhuàn)：玉器上突起的雕饰。 ④ 贾：同"价"，价值。

原文

莽还京师岁余，哀帝崩，无子，而傅太后、丁太后皆先薨[①]，太皇太后即日驾之未央宫收取玺绶，遣使者驰召莽。诏尚书，诸发兵符节[②]，百官奏事，中黄门、期

翻译

王莽回京城后，又过了一年多，哀帝就死了。因为没有皇嗣，傅太后、丁太后又都在这之前去世，太皇太后当天就乘车去未央宫收取御玺，一面派使者乘快马宣召王莽进宫。太后又命令尚书，诸如发兵的符节，百官上朝奏事，以

门兵皆属莽。莽白："大司马高安侯董贤年少，不合众心，收印绶。"贤即日自杀。太后诏公卿举可大司马者，大司徒孔光、大司空彭宣举莽，前将军何武、后将军公孙禄互相举。太后拜莽为大司马，与议立嗣。安阳侯王舜，莽之从弟，其人修饬，太后所信爱也，莽白以舜为车骑将军，使迎中山王奉成帝后，是为孝平皇帝。帝年九岁，太后临朝称制，委政于莽。莽白赵氏前害皇子，傅氏骄僭，遂废孝成赵皇后、孝哀傅皇后，皆令自杀。语在《外戚传》。

及宫中太监、宫门卫兵，都归王莽统管。王莽禀告说："大司马高安侯董贤年轻，不孚众望，应收回印绶。"董贤当天就自杀了。太后诏令公卿推举可以担任大司马的人选，大司徒孔光、大司空彭宣推举王莽，前将军何武与后将军公孙禄则互相举荐。太后任命王莽为大司马，与他商议立皇嗣的事。安阳侯王舜是王莽的堂弟，他为人严谨，太后很信任和喜欢他，王莽建议让他担任车骑将军，派他去迎接中山王来京做成帝的后嗣，这就是孝平皇帝。皇帝当时年仅九岁，太后临朝行使皇帝的权力，政事委托王莽办理。王莽对太后说，赵氏以前害死了皇子，傅氏骄恣不守本分，于是废黜了孝成赵皇后和孝哀傅皇后，并且迫令她们自杀。这件事记载在《外戚传》中。

注释　① 薨（hōng）：死。　② 符节：朝廷传达命令或征调兵将的凭证。

原文

莽以大司徒孔光名儒[①]，相三主，太后所敬，天下信之，于是盛尊事光，引光女婿甄邯为侍中奉车都尉。诸哀帝外戚及大臣居

翻译

王莽因为大司徒孔光是一代名儒，又做过三朝宰相，为太后所敬重，天下都信赖他，便对他特别尊崇，并引荐孔光的女婿甄邯为侍中兼奉车都尉。对那些自己本来就不喜欢的哀帝的外戚

位素所不说者[2]，莽皆傅致其罪[3]，为请奏，令邯持与光，光素畏慎，不敢不上之，莽白太后，辄可其奏。于是前将军何武、后将军公孙禄坐互相举免，丁、傅及董贤亲属皆免官爵，徙远方。红阳侯立太后亲弟，虽不居位，莽以诸父内敬惮之[4]，畏立从容言太后，令己不得肆意，乃复令光奏立旧恶："前知定陵侯淳于长犯大逆罪，多受其赂，为言误朝；后白以官婢杨寄私子为皇子[5]，众言曰吕氏、少帝复出[6]，纷纷为天下所疑，难以示来世，成襁褓之功。请遣立就国。"太后不听。莽曰："今汉家衰，比世无嗣[7]，太后独代幼主统政，诚可畏惧。力用公正先天下，尚恐不从，今以私恩逆大臣议如此，群下倾邪，乱从此起！宜可且遣就国，安后复征召之。"太后不得已，遣立就国。莽之

和在位的大臣，王莽就罗织他们的罪名，写好奏折，叫甄邯拿去交给孔光。孔光一向胆小谨慎，不敢不把奏折上呈太后，王莽再去对太后一说，太后就批准了这些上奏。于是，前将军何武和后将军公孙禄就因互相标榜而获罪，被免去官职，丁太后、傅皇后及董贤的亲属也都被免去官爵，流放到远方。红阳侯王立是太后的亲兄弟，虽没有身居要职，因为是伯父，王莽内心对他很敬畏，怕他在太后面前从容进言，使自己不得为所欲为，便又叫孔光把他往日的过错禀告给太后说："以前，他明知定陵侯淳于长犯了大逆不道之罪，却接受了大笔贿赂，为淳于长说话，误惑朝廷；后来，他又进言用官奴婢杨寄的私生子来做皇太子，大家都说，是吕后、少帝事的再次出现，使天下人纷纷怀疑朝廷，这样难以昭示，后世也难以完成辅导幼主的功业。因此，请让王立回他的封地去吧。"太后不同意这样做。王莽就说："如今汉家衰微，连着两代皇帝都没有后嗣，太后独自替幼主统摄朝政，实在令人担忧。太后尽力率先秉公办事，尚且怕下面不肯听从，现在又因个人恩宠而如此拂逆大臣的建议，要是群臣离弃，祸乱就将由此而起了！应该让他暂

所以胁持上下，皆此类也。

且回封邑去，待安定之后再征召来京。”太后不得已，只好叫王立回到自己的封邑。无论对上对下，王莽都用这一类办法来要挟别人服从自己。

注释 ① 孔光：孔子第十四代孙。 ② 说：同“悦”。 ③ 傅：同“附”，增益，增加。 ④ 诸父：伯、叔。 ⑤ 官婢：没入官府为奴的女子。 ⑥ 吕氏、少帝：吕后是高祖刘邦的正妻，生惠帝。惠帝无子，吕后取后宫美人的儿子充作太子。惠帝死后，太子立为皇帝，称少帝，由吕后把持朝政，少帝后被废。 ⑦ 比：接连。

原文

于是附顺者拔擢，忤恨者诛灭。王舜、王邑为腹心，甄丰、甄邯主击断，平晏领机事，刘歆典文章[①]，孙建为爪牙。丰子寻、歆子棻、涿郡崔发、南阳陈崇皆以材能幸于莽。莽色厉而言方，欲有所为，微见风采[②]，党与承其指意而显奏之[③]，莽稽首涕泣，固推让焉，上以惑太后，下用示信于众庶[④]。

翻译

于是，阿谀顺从王莽的就得到提升，违逆忌恨王莽的就遭到诛杀。王舜、王邑作为心腹，甄丰、甄邯主持狱讼，平晏掌握机密，刘歆管理文书，孙建充当爪牙。甄丰的儿子甄寻、刘歆的儿子刘棻，涿郡的崔发、南阳的陈崇，也都因为有才干而得到王莽的宠信。王莽面色严厉而言辞正直，打算要有所作为，就先露一点神色，让党徒领承他的意旨去向上奏明，然后他又叩头垂涕，再三推辞，用这种办法对上迷惑太后，对下向众人表示自己的忠信。

注释 ① 典：掌管。 ② 见：同“现”，显露。 ③ 党与：同伙的人，多用于贬义。 ④ 用：以。

原文

始，风益州令塞外蛮夷献白雉[①]，元始元年正月，莽白太后下诏，以白雉荐宗庙。群臣因奏言太后："委任大司马莽定策安宗庙。故大司马霍光有安宗庙之功，益封三万户，畴其爵邑[②]，比萧相国[③]。莽宜如光故事。"太后问公卿曰："诚以大司马有大功当著之邪？将以骨肉故欲异之也？"于是群臣乃盛陈："莽功德致周成白雉之瑞，千载同符[④]。圣王之法，臣有大功则生有美号，故周公及身在而托号于周。莽有定国安汉家之大功，宜赐号曰安汉公，益户，畴其爵邑，上应古制，下准行事，以顺天心。"太后诏尚书具其事。

翻译

起先，王莽曾暗示益州官员，叫塞外的外族人向朝廷献白雉。元始元年(1)正月，王莽建议太后下诏令，用白雉作祭品进献宗庙。于是，群臣上奏太后："委任大司马王莽制定政策，安定了国家。前朝大司马霍光有安定国家的功勋，加封了三万户，并使他的后代子孙世袭同等的封爵和食邑，这是比照萧相国的封赐待遇。现在王莽也应该按照霍光的旧例给予封赐。"太后问公卿们说："真是因为大司马有大功应当表彰呢？还是因为是自家骨肉就想特殊地封赏他呢？"于是群臣便极力陈述："因为王莽的功德极大，才得到周公辅成王时曾出现过的白雉的祥瑞，千年之间才出现同一的效验。依据古代圣贤制定的法则，臣子有大功，在他活着的时候就应当赐给美好的称号，所以周公还在世时就用周来做称号。王莽有定天下安汉家的大功，应赐号叫'安汉公'，并加封食邑的户数，使他的子孙世袭爵邑。对上既符合古代的制度，对下又树立了行事的准则。要这样，才算顺从了天帝的意旨。"太后命令尚书去备办这件事。

注释 ① 风：同“讽”，微言劝告，暗示。雉(zhì)：鸟名，俗称“野鸡”。 ② 畴其爵邑：按汉律规定，世袭爵邑，每一代递减十分之二。畴，齐等，即不再减少。 ③ 萧相国：萧何。 ④ 符：古代朝廷传达命令或调兵遣将的凭证，双方各执一半，用时相合验证。

原文

莽上书言：“臣与孔光、王舜、甄丰、甄邯共定策，今愿独条光等功赏[1]，寝置臣莽[2]，勿随辈列。”甄邯白太后下诏曰：“‘无偏无党，王道荡荡[3]。’属有亲者，义不得阿。君有安宗庙之功，不可以骨肉故蔽隐不扬。君其勿辞。”莽复上书让。太后诏谒者引莽待殿东箱[4]，莽称疾不肯入。太后使尚书令恂诏之曰：“君以选故而辞以疾[5]，君任重，不可阙，以时亟起。”莽遂固辞。太后复使长信太仆闳承制召莽，莽固称疾。左右白太后，宜勿夺莽意，但条孔光等，莽乃肯起。……四人既受赏，莽尚未起，群臣复上

翻译

王莽上书说：“我与孔光、王舜、甄丰、甄邯共同制定的政策，现在希望只把孔光等人的功劳和应得的赏赐逐条写明，不要提到我，不要把我和他们并列在一起。”甄邯向太后建议，太后下诏令给王莽说：“‘不徇私，不偏袒，王道便能宽广平正地推行。’有亲属关系的，照理不该偏袒。然而你有安邦定国之功，就不能因为是至亲骨肉便遮掩而不加表扬。希望你不必推辞了。”王莽又上书谦让。太后诏令近侍把王莽领到正殿的东厢等候，王莽借口有病不肯入朝。太后又叫尚书令恂命令王莽说：“你因为知道要受到褒奖就推托有病，然而你的责任重大，朝廷的事少了你就办不成，赶快振作起来！”王莽还是坚持不接受。太后又令长信宫的太仆闳秉承皇帝的旨意召王莽入朝，王莽仍然说有病。于是太后身边的人就对太后说，不要勉强王莽改变主意，只需单单陈述孔光等人的功劳，王莽就肯前来任

言："莽虽克让[⑥]，朝所宜章，以时加赏，明重元功，无使百僚元元失望。"太后乃下诏曰："大司马新都侯莽三世为三公，典周公之职，建万世策，功德为忠臣宗，化流海内，远人慕义，越裳氏重译献白雉[⑦]。其以召陵、新息二县户二万八千益封莽，复其后嗣，畴其爵邑，封功如萧相国。以莽为太傅，干四辅之事[⑧]，号曰安汉公。以故萧相国甲第为安汉公第，定著于令，传之无穷。"

职。……孔光等四人接受了太后的封赏，王莽还是不上朝，群臣便又上奏说："王莽虽然能谦让，朝廷还是应该给予表彰，及时嘉奖，表明尊重他的首功，不要令百官庶民失望。"太后于是下诏令说："大司马新都侯王莽在三朝居三公之位，主管周公的职事，建立了使国家长治久安的良策，他的功德是忠臣的表率，德化遍及天下，以至边远的民众也仰慕仁义，越裳氏不远万里来朝奉献白雉。特将召陵、新息两县二万八千户加封王莽，后世子孙免服徭役，使他的爵禄全都传给后代，按功劳给予的封赏比同萧相国。任命王莽为太傅，主管四辅的职事，号称'安汉公'。将萧相国的旧居作为安汉公的府第，特此明令规定，传于子子孙孙。"

注释 ① 条：分条书写。 ② 寖：舍弃。 ③ 无偏无党，王道荡荡：语出《尚书·洪范》。 ④ 谒(yè)者：接引宾客的近侍。 ⑤ 选：善。 ⑥ 克：能。 ⑦ 重译：因语言隔阂而辗转翻译，表示距离遥远。 ⑧ 四辅：官名。相传古代天子身边的四个辅臣，此处泛称天子辅臣。

原文

于是莽为惶恐，不得已而起受策[①]。策曰："汉危无嗣，而公定之[②]；四辅之职，

翻译

于是王莽作出惶恐的样子，无法推辞而起立接受了策书。策书说："正当我汉室遭逢危难后继无人的时候，是您

三公之任[③]，而公干之；群僚众位，而公宰之。功德茂著，宗庙以安[④]；盖白雉之瑞，周成象焉。故赐嘉号曰‘安汉公’，辅翼于帝，期于致平，毋违朕意。”莽受太傅安汉公号，让还益封畴爵邑事，云愿须百姓家给，然后加赏。群公复争[⑤]，太后诏曰：“公自期百姓家给，是以听之。其令公奉[⑥]、舍人、赏赐皆倍故。百姓家给人足，大司徒、大司空以闻。”莽复让不受，而建言宜立诸侯王后及高祖以来功臣子孙，大者封侯，或赐爵关内侯食邑，然后及诸在位，各有第序。上尊宗庙，增加礼乐；下惠士民鳏寡[⑦]，恩泽之政无所不施。语在《平纪》。

出面使局势得到安定；天子辅弼的职责，朝廷三公的重任，由您一人承担；文武百官，公卿上下，由您一人统领。您功高德劭，使皇室得以安宁；得到白雉出现的祥瑞，正是周公辅成王的象征。因此特赐嘉号称‘安汉公’，望您能辅佐协助皇帝，以期获致天下太平，不要违背朕的好意。”王莽接受了太傅的官职和安汉公的称号，辞让了增加食邑户数并把全部爵邑传给后代的事，表示愿意等到百姓家家丰衣足食的时候，再来领受加赏。大臣们又向太后谏诤，于是太后下诏书说：“安汉公自己期望百姓家家丰衣足食之后再接受奖赏，这件事就依从他。现在下令将安汉公的俸禄、私府的吏员、朝廷的赏赐都比原有的增加一倍。百姓什么时候生活丰足，大司徒和大司空要及时上报。”王莽仍旧谦让，不肯接受，并且建议说，应当册封各位侯王的后裔和高祖以来功臣的子孙，大的封侯，有些可以赐给关内侯的爵位和食邑，然后再按照等级顺序封赏现今在位的大臣。对上要尊崇祖先，祭祀时增加礼乐；对下要把福利给与士子庶民、鳏寡孤独，把恩惠庶民的德政广施于四海。这些事记载在《平帝纪》中。

注释 ① 策：帝王授爵命官的一种符信。 ② 公：此处是上对下的敬称。 ③ 三公：西汉以大司马、大司徒、大司空为三公。 ④ 宗庙：本指天子祭祀祖先的处所，这里指王室。 ⑤ 争：同“诤”，劝谏。 ⑥ 奉：同“俸”，俸禄。 ⑦ 士：士子，士大夫。鳏(guān)：无妻的男人。

原文

莽既说众庶，又欲专断，知太后厌政[①]，乃风公卿奏言：“往者，吏以功次迁至二千石[②]，及州部所举茂材异等吏，率多不称，宜皆见安汉公。又太后不宜亲省小事。”令太后下诏曰：“皇帝幼年，朕且统政，比加元服[③]。今众事烦碎，朕春秋高，精气不堪，殆非所以安躬体而育养皇帝者也。故选忠贤，立四辅，群下劝职，永以康宁。孔子曰：‘巍巍乎[④]，舜禹之有天下而不与焉！’自今以来，惟封爵乃以闻。他事，安汉公、四辅平决。州牧[⑤]、二千石及茂材吏初除奏事者[⑥]，辄引入至近署对安汉公[⑦]，考故官，问

翻译

王莽既讨好了所有的人，又想独断专行。他知道太后对政事厌倦，便委婉地暗示公卿，让他们上奏说：“以往，吏员凭着劳绩和资历升迁到二千石的，以及各州各部所举荐的秀才和做了官的特异人才，大多不称职，应当让他们都来拜见安汉公。另外，太后不必亲自过问小事。”要太后下诏书说：“皇帝现在年幼，暂且由朕统理政事，直到皇帝长大行了加冠礼为止。然而现今政务繁杂，朕年事已高，精力不济，恐怕这样是不利于颐养身体和抚育皇帝的。因此，选择忠臣贤良，任命朝廷宰辅，于是百官尽职，国家得保平安。孔子说：‘伟大呀，舜和禹依靠贤臣治理天下而自己并不事事亲躬呢！’从今以后，只有封爵的事才必须让朕知道。其他的事由安汉公和几位宰辅共同处理。凡是新上任的州牧、郡太守以及秀才出身的官员有事上奏的，都要先将他们领到近旁的官署去见安汉公，应答所问，由安汉公考

新职，以知其称否。”于是莽人人延问[8]，致密恩意，厚加赠送；其不合指[9]，显奏免之。权与人主侔矣[10]。

查他们在旧任上有无业绩，询问新官将如何施政，以便了解他们是否称职。”于是王莽把上奏的人一个个找来询问，向他们表示关怀备至的情意，送厚礼给他们；而对那些不合己意的人，就公开地上奏将他免官。王莽的权力之大，竟然与国君相当了。

注释 ① 厌：厌倦。 ② 吏：汉代称职位较低的官员为吏。 ③ 元服：冠，帽。 ④ 巍巍：高大的样子。这句话引自《论语·泰伯》。 ⑤ 州牧：州的长官。 ⑥ 除：拜官授职。 ⑦ 对：应答。 ⑧ 延：引进。 ⑨ 指：同“旨”，意旨，意向。 ⑩ 侔(móu)：相等。

原文

莽欲以虚名说太后，白言：“亲承前孝哀丁、傅奢侈之后[1]，百姓未赡者多[2]，太后宜且衣缯练[3]，颇损膳，以视天下[4]。”莽因上书，愿出钱百万，献田三十顷，付大司农助给贫民。于是公卿皆慕效焉。莽帅群臣奏言：“陛下春秋尊，久衣重练，减御膳，诚非所以辅精气、育皇帝、安宗庙也。臣莽数叩头省户下[5]，白争未见许[6]。今幸赖陛下德泽，间者风雨

翻译

王莽想用虚名来取悦于太后，就对太后进言：“承接着以前孝哀帝时丁、傅两家骄奢侈靡之后，直到如今，百姓多数还都贫穷，所以太后应当穿没有文彩的衣服，减省膳食，好给天下人做个表率。”接着，王莽就给太后上书，表示愿意出钱一百万，献田三十顷，交给大司农去救助贫民。由此公卿百官都仿效王莽。王莽领着群臣上奏说：“太后陛下年事已高，却长期穿着素朴，减省膳食，这样是不利于保养身体、抚育皇帝、安定皇室的。臣王莽曾经多次在宫门之外叩头劝谏，陛下都不肯答应。如今侥幸地仰赖陛下的恩德，使近来风调雨

时[7]，甘露降，神芝生[8]，蓂荚、朱草、嘉禾，休征同时并至[9]。臣莽等不胜大愿，愿陛下爱精休神，阔略思虑，遵帝王之常服[10]，复太官之法膳[11]，使臣子各得尽欢心，备共养[12]。惟哀省察[13]！”莽又令太后下诏曰：“盖闻母后之义，思不出乎门阈[14]。国不蒙佑，皇帝年在襁褓，未任亲政，战战兢兢，惧于宗庙之不安。国家之大纲，微朕孰当统之？是以孔子见南子[15]，周公居摄，盖权时也[16]。勤身极思，忧劳未绥，故国奢则视之以俭，矫枉者过其正，而朕不身帅，特谓天下何？夙夜梦想[17]，五谷丰孰，百姓家给，比皇帝加元服，委政而授焉。今诚未皇于轻靡而备味[18]，庶几与百僚有成[19]，其勖之哉[20]！”每有水旱，莽辄素食，左右以白。太后遣使者诏莽曰[21]：“闻公菜食，忧民深矣。

顺，甘露从天而降，灵芝丛生，蓂荚、朱草和嘉禾也出现了，这些美好的征兆同时到来。臣王莽等最大最大的愿望，是希望陛下自己颐养精神，少费心思，遵照帝王的服饰来穿戴，恢复太官按规格制作的饮食，使臣子人人得以竭尽承欢之心，备办奉养之物。望陛下哀怜省察！”王莽又要太后下诏书说：“听说做母后的规范，是不考虑门槛以外的事。国家没有得到皇天的佑护，皇帝年幼，还不能亲自处理政务，朕小心谨慎，生怕皇室不得安宁。国家的大政，除了朕还能由谁来统摄？所以孔子见南子，周公辅成王，都是一时的需要。朕勤勉深思，忧心劳骨，不敢自安，因此，见到国家有奢侈之风就做个俭约的榜样让大家看，纠正时弊就要超过中限，朕如果不亲自带头，能对天下说些什么呢？朕早晚做梦都在想，等到五谷丰登，百姓富足，给皇帝行了加冕礼，就摆脱政务，把大权交付给皇帝。现在的确还无暇顾及穿华服、进美食，但愿朕与公卿百官能把事情办好，大家共勉吧！”每遇水旱灾荒，王莽就吃素食，他身边的人立即把这告诉给太后。太后派使者诏令王莽说：“得知安汉公吃素食，足见你忧虑百姓疾苦是多么深沉。今秋有幸

今秋幸孰，公勤于职，以时食肉，爱身为国。”

庄稼丰收，安汉公职务繁重，办事勤勉，更要按时吃肉食，为国家爱惜身体。”

注释 ① 丁、傅：两家均为哀帝外戚。 ② 赡（shàn）：富足。 ③ 缯练：素帛。 ④ 视：同“示”，显示。 ⑤ 户下：门边。 ⑥ 争：同“诤”。 ⑦ 间者：近来。 ⑧ 神芝：古时以芝为瑞草，故称灵芝，也称神芝。 ⑨ 休征：休，美。征，证明。 ⑩ 常服：便装。 ⑪ 太官：官名，掌管皇帝饮食。 ⑫ 共：同“供”，供给。 ⑬ 惟：句首助词。 ⑭ 阈（yù）：门槛。 ⑮ 南子：春秋时卫灵公夫人。 ⑯ 权时：暂时。 ⑰ 夙夜：早晚，朝夕。 ⑱ 皇：暇。 ⑲ 庶几：表示期望。 ⑳ 勖（xù）：勉励。 ㉑ 诏：上对下告语。

原文

莽念中国已平，唯四夷未有异[①]，乃遣使者赍黄金币帛，重赂匈奴单于，使上书言：“闻中国讥二名[②]，故名囊知牙斯，今更名知，慕从圣制。”又遣王昭君女须卜居次入侍。所以诳耀媚事太后，下至旁侧长御，方故万端。

翻译

王莽心想国内已经平服，只有四境的外族和国家没有改变，于是派使者携带大量的黄金、钱币和绢帛，贿赠匈奴单于，令他向太后上书说：“听说中国不喜欢名字中有两个字，臣原名叫囊知牙斯，现在就改名叫知，仰慕和遵从圣天子的制度。”并且派王昭君的女儿须卜居次入朝侍奉太后。王莽就是用这样欺骗夸耀的手段来讨太后的欢喜，甚至不惜对太后身边的侍女近臣来施加自己的影响，千方百计，想尽办法。

注释 ① 四夷：指古代四境的少数民族和国家。 ② 讥：谴责。

原文

莽既尊重，欲以女配帝为皇后，以固其权，奏言：“皇帝即位三年，长秋宫未建，液廷媵未充[①]。乃者[②]，国家之难，本从亡嗣，配取不正[③]。请考论《五经》[④]，定取礼，正十二女之义，以广继嗣。博采二王后及周公孔子世列侯在长安者适子女[⑤]。”事下有司，上众女名，王氏女多在选中者。莽恐其与己女争，即上言：“身亡德，子材下，不宜与众女并采。”太后以为至诚，乃下诏曰：“王氏女，朕之外家，其勿采。”庶民、诸生、郎吏以上守阙上书者日千余人，公卿大夫或诣廷中，或伏省户下，咸言：“明诏圣德巍巍如彼，安汉公盛勋堂堂若此，今当立后，独奈何废公女？天下安所归命！愿得公女为天下母。”莽遣长史以下分部晓止公卿及诸生，

翻译

王莽既处尊位掌握了大权，就想把女儿嫁给皇帝做皇后，以便巩固自己的权势，于是上奏说：“皇帝即位已经三年，而长秋宫尚未兴建，掖廷内也还没有住进嫔妃。以往国家多难，根源就在天子的婚配不当，以至没有后嗣。请太后查考研究《五经》，作出决定，给皇帝行聘娶之礼，按照正规，给皇帝选配十二名嫔妃，以便增加子嗣。广泛地征求前两朝王族的后裔和在长安做侯王的周公、孔子的后人所生的嫡亲女。”太后将这件事交给官员去办理，于是一批少女的名单就送交上来，王氏家族有许多女子也被选在其中。王莽担心她们与自己的女儿竞争，就进言太后：“我自身没有德操，女儿的姿质也很平庸，望太后不要把她和别的女子放在一起来挑选。”太后以为王莽很真诚，就下诏令说：“王家的女子是朕娘家的人，不得选取！”于是，百姓、学生，以及郎吏以上的官员到宫门前上书的每天就有一千多人，公卿大夫有的去到朝廷中，有的趴在官署的门下，都说：“贤明的诏令显示圣上的恩德是那么崇高，安汉公的勋绩是如此辉煌！现在要立皇后，为什么独独撇开安汉公的女儿？这叫天下人心

而上书者愈甚。太后不得已，听公卿采莽女。莽复自白："宜博选众女。"公卿争曰："不宜采诸女以贰正统。"莽白："愿见女。"太后遣长乐少府、宗正、尚书令纳采见女，还奏言："公女渐渍德化[⑥]，有窈窕之容[⑦]，宜承天序[⑧]，奉祭祀。"有诏遣大司徒、大司空策告宗庙，杂加卜筮，皆曰："兆遇金水王相[⑨]，卦遇父母得位，所谓'康强'之占'逢吉'之符也。"信乡侯佟上言："《春秋》，天子将娶于纪，则褒纪子称侯，安汉公国未称古制。"事下有司，皆曰："古者天子封后父百里，尊而不臣，以重宗庙，孝之至也。佟言应礼，可许。请以新野田二万五千六百顷益封莽[⑩]，满百里。"莽谢曰："臣莽子女诚不足以配至尊，复听众议，益封臣莽。伏自惟念，得托肺腑[⑪]，获爵土，如

怎样归附！我们恳求太后，让安汉公的女儿作为国母。"王莽派长史以下的官员分别去说服制止公卿大夫及太学学生，然而上书的人却越来越多。太后不得已，便听任公卿选取王莽的女儿。王莽又自己进言说："应该广泛地从所有女孩子中进行挑选。"公卿们争辩说："不应当选择其他女子做皇后，那样是会搞乱正统的。"王莽说："那么就请把我的女儿找来看一看再说。"于是，太后就派长乐宫的少府、宗正和尚书令把王莽的女儿带来，决定是否选取她。他们回来禀告说："安汉公的女儿受德行熏陶感化，仪态闲静美好，适宜于承续皇室的世系，奉行宗庙祭祀。"太后下诏派遣大司徒和大司空把事由写在简策上去祝告祖宗，另外又举行占卜，所得的结果相同，都说："卜兆恰逢以金为王的水相，占卦正遇父母得位，这正是所谓的'康强'之占，'逢吉'之符。"信乡侯刘佟上奏说："《春秋》说，周天子将娶纪国的女子做皇后，就先赐纪子称侯，现在安汉公受封的国邑太小，不符合古时的制度。"太后把这件事交给大臣们去议论，他们都说："古时候天子封给皇后的父亲方圆百里之地，对他十分尊重，不把他当臣子看待，以表示对宗庙祖先的

使子女诚能奉称圣德，臣莽国邑足以共朝贡，不须复加益地之宠。愿归所益。”太后许之。有司奏：“故事，聘皇后黄金二万斤，为钱二万万。”莽深辞让，受四千万，而以其三千三百万予十一媵家。群臣复言：“今皇后受聘，逾群妾亡几。”有诏，复益二千三百万，合为三千万。莽复以其千万分予九族贫者。……

崇敬，这是最大的孝道。佟的奏言合乎礼法，可以听取。请求太后把新野的二万五千六百顷田加封给王莽，好补足百里之数。”王莽推辞说：“臣莽的女儿的确不够格匹配天子，何况又听说大臣们在议论，要加封我田地。臣深自思念，以皇亲身份，获得了爵位和田地，如果小女确能令圣上满意，臣莽国邑的收入就足以供给纳贡之用，不必再加封土地，增添恩宠。愿退掉增加的部分。”太后同意了。有关官员上奏说：“按照旧例，纳聘皇后应赏赐黄金二万斤，折合钱币二万万。”王莽恳切地辞让，只接受了四千万钱，还从中拿出三千三百万来分给那十一个选作嫔妃者的家人。群臣又说：“如今皇后受聘礼比嫔妃侍妾多不了多少。”于是有诏令下来，再增加二千三百万钱，合成三千万。王莽又拿出一千万分给家族中贫穷户。……

注释 ① 液廷：同“掖廷”，嫔妃所住的地方。 ② 乃者：往日。 ③ 取：同“娶”。 ④《五经》：指儒家的五部典籍，即《易》《尚书》《诗》《仪礼》《春秋》。 ⑤ 二王：古时新王朝建立后，封前两朝的王族后裔为诸侯国君，称二王。 ⑥ 渐渍（zì）：沾染。 ⑦ 窈窕：幽闲的样子。 ⑧ 天序：帝王的世系。 ⑨ 兆：灼龟甲以占吉凶，其裂痕叫兆。 ⑩ 新野：在今河南新野境。 ⑪ 肺腑：比喻皇帝的亲戚。

原文

初，莽欲擅权，白太后："前哀帝立，背恩义，自贵外家丁、傅，挠乱国家，几危社稷。今帝以幼年复奉大宗，为成帝后，宜明一统之义，以戒前事，为后代法。"于是遣甄丰奉玺绶，即拜帝母卫姬为中山孝王后，赐帝舅卫宝、宝弟玄爵关内侯，皆留中山，不得至京师。莽子宇，非莽隔绝卫氏，恐帝长大后见怨。宇即私遣人与宝等通书，教令帝母上书求入。语在《卫后传》。莽不听，宇与师吴章及妇兄吕宽议其故[①]，章以为莽不可谏，而好鬼神，可为变怪以惊惧之，章因推类说令归政于卫氏。宇即使宽夜持血洒莽第，门吏发觉之，莽执宇送狱，饮药死。宇妻焉怀子，系狱，须产子已[②]，杀之。莽奏言："宇为吕宽等所诖误[③]，流言惑众，与管蔡同

翻译

起初，王莽想专权，就对太后说："以前哀帝即位，不顾恩义，擅自将丁、傅两姓的外戚尊为显贵，扰乱国家，几乎危害了刘氏天下。现在皇帝又是小小年纪就登上宝座，做了天子的继承人，因此，应当明确帝系归于一统的道理，以防止从前的弊端，作为后代的法式。"于是派甄丰将印绶奉献给平帝的母亲卫姬，拜她为中山孝王后，又赐平帝的舅舅卫宝及卫宝的弟弟卫玄为关内侯，让他们都留住在中山国内，不准到京城来。王莽的儿子王宇，不同意把卫氏和皇帝隔离开，他怕皇帝长大后怨恨他们。王宇于是私下派人递送书信给卫宝，叫皇帝的母亲上书要求进京。这件事记载在《卫后传》中。王莽不答应。王宇和老师吴章及妻兄吕宽商讨王莽不答应的原因，吴章认为王莽是不听劝谏的，但他相信鬼神，可做点怪异的事来惊吓他，然后由吴章乘机类推，劝说王莽，教他把政权归还给卫氏。于是，王宇就让吕宽在深夜里拿着血去洒在王莽住宅的门上，可是又被门官发觉，王宇因此被王莽送进监狱，用药毒死。王宇的妻子吕焉怀孕在身，囚禁在狱中，等孩子生下，也被杀死。王莽上

罪[④]，臣不敢隐，其诛。”甄邯等白太后下诏曰：“夫唐尧有丹朱[⑤]，周文王有管蔡，此皆上圣亡奈下愚子何，以其性不可移也，公居周公之位，辅成王之主，而行管蔡之诛，不以亲亲害尊尊，朕甚嘉之。昔周公诛四国之后[⑥]，大化乃成，至于刑错[⑦]，公其专意翼国[⑧]，期于政平。”莽因是诛灭卫氏，穷治吕宽之狱，连引郡国豪杰素非议己者，内及敬武公主、梁王立、红阳侯立、平阿侯仁，使者迫守，皆自杀，死者以百数，海内震焉。大司马护军褒奏言：“安汉公遭子宇陷于管蔡之辜，子爱至深，为帝室故不敢顾私。惟宇遭罪[⑨]，喟然愤发作书八篇，以戒子孙。宜班郡国，令学官以教授。”事下群公，请令天下吏能诵公戒者，以著官簿，比《孝经》[⑩]。……

奏说：“王宇被吕宽等人贻误，散布流言蛊惑人心，罪恶之大，与管叔、蔡叔相当，臣不敢隐瞒，已经将他处死了。”甄邯等人奏请太后下诏书说：“唐尧有丹朱，周文王有管、蔡，这都是父亲虽为圣贤却拿不肖子没有办法的例子，因为他们的本性都是不可改变的。安汉公身居周公的要职，辅佐像成王一样的幼主，如同惩罚管叔蔡叔那样处死自己的儿子，不因为爱惜亲人而妨害对皇帝的忠诚，朕非常赞赏。以往周公除掉了四国，统一的教化才得以施行无碍，以至无人犯法，刑法搁置不用。希望安汉公专心治国，以期迎来太平盛世。”王莽因此诛灭了卫氏，彻底审理吕宽的案件，牵连出郡县及王国的一些常常非议自己的豪杰。事件还牵涉皇室及外戚的敬武公主、梁王立、红阳侯王立、平阿侯王仁，由于使者看守很紧，他们都自杀了。株连而死的数以百计，国内大为震惊。大司马护军褒上奏说：“安汉公不幸遇到儿子王宇犯下管、蔡大逆不道之罪，虽然亲子之间情爱最深，但为了皇室的大利，不敢顾惜私情。深思王宇犯罪的原因，安汉公感慨万端，写成文章八篇，以训戒子孙，应当把这些文章颁布到郡国，要学官教授生员。”这事被交给大臣们商议，大臣们一致请求太后诏令全国，凡官吏能记诵安汉公训戒文的，就把他们的名字登录在册，以备选用，安汉公的训戒文与《孝经》相当。……

注释 ① 故：事。 ② 须：等待。 ③ 诖(guà)误：连累，贻误。 ④ 管蔡：管叔和蔡叔，是周武王的两个弟弟。武王死，成王年幼，周公辅政。管、蔡散布流言诬蔑周公，又起兵叛乱，周公出兵，杀管叔，流放蔡叔，国内才平定。 ⑤ 丹朱：传说中尧的儿子，因不肖，尧禅位于舜。 ⑥ 周公诛四国：周公为维护国家统一，杀掉管叔、武庚，驱逐蔡叔，灭掉奄国。 ⑦ 刑错：同“刑措”，刑法搁置不用，无人犯法。 ⑧ 翼：辅助。 ⑨ 惟：思。 ⑩《孝经》：宣扬封建孝道的儒家经典。

原文

(元始四年)四月丁未，莽女立为皇后，大赦天下。遣大司徒司直陈崇等八人分行天下，览观风俗。

太保舜等奏言：“《春秋》列功德之义，太上有立德，其次有立功，其次有立言，唯至德大贤然后能之。其在人臣，则生有大赏，终为宗臣，殷之伊尹，周之周公是也。”及民上书者八千余人，咸曰：“伊尹为阿衡[①]，

翻译

(平帝元始四年[4])四月丁未这一天，王莽的女儿被册立为皇后，大赦天下。大司徒司直陈崇等八人被分别派往全国各地去观察风俗，了解民情。

太保王舜等上奏说：“《春秋》上排列了可称之为建功立德者的次第，最上等的人能树立圣人之德，次一等的能创立功业，再次一等的能够建立一家之言，这三者都只有那些具备了最高德行和最大贤智的人才能做到。这种人如果出现在臣子之中，当他在世的时候就应当得到最大的赏赐，死后成为受人敬仰的贤臣，殷商的伊尹和周代的周公就

周公为太宰，周公享七子之封，有过上公之赏[②]。宜如陈崇言[③]。”章下有司，有司请“还前所益二县及黄邮聚、新野田，采伊尹、周公称号，加公为宰衡，位上公，掾史秩六百石。三公言事，称‘敢言之’。群吏毋得与公同名。出从期门二十人，羽林三十人[④]，前后大车十乘。赐公太夫人号曰‘功显君’，食邑二千户，黄金印赤韨[⑤]。封公子男二人，安为褒新侯，临为赏都侯。加后聘三千七百万，合为一万万，以明大礼”。太后临前殿，亲封拜。……

是这样的人。”同时，百姓中也有八千多人上书，他们都说：“伊尹作阿衡，周公当太宰，周公的七个儿子都得到封爵，奖赏超过了上公。应当如陈崇所说封赏安汉公。”奏章被交给官员们处理，官员们请求“将以前准备加封但被推辞的两个县及黄邮聚、新野的田地归还给安汉公，采用伊尹和周公的称号，给安汉公加上宰衡的官职，地位为上公。属官的俸禄为六百石。三公在安汉公面前陈述政事要称‘敢言之’。所有官员都不得取与安汉公相同的名字。出行时由二十名期门兵及三十名羽林军随从，前后大车各十辆。赐予安汉公太夫人称号叫‘功显君’，食邑二千户，佩红丝带金印。封安汉公的儿子二人，王安为褒新侯，王临为赏都侯。增加皇后的聘礼钱三千七百万，与前次所给合为一万万，以彰明婚聘大礼的隆重”。于是太后亲临正殿，主持封赏授官的礼仪。……

注释 ① 阿衡：商代官名。后引申为辅佐帝王，主持国政。 ② 上公：指太傅。 ③ 陈崇：时为大司徒司直，曾上奏称颂王莽的功德，主张照周公的规格封赏王莽。 ④ 羽林：皇帝的卫军。 ⑤ 韨（fú）：系印玺的丝带。

原文

莽乃起视事，上书言：“……臣莽伏自惟，爵为新都侯，号为安汉公，官为宰衡、太傅、大司马，爵贵号尊官重，一身蒙大宠者五，诚非鄙臣所能堪。据元始三年，天下岁已复[①]，官属宜皆置。《谷梁传》曰：‘天子之宰，通于四海。’臣愚以为，宰衡官以正百僚平海内为职，而无印信，名实不副，臣莽无兼官之材，今圣朝既过误而用之，臣请御史刻宰衡印章曰‘宰衡太傅大司马印’，成，授臣莽，上太傅与大司马之印。”太后诏曰：“可。韨如相国，朕亲临授焉。”……

是岁，莽奏起明堂、辟雍、灵台[②]，为学者筑舍万区[③]，作市、常满仓，制度甚盛。……网罗天下异能之士，至者前后千数，皆令记说廷中，将令正乖谬，壹异说云。……

翻译

王莽于是上朝任职。他上书说：“……臣莽俯伏思量，爵为新都侯，号称安汉公，官居宰衡、太傅、大司马，爵位尊贵，封号崇高，官职重要，一人就蒙受五项大恩，以臣鄙陋之身，确实不堪承担。根据元始三年(3)天下已获丰收，前因灾荒而省免的官职也应恢复。《谷梁传》说：‘辅助天子治理国家的大臣，他的权力之大可以统摄天下。’臣以为，宰衡的职责就在于统领百官安定天下，没有印章，即是有其名而无其实。臣莽本没有兼任官职的才能，如今既蒙朝廷错爱，受到信用，臣就请求让御史刻宰衡印章称‘宰衡太傅大司马印’，刻成即授与臣莽，交还太傅与大司马印章。”太后下令说：“同意。印上所佩的丝带与相国相同，朕将亲自出面授印。”……

就在这一年，王莽上奏请求建立明堂、辟雍、灵台，为求学的人筑房舍万间，开放集市，设置常满仓，规模宏大。……网罗天下有专长的人才，前后有数千人来到京城。这些人都一一被带到庭院之中，记录下他们的主张和见解，准备利用他们来纠正那些违逆王莽的谬误的言论，统一各种不同的政治主张。……

注释 ① 岁：年景。 ② 明堂：古代帝王宣明政教的地方。辟雍：大学。灵台：观测天象的地方。 ③ 区：量词，一所。

原文

于是公卿大夫、博士、议郎、列侯张纯等九百二人皆曰："圣帝明王招贤劝能，德盛者位高，功大者赏厚。故宗臣有九命上公之尊[①]，则有九锡登等之宠[②]。今九族亲睦，百姓既章，万国和协，黎民时雍[③]，圣瑞毕溱[④]，太平已洽。帝者之盛莫隆于唐虞，而陛下任之；忠臣茂功莫著于伊周，而宰衡配之。所谓异时而兴，如合符者也。谨以六艺通义[⑤]，经文所见，《周官》《礼记》宜于今者，为九命之锡。臣请命锡。"奏可。……

翻译

于是公卿大夫、博士、议郎、列侯张纯等九百零二人都上奏说："神圣明智的帝王招求贤良奖掖才俊，德行出众的就赐以高位，功勋卓著的即给予重赏。因此，人所敬仰的大臣既获得九命上公的尊位，就应享有超出常规的九锡恩宠。如今九族亲爱敦睦，百官礼仪昭然，天下和谐安定，庶民风化淳厚，神瑞齐至，太平已临。帝业的昌盛莫高于唐尧和虞舜，陛下当之而无愧；忠臣的大功谁也比不上伊尹和周公，宰衡可与之媲美。这就是后世建立功业，与前代的隆盛像合符一样相同。谨根据六艺的普遍道理，经籍文字所见，以及《周官》《礼记》所载的那些适宜于今天的部分，设置九等的赏赐。臣请求授予安汉公九锡。"奏言得到太后的许可。……

注释 ① 宗臣：人所宗仰的大臣。九命：周代官爵分为九等，称九命，上公九命为伯。 ② 九锡：帝王尊礼大臣所给的九种器物。 ③ 时雍：时，是。雍，和。 ④ 溱：同"臻"。 ⑤ 六艺：儒家的六种经书，即《诗》《书》《礼》《乐》《易》《春秋》。

原文

风俗使者八人还，言天下风俗齐国，诈为郡国造歌谣，颂功德，凡三万言。莽奏定著令。又奏为市无二贾，官无狱讼，邑无盗贼，野无饥民，道不拾遗，男女异路之制，犯者象刑[①]。刘歆、陈崇等十二人皆以治明堂，宣教化，封为列侯。

翻译

派往各地去观察民风的八个使者回朝后，都说天下的风尚习俗淳厚一致，并且为郡国编造假歌谣，歌功颂德，长达三万字。王莽奏请制定明文法令。又上奏实行市集商品同物同价，官府没有讼争断案的公事，城邑没有盗贼，乡野不见饥民，路不拾遗，男女不同行等制度，对违犯者要实施象刑。刘歆、陈崇等十二人都因为修建明堂，宣扬教化有功，封为列侯。

注释 ① 象刑：指象征性刑罚，使犯者蒙受耻辱。

原文

莽既致太平，北化匈奴，东致海外，南怀黄支[①]，唯西方未有加。乃遣中郎将平宪等多持金币诱塞外羌，使献地，愿内属。宪等奏言："羌豪良愿等种，人口可万二千人，愿为内臣，献鲜水海、允谷盐池，平地美草皆予汉民，自居险阻处为藩蔽。问良愿降意，对曰：'太皇太后圣明，安汉公至

翻译

王莽既使天下得到太平，又使北方匈奴归顺，使东边的海外国家入朝，南方黄支内附，只剩西方尚无建树。于是派遣中郎将平宪等人多带黄金币帛去引诱塞外的羌人，让他们主动献地，自愿附属于汉朝。平宪等人上奏说："羌族豪强良愿等部，人口大约有一万二千，愿意做我汉朝的内臣，特献出鲜水海、允谷盐池，把平原草地都让给汉人，自己移居到山川艰险阻塞的地方去，充当我国的屏障。我们试探他们有无降顺的意思，良愿回答说：'太皇太后神圣

仁，天下太平，五谷成孰，或禾长丈余，或一粟三米，或不种自生，或茧不蚕自成，甘露从天下，醴泉自地出②，凤皇来仪，神爵降集③。从四岁以来，羌人无所疾苦，故思乐内属。'宜以时处业，置属国领护。"事下莽，莽复奏曰："……今谨案已有东海、南海、北海郡，未有西海郡，请受良愿等所献地为西海郡。臣又闻圣王序天文，定地理，因山川民俗以制州界。汉家地广二帝三王④，凡十二州，州名及界多不应经。《尧典》十有二州⑤，后定为九州。汉家廓地辽远，州牧行部，远者三万余里，不可为九。谨以经义正十二州名分界，以应正始。"奏可。又增法五十条，犯者徙之西海。徙者以千万数，民始怨矣。

贤明，安汉公大仁大德，因此天下太平，五谷丰登，甚至有的禾苗长到一丈多高，有的一颗谷子结三个米粒，有的庄稼不播种自行生长，有的无蚕而自生茧，甘露从天降，醴泉自地出，凤凰翔舞，神雀降集，自元始四年(4)以来，羌人没有疾苦，安乐自足，所以想归附汉朝。'应当因时制宜，在羌地设置属国，加以治理，给予保护。"事情下交给王莽去处治，王莽又上奏说："……现在已有东海、南海及北海郡，而无西海郡，请接受良愿等羌人所献的土地，在那里设置西海郡。臣又听说，神圣的君王序列天体星象的位次，确定地域的方位，根据山川的形势及民间的习俗，来划分州郡的界限。汉家的国土比二帝和三王时要辽阔得多，共有十二个州，但州的名称和分界多数与经典上的不相对应。《尧典》上把全国划分为十二州，以后定为九州。汉家开拓疆土直到很远的地方，州牧出巡，考察属下刑政，最远可达三万多里之处，因此，不能再局限于九个州。谨以经籍文义订正十二个州的名称，确定分界，与上古盛世的制度相应。"奏言得到许可。另外，又增加五十条法令，犯法的人一律迁徙到边远的西海。被迫迁徙的人一时成千累万，百姓开始怨恨王莽。

注释 ① 黄支:古国名,在日南郡的南方。 ② 醴泉:甘美的泉水。 ③ 神爵:即"神雀",鸟名。 ④ 二帝三王:二帝,尧、舜。三王,夏禹、商汤、周文王。 ⑤《尧典》:《尚书》中的一篇。

原文

泉陵侯刘庆上书言:"周成王幼少,称孺子,周公居摄[①]。今帝富于春秋[②],宜令安汉公行天子事,如周公。"群臣皆曰:"宜如庆言。"

冬,荧惑入月中[③]。

翻译

泉陵侯刘庆上书说:"周成王即位时年纪很小,称孺子,周公代为执政。现今皇帝年轻,应当让安汉公代行天子的政事,如同周公一样。"群臣都说:"应该照刘庆所说的行事。"

冬天,荧惑星隐入月亮之中。

注释 ① 居摄:暂居帝位,处理朝政。 ② 春秋:年纪。 ③ 荧惑:火星别名。

原文

平帝疾,莽作策,请命于泰畤[①],戴璧秉圭,愿以身代。藏策金縢[②],置于前殿,敕诸公勿敢言。十二月平帝崩,大赦天下。莽征明礼者宗伯凤等与定天下吏六百石以上皆服丧三年。奏尊孝成庙曰统宗,孝平庙曰元宗。时元帝世绝,而宣帝曾孙有见王五人[③],列侯广

翻译

平帝病了,王莽写好策书,去到泰畤,佩戴着璧玉,秉持着玉圭,祈求上天延长皇帝的寿命,表示愿意以自己的身体替代皇帝生病。然后王莽把策书藏置在金縢之中,存放在大殿之上,并告诫公卿百官,不得言语。十二月,平帝去世,大赦天下。王莽招集通晓礼仪的宗伯凤等人一起商定,全国的官员凡俸禄在六百石以上的一律为皇帝服丧三年。王莽又奏请太后,尊称成帝的庙号为"统宗",平帝的庙号为"元宗"。当

戚侯显等四十八人，莽恶其长大，曰："兄弟不得相为后。"乃选玄孙中最幼广戚侯子婴，年二岁，托以为卜相最吉。

时，元帝虽然后嗣断绝，但宣帝的曾孙在世封王的还有五人，列侯如广戚侯刘显等四十八人，王莽厌恶他们都是成年人，就说："兄弟辈不能相互做后嗣。"于是从宣帝的玄孙中挑选出年龄最小，才满两岁的广戚侯子婴，托称占卜的结果说，让他继承皇位最吉利。

注释 ① 泰畤：天子祭天神的地方。 ② 金縢：金匮，收藏书契的柜子。 ③ 见：同"现"。

原文

是月，前辉光谢嚣奏武功长孟通浚井得白石[①]，上圆下方，有丹书著石，文曰："告安汉公莽为皇帝。"符命之起[②]，自此始矣。莽使群公以白太后，太后曰："此诬罔天下[③]，不可施行！"太保舜谓太后："事已如此，无可奈何，沮之力不能止[④]。又莽非敢有它，但欲称摄以重其权，填服天下耳[⑤]。"太后听许。舜等即共令太后下诏曰："……安汉公莽辅政三世，比遭际会，安光汉室，

翻译

就在这个月，前辉光谢嚣上奏说，武功县县令孟通疏浚水井发现一块上圆下方的白石，白石上面写着红字："告安汉公莽为皇帝。"符命的兴起，就从这时开始。王莽让公卿们把这事禀告给太后，太后说："这是欺骗天下人的鬼话，不能实行！"太保王舜对太后说："事情已经到了这一步，无可奈何，要想阻止事态的发展，人力是办不到的。再者，王莽也不敢有别的打算，只想代掌朝政以增加权威，便于安定天下悦服人心罢了。"太后同意了。于是王舜等人就一同要太后下诏说："……安汉公莽辅佐三朝皇帝，虽连连遭逢时势变化，但都能使汉室安定光大，奇风异俗得以

遂同殊风。至于制作[⑥]，与周公异世同符。今前辉光嚣、武功长通上言丹石之符，朕深思厥意，云'为皇帝'者，乃摄行皇帝之事也。夫有法成易，非圣人者亡法。其令安汉公居摄践祚[⑦]，如周公故事，以武功县为安汉公采地[⑧]，名曰'汉光邑'。具礼仪奏。"

协同。至于订制度立法规，可以说虽与周公世代相隔却符验征兆相同。现有前辉光谢嚣与武功县令孟通上奏所说红字白石符瑞一事，朕深思那个意思，说'为皇帝'，就是代行皇帝的政事。有楷模可以仿效就容易把事情办好，否认圣人就会失去楷模。命令安汉公暂居帝位，代天子执政，依照周公的旧例，将武功县赐给安汉公作采邑，名叫'汉光邑'。当礼仪具备，正式奏明。"

注释 ① 前辉光：官名。 ② 符命：古代认为祥瑞的出现是帝王受命于天的凭证，叫"符命"。 ③ 诬罔：用不实之词骗人。 ④ 沮(jǔ)：阻止。 ⑤ 填：同"镇"，安定。 ⑥ 制作：指制度。 ⑦ 践祚(zuò)：皇帝登位。 ⑧ 采地：古代卿大夫受封的土地，也称"采邑""食邑"。

原文

于是群臣奏言："……臣请安汉公居摄践祚，服天子韨冕[①]，背斧依于户牖之间[②]，南面朝群臣，听政事。车服出入警跸[③]，民臣称臣妾[④]，皆如天子之制。郊祀天地，宗祀明堂，共祀宗庙[⑤]，享祭群神，赞曰'假皇帝'[⑥]，民臣谓之'摄皇帝'，

翻译

于是满朝文武上奏说："……臣请求安汉公暂居帝位，代天子执政，穿戴天子衣冠，背靠设置在东西两侧门窗之间的斧依，面对正南，朝向群臣，处理政务。享用车驾、章服，随行带侍卫，沿途设警戒，官民要自称臣或妾，这些全都依照天子规格。在郊外祭祀天地，在明堂祭祀祖宗，以虔敬之心祭祀于宗庙，用供品祭享神明，祝辞中称'假皇帝'，官民称王莽为'摄皇帝'，自称'予'。评

自称曰'予'。平决朝事，常以皇帝之诏称'制'以奉顺皇天之心，辅翼汉室，保安孝平皇帝之幼嗣，遂寄托之义[⑦]，隆治平之化。其朝见太皇太后、帝皇后，皆复臣节。自施政教于其宫家国采[⑧]，如诸侯礼仪故事。臣昧死请。"太后诏曰："可。"明年，改元曰居摄。……

断朝政，按惯例称皇帝的诏令为'制'，以顺应上天的心意，辅佐汉室，保护孝平皇帝的幼子，尽到受委托者的职责，使太平治世的德化日臻隆盛。朝见太皇太后及帝皇后时就都恢复臣子的身份。按照诸侯礼仪制度和历来惯例，在王宫和食邑内可自己施行政令教化。臣冒死请求准奏。"太后下诏说："可行。"第二年，改年号为"居摄"。……

注释 ① 韨：古代祭祀时用的蔽膝，以熟皮做成。 ② 斧依：形状像屏风，色深红，上绣斧文。 ③ 服：章服，用不同图文作标志的礼服。警跸（bì）：帝王出入称"警跸"。警，左右侍卫。跸，沿途戒严。 ④ 称臣妾：男称臣，女称妾。 ⑤ 共：同"恭"，恭敬，虔诚。 ⑥ 赞：祭祀时的祝辞。 ⑦ 遂：成就。 ⑧ 官家国采：官，帝王所居的房屋。家、国、采，封地或食邑的不同名称。

原文

（居摄元年）三月己丑，立宣帝玄孙婴为皇太子，号曰孺子。……

四月，安众侯刘崇与相张绍谋曰："安汉公莽专制朝政，必危刘氏。天下非之者，乃莫敢先举，此宗室耻也。吾帅宗族为先，海内必

翻译

（居摄元年[6]）三月己丑那一天，宣帝的玄孙刘婴被立为皇太子，称号为孺子。……

四月，安众侯刘崇与侯国的相张绍谋划说："安汉公王莽把持朝政，早晚要危害刘家皇室。天下反对他的人却不敢率先发难，这是我刘姓宗族的耻辱啊。我领着族人带头起事，全国的人必会响应我们。"于是刘崇便领着张绍等

和[①]。"绍等从者百余人，遂进攻宛，不得入而败。……

一百多个随从的人去攻打宛县，没有打进城就失败了。……

注释 ① 和：附和，响应。

原文

群臣复白："刘崇等谋逆者，以莽权轻也，宜尊重以填海内。"五月甲辰，太后诏莽朝见太后称"假皇帝"。

冬十月丙辰朔，日有食之。

十二月，群臣奏请："益安汉公宫及家吏，置率更令[①]，庙、厩、厨长丞[②]，中庶子[③]，虎贲以下百余人[④]，又置卫士三百人。安汉公庐为摄省[⑤]，府为摄殿[⑥]，第为摄宫[⑦]。"奏可。……

翻译

群臣又建议："刘崇等人之所以敢于谋反，是因为王莽权力太轻，应当给他更高的地位和更大的权力，这样才能镇定天下。"五月甲辰这天，太后诏令王莽，要王莽朝见太后时自称"假皇帝"。

冬十月丙辰这天是初一，日食。

十二月，群臣上奏请求："增加安汉公的宫室及家中吏员，设置率更令，宗庙、马厩和厨房设长丞，设中庶子，设虎贲以下的武官一百多人，另配置卫士三百人。安汉公的住处称摄省，办事的处所称摄殿，府宅称摄宫。"奏言得到了批准。……

注释 ① 率更令：官名，主管宫门警卫及漏刻计时。 ② 长丞：主事的官吏。 ③ 中庶子：太子属官。 ④ 虎贲（bēn）：宫中卫戍武官。 ⑤ 庐：殿中值班时的住处。 ⑥ 府：办事的处所。 ⑦ 第：住所。

原文

（三年春）太后诏曰：

翻译

（三年[8]春）太后下诏令说："晋升

“进摄皇帝子褒新侯安为新举公，赏都侯临为褒新公，封光为衍功侯。”是时，莽还归新都国，群臣复白以封莽孙宗为新都侯。莽既灭翟义[①]，自谓威德日盛，获天人助，遂谋即真之事矣。……

十一月甲子，莽上奏太后曰：“……宗室广饶侯刘京上书言[②]：‘七月中，齐郡临淄县昌兴亭长辛当一暮数梦，曰：“吾天公使也。天公使我告亭长曰[③]：‘摄皇帝当为真。’即不信我，此亭中当有新井。”亭长晨起视亭中，诚有新井，入地且百尺。’十一月壬子，直建冬至，巴郡石牛，戊午，雍石文[④]，皆到于未央宫之前殿。臣与太保安阳侯舜等视，天风起，尘冥，风止，得铜符帛图于石前，文曰：‘天告帝符，献者封侯。承天命，用神令。’骑都尉崔发等视说。……臣请共事神祇宗庙[⑤]，

摄皇帝的儿子褒新侯王安为新举公，赏都侯王临为褒新公，封王光为衍功侯。”这时，王莽归还了新都国，于是群臣又建议将那片采地封王莽的孙子王宗为新都侯。王莽灭了翟义，自认为威信和德望越来越高，得到上天和众人的佑助，于是图谋做真皇帝的事了。……

十一月甲子这天，王莽上奏太后说：“……皇族的广饶侯刘京上书说：‘七月中的一天，齐郡临淄县昌兴亭亭长辛当一晚上做了几回相同的梦，梦中人说：“我是天公的使者，天公让我告诉亭长说：‘假皇帝应当做真皇帝。’如不信我的话，请看在你亭之内会出现一口新井。”亭长清早起来到亭中一查看，果然有一口新井，井深将近百尺。’十一月壬子这天，正是冬至，巴郡发现的石牛，戊午这天，雍县发现的上面有文字的石头，都被运到未央宫的前殿。臣与太保安阳侯王舜等人前去观看，突然天风大起，尘土飞扬，天昏地暗，等风停时，发现在石前有铜符节和帛图谶，图书上有文字说：‘这是上天晓谕皇帝的符命，谁把它献上去，谁就封侯。顺从天意，奉行神圣的使命吧！’骑都尉崔发等人一同观看并解说文义。……臣请求恭敬地事奉天地神灵和列祖列宗，奏请太皇太后和

奏言太皇太后、孝平皇后，皆称假皇帝。其号令天下，天下奏言事，毋言'摄'。以居摄三年为初始元年，漏刻以百二十为度[⑥]，用应天命。臣莽夙夜养育隆就孺子[⑦]，令与周之成王比德，宣明太皇太后威德于万方，期于富而教之[⑧]。孺子加元服，复子明辟[⑨]，如周公故事。"奏可。众庶知其奉符命，指意群臣博议别奏，以视即真之渐矣[⑩]。

孝平皇后时，一律自称假皇帝。向臣民发号施令，及臣民上奏言事，就都不再称'摄'。将居摄三年改为初始元年，改漏刻为一百二十度，以顺应上天的意旨。臣莽日夜抚育培养孺子，使他快快成长，让他与周成王的德行齐等，向四方宣扬太皇太后的威望和美德，皇帝年幼时就这样教育他。等孺子长大成人，行了加冠礼，就把神圣的君权归还给他，像周公的旧例一样。"奏言得到太后的许可。众人知道王莽得到了上天授命称帝的凭证，示意群臣广泛议论，并另外上奏别的事，来显示即位做真天子更进一步的迹象。

注释 ① 翟义：居摄二年(7)九月，东郡太守翟义起兵反王莽，被将军王邑、孙建等所镇压。 ② 宗室：此指皇族。 ③ 亭长：亭是基层行政单位。十里一亭，亭有亭长。 ④ 雍：县名，在今陕西凤翔南。 ⑤ 共：同"恭"，恭敬。 ⑥ 漏刻：古代计时用的漏壶，上有刻度，故称。 ⑦ 隆：长大，成长。 ⑧ 富：年幼。 ⑨ 辟：国君，君主。 ⑩ 视：同"示"，显示，显露。

原文

期门郎张充等六人谋共劫莽[①]，立楚王。发觉，诛死。

梓潼人哀章学问长安，素无行，好为大言。见莽居

翻译

期门郎张充等六人密谋共同劫持王莽，把楚王立为皇帝。事情败露，都被处死。

梓潼县人哀章，在长安求学，一向行为不正，好说大话。他见王莽做了假

摄，即作铜匮[②]，为两检[③]，署其一曰“天帝行玺金匮图”，其一署曰“赤帝行玺某传予黄帝金策书”。某者，高皇帝名也。书言王莽为真天子，皇太后如天命[④]。图书皆书莽大臣八人，又取令名王兴、王盛[⑤]，章因自窜姓名[⑥]，凡为十一人，皆署官爵，为辅佐。章闻齐井、石牛事下，即日昏时，衣黄衣，持匮至高庙，以付仆射[⑦]。仆射以闻。戊辰，莽至高庙拜受金匮神嬗。御王冠，谒太后，还坐未央宫前殿，下书曰：“予以不德，托于皇初祖考黄帝之后，皇始祖考虞帝之苗裔[⑧]，而太皇太后之末属[⑨]。皇天上帝隆显大佑[⑩]，成命统序[⑪]，符契图文，金匮策书，神明诏告[⑫]，属予以天下兆民[⑬]。赤帝汉氏高皇帝之灵，承天命，传国金策之书，予甚祇畏[⑭]，敢不钦受[⑮]！以戊辰直定，御王冠，即真天子位，

皇帝，就制作了一个铜柜，把贴好标签的两册书装在里边，一册上面写着“天帝行玺金匮图”，另一册写着“赤帝行玺某传予黄帝金策书”。这里的“某”是指高皇帝的名字。书上说王莽做真天子，皇太后当顺从天意。图和书上面都写有王莽八个大臣的名字，外加上新取的有吉祥意义的王兴和王盛两个名字，哀章又把自己的名字插在里边，一共十一人，都写上官职和爵位，作为王莽的辅臣。哀章听说齐郡新井、巴郡石牛的事情，他就在当天黄昏时候，穿一身黄衣，捧着铜柜去到高帝庙中，把铜柜交与仆射。仆射把这事禀报上去。戊辰这天，王莽到高帝庙去参拜，接受金匮图书所表示的神君的禅让帝位。然后王莽戴上王冠，前去拜谒太后，回来坐在未央宫前殿上，下诏书说：“我自己本无德能，托靠着是远祖黄帝和虞帝的后裔、太皇太后的亲戚，得到皇天上帝多次显示大力相助之意，天帝决心统领调整次序，便用铜符帛图文字和金匮策书，让神明来相告，把天下亿万民众托付给我。赤帝汉高帝的神灵，奉行天命，传国与我的金策文书，我很敬畏，敢不恭受！因戊辰是个吉日，便戴上王冠，即位做真天子，并决定改国号为‘新’。同

定有天下之号曰'新'。其改正朔[16]，易服色，变牺牲[17]，殊徽帜[18]，异器制。以十二月朔癸酉为建国元年正月之朔[19]，以鸡鸣为时。服色配德上黄[20]，牺牲应正用白，使节之旄幡皆纯黄[21]，其署曰'新使五威节'，以承皇天上帝威命也。"

时，还将颁布新历法，改换祭祀用的牺牲的颜色和服色，另制旌旗，改变器物的型制。从十二月初一癸酉这天为建国元年正月初一，从鸡叫的时候开始新的一年。根据五行德性服装配色应该是黄色，牺牲应该是纯白色，使臣的节旄和幡一律用纯黄，上面题写'新使五威节'字样，以表示承奉着皇天上帝威严的使命。"

注释 ① 期门郎：官名。 ② 匮（kuì）：柜子。 ③ 检：标签。 ④ 如：依照。 ⑤ 令名：美名。 ⑥ 窜：安插。 ⑦ 仆射（yè）：官名。 ⑧ 皇初祖考、皇始祖考：都指远祖。 ⑨ 末属：亲族。 ⑩ 佑：助。 ⑪ 成命：已定的天命。 ⑫ 诏告：告诉。多用于上对下。 ⑬ 属：同"嘱"，托付。 ⑭ 祗（zhī）：恭敬。 ⑮ 钦：恭敬，钦佩。 ⑯ 改正朔：正是一年的开始，朔是一月的开始。古时改朝换代，都要重定正朔，颁布新历法。 ⑰ 牺牲：供祭祀用的纯色全体牲畜。 ⑱ 徽帜：标志，多指旗帜。 ⑲ 建国：即"始建国"，王莽年号（9—13）。 ⑳ 德：古代阴阳五行学说以水、火、木、金、土五种物质德性相生相克、周而复始的循环变化来说明王朝的更替，每一种德性又配上相应的颜色。 ㉑ 旄幡（máo fān）：用羽毛装饰的旗幡。

原文

始建国元年正月朔，莽帅公侯卿士奉皇太后玺韨，上太皇太后，顺符命，去汉号焉。

翻译

始建国元年（9）正月初一这天，王莽率领着公卿大夫，恭敬地捧着皇太后印玺，上呈给太皇太后，顺应符命，正式去掉了汉的国号。

后汉书

李国祥
杨昶　译注
彭益林

许嘉璐　审阅

导　言

《后汉书》一百二十卷，是纪传体东汉史。本纪十卷，列传八十卷，南朝宋范晔撰；志三十卷，晋司马彪撰。

范晔（398—445），字蔚宗，顺阳（今湖北老河口，一说今河南淅川）人。他的家庭世代为官，祖父范宁，为晋豫章太守；父亲范泰，任晋御史中丞，南朝宋侍中。范晔从小就很好学，博览经史群书，善写文章，工于隶书，又通晓音律。因出继给堂伯范弘之为子，袭封武兴县侯。他十七岁以后，走上仕途，任过彭城王刘义康的参军，几次升迁，官至尚书吏部郎。宋文帝元嘉九年（432），因事触怒刘义康，被外放为宣城太守。后来又几次升迁，官至左卫将军、太子詹事。元嘉二十二年（445）因被人控告参与密谋拥护刘义康做皇帝，于是以谋反的罪名被处死，时年四十八岁。

范晔多才多艺，但他成就最大的是史学。他在任宣城太守时，政治上不得志，便转而发奋从事《后汉书》的撰写。当时上距后汉虽已二百多年，但是可供参稽的后汉史料尚多，根据清代学者王先谦《后汉书集解述略》里的考证，范晔可能得见的后汉史书，除属于官史性质的《东观汉记》，私人编撰有三国吴谢承的《后汉书》、晋薛莹的《后汉记》、晋司马彪的《续汉书》、晋华峤的《后汉书》、晋谢沈的《后汉书》、晋张莹的《后汉南记》、晋袁山松的《后汉书》等十八家。范晔对这些丰富的史料博观约取，加以剪裁熔铸，系统化条理化，写成《后汉书》的纪传部分。就其书中内容而言，多根据班固等人著的《东观汉记》及华峤的《后汉书》，此外对各家的后汉史书也颇有采择。因为他能够撷取众家之长，所以各家关于后汉的史书后来逐渐被淘汰，而他的《后汉书》却作为“正史”流传下来，并且与《史记》《汉书》《三国志》合称“四史”。本来范晔还打算撰写各志，但因为他死得早，未能如愿。到南朝梁时，刘昭取司马彪《续汉书》的八志三十卷，加以注释增补，附在范书之后，以相配合。但当时纪传仍往往单独流传。直到北宋，才将范书和司马彪《续汉书》的八志重新校勘，合刻成今本《后汉书》。

范晔撰写的纪传，有许多特点。其一是史料赅详，取舍得当。南朝梁刘昭在《后汉书注补志序》中认为范晔之作，比原有各家《后汉书》都要好。唐代的刘知幾称许范书“简而且周，疏而不漏”，并说他在取舍方面“颇有奇工”。过去治史的人也都有同样的赞许。由于除袁宏的《后汉纪》，其他各家著述先后都亡佚了，这样《后汉书》便成为后汉史料的宝库。我们综观《后汉书》，其保留汉代有价值的论著就不少。如《崔寔传》里的《政论》一篇；《桓谭传》里的《陈政事疏》一疏；《冯衍传》里载其《说廉丹》一书和《说鲍宣》一书；《王符传》里录载的《潜夫论》中的五篇，《仲长统传》载其《乐志论》及《昌言》二篇；《张衡传》中有《客问》一篇、《上疏陈事》一篇、《请禁图谶》一篇；《蔡邕传》载其《释诲》一篇，《条陈所宜行者七事》。这些短篇论著，都是研究后汉社会的政治、经济、文化的珍贵材料，若不是范晔在各传中录载，恐怕后人是不可得而读之的。

其二是在编写体例方面有所创新。在范晔以前，列传中已有了以类相从的类传，如司马迁所撰《史记》里的《儒林列传》等，范晔在过去已有的类传体例的基础上，能根据后汉社会的实际情况，创设了《党锢》《宦者》《文苑》《独行》《逸民》《方术》《列女》七种列传。有了这些列传，就更加深刻地反映出了后汉纷繁的社会历史现象，为后人提供了丰富的历史资料。如《党锢》《独行》《逸民》等传，对那些尚气节重操守的人物，叙述其行事的倜傥、言论的豪壮，即使今天读起来还是铿锵作响。《列女传》表彰卓越女子的聪颖才智，嘉言懿行，读之能体察范晔为妇女立传的深旨。虽然，范晔在传文中褒扬的气节贞行，都不过是为了提倡封建道德风范，欲使人们读之后仰首钦羡而受到深刻的感染，范晔刻意宣扬的伦常观念，在今天看来，并不都值得我们效法。但是，他所记述的这些内容，毕竟是当时社会情状的写照，而且只要我们对它加以批判分析，也不无借鉴的价值。

其三是对历史人物的评价大体能够做到"立论持平，褒贬允当"。特别是与《三国志》相比较，显得格外突出，如记"曹操自为丞相""曹操自进为王"等，凡是陈寿在《三国志》中有所回护避讳的事，范晔《后汉书》大都改正，以恢复历史的本来面貌。这种做法，曾受到章太炎先生的称赞，说："《史》《汉》之后，首推《后汉书》。"（《略论读史之法》）赵翼在《廿二史札记》中也肯定说："范蔚宗于《三国志》方行之时，独不从其例……此史家正法也。"今天看来，作者在撰写《后汉书》时，与东汉的历史人物已无直接利害关系，是其能正确记述史实和公允评价人物的客观原因；不过，他的良史品格，也应是不可忽视的主观因素。

其四是擅长文辞表述，笔势纵放而娓娓动人。例如这部书的传记，在人物形象的刻画上就很成功。如写外戚权贵梁冀的专横、贪赃，笔触犀利；写臧洪意气慷慨，激动人心；此外像写冯异、陈蕃、蔡文姬、乐羊子妻等，都有壮采奇情。因此《后汉书》中不乏杰出的历史散文。范晔对自己的撰述很重视，认为其序论超迈了前代史家，他在狱中给甥侄写的一封信中说道："吾杂传论，皆有精意深旨，诸序论笔势纵放，实天下之奇作，其中合者往往不减《过秦论》。"这也并非不实的自诩之辞，在《王充列传》《党锢列传》等序论里都是有所体现的。从实际情况而言，其序论的中心思想是颂扬风节，这自然是出自对后汉史事及人物评价的需要，也是范晔所处时代的教化使然。范晔自认为是佳作，是合乎情理的。至于整理排比史料，创制新编，他确乎表现了非凡的才能。因此对于范晔自视甚高这一点，我们不能采取全盘否定的态度。

当然，在肯定范晔《后汉书》的同时，也应该指出它的不足之处。就史学思想而言，他毕竟不可能超越自己的时代和阶级的局限。例如，他尽管对东汉末年的腐朽政治有所揭露和讽刺，但最终目的还是为了劝谏封建统治者，维护封建统治。而对黄巾起义军则斥为“盗贼”，甚至连一篇传记都未列，这和司马迁《史记》把陈胜列在“世家”相比，就显得逊色多了。就体例而言，由于范晔死得早，原计划撰写的十志没有完成，也是此书的一个缺憾。另外，范晔作史，主张“以意为主，以文传意”，他说“吾杂传论，皆有精意深旨”。这种思想和方法本无可厚非，甚至值得提倡。但是因为他完全是以世家豪族的政治标准来权衡人物，所以不可避免地打上他那个阶级的烙印。加上书中过分注意文辞修饰，对如实反映历史真相也带来了相当损害，并给读者带来了一些阅读上的困难。

《后汉书》纪传部分的注，最著名、最通行的是唐高宗之子李贤组织张大安、刘纳言等人所作。志的部分是南朝梁刘昭注。李贤注主要诠释字句，刘昭注侧重说明或补订史实。清代学者惠栋有《后汉书补注》，沈钦韩有《后汉书疏证》，钱大昭有《后汉书辨疑》，周寿昌有《后汉书注补正》等。王先谦又在前人研究的基础上，博采前人的成果，撰成《后汉书集解》。这些考证和注解，是研究《后汉书》和东汉历史的重要辅助材料。

哈佛燕京学社引得编纂处编印的《后汉书及注释综合引得》，中华书局出版的《后汉书人名索引》等，都是研读《后汉书》的重要工具书。

我们这个选译本，所选部分篇章略有删节，注释和译文除参考李贤等旧注，还汲取了今人各种《后汉书》选注本中的精言要义，限于体例，不能详为列举，敬希鉴谅。限于我们的水平，译文、注释一定有错误和不准之处，敬请学者们批评指正。

李国祥　杨　昶　彭益林

光武帝本纪

导读

刘秀(前 6—57),字文叔,南阳蔡阳人,汉高祖刘邦九世孙,东汉王朝的创立者,史称汉光武帝。

公元 23 年,刘秀和长兄刘縯(yǎn)起兵反抗王莽,后加入绿林军。在著名的"昆阳之战"中,刘秀立了大功。以后刘秀吞并铜马军几十万人,势力开始强大。公元 25 年元月,他登帝位,定都洛阳,建立东汉王朝。

公元 36 年,刘秀统一全国,刘秀在执政时采取了"退功臣而进文吏"的政策,实施了一系列发展经济和稳定社会秩序的措施。这些都顺应了时代发展的要求,并取得了一定效果。但同时他对一些豪强地主妥协退让过多,这给后世留下了巨大的祸根。(选自卷一)

原文

世祖光武皇帝讳秀①,字文叔,南阳蔡阳人②,高祖九世之孙也。出自景帝生长沙定王发,发生春陵节侯买③,买生郁林太守外④,外生巨鹿都尉回,回生南顿令钦⑤,钦生光武。光武年九岁而孤,养于叔父良。身长

翻译

世祖光武皇帝名秀,字文叔,南阳郡蔡阳县人,高祖刘邦的第九代孙。出自景帝所生的长沙定王刘发,刘发生舂陵节侯刘买,刘买生郁林太守刘外,刘外生巨鹿都尉刘回,刘回生南顿令刘钦,刘钦生光武。光武九岁时就死了父亲,由叔父刘良养大。他身高七尺三寸,须眉浓美,有着大大的嘴巴,高高的

七尺三寸，美须眉，大口，隆准[⑥]，日角[⑦]。性勤于稼穑，而兄伯升好侠养士[⑧]，常非笑光武事田业，比之高祖兄仲[⑨]。

鼻梁，饱满的额角。光武对农事勤劳不懈，而长兄刘𬙂喜好侠义，收养宾客，他常耻笑光武经营田业，把他比作高祖刘邦的兄长刘喜。

注释 ① 世祖：刘秀死后的庙号。 ② 蔡阳：故城在今湖北枣阳西南。 ③ 舂陵：西汉乡名，在今湖北枣阳东。 ④ 郁林：西汉郡名，治所在今广西桂平西故城。 ⑤ 南顿：西汉县名，治所在今河南项城西。 ⑥ 准：鼻头。 ⑦ 日角：额角饱满如日。古代相书认为是帝王之相。 ⑧ 伯升：刘𬙂的字。 ⑨ 高祖兄仲：汉高祖刘邦的仲兄刘喜，勤于农事。刘𬙂以此比况自己将比刘秀显达。

原文

王莽天凤中，乃之长安，受《尚书》，略通大义。莽末，天下连岁灾蝗，寇盗锋起[①]。地皇三年，南阳荒饥，诸家宾客多为小盗。光武避吏新野，因卖谷于宛[②]。宛人李通等以图谶说光武云[③]："刘氏复起，李氏为辅。"光武初不敢当，然独念兄伯升素结轻客，必举大事，且王莽败亡已兆，天下方乱，遂与定谋。于是乃市兵弩。十月，与李通从弟轶

翻译

王莽天凤年间，光武才来到长安，学习《尚书》，大略弄懂了书中的内容。王莽末年，天下连年遭受蝗虫之害，贼寇强盗纷纷竞起。地皇三年(22)，南阳闹饥荒，各家的宾客门人多聚为小股盗贼。光武此时在新野躲避官吏的追究，因而到宛城卖粮。宛城人李通等人用图谶劝说光武："刘家要重新兴盛，李家是刘家的辅佐。"光武一开始还不敢答应，但暗自想到长兄刘𬙂一向结交不怕事的人，必定要举兵起事，而且王莽衰败灭亡的迹象已经显露，天下正处于混乱之中，便和李通决定起事，于是就购置弓箭武器。十月，光武和李通堂弟李

等起于宛，时年二十八。

轶等人在宛城起兵，这年他二十八岁。

注释　① 锋：同“蜂”。 ② 宛：县名，在今河南南阳。 ③ 图：神秘性的图画，据说暗示着人事的未来。谶：预言性的歌谣。两者都是方士编造出来的东西。

原文

十一月，有星孛于张[1]。光武遂将宾客还舂陵，时伯升已会众起兵。初，诸家子弟恐惧，皆亡逃自匿，曰：“伯升杀我。”及见光武绛衣大冠，皆惊曰：“谨厚者亦复为之。”乃稍自安。伯升于是招新市、平林兵，与其帅王凤、陈牧西击长聚[2]。光武初骑牛，杀新野尉乃得马。进屠唐子乡，又杀湖阳尉。军中分财物不均，众恚恨，欲反攻诸刘。光武敛宗人所得物，悉以与之，众乃悦。进拔棘阳，与王莽前队大夫甄阜、属正梁丘赐战于小长安[3]，汉军大败，还保棘阳。

翻译

十一月，彗星在张宿出现。光武于是率领宾客返回舂陵，这时刘縯已经聚众起兵。一开始，各家的年轻人很害怕，纷纷逃跑，各自躲藏起来，他们说：“刘縯要杀害我。”等见到光武穿戴将军的红衣大帽，都惊奇地说：“谨慎厚道的人也干起兴兵造反的事了。”于是便渐渐安定下来。刘縯就招来新市、平林兵，和他们的主帅王凤、陈牧一起向西攻打长聚。光武起初骑牛，杀了新野县尉后才得到马。进军荡平唐子乡，随后又杀了湖阳县尉。因军中分财物不均，众人忿恨，要反过来攻打刘氏家族的人。光武收集刘姓族人所得财物，全数给予众人，众人方才喜悦。汉军推进占领了棘阳，和王莽前队大夫甄阜、属正梁丘赐在小长安接战，汉军大败，退守棘阳。

注释 ① 孛(bèi):彗星的一种。“孛于张”即谓在二十八宿中的张宿发现了孛,古人认为是预示将有兵乱。 ② 长聚:地属新市县(今湖北京山一带)。当时小于乡的单位称聚。 ③ 前队:王莽设置六队,南阳为前队,河内为后队,颍川为左队,弘农为右队,河东为兆队,荥阳为祈队。大夫:职如太守。属正:职如郡都尉。小长安:聚名,地在今河南邓州南。

原文

更始元年正月甲子朔[①],汉军复与甄阜、梁丘赐战于沘水西[②],大破之,斩阜、赐。伯升又破王莽纳言将军严尤、秩宗将军陈茂于淯阳,进围宛城。

二月辛巳,立刘圣公为天子[③],以伯升为大司徒,光武为太常偏将军。

翻译

更始元年(23)正月初一甲子日,汉军在沘水西又和甄阜、梁丘赐交战,大破了他们的军队,杀了甄阜、梁丘赐两人。刘縯又在淯阳打败了王莽的纳言将军严尤、秩宗将军陈茂,于是进军包围宛城。

二月辛巳,拥立刘玄为天子,刘玄任命刘縯为大司徒,光武为太常、偏将军。

注释 ① 更始:刘玄的年号。 ② 沘(bǐ)水:今河南泌阳河及其下游唐河。③ 刘圣公:更始帝刘玄,字圣公。

原文

三月,光武别与诸将徇昆阳、定陵、郾[①],皆下之。多得牛马财物,谷数十万斛,转以馈宛下。

翻译

三月,光武另外和众将去攻取昆阳、定陵、郾,结果都攻克了。得到许多牛、马、财物,还得到数十万斛粮食,光武将这些物品都转运供给宛城下的刘縯军。

注释 ① 昆阳：县名，在今河南叶县。定陵：县名，在今河南舞阳北。郾：县名，在今河南郾城。

原文

莽闻阜、赐死，汉帝立，大惧，遣大司徒王寻、大司空王邑将兵百万，其甲士四十二万人，五月到颍川，复与严尤、陈茂合。初，光武为舂陵侯家讼逋租于尤，尤见而奇之。及是时，城中出降尤者言光武不取财物，但会兵计策。尤笑曰："是美须眉者邪？何为乃如是！"

初，王莽征天下能为兵法者六十三家数百人，并以为军吏；选练武卫，招募猛士，旌旗辎重，千里不绝。时有长人巨无霸，长一丈，大十围，以为垒尉；又驱诸猛兽虎豹犀象之属，以助威武。自秦、汉出师之盛，未尝有也。光武将数千兵，徼之于阳关，诸将见寻、邑兵盛，反走，驰入昆阳，皆惶

翻译

王莽得知甄阜、梁丘赐已死，汉帝已立的消息，十分恐惧，于是派大司徒王寻、大司空王邑率兵百万，其中身着铠甲之士四十二万人，五月到达颍川，又与严尤、陈茂会合。当初，光武替叔父舂陵侯刘敞到严尤那儿告佃户拖欠租子，严尤见了光武就很器重他。到这时，从城里跑出去投降严尤的人告诉他光武不掠取财物，只知操练军队和策划战守方略。严尤笑着说："是那个须眉浓美的人吧？怎么竟然会像这样！"

起初，王莽征调国内通晓六十三家兵法的共数百人，一起委派为军吏；挑选和训练禁卫军，征募勇士，军队的战旗辎重，千里不绝。当时有个巨人叫巨无霸，身长一丈，腰圆十围，委派为负责守卫营垒的官；又驱逐虎、豹、犀、象等各种猛兽奔跑在阵前，以助军威。自秦、汉以来出师的盛况，从没有像这样威武的。光武率领数千人到阳关截击王莽军。众将见王寻、王邑的兵力强大，掉头逃跑，奔回了昆阳。于是都惶恐不安地惦记着妻子儿女，打算分散返

怖，忧念妻孥，欲散归诸城。光武议曰："今兵谷既少，而外寇强大，并力御之，功庶可立；如欲分散，势无俱全。且宛城未拔，不能相救，昆阳即破，一日之间，诸部亦灭矣。今不同心胆共举功名，反欲守妻子财物邪？"诸将怒曰："刘将军，何敢如是！"光武笑而起。会候骑还，言大兵且至城北，军陈数百里，不见其后。诸将遽相谓曰："更请刘将军计之。"光武复为图画成败。诸将忧迫，皆曰："诺。"时城中唯有八九千人，光武乃使成国上公王凤、廷尉大将军王常留守，夜自与骠骑大将军宗佻、五威将军李轶等十三骑，出城南门，于外收兵。时莽军到城下者且十万，光武几不得出。既至郾、定陵，悉发诸营兵，而诸将贪惜财货，欲分留守之。光武曰："今若破敌，珍宝万倍，

回各自的城邑。光武提议说："现在兵马粮草已经很少，而外敌强大，我们合力抵抗，功绩或许能成就；如果分散开来，势必不能都得以保全。而且宛城尚未攻克，那边的人不能来相救，昆阳一旦陷落，一日之间，各部兵马都要被消灭。现在不同心同德共举功名，反而想去保妻子儿女和财物吗？"众将发怒说："刘将军怎敢这样说话？"光武笑着起身。恰巧这时侦察的骑兵返回，告知大兵将到城北，兵马队列数百里，看不到队尾。众将急忙互相说道："还是请刘将军考虑对策。"光武又为大家谋划成败之计。众将忧愁急迫，都诺诺连声，表示同意。这时城中只有八九千人，光武于是派成国上公王凤、廷尉大将军王常留守城中。自己则趁着夜幕和骠骑大将军宗佻、五威将军李轶等十三骑冲出昆阳城南门，到外面去调集兵力。这时到达城下的王莽军有将近十万人，光武差一点出不了城门。到了郾、定陵之后，光武调拨各营全部兵力增援昆阳，而众将却贪恋财物，打算留下人看守营垒。光武说："现在如能打败敌人，就能得到万倍的珍宝，大功就能告成；如果我们被打败了，脑袋都保不住，还能有什么财物呢！"众人这才听从了光武的主意。

大功可成；如为所败，首领无余，何财物之有！”众乃从。

严尤说王邑曰：“昆阳城小而坚，今假号者在宛，亟进大兵，彼必奔走；宛败，昆阳自服。”邑曰：“吾昔以虎牙将军围翟义，坐不生得，以见责让。今将百万之众，遇城而不能下，何谓邪？”遂围之数十重，列营百数，云车十余丈，瞰临城中，旗帜蔽野，埃尘连天，钲鼓之声闻数百里。或为地道，冲輣橦城①。积弩乱发，矢下如雨，城中负户而汲。王凤等乞降，不许。寻、邑自以为功在漏刻，意气甚逸。夜有流星坠营中，昼有云如坏山，当营而陨，不及地尺而散，吏士皆厌伏②。

严尤向王邑进策说：“昆阳城虽小，却很坚固。现在僭称帝王的刘玄在宛城，我们急速进兵宛城，他们必定逃跑；宛城一败，昆阳可不战而自行降服。”王邑说：“过去我以虎牙将军的身份围歼翟义，因为没有活捉他，而受到责难。现在我率领百万大军，遇到城池不能攻克，将如何交待呢？”于是将昆阳重重包围，构筑军营好几百，升起十多丈高的云车，俯视昆阳城中，旗帜布满原野，尘埃直冲九天，金鼓声传出数百里，有的军士在挖地道，有的用橦车和楼车在冲击城门。无数的弓弩朝城里乱发，箭下如雨，城里的人要顶着门板才能去取水。王凤等人要求投降，却得不到允许。王寻、王邑自以为胜利就在顷刻之中，得意洋洋。夜里有流星坠落到军营中；白天有云像崩塌的山一样，对着营地坠落下来，到离地里不及一尺处才散开，官兵都被压得趴在地上。

注释 ① 冲輣(péng)：冲、輣都是战车名。冲是橦车，輣是楼车。橦(chōng)：古代的冲锋车。这里用作动词。 ② 厌：同“压”。

原文

六月己卯，光武遂与营部俱进，自将步骑千余，前去大军四五里而陈。寻、邑亦遣兵数千合战。光武奔之，斩首数十级。诸部喜曰："刘将军平生见小敌怯，今见大敌勇，甚可怪也。且复居前，请助将军！"光武复进，寻、邑兵却，诸部共乘之，斩首数百千级。连胜，遂前。时伯升拔宛已三日，而光武尚未知，乃伪使持书报城中，云"宛下兵到"，而阳堕其书。寻、邑得之，不憙。诸将既经累捷，胆气益壮，无不一当百。光武乃与敢死者三千人，从城西水上冲其中坚，寻、邑陈乱，乘锐崩之，遂杀王寻。城中亦鼓噪而出，中外合势，震呼动天地，莽兵大溃，走者相腾践，奔殪百余里间。会大雷风，屋瓦皆飞，雨下如注，滍川盛溢[①]，虎豹皆股战，士卒

翻译

六月己卯日，光武便和招集来的队伍一起行进，他亲自率领千余名步兵和骑兵，进军到离王莽军四五里的地方列阵。王寻、王邑也派出数千人迎战。光武冲杀在战场上，一气斩下了几十个敌军的首级。众将惊喜地说："刘将军平时看见小股敌人就胆怯，今天见到大敌反而英勇，真是奇怪。我们再往前进，去协助刘将军！"大军向前冲杀，王寻、王邑的部队退却，各部一齐乘胜而进，杀敌成百上千。光武连连取胜，于是向前推进。这时刘縯攻占宛城已三天，光武却还不知道，他让人装扮成刘縯的人去昆阳报信说："围攻宛城的援兵到了。"却让送信的人装作把信失落了。王寻、王邑得到了信，很扫兴。而起义军众将已经取得多次胜利，胆量益壮，无不以一当百。光武便率不怕死的三千勇士，从城西渡水，冲击敌军最精锐的中军，王寻、王邑的阵势开始混乱，光武乘着锐气摧毁了敌人的阵势，从而杀了王寻。昆阳城里的人也击鼓呼喊冲杀出来，起义军城里的和城外的汇合一处，呼声震天动地。于是王莽军大溃，逃跑的人互相践踏，奔退中死伤的人遍及百余里。恰巧这时天空中雷鸣电闪，

争赴，溺死者以万数，水为不流。王邑、严尤、陈茂轻骑乘死人度水逃去。尽获其军实辎重，车甲珍宝，不可胜算，举之连月不尽，或燔烧其余。

狂风呼号，屋顶的瓦都刮飞了，雨如倾盆而下，滍川河水大泛滥，虎豹都吓得四腿直抖，而士卒们抢着渡河，淹死的人数以万计，河水都堵得流不动了。王邑、严尤、陈茂等人轻装骑马踏着死尸渡水逃走。光武缴获了王莽军的全部粮草、辎重、装备和珍宝，多得数不清，清理了几个月都清不完，只好把剩下的物资放火烧掉了。

注释　① 滍(zhì)川：俗名沙河。源出河南鲁山西，东流经昆阳城北入汝水。

原文

光武因复徇下颍阳[1]。会伯升为更始所害，光武自父城驰诣宛谢。司徒官属迎吊光武，光武难交私语，深引过而已，未尝自伐昆阳之功，又不敢为伯升服丧，饮食言笑如平常。更始以是惭，拜光武为破虏大将军，封武信侯。

九月庚戌，三辅豪杰共诛王莽[2]，传首诣宛。更始将北都洛阳，以光武行司隶校尉[3]，使前整修宫府。于是置僚属，作文移，从事司

翻译

光武于是又攻下了颍阳，这时正逢刘縯为更始帝所害，光武从父城赶到宛城谢过。司徒府的官员来迎接慰问光武，光武难以和他们背地里交谈，只是重重地责备自己的过错罢了，没有夸耀自己在昆阳的功劳，又不敢为兄长刘縯服丧，饮食谈笑都和平常一样。更始帝因此感到惭愧，于是授给光武破虏大将军的官职，封他为武信侯。

九月庚戌，三辅豪杰一齐杀了王莽，把他的头送到了宛城。更始帝将北上到洛阳建都，便让光武代理司隶校尉的职务，委派他前往洛阳整修宫廷府署。光武于是设置下属官员，起草公

察[④]，一如旧章。时三辅吏士东迎更始，见诸将过，皆冠帻，而服妇人衣诸于、绣镼，莫不笑之，或有畏而走者。及见司隶僚属，皆欢喜不自胜。老吏或垂涕曰："不图今日复见汉官威仪！"由是识者皆属心焉。及更始至洛阳，乃遣光武以破虏将军行大司马事。十月，持节北度河，镇慰州郡。所到部县，辄见二千石、长吏、三老、官属[⑤]，下至佐史[⑥]，考察黜陟，如州牧行部事。辄平遣囚徒，除王莽苛政，复汉官名。吏人喜悦，争持牛酒迎劳。进至邯郸，故赵缪王子林说光武曰："赤眉今在河东，但决水灌之，百万之众可使为鱼。"光武不答，去之真定。林于是乃诈以卜者王郎为成帝子子舆，十二月，立郎为天子，都邯郸，遂遣使者降下郡国。

文，以从事史察禁非法，一切都按汉朝的章程办理。当时三辅官员和士人到东方来迎接更始帝，见众将走过，都戴着平民百姓的头巾，穿着女人的服装，大掖上衣和绣花短袖衣，因而没有不笑话他们的，甚至有人以为不祥而害怕跑开的。等看到司隶府的人，都喜不自禁。有老吏垂泪说道："想不到今日又见到汉家官员的威严仪表！"从此有见识的人都心向光武了。等到更始帝到了洛阳，便委派光武以破虏将军的名义代理大司马职务。十月，光武带着符节北渡黄河，安定抚慰各州郡。他每到各郡县，就会见郡守、长吏、三老、下属官吏，直至各部门的佐史们，考察他们的政绩并加以罢免或提升，就像州牧巡查所属郡国一样。光武还立即平反冤案，遣返囚徒，废除王莽时苛刻的政令，恢复汉朝的官名。吏人们喜笑颜开，争着拿出牛肉美酒欢迎慰劳光武。光武行进到邯郸县，已故赵缪王之子刘林向光武献策说："赤眉军现在河东，只要决开黄河之水淹灌他们，就可以使赤眉百万人马变成鱼虾。"光武没有理睬，而是离开邯郸前往真定县。刘林于是弄虚作假，让从事占卜的王郎冒充成帝的儿子刘子舆，十二月，立王郎为天子，定都邯郸，并派遣使者招降下属郡国。

注释 ① 颍阳：古县名，今河南许昌。 ② 三辅：即西汉时于京畿之地所设京兆尹、左冯翊、右扶风的合称，相当今陕西关中地区。 ③ 司隶校尉：汉、晋监察卫戍京师及附近郡县的官员。 ④ 从事：即从事史。司隶校尉的属官，主督促文书，察举非法。 ⑤ 二千石：指俸禄二千石的官员，此处指郡守。三老：掌教化的乡官，东汉县也有三老。 ⑥ 佐史：汉代地方官的属吏。

原文

二年正月，光武以王郎新盛，乃北徇蓟[①]。王郎移檄购光武十万户[②]，而故广阳王子刘接起兵蓟中以应郎，城内扰乱，转相惊恐，言邯郸使者方到，二千石以下皆出迎。于是光武趣驾南辕，晨夜不敢入城邑，舍食道傍。至饶阳，官属皆乏食。光武乃自称邯郸使者，入传舍[③]。传吏方进食，从者饥，争夺之。传吏疑其伪，乃椎鼓数十通，绐言邯郸将军至，官属皆失色。光武升车欲驰，既而惧不免，徐还坐，曰："请邯郸将军入。"久乃驾去。传中人遥语门者闭之。门长曰："天下讵可知，而闭长者乎？"遂

翻译

更始二年(24)正月，光武因为王郎新近强盛，便北上巡行蓟城。王郎发出檄文，愿以封给十万户的奖赏悬赏捉拿光武，已故广阳王刘嘉的儿子刘接在蓟城起兵来响应王郎，于是蓟城内部混乱，人们相继惊恐起来，又有传言说邯郸的使者就要到来，品秩二千石以下的官员都要出城迎接。于是光武急忙驾车南奔，白天黑夜都不敢进城，只得在大路旁睡觉吃饭。到了饶阳，随从都没吃的了。光武便自称是邯郸来的使者，进入客馆。客馆的吏人刚刚送进饭来，光武的随从们肚子饿坏了，一看到饭就抢起来。客馆的吏人因此怀疑光武他们有假，便把鼓敲了数十通，假装说邯郸的将军来到，随从们都大惊失色。光武登上车子要跑，接着又担心邯郸的将军真的来了，自己是跑不掉的，便慢慢地坐下，说："请邯郸将军进来。"等了许久，才驾车离去。客馆中的吏人远远地

得南出。晨夜兼行，蒙犯霜雪。天时寒，面皆破裂。至呼沱河④，无船，适遇冰合，得过，未毕数车而陷。进至下博城西，遑惑不知所之。有白衣老父在道旁，指曰："努力！信都郡为长安守，去此八十里。"光武即驰赴之，信都太守任光开门出迎。世祖因发旁县，得四千人，先击堂阳、贳县，皆降之。王莽和成卒正邳彤亦举郡降⑤。又昌城人刘植，宋子人耿纯，各率宗亲子弟，据其县邑，以奉光武。于是北降下曲阳，众稍合，乐附者至有数万人。复北击中山，拔卢奴。所过发奔命兵⑥，移檄边部，共击邯郸，郡县还复响应。南击新市、真定、元氏、防子，皆下之，因入赵界。时王郎大将李育屯柏人，汉兵不知而进，前部偏将朱浮、邓禹为育所破，亡失辎重。光武在

叫守城门的人把光武一行关在城里。看门的官员却说："天下将来归谁难道能预先知道，现在就把尊贵的人关起来吗？"于是光武一行得以出了南门。他们日夜兼程，冒着严冬的雪霜，当时的天气正冷，大家的脸都冻裂了。到了呼沱河，河边没有渡船，恰巧河面封冻，能够过河。队伍还没有完全过去，就有好几辆车陷进水里。行进到下博县城西，他们惶惑起来，不知该往哪里去。这时有位白衣老人站在道旁，用手指着说："加把劲儿吧！信都郡的人还在为长安政权坚守着，那儿离这里有八十里。"光武马上奔赴到信都。信都太守任光打开城门出来迎接。于是光武调拨周围各县的兵马，得到四千人，先攻打堂阳、贳县，两处都投降了光武。王莽的和成郡的卒正邳彤也带领该郡投降。又有昌城人刘植，宋子人耿纯，率领自己同宗的亲属和子弟，占领了各自的县城，来拥戴光武。于是向北降服了下曲阳县，人马渐渐聚集起来，乐于依附光武的人达到好几万。光武又北上攻打中山国，占领了卢奴县，在凡所经过的郡县，光武便调拨"奔命兵"，又传送檄文到边境各部，要他们一起攻打邯郸，各郡县答复表示响应。光武又向南出击

后闻之，收浮、禹散卒，与育战于郭门，大破之，尽得其所获。育还保城，攻之不下，于是引兵拔广阿。会上谷太守耿况、渔阳太守彭宠各遣其将吴汉、寇恂等将突骑来助击王郎⑦，更始亦遣尚书仆射谢躬讨郎，光武因大飨士卒，遂东围巨鹿。王郎守将王饶坚守，月余不下。郎遣将倪宏、刘奉率数万人救巨鹿，光武逆战于南䜌⑧，斩首数千级。四月，进围邯郸，连战破之。五月甲辰，拔其城，诛王郎。收文书，得吏人与郎交关谤毁者数千章。光武不省，会诸将军烧之，曰："令反侧子自安。"

新市县、真定县、元氏县、防子县，都一一攻克了，于是进入赵地。这时王郎的大将李育在柏人县屯兵，汉军不知道此事，向前进军，先头部队的偏将朱浮、邓禹被李育打败，失掉了装备和粮草。在后的光武得知消息，收聚了朱浮、邓禹的散兵，和李育在柏人城门交战，大破李育军，全部夺回了李育从朱浮、邓禹那里夺去的装备和粮草。李育退回坚守，光武攻城不下，于是领兵攻下了广阿县。正巧这时上谷太守耿况、渔阳太守彭宠各派自己的将领吴汉、寇恂等率领骑兵突击队来协助打击王郎，更始帝也派尚书仆射谢躬来讨伐王郎。光武乘机重重犒劳士兵，便向东进军包围巨鹿。王郎的守城将领王饶坚守城中，一个多月未攻下。王郎派遣将领倪宏、刘奉率领数万人马援救巨鹿，光武在南䜌县迎战援军，杀了对方好几千人。四月，光武进军包围了邯郸，连战连胜。五月甲辰日，占领了全城，杀了王郎。光武收集王郎的公文档案，得到自己的部下和王郎勾结诽谤自己的书信有数千件。他对这些信函连看也不看，反而把将领们召集起来当着他们的面烧掉。光武说："让那些反反复复的人安下心来。"

注释 ① 蓟(jì):古县名,在今北京市。 ② 檄(xí):用来征召或声讨的文书。购:悬赏缉捕。 ③ 传舍:古时供行人居住的旅舍,客馆。 ④ 呼沱河:或写作虖沱河,即今滹沱河。 ⑤ 和成:郡名。卒正:王莽时的官名,职权和太守相同。 ⑥ 奔命兵:是用来应付紧急情况的部队。 ⑦ 突:突击敌军的骑兵。 ⑧ 南繺(luán):西汉县名,在今河北巨鹿北。

原文

更始遣侍御史持节立光武为萧王,悉令罢兵诣行在所。光武辞以河北未平,不就征。自是始贰于更始。是时长安政乱,四方背叛。梁王刘永擅命睢阳[①],公孙述称王巴蜀,李宪自立为淮南王,秦丰自号楚黎王,张步起琅邪,董宪起东海,延岑起汉中,田戎起夷陵[②],并置将帅,侵略郡县。又别号诸贼铜马、大彤、高湖、重连、铁胫、大抢、尤来、上江、青犊、五校、檀乡、五幡、五楼、富平、获索等[③],各领部曲,众合数百万人,所在寇掠。

翻译

更始帝派侍御史持符节立光武为萧王,让他交出所有的兵权,到更始帝所在的地方去。光武以河北尚未平定为由推辞,不接受更始帝的征召。从此他开始对更始帝怀有二心。这时长安政治混乱,各地都背叛更始帝。梁王刘永在睢阳专擅一方,公孙述在巴蜀自称为王,李宪自封为淮南王,秦丰自号为楚黎王,张步在琅邪起兵,董宪在东海叛乱,延岑在汉中造反,田戎在夷陵发难,他们竞相立将封帅,侵夺各郡县。还有各种名号的队伍如铜马、大彤、高湖、重连、铁胫、大抢、尤来、上江、青犊、五校、檀乡、五幡、五楼、富平、获索等,各自统率部下,各路乱兵合计有数百万人,到处侵害抢掠。

注释 ① 鄡(qiāo)：古县名，在今河北辛集。 ② 清阳：古县名，在今河北清河。 ③ 卤(lǔ)：同"掳"。 ④ 渠帅：首领。

原文

光武将击之，先遣吴汉北发十郡兵。幽州牧苗曾不从，汉遂斩曾而发其众。

秋，光武击铜马于鄡[1]，吴汉将突骑来会清阳[2]。贼数挑战，光武坚营自守；有出卤掠者[3]，辄击取之，绝其粮道。积月余日，贼食尽，夜遁去。追至馆陶，大破之。受降未尽，而高湖、重连从东南来，与铜马余众合，光武复与大战于蒲阳，悉破降之，封其渠帅为列侯[4]。降者犹不自安，光武知其意，敕令各归营勒兵，乃自乘轻骑按行部陈。降者更相语曰："萧王推赤心置人腹中，安得不投死乎！"由是皆服。悉将降人分配诸将，众遂数十万，故关西号光武为"铜马帝"。

翻译

光武将要征伐他们，便先派吴汉北上调发十郡的人马。幽州牧苗曾不听从命令，吴汉就杀了苗曾并调发了他的军队。

秋天，光武在鄡县攻打铜马军，吴汉率领骑兵突击队在清阳县和光武会合。铜马军数次挑战，光武加固营垒自保；铜马军中有人出去掳掠时，光武就出击消灭他们，断绝了铜马军运粮草的通道。过了一个多月，铜马军粮食吃尽，只得乘夜逃离，光武追击到馆陶县，大破铜马军。受降的事宜还没有了结，高湖、重连两支人马便从东南来到，和铜马的余部会合。光武又和他们在蒲阳山大战，把高湖、重连及铜马余部全部打败并迫降了他们，把投降的将帅封为列侯。但他们仍不放心，光武知道他们的心思，便命令他们各自回营统率约束部队。自己则乘轻骑视察巡行各营阵地。投降的人互相说："萧王待人推心置腹，我们哪能不以死效力！"从此都诚心归附了。光武总领各路降兵分配各部将领，光武的人马达到数十万。所以关西称光武是"铜马帝"。

注释 ① 鄡(qiāo):县名。 ② 清阳:汉县名,今河北清河东。 ③ 卤:同“虏”。 ④ 渠帅:在这里指主要将领。渠,大。列侯:汉代刘姓受封称诸侯,异姓因功受封或诸王之子分得父王土地而受封称列侯,为二十等爵的最高一级。

原文

赤眉别帅与大肜、青犊十余万众在射犬[①],光武进击,大破之,众皆散走。使吴汉、岑彭袭杀谢躬于邺。

青犊、赤眉贼入函谷关,攻更始。光武乃遣邓禹率六裨将引兵而西,以乘更始、赤眉之乱。时更始使大司马朱鲔、舞阴王李轶等屯洛阳,光武亦令冯异守孟津以拒之[②]。

翻译

赤眉别部的将领和大肜、青犊军的十多万人驻扎在射犬,光武向他们发起攻击,大败敌军,十多万人都逃散了。光武派吴汉、岑彭偷袭邺城,杀了谢躬。

青犊、赤眉军进入函谷关,攻打更始。光武便派邓禹率领六位副将向西进军,以便从更始、赤眉的混战中获益。这时更始派大司马朱鲔、舞阴王李轶等在洛阳屯兵,光武也命令冯异驻守孟津来防御他们。

注释 ① 射犬:聚名,在今河南沁阳东北。 ② 孟津:黄河古渡名,在今河南孟津东北。

原文

建武元年春正月,平陵人方望立前孺子刘婴为天子[①],更始遣丞相李松击斩之。

光武北击尤来、大抢、五幡于元氏,追至右北平,连破

翻译

建武元年(25)春正月,平陵人方望立前汉孺子刘婴为天子,更始帝派丞相李松出击并杀了刘婴。

光武北上到元氏县,攻打尤来、大抢、五幡,追击到右北平郡,接连打败对

之。又战于顺水北[2]，乘胜轻进，反为所败。贼追急，短兵接，光武自投高岸，遇突骑王丰，下马授光武，光武抚其肩而上，顾笑谓耿弇曰："几为虏嗤。"弇频射却贼，得免。士卒死者数千人，散兵归保范阳。军中不见光武，或云已殁，诸将不知所为。吴汉曰："卿曹努力！王兄子在南阳，何忧无主？"众恐惧，数日乃定。贼虽战胜，而素慑大威，客主不相知，夜遂引去。大军复进至安次，与战，破之，斩首三千余级。贼入渔阳，乃遣吴汉率耿弇、陈俊、马武等十二将军追战于潞东，及平谷，大破灭之。朱鲔遣讨难将军苏茂攻温，冯异、寇恂与战，大破之，斩其将贾强。

方。两军又在顺水北岸接战，光武乘胜冒进，反而被打败。尤来等部穷追不舍，两军短兵相接，光武从高坡上跳下来，遇到了骑兵突击队的王丰，王丰把马让给光武，光武按着他的肩膀上了马，回头笑着对耿弇说："差点让强盗们笑话了。"耿弇不停地射箭，击退了敌人，光武得以脱身。这一次光武的士卒死了几千人，剩下的兵士退到范阳城中坚守。军中的人因见不到光武，有人说他已经战死了，众将都不知该怎么办。吴汉说："大家要鼓起劲来！大王哥哥刘縯的儿子在南阳，还怕以后没有主公？"大家还是害怕担心，过了好几天才安定下来。这时尤来等部虽然打了胜仗，然而他们平素畏惧光武的声威，加上双方都不摸底细，于是他们夜里就撤退了。光武的人马随即又推进到安次县，和尤来等部交战，击溃了对方，并杀了三千多人。尤来等部进入渔阳郡，光武便派吴汉带领耿弇、陈俊、马武等十二位将军跟踪追击，在潞城东面交战，一路战到平谷县，彻底击溃并消灭了尤来等部。这时朱鲔派讨难将军苏茂攻打温城，冯异、寇恂和他交战，大破苏茂军，杀了苏茂的大将贾强。

注释 ① 平陵：汉昭帝陵所在地，因立为县。在今陕西咸阳。刘婴：汉宣帝的玄孙，王莽杀平帝后立他为皇帝，号为孺子，在位二年后被王莽废去。 ② 顺水：徐水别名。

原文

于是诸将议上尊号①。马武先进曰："天下无主，如有圣人承敝而起，虽仲尼为相，孙子为将，犹恐无能有益。反水不收，后悔无及。大王虽执谦退，奈宗庙社稷何②？宜且还蓟，即尊位，乃议征伐。今此谁贼而驰骛击之乎？"光武惊曰："何将军出是言？可斩也！"武曰："诸将尽然。"光武使出晓之，乃引军还至蓟。夏四月，公孙述自称天子。

光武从蓟还，过范阳，命收葬吏士。至中山，诸将复上奏曰："汉遭王莽，宗庙废绝，豪杰愤怒，兆人涂炭③。王与伯升首举义兵，更始因其资以据帝位，

翻译

这时众将议论刘秀称帝的事。马武首先进言说："天下没有君主，如果有圣人趁着衰败的机会兴起，即使让孔子担任丞相，让孙子担任大将，还要担心于事无补。泼出的水是收不回来的，机会错过了后悔是来不及的。大王虽然坚持谦虚退让，怎么对得起汉王朝的先帝和祖宗、国家呢？您理应暂且返回蓟城就皇帝尊位，然后再计议征伐的事。现在您不称天子，谁又是贼人呢？而您又驰骋攻打哪个贼呢？"光武吃惊地说："将军怎么说出这种话？该杀头的呀！"马武答道："众将军都这样认为。"光武派人晓谕各位将军，便率领人马返回蓟城。初夏四月，公孙述自称为皇帝。

光武从蓟城返回，经过范阳县，命令收聚埋葬死去的官吏士卒遗体。到达中山国时，众将又上奏说："大汉遭受王莽的祸乱，刘氏的统治中断，天下豪杰愤怒，万民陷于水火之中。大王与刘縯首起义兵，更始却凭宗室资格占据了帝位，然而他却不能继承汉朝的大业，

而不能奉承大统，败乱纲纪，盗贼日多，群生危蹙[④]。大王初征昆阳，王莽自溃；后拔邯郸，北州弭定。参分天下而有其二，跨州据土，带甲百万。言武力则莫之敢抗，论文德则无所与辞。臣闻帝王不可以久旷，天命不可以谦拒，惟大王以社稷为计，万姓为心。”光武又不听。

又败乱纲纪，使得盗贼日渐增多，天下生灵困苦不堪。起初大王征伐昆阳，王莽军不战而败；后又占领邯郸，北方各州得以平定。三分天下而大王占有二分，横跨数州占据疆土，拥有披甲之众百万。论武力则天下没有谁敢与您对抗，论文德您更没有辞让的理由。我们听说皇帝的位子不能长久空缺，上天的意志不可以用谦让来违抗，盼大王为国家着想，把兆民放在心中。”光武还是不听从。

行到南平棘[⑤]，诸将复固请之。光武曰：“寇贼未平，四面受敌，何遽欲正号位乎？诸将且出。”耿纯进曰：“天下士大夫捐亲戚，弃土壤，从大王于矢石之间者，其计固望其攀龙鳞，附凤翼[⑥]，以成其所志耳。今功业即定，天人亦应，而大王留时逆众[⑦]，不正号位，纯恐士大夫望绝计穷，则有去归之思，无为久自苦也。大众一散，难可复合。时不可留，众不可

行进到南平棘，众将军又坚决请求光武就天子之位。光武说：“强盗和贼人还没有消灭，我们四面受敌，何必急着要称天子，即帝位呢？各位将军姑且出去。”耿纯进言说：“天下的士大夫们抛开亲属，离别家乡，跟随大王冲杀在刀箭之间，他们的打算本来就是企望攀龙附凤，来实现自己的夙愿罢了。现在大功即将告成，天象和人事也互相应和，而大王却拖延时间，违背大家的意愿，迟迟不就帝位，我担心士大夫们的希望和打算落空，就会产生离归的念头，不干这遥遥无期困苦自己的事了。部众一散，就难得再聚合了。时间不可拖延，众愿不能违背。”耿纯的话非常诚恳真切，光武深受感动，说：“我将考虑这事。”

逆。”纯言甚诚切，光武深感，曰：“吾将思之。”

行至鄗[8]，光武先在长安时同舍生强华自关中奉《赤伏符》，曰：“刘秀发兵捕不道，四夷云集龙斗野，四七之际火为主[9]。”群臣因复奏曰：“受命之符，人应为大，万里合信，不议同情，周之白鱼[10]，曷足比焉？今上无天子，海内淆乱，符瑞之应[11]，昭然著闻，宜答天神，以塞群望。”光武于是命有司设坛场于鄗南千秋亭五成陌。

行进到鄗县，光武从前在长安学习时住在一起的书生强华，从关中献来《赤伏符》，其中说：“刘秀起兵捉拿无道的人，四方各族云集，像群龙搏斗于原野，二百二十八年之际火德为数运之主。”群臣趁机又进言说：“受天命的符瑞，以有人事应验的为上。万里之外的物象与符命正合，众人不谋而同心，就是周武王的白鱼之应，又怎能和这相比？现在万民之上没有天子，四海之内混乱，天降的吉兆在人世间的应验明白显著，人所共知，您应该回报天神，以满足大家的愿望。”光武于是命令官员们在鄗城南面的千秋亭五成陌设立祭天的坛场。

注释 ① 上：献上。尊号：即尊崇帝、后的称号。上尊号即拥戴刘秀称帝。② 宗庙：是天子、诸侯祭祀祖先之处。社稷：是土、谷之神。宗庙、社稷常用来代指王室、国家和政权。 ③ 兆人：原写作兆民，唐人避李世民讳改。兆：亿万为兆。④ 蹙（cù）：窘迫。 ⑤ 南平棘：地在今河北赵县南。 ⑥ 攀龙鳞，附凤翼：意思是攀附皇帝。 ⑦ 留时：指空费时光。 ⑧ 鄗（hào）：古县名，在今河北高邑。 ⑨ 四七：即二十八。从刘邦到光武起兵，共计二百二十八年，此即四七由来。火为主：刘氏汉朝崇尚火德，故有此言。 ⑩ 周之白鱼：传说武王伐纣，渡孟津，有白鱼跃入武王船中，鱼上写着讨伐商纣的文字。 ⑪ 符瑞：吉祥的兆头。符瑞之应是说天降的好兆头和人事相应。

原文

六月己未，即皇帝位。燔燎告天[①]，禋于六宗[②]，望于群神[③]。其祝文曰[④]："皇天上帝，后土神祇[⑤]，眷顾降命，属秀黎元[⑥]，为人父母，秀不敢当。群下百辟[⑦]，不谋同辞，咸曰：'王莽篡位，秀发愤兴兵，破王寻、王邑于昆阳，诛王郎、铜马于河北，平定天下，海内蒙恩。上当天地之心，下为元元所归。'谶记曰[⑧]：'刘秀发兵捕不道，卯金修德为天子[⑨]。'秀犹固辞，至于再，至于三。群下佥曰：'皇天大命，不可稽留。'敢不敬承。"于是建元为建武，大赦天下，改鄗为高邑。是月，赤眉立刘盆子为天子[⑩]。甲子，前将军邓禹击更始定国公王匡于安邑，大破之，斩其将刘钧。

翻译

六月己未日，光武登皇帝位。于是烧柴祭天，敬祀"六宗"，遥祭群神。他的祝文中说："皇天上帝，后土神祇，关怀我们而降下大命，把百姓托付给刘秀，让他当天下臣民的父母，可刘秀实在是不敢承当这个重任。但各位文官武将，不谋而异口同辞，都说：'王莽篡夺皇帝之位，刘秀因此发愤起兵，在昆阳击溃王寻、王邑，在河北诛灭王郎、铜马，平定天下，海内都受其恩。上应皇天后土之心，下被百姓归心拥护。'谶记说：'刘秀起兵捉拿无道的人，刘氏修养德行当为天子。'刘秀还是坚决推辞，推辞了两次不行，又第三次推辞，文武官员都说：'上天的重大命令不可耽搁。'刘秀哪敢不敬奉天命。"于是立年号为建武，赦免天下的犯人，改鄗县为高邑。这个月，赤眉军立刘盆子当皇帝。甲子日，前将军邓禹在安邑攻打更始帝的定国公王匡，大破王匡军，杀了他的将领刘钧。

注释 ① 燔燎（fán liáo）：放火焚烧草木。古人燔烧柴木，让烟升入空中来祭天神。 ② 禋（yīn）：虔诚的祭祀。六宗：水、火、雷、风、山、泽。 ③ 望：古代祭祀山川不一定亲至其处，可以遥望而祭之，故称望。④ 祝文：告神祈福之文。⑤ 后土：地神或土神。神祇：天地之神。⑥ 属：托付。黎元：泛指人民。⑦ 百辟：指百官。⑧ 谶记：预言吉凶得失的文字和图记。这都是为达到某种目的而编造出来的。⑨ 卯金：合起来为繁体字“劉”的左半部，此处即指为“刘”字。⑩ 刘盆子：为西汉远支皇族，后被刘秀部将杀害。

原文

秋七月……使吴汉率朱祐及廷尉岑彭、执金吾贾复、扬化将军坚镡等十一将军围朱鲔于洛阳。……九月，赤眉入长安，更始奔高陵。辛未，诏曰：“更始破败，弃城逃走，妻子裸袒，流冗道路。朕甚愍之。今封更始为淮阳王。吏人敢有贼害者，罪同大逆。”……辛卯，朱鲔举城降。

冬十月癸丑，车驾入洛阳，幸南宫却非殿，遂定都焉。遣岑彭击荆州群贼。十一月……刘永自称天子。十二月……赤眉杀更始，而隗嚣据陇右，卢芳起安定。……

翻译

秋七月……光武帝派吴汉率领朱祐和廷尉岑彭、执金吾贾复，扬化将军坚镡等十一位将军在洛阳围攻朱鲔。……九月，赤眉军进入长安，更始帝逃奔到高陵县。辛未日，光武帝下诏说：“更始战败破灭，弃城逃跑，妻子儿女衣不遮体，流亡失散于道路之上。我很怜悯他们。现在封更始为淮阳王。官员中间若有人敢杀害他的，以大逆不道的罪名论处。”……辛卯日，朱鲔率领洛阳全城人马投降。

冬十月癸丑日，光武帝进入洛阳，登上南宫却非殿，于是定都洛阳。光武帝派岑彭攻打荆州地方的群贼。十一月……刘永自称为天子。十二月……赤眉军杀了更始帝，而隗嚣占据了陇西郡，卢芳在安定郡起兵。……

建武二年(26)春正月……大司马吴汉率领九位将军在邺城东进攻檀乡军，彻底击溃了檀乡军，并使他们投降。

二年春正月……大司马吴汉率九将军击檀乡贼于邺东，大破降之。庚辰，封功臣皆为列侯，大国四县，余各有差。……博士丁恭议曰："古帝王封诸侯不过百里，故利以建侯，取法于雷[①]，强干弱枝，所以为治也。今封诸侯四县，不合法制。"帝曰："古之亡国，皆以无道，未尝闻功臣地多而灭亡者。"乃遣谒者即授印绶[②]，策曰："在上不骄，高而不危；制节谨度，满而不溢。敬之戒之。传尔子孙，长为汉藩。"……壬子，起高庙，建社稷于洛阳，立郊兆于城南，始正火德，色尚赤。是月，赤眉焚西京宫室，发掘园陵，寇掠关中。大司徒邓禹入长安，遣府掾奉十一帝神主[③]，纳于高庙。……

庚辰，把功臣都封为列侯，其中封邑大的拥有四个县，其余的人封邑大小各有不等。……博士丁恭提出见解说："古代帝王封给诸侯的地方不超过百里。所以根据有利与否分封诸侯，效法雷声震惊百里，封侯以百里为限；增强主干，削弱枝叶，使封国不要过大，这是达到天下治理的方法。现在封给诸侯以四县那么大的地方，不合古代的法度。"光武帝说："古时国家灭亡，都是因为国君无道，不曾听说过因为功臣封地大而使国家灭亡的。"于是派谒者去授给被封诸侯们印绶，策命上说："居于上位的人不骄横，那么虽然位高却没有危险；守节制谨法度，那么虽然满盈也不会漫溢。你们要敬肃戒慎，传给你们的后代，长久地成为汉家的屏障。"……壬子日，在洛阳建立祭祀高祖刘邦等的庙堂，营造祭社稷的祭坛，在城南设立郊祀的坛场，开始定为顺应火德，崇尚赤色。这个月，赤眉军烧了长安的宫殿，发掘帝王的园陵，在关中抢掠。大司徒邓禹进入长安，派司徒府的掾属取前汉十一个皇帝的神主牌位，放置在高庙里。……

注释 ① 取法于雷：《易经》上说雷声能传百里，故诸侯封地一般都是方圆百里。② 谒者：接待宾客和传达使命的官。印：官印。绶：系印的丝带。 ③ 十一帝：指汉高祖到平帝的十一位皇帝。

原文

二月……遣骠骑大将军景丹率征虏将军祭遵等二将军击弘农贼[①]，破之。因遣祭遵围蛮中贼张满[②]。渔阳太守彭宠反，攻幽州牧朱浮于蓟。延岑自称武安王于汉中。……三月乙未，大赦天下，诏曰："顷狱多冤人，用刑深刻，朕甚愍之。孔子云：'刑罚不中，则民无所措手足。'其与中二千石、诸大夫、博士、议郎议省刑法[③]。"遣执金吾贾复率二将军击更始郾王尹遵，破降之。……遣虎牙大将军盖延率四将军伐刘永。

翻译

二月……光武帝派骠骑大将军景丹率领征虏将军祭遵等二位将军攻打弘农郡的贼人，击溃了他们。于是又派祭遵围歼蛮中聚的贼人张满，渔阳太守彭宠造反，在蓟城攻打幽州牧朱浮。延岑在汉中自称武安王。……三月乙未日，大赦天下囚徒，光武帝下诏说："近来，狱中关了许多受冤枉的人，施刑也很残酷，我很怜悯受冤枉的人。孔子说：'刑罚不得当，那么人民就会手足无措。'应当和中二千石、各位大夫、博士、议郎商议减轻刑法。"光武帝派执金吾贾复率领二位将军攻打更始的郾王尹遵，击败并收降了他。……派虎牙大将军盖延率领四位将军讨伐刘永。

注释 ① 祭(zhài)：姓氏。 ② 蛮中：聚名，在今河南临汝县西南。 ③ 中二千石：汉代职官品级的一种。俸禄等级为"二千石"的，分为三等：中二千石，月得俸一百八十斛；二千石，月得俸一百二十斛；比二千石，月得俸一百斛。

原文

夏四月，围永于睢阳。

翻译

四月，在睢阳包围了刘永。更始的

更始将苏茂杀淮阳太守潘蹇而附刘永。……五月……癸未，诏曰："民有嫁妻卖子欲归父母者，恣听之。敢拘执，论如律。"六月戊戌，立贵人郭氏为皇后，子强为皇太子，大赦天下。增郎、谒者、从官秩各一等①。……

秋八月，帝自将征五校。丙辰，幸内黄，大破五校于羛阳②，降之。遣游击将军邓隆救朱浮，与彭宠战于潞，隆军败绩。盖延拔睢阳，刘永奔谯③。破虏将军邓奉据淯阳反④。九月壬戌，至自内黄。……延岑大破赤眉于杜陵⑤。关中饥，民相食。

部将苏茂杀了淮阳太守潘蹇，并投靠刘永。……五月……癸未日，光武帝下诏说："民间不得已嫁为人妻的女儿和卖出的儿子有要返回父母身边的，完全听任他们的意愿。谁敢拘禁他们，依法论处。"六月戊戌日，立贵人郭氏为皇后，儿子刘强为皇太子。大赦天下囚徒，增加郎官、谒者和从官的俸禄各一等。……

秋八月，光武帝亲自率领人马征伐五校军。丙辰日，到达内黄县，在羛阳大败五校军，并使他们投降。光武帝派游击将军邓隆援救朱浮，在潞城和彭宠交战，邓隆的军队吃了大败仗。盖延占领了睢阳，刘永逃到谯城。破虏将军邓奉占据了淯阳造反。九月壬戌，光武从内黄返回洛阳。……延岑在杜陵大破赤眉军。关中闹饥荒，发生了人吃人的现象。

注释 ① 从官：即皇帝的侍从官。 ② 羛（xī）阳：古地名，在今河南内黄西南。 ③ 谯（qiáo）：古县名，在今安徽亳州。 ④ 淯（yù）阳：汉县名，在今河南南阳。 ⑤ 杜陵：古县名，在今陕西西安东南。

原文

冬十一月，以廷尉岑彭

翻译

冬十一月，光武任命廷尉岑彭为征

为征南大将军，率八将军讨邓奉于堵乡。铜马、青犊、尤来余贼共立孙登为天子于上郡[①]。登将乐玄杀登，以其众五万余人降。遣偏将军冯异代邓禹伐赤眉。使太中大夫伏隆持节安辑青徐二州，招张步降之。十二月戊午，诏曰："惟宗室列侯为王莽所废，先灵无所依归，朕甚愍之。其并复故国。若侯身已殁，属所上其子孙见名尚书[②]，封拜。"是岁，盖延等大破刘永于沛西。初，王莽末，天下旱蝗，黄金一斤易粟一斛；至是野谷旅生，麻菽尤盛，野蚕成茧，被于山阜，人收其利焉。

南大将军，率领八位将军在堵乡讨伐邓奉。铜马、青犊、尤来余部在上郡共立孙登为皇帝。孙登的将领乐玄杀了他，率领五万多人投降。光武帝派遣偏将军冯异代替邓禹攻打赤眉军。派遣太中大夫伏隆拿着皇帝的符节安抚青、徐二州，招降了张步。十二月戊午日，光武帝下诏说："想到宗室列侯被王莽废掉，先人的神灵没有依归之处，我很怜悯他们。一并恢复他们的封国。若列侯本人已去世，让其子孙所在郡县把他们的现名上报尚书，分别封授爵位。"这年，盖延等人在沛县西面大破刘永。起初在王莽末年，天下发生旱灾、蝗灾，一斤黄金才换一斛粟；到这时野生的谷子不播就能生长，麻、豆长得尤其茂盛，野蚕结茧，布满山岗，人们从中得到许多利益。

注释 ① 上郡：郡名，在今无定海流域及内蒙古鄂托克旗等地。 ② 见：同"现"。

原文

三年春正月甲子，以偏将军冯异为征西大将军，杜茂为骠骑大将军。大司徒邓禹及冯异与赤眉战于回

翻译

建武三年(27)春正月甲子日，光武帝任偏将军冯异为征西大将军，杜茂为骠骑大将军。大司徒邓禹和冯异在回溪和赤眉交战，邓禹和冯异吃了大败

溪[①]，禹、异败绩。征虏将军祭遵破蛮中，斩张满。……闰月乙巳……冯异与赤眉战于崤底，大破之，余众南向宜阳[②]，帝自将征之。己亥，幸宜阳。甲辰，亲勒六军，大陈戎马，大司马吴汉精卒当前，中军次之，骁骑、武卫分陈左右。赤眉望见震怖，遣使乞降。丙午，赤眉君臣面缚，奉高皇帝玺绶。诏以属城门校尉。戊申，至自宜阳。己酉，诏曰："群盗纵横，贼害元元。盆子窃尊号，乱惑天下。朕奋兵讨击，应时崩解，十余万众束手降服，先帝玺绶归之王府。斯皆祖宗之灵，士人之力，朕曷足以享斯哉？其择吉日祠高庙，赐天下长子当为父后者爵，人一级。"二月己未，祠高庙，受传国玺。刘永立董宪为海西王，张步为齐王。步杀光禄大夫伏隆而反。幸怀，遣吴汉率二

仗。征虏将军祭遵攻下了蛮中聚，杀了张满。……闰月乙巳日……冯异与赤眉在崤底交战，大破赤眉军，赤眉余部向南退到宜阳，光武帝亲自率领兵马前往征伐。己亥日，光武帝到宜阳。甲辰，光武帝亲自统率六军，大摆兵阵，大司马吴汉的精兵列队于前，中军跟在后面，骁骑、武卫两军分别列于左右。赤眉军看到这阵势震惊恐怖，派人请求投降。丙午日，赤眉的皇帝、大臣反绑两手，奉献高祖刘邦传下的玺印前来投降。光武帝下诏把受降事宜交给城门校尉办理。戊申日，光武帝从宜阳回到洛阳。己酉日，光武帝下诏说："各路强盗横行天下，残害人民。刘盆子窃取皇帝尊号，惑乱天下。我急速兴兵讨伐，他们立刻崩溃，十万多人束手就降，先帝的玺印归还到了我的宫府中。这都是靠祖宗的威灵，将士的力量取得的，我哪里够格享有这些呢？可选定良辰吉日祭祀高祖，赏给天下应当继承父亲地位的长子以爵位，每人一级。"二月己未日，光武帝到高庙祭祀，接受传国印玺。刘永立董宪为海西王，张步为齐王。张步杀光禄大夫伏隆而叛乱。光武帝到怀城，派吴汉率领二位将军在轵县西面攻打青犊军，彻底打败了青犊

将军击青犊于轵西[3]，大破降之。三月……彭宠陷蓟城，宠自立为燕王。帝自将征邓奉，幸堵阳。

军，并使他们投降。三月……彭宠攻陷了蓟城，自立为燕王。光武帝亲自率兵征伐邓奉，并行进到堵阳县。

注释 ① 回溪：溪名，也称回坑，在今河南洛宁境。 ② 宜阳：县名，在今河南宜阳。 ③ 轵(zhǐ)：汉县名，在今河南济源。

原文

夏四月，大破邓奉于小长安，斩之。冯异与延岑战于上林，破之。吴汉率七将军与刘永将苏茂战于广乐[1]，大破之。虎牙大将军盖延围刘永于睢阳。五月己酉，车驾还宫。六月……耿弇与延岑战于穰[2]，大破之。

翻译

夏四月，汉军在小长安大破邓奉，杀了他。冯异和延岑在上林苑交战，冯异击败了延岑。吴汉率领七位将军在广乐与刘永的部将苏茂交战，大败苏茂。虎牙大将军盖延在睢阳包围了刘永。五月己酉日，光武帝返回洛阳。六月……耿弇与延岑在穰县交战，大破延岑。

注释 ① 广乐：古地名，在今河南虞城西。 ② 穰(ráng)：汉县名，在今河南邓州。

原文

秋七月，征南大将军岑彭率三将军伐秦丰，战于黎丘，大破之，获其将蔡宏。庚辰，诏曰："吏不满六百

翻译

秋七月，征南大将军岑彭率领三位将军讨伐秦丰，在黎丘交战，大败秦丰，俘获了他的将领蔡宏。庚辰日，光武帝下诏说："俸禄不满六百石的官吏，直到下面

石，下至墨绶长、相[1]，有罪先请。男子八十以上，十岁以下，及妇人从坐者，自非不道、诏所名捕[2]，皆不得系。当验问者即就验。女徒雇山归家。”盖延拔睢阳，获刘永，而苏茂、周建立永子纡为梁王。冬十月壬申，幸舂陵，祠园庙[3]，因置酒旧宅，大会故人父老。十一月乙未，至自舂陵。涿郡太守张丰反。……

县令一级的地方官，犯罪后，都必须奏请后才能治罪。八十岁以上，十岁以下的男子，和跟随罪犯连坐的妇女，假若不是犯有‘不道’罪、或诏书中指名逮捕的，都不允许拘禁。对该查问的人当即前往察问。女子犯徒罪让她出钱雇人上山伐木抵罪，本人则放还回家。”盖延占领了睢阳，捉住了刘永。而苏茂、周建又立刘永之子刘纡为梁王。冬十月壬申日，光武帝到舂陵，祭祀亡父，接着在旧居里安排酒宴，大规模地会聚故旧与父老乡亲。十一月乙未日，光武帝从舂陵回到洛阳。涿郡太守张丰造反。……

注释 ① 墨绶长、相：指县令、侯国相一级的地方官吏。 ② 自非：假若不是。不道：汉律，杀不辜一家三人为不道。 ③ 园庙：皇帝墓地所在的寝庙。园是帝、后的陵园，庙是祭祀祖先的地方。

原文

五年二月……彭宠为其苍头所杀，渔阳平。大司马吴汉率建威大将军耿弇击富平、获索贼于平原，大破降之。复遣耿弇率二将军讨张步。……夏四月，旱、蝗。……五月丙子，诏

翻译

建武五年(29)二月……彭宠被他的奴仆杀死，渔阳得以平定。大司马吴汉率建威大将军耿弇在平原郡攻打富平、获索军，大败富平、获索军，并降服了他们。又派耿弇率领二位将军讨伐张步。……夏四月，发生旱灾和蝗灾。五月丙子日，光武帝下诏说：“长久的干旱毁坏了麦子，秋庄稼的种子还没有下

曰："久旱伤麦，秋种未下，朕甚忧之。将残吏未胜，狱多冤结，元元愁恨，感动天气乎？其令中都官[①]，三辅、郡、国出系囚，罪非犯殊死一切勿案，见徒免为庶人。务进柔良，退贪酷，各正厥事焉。"六月……庞萌、苏茂围桃城[②]。帝时幸蒙[③]，因自将征之。先理兵任城，乃进救桃城，大破萌等。……八月己酉，进幸郯[④]，留吴汉攻刘纡、董宪等，车驾转徇彭城、下邳。吴汉拔郯，获刘纡；汉进围董宪、庞萌于朐[⑤]。冬十月，还，幸鲁，使大司空祠孔子。耿弇等与张步战于临淄，大破之。帝幸临淄，进幸剧。张步斩苏茂以降，齐地平。初起太学。车驾还宫，幸太学，赐博士弟子各有差。……十二月，卢芳自称天子于九原。西州大将军隗嚣遣子恂入侍[⑥]。……诏复济阳二

地，我为这事很焦虑。或许是因为残酷的官吏不称职，致使监牢里有许多冤屈郁结的无辜，人民愁苦怨恨，感动了上天的云气吧？现在我命令中都官、三辅、各郡、各诸侯国释放牢里的囚徒，除了犯死罪的其余不要追究，正在服徒刑的放免为平民。务必提升柔顺善良的人，罢免贪婪残酷的人，各人整顿自己的职事。"六月……庞萌、苏茂包围了桃城。光武帝正好来到了蒙县，于是他亲自率领兵马征伐庞萌、苏茂。他先在任城整顿部队，再进军援救桃城，大败庞萌等。……八月己酉日，光武帝行进到了郯县境内，他留下吴汉攻打刘纡、董宪等部，自己转而巡行彭城、下邳。吴汉占领了郯县，捉住了刘纡；又向前推进，在朐县包围了董宪、庞萌。冬十月，光武帝起程往回走，途经鲁地，派大司空祭祀孔子。耿弇等与张步在临淄交战，大破张步。光武帝到临淄，又行进到剧县。张步杀了苏茂来归降光武帝，齐地平定。开始在洛阳兴办太学。光武帝返抵洛阳宫，亲临太学巡视，赏赐博士弟子们，等级不一。……十二月，卢芳在九原县自称天子。西州大将军隗嚣遣送儿子隗恂入洛阳侍奉光武。……光武帝下诏免除济阳全县两

年徭役。是岁，野谷渐少，田亩益广焉。

年的徭役。这年，野生的谷物渐渐减少，耕种的田地越来越多。

注释 ①中都官：指京城洛阳各官府。②桃城：即桃聚，在今山东济宁北。③蒙：汉县名，在今山东蒙阴。④郯（tán）：古县名，在今山东郯城北。⑤朐（qú）：古县名，在今江苏连云港西南。⑥入侍：实际是做人质。

原文

六年春正月丙辰，改春陵乡为章陵县。世世复徭役，比丰、沛，无有所豫[①]。辛酉，诏曰："往岁水旱蝗虫为灾，谷价腾跃，人用困乏。朕惟百姓无以自赡，恻然愍之。其命郡国有谷者，给禀高年、鳏、寡、孤、独及笃癃、无家属贫不能自存者[②]，如律。二千石勉加循抚，无令失职[③]。"扬武将军马成等拔舒，获李宪。二月，大司马吴汉拔朐，获董宪、庞萌，山东悉平。……

翻译

建武六年（30）春正月丙辰日，改春陵乡为章陵县。免除章陵县人世世代代的徭役，比照着高祖刘邦家乡丰邑及沛县的旧例，让章陵县的人不再顾虑今后的岁月。辛酉日，光武帝下诏说："去年水、旱、蝗虫成灾，谷价飞涨，人们因而缺吃少穿。我想到百姓们无法供养自己，心里很难过，十分怜悯他们。现在命令存有粮食的各个郡国，供给老人、鳏夫、寡妇、无父、无子女的五种人以及病重体弱、没有家属而不能自养的人粮食，供给标准依照颁布的法律。各郡太守要多加慰问安抚人民，切莫让这些人无法正常生活。"扬武将军马成等攻占了舒县，俘获了李宪。二月，大司马吴汉攻占了朐县，俘获了董宪、庞萌，太行山以东都得到平定。……

注释 ① 豫：犹豫，变动。 ② 笃(dǔ)：病重。癃(lóng)：衰弱多病。 ③ 失职：失常，不能生活的意思。

原文

夏四月丙子，幸长安，始谒高庙，遂有事十一陵[①]。遣虎牙大将军盖延等七将军从陇道伐公孙述。五月己未，至自长安。隗嚣反，盖延等因与嚣战于陇阺，诸将败绩。辛丑，诏曰："惟天水、陇西、安定、北地吏人为隗嚣所诖误者，又三辅遭难赤眉，有犯法不道者，自殊死以下，皆赦除之。"六月辛卯，诏曰："夫张官置吏，所以为人也。今百姓遭难，户口耗少，而县官吏职所置尚繁，其令司隶、州牧各实所部，省减吏员。县国不足置长吏可并合者，上大司徒、大司空二府。"于是条奏并省四百余县，吏职减损，十置其一。……秋……遣前将军李通率二将军与公孙

翻译

夏四月丙子日，光武帝到长安，第一次拜谒了高皇帝的神庙，于是扫祭了西汉十一位皇帝的陵墓。派遣虎牙大将军盖延等七位将军取道陇地讨伐公孙述。五月己未日，光武帝从长安返回洛阳。隗嚣反叛，盖延等于是和隗嚣在陇阺交战，盖延等各位将领吃了大败仗。辛丑日，光武帝下诏说："念天水、陇西、安定、北地四郡被隗嚣欺骗而连累的官员，和三辅遭受赤眉之难时，有一些犯法定为'不道'罪的人，他们中凡判斩首以下的，一律赦免释放。"六月辛卯日，光武帝下诏说："设置官吏，是用来治理人民的。现在百姓遭难，户口减少，而所设置县官吏员依然过多，命令京畿及各州长官分别核实自己的辖区的官吏设置，减少官吏人数。那些不必设长吏又可以合并的县和侯国，就上报大司徒、大司空二府。"于是京畿、各州分列条文上奏，合并减少了四百多个县，官吏的职位减少，以前有十个这时只设一个。……秋天……派遣前将军李通率领二位将军，在西城县与公孙述

述将战于西城，破之。

大战，打败了公孙述。

注释 ① 有事：有祭祀之事，即行祭礼。

原文

冬十月丁丑，诏曰："吾德薄不明，寇贼为害，强弱相陵，元元失所。《诗》云：'日月告凶，不用其行。'永念厥咎，内疚于心。其敕公卿举贤良、方正各一人；百僚并上封事，无有隐讳；有司修职，务遵法度。"十一月丁卯，诏王莽时吏人没入为奴婢不应旧法者，皆免为庶人。十二月……癸巳，诏曰："顷者师旅未解，用度不足，故行什一之税。今军士屯田，粮储差积。其令郡国收见田租三十税一，如旧制。"隗嚣遣将行巡寇扶风，征西大将军冯异拒破之。是岁，初罢郡国都尉官①。始遣列侯就国。匈奴遣使来献，使中郎将报命。……

翻译

冬十月丁丑日，光武帝下诏说："我德行浅薄而不圣明，致使寇贼造成祸害，强暴欺凌弱小，人民流离失所。《诗经》说：'日月显示天下凶亡的征兆，是不按正常轨道运行。'我要永远记住自己的过失，心里充满内疚。今敕令公卿推举贤良、方正各一人，百官都要奏上秘密封的报告，不要有所隐瞒和避讳；官员们要履行职责，务必遵守法度。"十一月丁卯日，光武帝下诏：王莽时的官民，籍没为奴婢而又不符合前汉法令的人，一律把他们放免为平民。十二月……癸巳日，光武帝下诏说："不久前，战争未结束，国家费用不足，所以实行十分之一的田税。现在士兵们经营屯田，粮食储备略有增多，命令各郡国收现有田地收获的三十分之一为田租，如同景帝时的制度一样。"隗嚣派将军行巡侵犯扶风，征西大将军冯异迎战，并击败了他。这年，开始撤销各郡的都尉官。开始派遣诸侯王到自己的封国去。匈奴派使者向光武帝进贡，光武帝派中郎将回访。……

注释 ①“国”字当为衍文。

原文

七年春正月丙申，诏中都官、三辅、郡、国出系囚，非犯殊死，皆一切勿案其罪。见徒免为庶人。耐罪亡命，吏以文除之。又诏曰：“世以厚葬为德，薄终为鄙，至于富者奢僭，贫者单财，法令不能禁，礼义不能止，仓卒乃知其咎。其布告天下，令知忠臣、孝子、慈兄、悌弟薄葬送终之义。”……三月丁酉，诏曰：“今国有众军，并多精勇，宜且罢轻车、骑士、材官、楼船士及军假吏，令还复民伍。”公孙述立隗嚣为朔宁王。癸亥晦，日有食之，避正殿，寝兵[①]，不听事五日。……夏四月壬午，诏曰：“比阴阳错谬，日月薄食。百姓有过，在予一人，大赦天下。公、卿、司隶、州牧举贤良、

翻译

建武七年(31)春正月丙申日，光武帝下诏令中都官、三辅、各郡、各诸侯国释放牢里的囚犯，不是判为斩首死刑的，都权且不予追究。被判徒刑的免为平民。应服二至四年徒刑而逃亡的，官吏们记下他们的姓名而免除其罪。光武帝又下诏说：“世人都把厚葬当成美德，把节俭地处理丧事当成鄙野无礼的事，以至有钱的人奢侈僭越，贫苦的人因此费尽家财，法令禁止不了，礼义也阻止不了，直到丧乱时因墓中财物多而被盗掘才知道害处。今布告天下，让百姓都懂得忠正的臣子、孝顺的儿子、仁慈的兄长、温顺的弟弟以及薄葬送终的大义。”……三月丁酉日，光武帝下诏说：“现在国家有多种部队，并且大多精锐勇武，应该暂且撤销轻车、骑士、材官、楼船士这些士卒以及军中临时添置的官员，让他们还乡为民。”公孙述立隗嚣为朔宁王。三月的最后一天癸亥日，日食发生。光武帝离开正殿，停止用兵，五天中不上朝理政。……夏四月壬午日，光武帝下诏说：“近来阴阳错乱乖谬，日月迫近相食。百姓们有过失，责

方正各一人，遣诣公车，朕将览试焉。”五月……甲寅，诏吏人遭饥乱及为青、徐贼所略为奴婢下妻，欲去留者，恣听之。敢拘制不还，以卖人法从事。……冬，卢芳所置朔方太守田飒、云中太守乔扈各举郡降。……

任都在我身上，现在大赦天下罪犯。三公、九卿、司隶、州牧推举贤良、方正各一人，让他们到公车门那里去，我将接见和考察他们。”五月……甲寅日，光武帝下诏：官员、百姓因为遭受饥荒、战乱以及被青、徐二州强盗掳去当奴隶、小妾的，要离开或留在主人家，完全听任本人的意愿。有敢强制拘留不让他们返还的人，按卖人法治罪。……冬天，卢芳任命的朔方太守田飒、云中太守乔扈各自率领全郡投降。……

注释　① 寖(qǐn)兵：息兵，停止军事活动。

原文

八年春正月，中郎将来歙袭略阳，杀隗嚣守将而据其城。夏四月……隗嚣攻来歙，不能下。闰月，帝自征嚣，河西大将军窦融率五郡太守与车驾会高平。陇右溃，隗嚣奔西城，遣大司马吴汉、征南大将军岑彭围之，进幸上邽，不降，命虎牙大将军盖延、建威大将军耿弇攻之。颍川盗贼寇没属

翻译

建武八年(32)春正月，中郎将来歙偷袭略阳县，杀了隗嚣的守城将领并占据了略阳城。夏四月……隗嚣攻打来歙，没有能攻下来。闰六月，光武帝亲自征伐隗嚣，河西大将军窦融率领五个郡的太守在高平县和光武帝会合。隗嚣在陇西郡溃败，逃奔到西城，光武帝派大司马吴汉、征南大将军岑彭包围了西城。光武帝行进到上邽，西城仍不投降，他便命令虎牙大将军盖延、建威大将军耿弇发起攻击。颍川的强盗们侵犯并陷没该郡所辖的县，河东太守统率

县[①]，河东守守兵亦叛，京师骚动。秋，大水。八月，帝自上邽晨夜东驰。九月乙卯，车驾还宫。庚申，帝自征颍川盗贼，皆降。安丘侯张步叛归琅邪，琅邪太守陈俊讨获之。戊寅，至自颍川。……十一月……公孙述遣兵救隗嚣，吴汉、盖延等还军长安。天水、陇西复反归嚣。……

的守兵也发生叛乱，京城洛阳群情骚动不安。秋天，大水泛滥。八月，光武帝从上邽昼夜兼程地向东赶路。九月乙卯日，抵达洛阳宫。庚申日，光武帝亲自征伐颍川的盗贼，盗贼全数投降。安丘侯张步叛乱后返回琅邪，琅邪太守陈俊征讨并捉拿了他。庚寅日，光武帝从颍川返回洛阳。……十一月……公孙述派兵援救隗嚣，吴汉、盖延等回师长安。天水、陇西又反叛朝廷归顺隗嚣。……

注释　① 没：指攻陷、占据。

原文

九年春正月，隗嚣病死，其将王元、周宗复立嚣子纯为王。……三月……公孙述遣将田戎、任满据荆门。夏六月丙戌，幸缑氏，登轘辕。遣大司马吴汉率四将军击卢芳将贾览于高柳[①]，战不利。秋八月，遣中郎将来歙监征西大将军冯异等五将军讨隗纯于天水。骠骑大

翻译

建武九年(33)春正月，隗嚣病死，他的将领王元、周宗又立隗嚣的儿子隗纯为王。……三月……公孙述派部将田戎、任满占据了荆门山。夏六月丙戌日，光武帝来到缑氏，登上轘辕山。派大司马吴汉率领四位将军在高柳攻打卢芳的部将贾览，战斗失利。秋八月，派中郎将来歙监督征西大将军冯异等五位将军在天水讨伐隗纯。骠骑大将军杜茂与贾览在繁畤交战，杜茂的军队吃了败仗。……

将军杜茂与贾览战于繁畤[②]，茂军败绩。……

注释 ① 高柳：汉县名，在今山西阳高北。 ② 繁畤（zhì）：汉县名，在今山西浑源西。

原文

十年春正月，大司马吴汉率捕虏将军王霸等五将军击贾览于高柳，匈奴遣骑救览，诸将与战，却之。……夏，征西大将军冯异破公孙述将赵匡于天水，斩之。征西大将军冯异薨。……冬十月，中郎将来歙等大破隗纯于落门[①]，其将王元奔蜀，纯与周宗降，陇右平。……

翻译

建武十年（34）春正月，大司马吴汉率领捕虏将军王霸等五位将军在高柳攻打贾览，匈奴派兵马援救贾览，吴汉和众将与匈奴交战，击退了匈奴救兵。……夏天，征西大将军冯异在天水击败公孙述的部将赵匡，并杀了他。征西大将军冯异去世。……冬十月，中郎将来歙等在落门大破隗纯，隗纯的大将王元逃奔蜀地，隗纯本人和周宗投降，陇西得到平定。……

注释 ① 落门：聚名，在今甘肃甘谷西。

原文

十一年春二月己卯，诏曰："天地之性人为贵。其杀奴婢，不得减罪。"……闰月，征南大将军岑彭率三将

翻译

建武十一年（35）春二月己卯日，光武帝下诏说："天地之间的灵性以人最为贵重。如果杀害的是奴婢，也不能减轻他的杀人罪。"……闰三月，征南大将

军与公孙述将田戎、任满战于荆门，大破之，获任满。威虏将军冯骏围田戎于江州[①]，岑彭遂率舟师伐公孙述，平巴郡。……六月，中郎将来歙率扬武将军马成破公孙述将王元、环安于下辩[②]。安遣间人刺杀中郎将来歙。帝自将征公孙述。秋七月，次长安。八月，岑彭破公孙述将侯丹于黄石。辅威将军臧宫与公孙述将延岑战于沈水[③]，大破之。王元降。至自长安。癸亥，诏曰："敢炙灼奴婢，论如律，免所炙灼者为庶人。"冬十月壬午，诏除奴婢射伤人弃市律。公孙述遣间人刺杀征南大将军岑彭。……十二月，大司马吴汉率舟师伐公孙述。是岁……初断州牧自还奏事。

军岑彭率领三位将军在荆门山与公孙述大将田戎、任满交战，岑彭大破田戎、任满，擒获了任满。威虏将军冯骏在江州包围了田戎，岑彭随即率领水军讨伐公孙述，平定了巴郡。……六月，中郎将来歙率领扬武将军马成在下辩县打败公孙述的大将王元、环安。环安派间谍刺杀了中郎将来歙。光武帝亲自率军讨伐公孙述。秋七月，光武帝驻扎长安。八月，岑彭在黄石滩击溃公孙述的大将侯丹。辅威将军臧宫在沈水与公孙述的大将延岑交战，臧宫大败延岑。王元投降。光武帝从长安返回洛阳。癸亥日，光武帝下诏说："有敢烧灼奴婢的人，依法论罪，并将所烧灼的奴婢放免为平民。"冬十月壬午日，光武帝下令取消奴隶因射箭伤人要被处死示众的法律。公孙述派间谍刺死了征南大将军岑彭。……十二月，大司马吴汉率领水军讨伐公孙述。这年……开始废止州牧年终进京奏事的制度。

注释　① 江州：汉县名，在今四川江北。　② 下辩：汉县名，在今甘肃成县西。③ 沈水：水名，即今四川射洪东南涪江东岸的支流杨桃溪。

原文

十二年春正月，大司马吴汉与公孙述将史兴战于武阳[1]，斩之。三月癸酉，诏陇、蜀民被略为奴婢自讼者，及狱官未报，一切免为庶人。……秋七月，威虏将军冯骏拔江州，获田戎。九月，吴汉大破公孙述将谢丰于广都，斩之。辅威将军臧宫拔涪城，斩公孙恢。……冬十一月戊寅，吴汉、臧宫与公孙述战于成都，大破之。述被创，夜死。辛巳，吴汉屠成都，夷述宗族及延岑等。……是岁，九真徼外蛮夷张游率种人内属，封为归汉里君。……诏边吏力不足战则守，追虏料敌不拘以逗留法。……遣骠骑大将军杜茂将众郡施刑屯北边[2]，筑亭候，修烽燧。

翻译

建武十二年(36)春正月，大司马吴汉与公孙述的部将史兴在武阳大战，吴汉杀了史兴。三月癸酉日，光武帝下诏：陇、蜀两地百姓中被抢去当奴婢后自己到官府诉讼的人，以及司法官员未予判决的，临时免为平民。……秋七月，威虏将军冯骏占领了江州，捉住了田戎。九月，吴汉在广都县大败公孙述部将谢丰，斩杀了谢丰。辅威将军臧宫占领了涪城，斩杀了公孙恢。……冬十一月戊寅日，吴汉、臧宫与公孙述在成都交战，大破公孙述。公孙述本人受重伤，当夜死去。辛巳，吴汉在成都进行大屠杀，将公孙述族人及延岑等全部处死。……这年，九真郡境外的蛮夷张游率领部族归属汉朝，封张游为汉归里君。……光武帝下诏：边境官吏如力量不足出战，就采取防守之策；追击敌人时以敌进退定我进退，不以“逗留法”治将帅的罪。……派骠骑大将军杜茂率领各郡弛刑的罪犯屯驻北部边境，构筑瞭望路亭哨所，修建烽火台。

注释 ① 武阳：汉县名，在今四川彭山东。 ② 施：同“弛”，松弛，解开。施刑，指不戴镣铐、不穿囚服、仍要服劳役的犯人。

原文

十三年春正月……戊子，诏曰："往年已敕郡国，异味不得有所献御，今犹未止，非徒有豫养导择之劳，至乃烦扰道上，疲费过所。其令太官勿复受。明敕下以远方口实所以荐宗庙，自如旧制。"二月，遣捕虏将军马武屯虖沱河以备匈奴。卢芳自五原亡入匈奴。丙辰，诏曰："长沙王兴、真定王得、河间王邵、中山王茂，皆袭爵为王，不应经义。其以兴为临湘侯、得为真定侯、邵为乐成侯、茂为单父侯。"其宗室及绝国封侯者凡一百三十七人。丁巳，降赵王良为赵公，太原王章为齐公，鲁王兴为鲁公。庚午，以殷绍嘉公孔安为宋公，周承休公姬武为卫公。省并西京十三国[①]：广平属巨鹿，真定属常山，河间属信都，城阳属琅邪，泗水属

翻译

建武十三年(37)春正月……戊子日，光武帝下诏说："往年我已经敕命各郡国，不得进献奇异的美味，但至今仍未停止。这不仅有预先饲养和挑选的劳累，甚至还要使沿途烦劳搅扰，让所经过地区增加劳累和耗费。现命令掌御膳的太官令不得再接受各郡国的进献。我明确地发布敕戒，进献远方食物只是用来供奉宗庙，一如以往的制度。"二月，光武帝派捕虏将军马武在滹沱河边驻军来防备匈奴。卢芳从五原逃入匈奴。丙辰日，光武帝下诏说："长沙王刘兴、真定王刘得、河间王刘邵、中山王刘茂，经继承爵位当了诸侯国王，但他们是皇室的远支，当王不合经典的义理。现在改封刘兴为临湘侯，刘得为真定侯，刘邵为乐成侯，刘茂为单父侯。"那些宗室及中断了国嗣的诸侯，改封为侯的，共计一百三十七人。丁巳日，赵王刘良被降为赵公，太原王刘章降为齐公，鲁王刘兴降为鲁公。庚午日，任命殷绍嘉公孔安为宋公，周承休公姬武为卫公。撤销合并了西汉时的十三个诸侯国：广平并入巨鹿，真定并入常山，河间并入信都，城阳并入琅邪，泗水并入广陵，淄川并入高密，胶东并入北海，六

广陵，淄川属高密，胶东属北海，六安属庐江，广阳属上谷。……夏四月，大司马吴汉自蜀还京师，于是大飨将士，班劳策勋。功臣增邑更封，凡三百六十五人。其外戚恩泽封者四十五人。罢左右将军官。建威大将军耿弇罢。益州传送公孙述瞽师、郊庙乐器、葆车、舆辇[②]，于是法物始备[③]。时兵革既息，天下少事，文书调役，务从简寡，至乃十存一焉。……冬十二月甲寅，诏益州民自八年以来被略为奴婢者，皆一切免为庶人；或依托为人下妻，欲去者，恣听之；敢拘留者，比青、徐二州以略人法从事。……

安并入庐江，广阳并入上谷。……夏四月，大司马吴汉从蜀地返回洛阳，于是大张筵席慰劳将士，颁布各人功劳并记录在册。增加封地，更新爵位的功臣，共计三百六十五人。那些外戚中承蒙皇帝恩命加封者有四十五人。撤销左右将军官职。建威大将军耿弇被罢官。益州送来公孙述的瞽师、郊庙乐器、葆车、舆辇，至此皇家仪仗的用物才开始完备。这时战争已经平息，天下很少事变，通过文书调发劳役力求简省不滥，以至于数量只有以前的十分之一。……冬十二月甲寅日，光武帝下诏：益州百姓凡是从建武八年(32)以来被抢去做奴婢的，临时决定都放免为平民；有依托别人当小妾而想离开的，完全听从她们的意愿；对敢于滞留不放她们的人，照青、徐二州的方式，按掠人法治罪。……

注释　① 此处只有九国，说十三国可能有误。 ② 瞽(gǔ)师：由盲人担任的乐师。郊庙乐器：郊祀所用的尊彝等器物和钟磬等乐器。葆车：装饰有五彩羽毛的车。舆：泛指车。辇：人拉的车，秦汉以后专指皇帝的车子。 ③ 法物：帝王仪仗所用的器物。

原文

十四年春正月，起南宫前殿。匈奴遣使奉献，使中郎将报命。夏四月辛巳，封孔子后志为褒成侯。……是岁，会稽大疫。莎车国、鄯善国遣使奉献。十二月癸卯，诏益、凉二州奴婢，自八年以来自讼在所官，一切免为庶人，卖者无还直。

十五年……二月，徙雁门、代郡、上谷三郡民置常山关、居庸关以东。初，巴蜀既平，大司马吴汉上书请封皇子，不许，重奏连岁。三月，乃诏群臣议。大司空融、固始侯通、胶东侯复、高密侯禹、太常登等奏议曰："古者封建诸侯，以藩屏京师。周封八百，同姓诸姬并为建国，夹辅王室，尊事天子，享国永长，为后世法。故《诗》云：'大启尔宇，为周室辅。'高祖圣德，光有天下，亦务亲亲，封立兄弟诸

翻译

建武十四年(38)春正月，修造南宫的前殿。匈奴派使者进献贡物，光武帝派中郎将刘襄作为使者去匈奴回访。夏四月辛巳日，封孔子的后裔孔志为褒成侯。……这年，会稽发生严重瘟疫。西域的莎车国、鄯善国派使者进献贡物。十二月癸卯日，光武帝下诏：益、凉二州的奴婢，从建武八年(32)以来凡到所在地官府自己申诉过的，都放免为平民。卖身为奴的人不必把卖身钱还给主人。

建武十五年(39)……二月，迁移雁门、代郡、上谷三郡的人口，安置在常山关、居庸关以东地区。当初，巴蜀平定以后，大司马吴汉上书请封皇子，光武帝没答应，吴汉便连年反复为此事上书。三月，光武帝才下诏让群臣商议此事。大司空窦融、固始侯李通、胶东侯贾复、高密侯邓禹、太常登等向光武帝上书陈述意见说："古时候分封建立诸侯国，来作为京城的屏障。周朝封八百诸侯，同宗各姬姓，一齐建立诸侯国，在周围辅佐王室，恭敬地事奉天子，使得周朝的王位长久地延续，成为后世的榜样。所以《诗经》上说：'大力开拓你们的疆土，作为我周室的辅助。'高祖刘邦

子，不违旧章。陛下德横天地，兴复宗统，褒德赏勋，亲睦九族，功臣宗室，咸蒙封爵，多受广地，或连属县。今皇子赖天，能胜衣趋拜，陛下恭谦克让，抑而未议，群臣百姓，莫不失望。宜因盛夏吉时，定号位，以广藩辅，明亲亲，尊宗庙，重社稷，应古合旧，厌塞众心。臣请大司空上舆地图，太常择吉日，具礼仪。”制曰：“可。”夏四月戊申，以太牢告祠宗庙。丁巳，使大司空融告庙，封皇子辅为右翊公，英为楚公，阳为东海公，康为济南公，苍为东平公，延为淮阳公，荆为山阳公，衡为临淮公，焉为左翊公，京为琅邪公。……六月……诏下州郡检核垦田顷亩及户口年纪，又考实二千石长吏阿枉不平者。冬十一月甲戌，大司徒欧阳歙下狱死。十二月庚午，关内

具有崇高的德行，广有天下，也曾尽力爱护宗亲、封兄弟和各个皇子为诸侯王，不违背过去的典章。陛下您的德行横贯天地，复兴了刘家正统，褒扬美德，奖励功勋，亲近九族，功臣宗室都承受封爵，大多得到大片的封地，有的甚至连接数县。现在您的儿子们靠上天保佑，已经能穿戴成人的衣冠，行趋拜之仪，陛下谦虚退让，压着没有让群臣商议分封皇子的事，群臣百姓，没有不失望的。应该趁着盛夏这一古代封建诸侯的好季节，确定封号名位，从而广建中央政权的屏障和辅佐，体现您爱护亲属，尊崇祖先，重视国家，这才符合古代的传统和旧时的制度，满足众人的心愿。我们请求您命令大司空呈上地图，太常选择吉祥的日子，准备好礼仪。”光武帝下旨说：“可以。”夏四月戊申日，用牛猪羊三牲告祭宗庙。丁巳日，派大司空窦融告祭祖宗，封皇子刘辅为右翊公，刘英为楚公，刘阳为东海公，刘康为济南公，刘苍为东平公，刘延为淮官公，刘荆为山阳公，刘衡为临淮公，刘焉为左翊公，刘京为琅邪公。……六月……光武帝下诏：各州郡要检查核实开垦田地的数字和户口年龄情况，还要考查核实郡守的属官中那些枉法而不秉公办

侯戴涉为大司徒。卢芳自匈奴入居高柳。……

十六年……秋九月，河南尹张伋及诸郡守十余人，坐度田不实，皆下狱死。郡国大姓及兵长、群盗处处并起，攻劫在所，害杀长吏。郡县追讨，到则解散，去复屯结。青、徐、幽、冀四州尤甚。冬十月，遣使者下郡国，听群盗自相纠擿，五人共斩一人者，除其罪。吏虽逗留回避故纵者，皆勿问，听以禽讨为效。其牧守令长坐界内盗贼而不收捕者，又以畏愞捐城委守者，皆不以为负，但取获贼多少为殿最，唯蔽匿者乃罪之。于是更相追捕，贼并解散。徙其魁帅于它郡，赋田受禀，使安生业。自是牛马放牧，邑门不闭。卢芳遣使乞降。十二月甲辰，封芳为代王。初，王莽乱后，货币杂用布、帛、金、粟。是岁，始行五

事的。冬十一月甲戌日，大司徒欧阳歙犯罪入狱而死。十二月庚午日，关内侯戴涉担任大司徒。卢芳从匈奴回到高柳县定居。……

建武十六年(40)……秋九月，河南尹张伋和十余个郡守，犯审核田亩数字不实罪，都入狱处死。各郡国的世家大族和军吏、群盗到处兴起作乱，攻击抢劫所在地区，杀害地方上的官吏。郡县的军队去追剿，军队一到，他们就逃散，一离开，他们又聚集作乱。青、徐、幽、冀四州这种情况尤其严重。冬十月，光武帝派使者到各郡国传达诏令，听凭强盗们互相检举揭发，五人一起杀掉一人的，可免除他们的罪行。官吏过去虽然拖延回避捕盗甚至有意放纵强盗，一律不加追究，听任他们抓捕讨伐盗贼的行动来出力。那些州、郡、县的长官，因犯有不捉拿境内强盗的罪过，以及因为畏惧强盗而弃城失守，都不作为失职论处，仅以最终捉拿强盗多少来区分高低优劣，只有掩护窝藏盗贼的人才被治罪。于是各级官吏竞相追捕，强盗们纷纷解散。又将强盗头目迁徙到别的郡中，发给土地和粮食，使他们安于谋生之业。从此放牛牧马不须有人看守，城门也不用关闭。卢芳派人来求降。十

铢钱。

十七年……秋七月，妖巫李广等群起据皖城，遣虎贲中郎将马援、骠骑将军段志讨之。九月，破皖城，斩李广等。冬十月辛巳，废皇后郭氏为中山太后，立贵人阴氏为皇后。进右翊公辅为中山王，食常山郡。其余九国公，皆即旧封进爵为王。甲申，幸章陵。修园庙，祠旧宅，观田庐，置酒作乐，赏赐。时宗室诸母因酣悦，相与语曰："文叔少时谨信，与人不款曲，唯直柔耳。今乃能如此！"帝闻之，大笑曰："吾理天下，亦欲以柔道行之。"乃悉为舂陵宗室起祠堂。……十二月，至自章陵。……

十八年春二月，蜀郡守将史歆叛，遣大司马吴汉率二将军讨之，围成都。……夏四月……甲戌，诏曰："今边郡盗谷五十斛，罪至于

二月甲辰日，封卢芳为代王。起初，王莽作乱以后，货币混杂使用"布"钱、丝绸、金银、粮食，这年，开始使用五铢钱。

建武十七年(41)……秋七月，妖巫李广等聚集而起占据了皖城，朝廷派遣虎贲中郎将马援、骠骑将军段志讨伐他们。九月，攻破皖城，杀了李广等人。冬十月辛巳日，废除郭皇后，改为中山王太后，立贵人阴氏当皇后。加封右翊公刘辅为中山王，以常山郡为食邑。其他九位封为公爵的皇子，都就着当初的封地提高爵位称王。甲申日，光武帝到章陵县。他修理园庙，在旧居进行祭祀，观看田间庐舍，举行宴会，演出舞乐，赏赐众人。这时宗室的女性长辈借着喝得畅快高兴，互相说道："文叔小时就谨厚忠信，不跟旁人应酬，仅仅以坦诚柔和待人罢了。今天竟能当上了皇帝！"光武帝听到这话，大笑说："我治理天下，也要用柔道来施行政教。"于是光武帝为在舂陵的宗族人家全部建造了祠堂。……十二月，光武帝从章陵返回洛阳。……

建武十八年(42)春二月，蜀郡守将史歆叛乱，光武帝派大司马吴汉率二位将军去讨伐，包围了成都。……夏四月……甲戌日，光武帝下诏说："现在边境

死，开残吏妄杀之路，其蠲除此法，同之内郡。”……五月，旱。卢芳复亡入匈奴。秋七月，吴汉拔成都，斩史歆等。壬戌，赦益州所部殊死已下。……是岁，罢州牧，置刺史。

十九年……闰月戊申，进赵、齐、鲁三国公爵为王。六月戊申，诏曰：“《春秋》之义，立子以贵。东海王阳，皇后之子，宜承大统。皇太子强，崇执谦退，愿备藩国。父子之情，重久违之。其以强为东海王，立阳为皇太子，改名庄。”秋九月，南巡狩。壬申，幸南阳，进幸汝南南顿县舍，置酒会，赐吏人，复南顿田租岁。父老前叩头言：“皇考居此日久，陛下识知寺舍，每来辄加厚恩，愿赐复十年。”帝曰：“天下重器，常恐不任，日复一日，安敢远期十岁乎？”吏人又言：“陛下实惜之，何言谦

各郡对偷粮食五十斛的人，会被判罪至死刑，这就开启了残酷的官吏随便杀人的途径，应该取消这种法律，定罪标准与内地各郡相同。”……五月，旱灾发生。卢芳又逃入匈奴地界。秋七月，吴汉占领成都，杀了史歆等人。壬戌日，赦免益州叛乱者死罪以下的人。……这一年，朝廷取消州牧之职，设置刺史。

建武十九年(43)……闰四月戊申日，光武加封赵、齐、鲁三国公的爵位为王。六月戊申日，下诏说：“按《春秋》的经义，应以高贵者立为太子。东海王刘阳，是阴皇后的儿子，应该继承帝位。皇太子刘强，崇尚并坚持谦让，愿到诸侯国为王。父子之间的感情，使我难以期违背他的意愿。封刘强为东海王，立刘阳为皇太子，改名为庄。”秋九月，光武帝向南巡行。壬申日，到南阳，到达汝南郡南顿县县舍，置办酒宴，赏赐官民，减免南顿田租一年。南顿的老人上前叩头说：“皇上的父亲在此居住时日长久，您也熟悉这里的官舍府署，每次一来就给我们丰厚的恩惠，请赐予南顿减免十年田租。”光武帝说：“天下的大权，我常常怕不能胜任，时光一天一天地过去，哪敢奢望再活十年啊？”官民们又说：“皇上实际是舍不得减免，何必出

也?"帝大笑,复增一岁。进幸淮阳、梁、沛。……是岁,复置函谷关都尉。修西京宫室。

二十年春二月戊子,车驾还宫。夏四月庚辰,大司徒戴涉下狱死。大司空窦融免。五月……匈奴寇上党、天水,遂至扶风。……冬十月,东巡狩。甲午,幸鲁,进幸东海、楚、沛国。十二月,匈奴寇天水。壬寅,车驾还宫。是岁……复济阳县徭役六岁。

二十一年春正月,武威将军刘尚破益州夷,平之。夏四月,安定属国胡叛,屯聚青山①,遣将兵长史陈䜣讨平之。秋,鲜卑寇辽东,辽东太守祭肜大破之。冬十月,遣伏波将军马援出塞击乌桓,不克。匈奴寇上谷、中山。其冬,鄯善王、车师王等十六国皆遣子入侍奉献,愿请都护。帝以中国

言这么谦逊呢?"光武帝大笑,又把免租的期限加了一年。光武帝从南顿行进到淮阳、梁、沛等地。……这年,恢复设置函谷关都尉。修缮西京长安的宫室。

建武二十年(44)春二月戊子日,光武帝返回洛阳皇宫。夏四月庚辰日,大司徒戴涉犯罪被关入监狱而死。大司空窦融被免官。五月……匈奴侵扰上党、天水,接着兵临扶风。……冬十月,光武帝向东巡视考察。甲午日,到鲁地,又行进到东海国、楚国、沛国。十二月,匈奴再次侵扰天水。壬寅日,光武帝返回洛阳。这一年……免除济阳县六年徭役。

建武二十一年(45)春正月,武威将军刘尚击败益州夷,平定益州。夏四月,安定郡内的附庸国的胡人叛乱,在青山屯聚兵马,光武帝派将兵长史陈䜣讨伐,平定了叛乱。秋天,鲜卑侵扰辽东,辽东太守祭肜大败了他们。冬十月,派遣伏波将军马援出关攻打乌桓,没有取胜。匈奴侵扰上谷郡、中山国。这年冬天,西域的鄯善王、车师王等十六国都送王子到汉宫侍奉光武并献上贡物,请光武帝在他们那里设置都护。光武帝因为中原刚刚平定,还无暇顾及外部事务,因而把他们派来侍奉的王子

初定，未遑外事，乃还其侍子，厚加赏赐。

二十二年……秋七月，司隶校尉苏邺下狱死。九月戊辰，地震裂。制诏曰：“日者地震，南阳尤甚。夫地者，任物至重，静而不动者也。而今震裂，咎在君上。鬼神不顺无德，灾殃将及吏人，朕甚惧焉。其令南阳勿输今年田租刍稿。遣谒者案行，其死罪系囚在戊辰以前，减死罪一等，徒者弛解钳，衣丝絮。赐郡中居人压死者棺钱，人三千。其口赋逋税而庐宅尤破坏者，勿收责。吏人死亡，或在坏垣毁屋之下，而家羸弱不能收拾者，其以见钱谷取佣，为寻求之。”……是岁……匈奴薁鞬日逐王比遣使诣渔阳请和亲[②]，使中郎将李茂报命。乌桓击破匈奴，匈奴北徙，幕南地空。诏罢诸边郡亭候吏卒。

送回，并给予丰厚的赏赐。

建武二十二年(46)……秋七月，司隶校尉苏邺犯罪入狱而死。九月戊辰日，发生地震地裂。光武帝下诏说：“日前发生地震，南阳最严重。大地，它所承担的东西特别重，是平稳不动的。而如今大地震裂，罪过在于我一国之君。鬼神不顺应没有德行的人，灾祸将降临在官民头上，我对此非常恐惧。命令南阳不再交纳今年的田租和柴草。并且派谒者去南阳巡视。那些在戊辰日以前的在押死刑囚犯，减死罪一等；刑徒都取下脚镣，允许他们穿丝絮衣服。赏给郡中被压死的居民棺材钱，每人三千。那些应交人口税和拖欠田租而房屋严重毁坏的人家，不必再去索债。死亡的官吏和平民，有压在毁坏的墙垣和房屋下，而家人贫弱无力收葬的，当拿现钱和粮食雇人为他们寻找收葬死去的人。”……这一年……匈奴薁鞬日逐王比派使者到渔阳请求和亲，汉朝派中郎将李茂为使者回访匈奴。乌桓击溃了匈奴，匈奴向北迁徙，沙漠南部地区空旷无人。光武帝下诏撤销各边郡瞭望台的吏卒。

建武二十三年(47)春正月，南郡蛮叛乱，光武派武威将军刘尚征伐打败了

二十三年春正月，南郡蛮叛，遣武威将军刘尚讨破之，徙其种人于江夏。……十二月，武陵蛮叛，寇掠郡县，遣刘尚讨之，战于沅水，尚军败殁。是岁，匈奴薁鞬日逐王比率部曲遣使诣西河内附[③]。

他们，将他们部族迁移到江夏郡。……十二月，武陵蛮叛乱，侵犯并抢掠郡县，光武帝派刘尚讨伐他们，激战于沅水，刘尚战败军队覆没。这年，匈奴薁鞬日逐王比领部曲并派使者到西河郡依附汉朝。

注释 ① 青山：在今甘肃环县。 ② 比：为匈奴王之名。 ③ 部曲：为古代军队编制单位，这里指军队。

原文

二十四年春正月乙亥，大赦天下。匈奴薁鞬日逐王比遣使款五原塞，求扞御北虏。秋七月，武陵蛮寇临沅，遣谒者李嵩、中山太守马成讨蛮，不克，于是伏波将军马援率四将军讨之。诏有司申明旧制阿附蕃王法。冬十月，匈奴薁鞬日逐王比自立为南单于，于是分为南、北匈奴。

二十五年春正月，辽东

翻译

建武二十四年(48)春正月乙亥日，大赦天下罪犯。匈奴薁鞬日逐王比派使者到五原塞叩关，请求为汉朝防御北方的敌人。秋七月，武陵蛮侵犯临沅县，光武帝派遣谒者李嵩、中山太守马成去讨伐，没有取胜，于是朝廷下令让伏波将军马援率领四位将军去讨伐武陵蛮。光武帝下诏让主管部门申明以前制定的有关处罚非法依附诸侯王的法律。冬十月，匈奴薁鞬日逐王比自封为南单于，于是匈奴分为南、北匈奴。

建武二十五年(49)春正月，辽东境外貊人侵扰右北平、渔阳、上谷、太原，徼外貊人寇右北平、渔阳、上谷、太原[1]，辽东太守祭肜招降之。乌桓大人来朝。南单于遣使诣阙贡献，奉蕃称臣[2]；又遣其左贤王击破北匈奴，却地千余里。三月南单于遣子入侍。……伏波将军马援等破武陵蛮于临沅。冬十月，叛蛮悉降。夫余王遣使奉献。是岁，乌桓大人率众内属，诣阙朝贡。

辽东太守祭肜招降了他们。乌桓首领来朝拜。匈奴的南单于派使者到洛阳皇宫进献贡物，奉藩国之礼向光武帝称臣；南单于又派他的左贤王击败了北匈奴，拓地千余里。三月，南单于送儿子来洛阳皇宫侍奉光武帝。……伏波将军马援等人在临沅县击破了武陵蛮。冬十月，叛乱的武陵蛮全数投降。夫余国王派遣使者来进献贡物。这一年，乌桓首领率领部众归附汉朝，并到洛阳皇宫朝贡。

注释 ① 貊(mò)：古族名。 ② 蕃：同“藩”。

原文

二十六年春正月，诏有司增百官奉。其千石已上，减于西京旧制；六百石已下，增于旧秩。初作寿陵，将作大匠窦融上言园陵广袤，无虑所用，帝曰：“古者帝王之葬，皆陶人瓦器，木车茅马，使后世之人不知其处。太宗识终始之义，景帝

翻译

建武二十六年(50)春正月，光武帝下令有关部门增加官员的俸禄。俸禄千石以上的，比西汉的旧有标准要减少；俸禄六百石以下的，比西汉的旧有等级有所增加。开始建造号为“寿陵”的陵墓，将作大匠窦融报告园陵的占地面积，以及大概的花费，光武帝说：“古时帝王的葬礼，用的是陶人瓦器、木车草马，让后世人不知道埋葬的地点。文帝懂得人生人死的意义，景帝能遵循孝

能述遵孝道，遭天下反覆，而霸陵独完受其福[1]，岂不美哉？今所制地不过二三顷，无为山陵，陂池裁令流水而已。"遣中郎将段郴授南单于玺绶，令入居云中，始置使匈奴中郎将，将兵卫护之。南单于遣子入侍，奉奏诣阙。于是云中、五原、朔方、北地、定襄、雁门、上谷、代八郡民归于本土。遣谒者分将施刑、补理城郭。发遣边民在中国者，布还诸县，皆赐以装钱，转输给食。

道，都实行节葬，所以碰到天下变乱，只有霸陵完好无损，享受其福，岂不是美事啊？现今修建陵墓用地不要超过二三顷，不要堆起高陵，池塘里的水只要能流动就行了。"派中郎将段郴授给南单于印玺，让他们进入云中郡居住，开始设置使匈奴中郎将，率领军队保护南匈奴。南单于送王子到汉宫服务，奉上南单于的奏本到皇宫大门行礼。于是云中、五原、朔方、北地、定襄、雁门、上谷、代八个郡的人都回归本土。派遣谒者分别到各郡执行弛刑和修理城邑的任务。调发遣送在内地的边民，分别让他们返回原籍各县，一律发给治理行装的费用，用车辆运输供给食物。

注释 ① 霸陵：西汉文帝的陵墓，在陕西西安东郊。

原文

二十七年……五月丁丑，诏曰："昔契作司徒，禹作司空，皆无'大'名，其令二府去'大'。"又改大司马为太尉。骠骑大将军行大司马刘隆即日罢，以太仆赵憙为太尉，大司农冯勤为司

翻译

建武二十七年(51)……五月丁丑日，光武帝下诏说："过去契做司徒，禹做司空，都没有'大'字，命令大司徒、大司空二府去掉'大'字。"又把大司马改称为太尉。代理大司马的骠骑大将军刘隆当日被罢免，任命太仆赵憙为太尉，大司农冯勤为司徒。益州郡境外蛮夷率领部族归附汉朝。北匈奴派人到

徒。益州郡徼外蛮夷率种人内属。北匈奴遣使诣武威乞和亲。冬，鲁王兴、齐王石始就国。

二十八年春正月己巳，徙鲁王兴为北海王，以鲁国益东海。赐东海王强虎贲、旄头、钟虡之乐[①]。……秋八月戊寅，东海王强、沛王辅、楚王英、济南王康、淮阳王延始就国。冬十月癸酉，诏死罪系囚皆一切募下蚕室[②]，其女子宫。北匈奴遣使贡献，乞和亲。

二十九年春二月丁巳朔，日有食之。遣使者举冤狱，出系囚。庚申，赐天下男子爵，人二级；鳏、寡、孤、独、笃癃、贫不能自存者粟，人五斛。夏四月乙丑，诏令天下系囚自殊死已下及徒各减本罪一等，其余赎罪输作各有差。

三十年春正月，鲜卑大人内属，朝贺。二月，东巡

武威请求和亲。冬天，鲁王刘兴、齐王刘石开始离开京城到自己的封国去。

建武二十八年(52)春正月己巳日，改封鲁王刘兴为北海王，将鲁国加封给东海王刘强。赏赐给东海王刘强虎贲勇士、旄头骑兵和铜钟、钟架等礼乐器。……秋八月戊寅日，东海王刘强、沛王刘辅、楚王刘英、济南王刘康、淮阳王刘延开始到自己的封国。冬十月癸酉日，光武帝下诏：在押死囚都权且集中关进蚕室改受宫刑，那些女囚则行幽闭之刑。北匈奴派使者进献贡物，请求和亲。

建武二十九年(53)春二月初一丁巳日，日食发生。于是派使者清查冤案，释放囚犯。庚申日，赏赐天下男子爵位，每人二级；赏赐鳏夫、寡妇、无父、无子女、病重体弱、生活穷困不能自保的人粮食，每人五斛。夏四月乙丑日，光武帝下诏命令将各地的囚犯，从判斩首罪以下的和被罚服劳役的减轻各人罪行一等，其余的用钱赎罪和罚作苦工的各有等级。

建武三十年(54)春正月，鲜卑首领归附汉朝，前来朝贺。二月，光武帝到东方巡视。甲子日，到鲁地，又行进到济南。闰三月癸丑日，返回洛阳宫。有

狩。甲子，幸鲁，进幸济南。闰月癸丑，车驾还宫。有星孛于紫宫[3]。夏四月戊子，徙左翊王焉为中山王。五月，大水。赐天下男子爵，人二级；鳏、寡、孤、独、笃癃、贫不能自存者粟，人五斛。秋七月丁酉，幸鲁国[4]。复济阳县是年徭役。冬十一月丁酉，至自鲁。

彗星在紫微垣出现。夏四月戊子日，改封左翊王刘焉为中山王。五月，洪水泛滥。赏赐天下男子爵位，每人二级；赏赐鳏夫、寡妇、无父、无子女、病重体弱、生活穷困不能自保的人粮食，每人五斛。秋七月丁酉日，光武帝到鲁地。免除济阳县当年徭役。冬十一月丁酉日，从鲁地返回洛阳。

注释 ① 旄头：皇帝仪仗队中警卫先驱的骑兵。虡(jù)：悬挂钟、磬的木架。② 蚕室：温室，为行宫刑的牢狱。受宫刑的人怕风，所以让其居蚕室。 ③ 紫宫：紫微垣，北极星附近的星空，古代认为是天帝所居，与人间帝宫相应。 ④ 此处"国"字是衍文。

原文

三十一年夏五月，大水。戊辰，赐天下男子爵，人二级；鳏、寡、孤、独、笃癃、贫不能自存者粟，人六斛。癸酉晦，日有食之。是夏，蝗。秋九月甲辰，诏令死罪系囚皆一切募下蚕室，其女子宫。是岁，陈留雨

翻译

建武三十一年(55)夏五月，洪水泛滥。戊辰日，赏赐天下男子爵位，每人二级；赏赐鳏夫、寡妇、无父、无子女、病重体弱、生活穷困不能自保的人粮食，每人六斛。本月最后一天癸酉日，日食发生。这年夏天，发生蝗灾。秋九月甲辰日，光武帝下诏命令在押死囚都权且集中关进蚕室改受宫刑，那些女囚则行幽闭之刑。这年，陈留从天上降下谷

谷,形如稗实。北匈奴遣使奉献。

中元元年春正月,东海王强、沛王辅、楚王英、济南王康、淮阳王延、赵王盱皆来朝。丁卯,东巡狩。二月己卯,幸鲁,进幸太山。北海王兴、齐王石朝于东岳。辛卯,柴望岱宗,登封太山;甲午,禅于梁父。……夏四月癸酉,车驾还宫。己卯,大赦天下。复嬴、博、梁父、奉高,勿出今年田租刍稿。改年为中元。……是夏,京师醴泉涌出,饮之者固疾皆愈,惟眇、蹇者不瘳。又有赤草生于水崖。郡国频上甘露。群臣奏言:"地祇灵应而朱草萌生。孝宣帝每有嘉瑞,辄以改元,神爵、五凤、甘露、黄龙,列为年纪,盖以感致神祇,表彰德信。是以化致升平,称为中兴。今天下清宁,灵物仍降[①]。陛下情存损挹,推而不居,

子,谷子形状如同稗子。北匈奴派遣使者进贡。

中元元年(56)春正月,东海王刘强、沛王刘辅、楚王刘英、济南王刘康、淮阳王刘延、赵王刘盱都来洛阳朝拜。丁卯日,光武帝到东方巡视。二月己卯日,到鲁地,又行进到泰山。北海王刘兴、齐王刘石在东岳泰山朝拜光武帝。辛卯日,烧柴望祭泰山,后又登上泰山堆土为坛以祭天;甲午日,在梁父山祠地。……夏四月癸酉日,光武帝返回洛阳宫。己卯日,大赦天下罪犯。免去嬴、博、梁父、奉高四县当年交纳的田租和柴草。改年号为中元。……这年夏天,京城有甘泉涌出,久病之人喝了都能痊愈,只有眼瞎、腿跛的人喝了无效。同时还有赤草现在河岸上。各郡国连连献上甘露。群臣上奏说:"地神显示灵应就有朱草萌发生长。汉宣帝每逢有吉祥的现象出现,就根据瑞应改变年号,神爵、五凤、甘露、黄龙,列为纪年之号,大约是因为感动并招致神祇,表明自己的德行和诚信。因此当代变为升平之世,称作汉代的中兴。当今天下清静安宁,神灵之物频频降生。您虽然内心存有谦虚退让之意,推辞功德而不占为己有,但是岂能让吉兆显庆隐没而使

岂可使祥符显庆，没而无闻？宜令太史撰集，以传来世。”帝不纳。常自谦无德，每郡国所上，辄抑而不当，故史官罕得记焉。秋，郡国三蝗。冬十月……甲申，使司空告祠高庙曰：“高皇帝与群臣约，非刘氏不王。吕太后贼害三赵，专王吕氏。赖社稷之灵，禄、产伏诛，天命几坠，危朝更安。吕太后不宜配食高庙，同祧至尊。薄太后母德慈仁，孝文皇帝贤明临国，子孙赖福，延祚至今。其上薄太后尊号曰高皇后，配食地祇。迁吕太后庙主于园，四时上祭。”……是岁，初起明堂、灵台、辟雍②，及北郊兆域③。宣布图谶于天下。复济阳、南顿是年徭役。……

世人不知道呢？应该命令史官记录汇总，用来传给后世。”光武帝没有采纳这些意见，他常常谦虚地说自己没有德行，每次郡国报上的祥瑞，往往压住而不批答，所以史官对此很少得以记录下来。秋天，各郡国出现了三次蝗灾。冬十月……甲申日，光武帝派司空到高祖庙禀告祭祀说：“高祖刘邦和各位大臣相约，不是刘姓的人不得封王。吕太后残害赵幽王刘友、赵恭王刘恢、赵隐王刘如意，专封吕家的人当诸侯王。依赖国家的威灵，吕禄、吕产伏法受诛，天命即将失坠之时，朝廷转危为安。吕太后不应该在高庙里配享祭祀，和最尊贵的高祖同列祖庙。薄太后的母德慈爱仁厚，她生的孝文皇帝以其贤明治理国家，子孙们托他的福，才使刘氏的皇位延续到今天。现在奉上薄太后的尊号为高皇后，配享地神的祭祀。把吕太后的神主牌位迁到园陵里去，在那儿四季供奉祭祀。”……这年，开始建造明堂、灵台、辟雍，以及北郊祭地的场所。向全国宣布图谶。免去济阳、南顿当年的徭役。……

注释　① 仍：接续，接连。 ② 明堂：古代天子宣明政教的场所。凡朝会、祭祀、庆赏等大典，皆在其中进行。灵台：汉代天象台。辟雍：东汉为祭祀之所。 ③ 北郊：城北郊祀之处。古代天子夏至日祭地于京师之北。

原文

二年春正月辛未，初立北郊，祀后土[①]。东夷倭奴国王遣使奉献。二月戊戌，帝崩于南宫前殿，年六十二。遗诏曰："朕无益百姓，皆如孝文皇帝制度，务从约省。刺史、二千石长吏皆无离城郭，无遣吏及因邮奏。"初，帝在兵间久，厌武事，且知天下疲耗，思乐息肩。自陇、蜀平后，非儆急，未尝复言军旅。皇太子尝问攻战之事，帝曰："昔卫灵公问陈，孔子不对，此非尔所及。"每旦视朝，日仄及罢。数引公卿、郎、将讲论经理，夜分乃寐。皇太子见帝勤劳不怠，承间谏曰："陛下有禹汤之明，而失黄老养性之福，愿颐爱精神，优游自宁。"帝曰："我自乐此，不为疲也。"虽身济大业，兢兢如

翻译

中元二年(57)春正月辛未日，开始建起北郊祭地的场所，祭祀后土。东方的倭奴国王派使者来进献贡物。二月戊戌日，光武帝在南宫前殿去世，享年六十二岁。他留下遗诏说："我没做什么有益百姓的事，死后一切都像孝文皇帝那样，丧礼的规格务必从简从省。州郡地方长官和他们的属官不要离开自己的城郭来奔丧，也不要派人或通过邮传寄唁函来吊唁。"当初，光武帝从戎时间已久，厌倦战争，再加上他又知道天下疲敝虚耗，都向往太平安乐休养生息。自从陇、蜀两地平定以后，不是非常紧急的事情，光武帝就不再提征战之事。皇太子曾经问他攻战的事，光武帝说："过去卫灵公向孔子问列阵用兵的事，孔子不回答他。这些事不是你所能知道的。"光武帝每天一早上朝视事，直到太阳偏西才休息。他经常带领公卿、郎官、将领们讨论经书的义理，半夜时才睡觉。皇太子见他勤苦从不懈怠，就趁方便之机劝谏说："您有如同大禹和商汤一样的贤明，却丢掉黄帝、老子养性的福气，愿您能保养珍惜精神，悠闲

不及，故能明慎政体，总揽权纲，量时度力，举无过事。退功臣而进文吏，戢弓矢而散马牛，虽道未方古，斯亦止戈之武焉。

自得求得安宁。”光武帝说：“我自己很乐意干这些，不能算是疲倦啊。”光武帝虽然自己成就了大业，却处事谨慎，如同没有成就大事一样，所以能明智谨慎地处置政体，总揽政权朝纲，审度时势，权衡能力，行为没有失误的举动。他减少开国功臣的权力而提拔文官执政，收藏起弓矢而把军用的马牛散至民间放牧，即使他的治国之道还不能与古代圣贤并驾齐驱，这也是能制止战争的武德啊。

注释 ① 后土：古代称地神或土神为后土。后，君。

献帝伏皇后纪

导读

这篇传记概略地记述了献帝皇后伏寿的家世和生平。汉献帝是个傀儡皇帝，是曹操挟天子以令诸侯的工具。名为皇帝，实为囚徒。传记中记载了她随献帝东奔西逃、缺衣少粮的窘况、臣下对她的无礼以及她被害的情况。（选自卷一〇）

原文

献帝伏皇后，讳寿，琅邪东武人[①]，大司徒湛之八世孙也。父完，沈深有大度，袭爵不其侯[②]，尚桓帝女阳安公主，为侍中。初平元年，从大驾西迁长安，后时入掖庭为贵人[③]。兴平二年，立为皇后，完迁执金吾。帝寻而东归，李傕、郭汜等追败乘舆于曹阳[④]，帝乃潜夜度河走，六宫皆步行出营。后手持缣数匹，董承使符节令孙徽以刃胁夺之，杀傍侍者，血溅后衣。既至安

翻译

汉献帝的伏皇后名寿，琅邪郡东武县人，是大司徒伏湛的第八代孙。她的父亲伏完，为人沉着稳重，豁达大度，他继承了不其侯这个爵位。娶了汉桓帝的女儿阳安公主为妻，任侍中。初平元年(190)，跟随汉献帝西迁长安，伏寿就在这时进入掖庭成了献帝的贵人。兴平二年(195)，被立为皇后，伏完也升任为执金吾。不久，献帝又东归洛阳，李傕、郭汜带兵在曹阳追上并击溃了献帝的随从和警卫，汉献帝偷偷地在夜里渡过黄河逃走，伏皇后和嫔妃们都是步行逃出营地的。伏皇后随身带了几匹缣帛，董承指使符节令孙徽持刀威逼抢夺，杀死了伏皇后身边的侍者，鲜血溅

邑，御服穿敝，唯以枣栗为粮。

到了伏皇后的衣服上。到了安邑后，衣服已经破破烂烂了，唯有用枣子、栗子充饥。

注释 ① 东武：汉县名，在今山东诸城。 ② 不其（jī）：汉侯国，在今山东即墨。 ③ 掖庭：宫中的旁舍，为后妃宫嫔所住的地方。 ④ 曹阳：地名，在今河南三门峡。

原文

建安元年，拜完辅国将军，仪比三司。完以政在曹操，自嫌尊戚，乃上印绶，拜中散大夫，寻迁屯骑校尉。十四年卒，子典嗣。自帝都许，守位而已，宿卫兵侍，莫非曹氏党旧姻戚。议郎赵彦，尝为帝陈言时策，曹操恶而杀之。其余内外，多见诛戮。

操后以事入见殿中，帝不任其愤，因曰："君若能相辅则厚，不尔，幸垂恩相舍。"操失色，俯仰求出。旧仪，三公领兵朝见，令虎贲执刃挟之。操出顾左右，汗流浃背，自后不敢复朝请。

翻译

建安元年（196），任命伏完为辅国将军，享受的礼仪和三公相同。伏完认为朝政都由曹操把持，自然会厌恶皇帝的姻戚，就退回了辅国将军的印绶，改任中散大夫，不久调任屯骑校尉。建安十四年（209）去世，其子伏典继承爵位。自从汉献帝迁都到许昌，只是空守皇位而已，皇帝的警卫和侍从，无不是曹操的朋党亲家，议郎赵彦曾经给献帝陈述时事并提出对策，曹操知道后，非常憎恶，便把他杀了。其他内外官员，也多有被杀害的。

曹操后来有一次因事在殿中见献帝，献帝忍不住内心的气愤，就说："你若能辅佐我就好好地对待我，若不能，请你开恩把我废了。"曹操听后大惊失色，再三拜请献帝让他出去。汉代的旧仪制规定，三公官员带兵器朝见皇帝时，要命令虎贲勇士持刀站在他的两边。曹操出殿后，环顾左右，吓得汗流浃背。此后再也不敢去朝见请示献帝了。

原文

董承女为贵人，操诛承而求贵人杀之。帝以贵人有妊，累为请，不能得。后自是怀惧，乃与父完书，言曹操残逼之状，令密图之。完不敢发。至十九年，事乃露泄。操追大怒，遂逼帝废后。假为策曰："……今使御史大夫郗虑持节策诏，其上皇后玺绶，退避中宫，迁于它馆。……"又以尚书令华歆为郗虑副，勒兵入宫收后。闭户藏壁中[①]，歆就牵后出。时帝在外殿，引虑于坐。后被发徒跣行泣过诀曰："不能复相活邪？"帝曰："我亦不知命在何时！"顾谓虑曰："郗公，天下宁有是邪？"遂将后下暴室[②]，以幽崩。所生二皇子，皆酖杀之。后在位二十年，兄弟及宗族死者百余人，母盈等十九人徙涿郡。

翻译

董承之女为献帝的贵人，曹操杀了董承，要献帝交出董贵人，要将她杀掉。献帝因为董贵人怀孕，多次向曹操求情，都没有达到目的。伏皇后从此心中很恐惧，于是就给父亲伏完写了封密信，讲述了曹操残酷地威逼汉献帝和自己的情况，要他密谋策划除掉曹操，伏完不敢行动。至建安十九年(214)，事情才泄露出来。曹操追究这件事，非常愤怒，就强迫献帝废掉伏皇后。他伪造了废掉伏皇后的策书说："……现在派御史大夫郗虑手持符节策书命令伏寿缴上皇后印绶，离开中宫，迁到其他地方。……"又让尚书令华歆做郗虑的副手，带兵入宫逮捕伏皇后。伏皇后紧闭门户，藏进夹壁里，华歆走过去把伏皇后拉了出来。当时献帝正在外殿，把郗虑领到座位上。伏皇后披头散发，光着脚，哭泣着从献帝身边走过，她与献帝诀别道："不能救我一命吗？"献帝说："我也不知道我的命何时了结！"回头对郗虑说道："郗公，天下难道有这样的事吗？"就这样将伏皇后送进暴室，幽禁致死。她所生的两个皇子也被鸩酒毒死。伏皇后在位二十年，兄弟和宗族一百余人被杀，伏皇后的母亲盈等亲属十九人被迁到涿郡。

注释　①"闭"字前当有一"后"字。 ②暴室：宫廷内的织作之所，宫中有病的妇女及有罪的皇后、贵人，都幽禁于此室。

刘 玄 传

导读

本篇是西汉末年农民起义军绿林、新市、平林等部拥立的皇帝更始帝刘玄的传记。文中记载了绿林等起义军的建立和发展；占领长安之后起义将领的不思进取，享乐腐化，刘玄宠信佞臣，不听劝谏，导致将领离心离德，各行其是，最后在与赤眉军的混战中，队伍被消灭，刘玄本人也被俘而死。（选自卷一一）

原文

刘玄，字圣公，光武族兄也。弟为人所杀，圣公结客欲报之。客犯法，圣公避吏于平林。吏系圣公父子张。圣公诈死，使人持丧归春陵，吏乃出子张，圣公因自逃匿。

王莽末，南方饥馑，人庶群入野泽掘凫茈而食之[①]，更相侵夺。新市人王匡、王凤为平理诤讼[②]，遂推为渠帅，众数百人。于是诸亡命马武、王常、成丹等往

翻译

刘玄，字圣公，是光武帝刘秀的同族兄长。他的弟弟被人杀害，他便结交宾客准备报仇。宾客犯了法，刘玄到平林躲避官吏的捕捉，官吏就抓了他的父亲刘子张，刘玄假装死了，让人把灵柩运回春陵，官吏才释放了刘子张。刘玄自己便逃到外地躲藏起来。

王莽末年，南方发生饥荒，人们成群结队到荒凉的沼泽地里挖掘荸荠来吃，时常相互侵害争夺。新市人王匡、王凤替他们平息调解争吵，便被大家推为首领，带领的群众有几百人。于是，一些逃亡的人如马武、王常、成丹等都去投奔他们，他们一起攻打离乡聚，以

从之；共攻离乡聚，藏于绿林中[③]，数月间至七八千人。地皇二年，荆州牧某发奔命二万人攻之。匡等相率迎击于云杜[④]，大破牧军，杀数千人，尽获辎重，遂攻拔竟陵[⑤]。转击云杜、安陆，多略妇女，还入绿林中，至有五万余口，州郡不能制。

绿林山为藏身之地，几个月时间，队伍增加到七八千人。地皇二年(21)，荆州牧征发二万名奔命兵进攻他们，王匡等人共同率领队伍在云杜迎战官兵，大败荆州牧的军队，消灭了几千人，缴获了全部辎重。接着攻下竟陵，掉头进攻云杜、安陆，抢掠了许多妇女，返回绿林山中，这时已达到五万多人众，州郡官员无法制服他们。

注释 ① 凫茈(fú cí)：荸荠。 ② 新市：在今湖北京山。 ③ 绿林：在今湖北大洪山。 ④ 云杜：县名，今湖北仙桃。 ⑤ 竟陵：县名，今湖北天门。

原文

三年，大疾疫，死者且半，乃各分散引去。王常、成丹西入南郡，号“下江兵”；王匡、王凤、马武及其支党朱鲔、张卬等北入南阳，号“新市兵”：皆自称将军。七月，匡等进攻随，未能下。平林人陈牧、廖湛复聚众千余人，号“平林兵”，以应之。圣公因往从牧等，为其军安集掾[①]。是时光武

翻译

地皇三年(22)，发生了大瘟疫，队伍死亡近半，于是各部队就分散离开。王常、成丹往西进入南郡，号称“下江兵”；王匡、王凤、马武及其部下朱鲔、张卬等，向北进入南阳，号称“新市兵”：都自称将军。七月，王匡等率众攻打随县，未能攻下。平林人陈牧、廖湛又集合了千余人起义，号称“平林兵”，来响应王匡等人。刘玄便去跟从陈牧等，担任了陈牧军的安集掾。这时光武帝刘秀和他的哥哥刘缜也在舂陵起兵，和各部起义军合兵前进。

及兄伯升亦起舂陵，与诸部合兵而进。

注释 ① 安集掾：安集军队的官。

原文

四年正月，破王莽前队大夫甄阜、属正梁丘赐，斩之，号圣公为更始将军。众虽多而无所统一，诸将遂共议立更始为天子。二月辛巳，设坛场于淯水上沙中，陈兵大会。更始即帝位，南面立，朝群臣。素懦弱，羞愧流汗，举手不能言。于是大赦天下，建元曰更始元年，悉拜置诸将，以族父良为国三老，王匡为定国上公，王凤成国上公，朱鲔大司马，伯升大司徒，陈牧大司空，余皆九卿、将军。五月，伯升拔宛。六月，更始入都宛城，尽封宗室及诸将为列侯者百余人。

更始忌伯升威名，遂诛

翻译

地皇四年(23)正月，义军打败了王莽前队大夫甄阜、属正梁丘赐，杀了二人，称刘玄为更始将军。起义军人数虽多但没有统一指挥的人，于是各位将领共同商议立刘玄为天子。二月辛巳，义军在淯水边的沙滩上设立坛场，摆开军队举行盛大集会。刘玄登上帝位，南面而立，接受群臣朝见。刘玄平时就很懦弱，这时羞愧得汗流不止，举着手连话都说不出来。随后宣布大赦天下，建元为更始元年。各个将领都封了官，任命同族的叔父刘良为国三老，王匡为定国上公，王凤为成国上公，朱鲔为大司马，刘縯为大司徒，陈牧为大司空，其他人都封为九卿、将军。五月，刘縯攻下宛城。六月，更始帝在宛城建都，把同宗和将领们都封为列侯，共有一百多人。

更始帝妒忌刘縯的威望和名声，便把他杀了，任命光禄勋刘赐为大司徒。前汉的钟武侯刘望也起兵，占领了汝南。这时王莽的纳言将军严尤、秩宗将

之，以光禄勋刘赐为大司徒。前钟武侯刘望起兵，略有汝南。时王莽纳言将军严尤、秩宗将军陈茂既败于昆阳，往归之。八月，望遂自立为天子，以尤为大司马，茂为丞相。王莽使太师王匡、国将哀章守洛阳。更始遣定国上公王匡攻洛阳，西屏大将军申屠建、丞相司直李松攻武关[①]，三辅震动。是时海内豪杰翕然响应[②]，皆杀其牧守，自称将军，用汉年号，以待诏命，旬月之间，遍于天下。长安中起兵攻未央宫。九月，东海人公宾就斩王莽于渐台，收玺绶，传首诣宛。更始时在便坐黄堂[③]，取视之，喜曰："莽不如是，当与霍光等。"宠姬韩夫人笑曰："若不如是，帝焉得之乎?"更始悦，乃悬莽首于宛城市。是月，拔洛阳，生缚王匡、哀章，至，皆斩之。十月，使奋威大将军

军陈茂已在昆阳被打得大败，前往归附刘望。八月，刘望便自立为天子，任命严尤为大司马，陈茂为丞相。王莽派太师王匡、国将哀章守卫洛阳。更始帝派定国上公王匡攻打洛阳，西屏大将军申屠建、丞相司直李松攻打武关，整个三辅地区都震动了。这时，全国各地的豪杰纷纷起兵响应，都杀掉所在地方的州牧郡守，自称将军，用更始的年号，等待诏书任命，不到一个月时间，起义队伍遍及全国。长安城中也有人起兵攻打未央宫。九月，东海人公宾跑到渐台砍下王莽的头，收取了印绶。将王莽的头送到宛城。更始帝当时正在黄堂闲坐，接过王莽的头来看，高兴地说："王莽要是不这样篡国，该与霍光一样受到尊重。"他的宠姬韩夫人笑着说："王莽如果不这样，陛下又怎么能得到他的头呢?"更始帝听后心中很高兴，便命令把王莽的头悬挂在宛城的市场里。就在这个月，攻占了洛阳，活捉了王匡、哀章，押送到宛城后把他们都杀了。十月，派奋威大将军刘信在汝南击杀了刘望，同时也杀了严尤、陈茂。更始帝于是北上迁都到洛阳，任命刘赐为丞相。申屠建和李松从长安给更始帝送来了皇帝乘坐的车辆和衣服器用，又派中黄门到洛阳来恭迎更始迁都。更始二年

刘信击杀刘望于汝南，并诛严尤、陈茂。更始遂北都洛阳，以刘赐为丞相。申屠建、李松自长安传送乘舆服御，又遣中黄门从官奉迎迁都。二年二月，更始自洛阳而西。初发，李松奉引，马惊奔，触北宫铁柱门，三马皆死。

(24)二月，更始帝由洛阳西迁。出发时，李松亲自为更始帝导引车驾，马突然受惊而向前狂奔，撞在北宫铁柱门上，三匹马全死了。

注释 ① 丞相司直：佐丞相纠举不法，位在司隶校尉上。武关：战国秦置，在今陕西商洛西南。 ② 翕(xī)然：聚合、趋附的样子。 ③ 黄堂：天子的便殿。

原文

初，王莽败，唯未央宫被焚而已，其余宫馆一无所毁。宫女数千，备列后庭，自钟鼓、帷帐、舆辇、器服、太仓、武库、官府、市里，不改于旧。更始既至，居长乐宫。升前殿，郎吏以次列庭中。更始羞怍，俯首刮席不敢视。诸将后至者，更始问虏掠得几何。左右侍官皆宫省久吏，各惊相视。李松

翻译

当初，王莽被杀时，只有未央宫被烧毁了，其余的宫馆一点也没有毁坏。几千名宫女仍然住在后庭，从钟鼓、帷帐、车辇、用具服饰，到太仓、武库、官署、街市，都和过去一样。更始帝已经到了长安，住在长乐宫。登上前殿，宫中的郎吏等各依次站在庭院里。更始帝很羞愧，头垂下快挨着座席了，不敢抬头看臣下。将领中有后到的，更始帝问他们抢掠到了多少。更始帝周围的侍卫都是王宫官衙里的老吏，听他这样问，都惊讶地面面相觑。李松和棘阳人

与棘阳人赵萌说更始，宜悉王诸功臣。朱鲔争之，以为高祖约，非刘氏不王。更始乃先封宗室太常将军刘祉为定陶王，刘赐为宛王，刘庆为燕王，刘歙为元氏王，大将军刘嘉为汉中王，刘信为汝阴王；后遂立王匡为比阳王，王凤为宜城王，朱鲔为胶东王，卫尉大将军张卬为淮阳王，廷尉大将军王常为邓王，执金吾大将军廖湛为穰王，申屠建为平氏王，尚书胡殷为随王，柱天大将军李通为西平王，五威中郎将李轶为舞阴王，水衡大将军成丹为襄邑王，大司空陈牧为阴平王，骠骑大将军宋佻为颍阴王，尹尊为郾王。唯朱鲔辞曰："臣非刘宗，不敢干典。"遂让不受。乃徙鲔为左大司马，刘赐为前大司马，使与李轶、李通、王常等镇抚关东。以李松为丞相，赵萌为右大司马，共秉内任。

赵萌劝更始帝应该将功臣都封为王。朱鲔争辩，认为汉高祖当年定下规矩，非刘氏不得封王。更始帝于是先封宗室太常将军刘祉为定陶王，刘赐为宛王，刘庆为燕王，刘歙为元氏王，大将军刘嘉为汉中王，刘信为汝阴王；随后又封王匡为比阳王，王凤为宜城王，朱鲔为胶东王，卫尉大将军张卬为淮阳王，廷尉大将军王常为邓王，执金吾大将军廖湛为穰王，申屠建为平氏王，尚书胡殷为随王，柱天大将军李通为西平王，五威中郎将李轶为舞阴王，水衡大将军成丹为襄邑王，大司空陈牧为阴平王，骠骑大将军宋佻为颍阴王，尹尊为郾王。只有朱鲔推辞说："我不是刘氏宗族，不敢违犯典制。"因而辞让不接受分封。于是就改任朱鲔为左大司马，刘赐为前大司马，命令他俩和李轶、李通、王常等一道镇抚关东。又任命李松为丞相，赵萌为右大司马，共同掌管内政。

更始帝娶了赵萌的女儿为夫人，赵女很受宠爱，更始帝就把政事都交给赵萌去管，自己与嫔妃日夜在后庭中饮酒作乐。臣下有事要报告，总遇到他醉得不能接见，有时非见不可了，他就让侍中躲在帷幕里装扮他来和臣下说话。臣下听出不是更始的声音，走出宫，就

更始纳赵萌女为夫人，有宠，遂委政于萌，日夜与妇人饮宴后庭。群臣欲言事，辄醉不能见，时不得已，乃令侍中坐帷内与语。诸将识非更始声，出皆怨曰："成败未可知，遽自纵放若此！"韩夫人尤嗜酒，每侍饮，见常侍奏事，辄怒曰："帝方对我饮，正用此时持事来乎？"起，抵破书案。赵萌专权，威福自己。郎吏有说萌放纵者，更始怒，拔剑击之，自是无复敢言。萌私忿侍中，引下斩之，更始救请，不从。时李轶、朱鲔擅命山东，王匡、张印横暴三辅。其所授官爵者皆群小贾竖，或有膳夫庖人，多著绣面衣，锦裤、襜褕、诸于[①]，骂詈道中。长安为之语曰："灶下养[②]，中郎将。烂羊胃，骑都尉。烂羊头，关内侯。"军帅将军豫章李淑上书谏曰："方今贼寇始诛，王

愤怒地说："天下成败还未定，竟然就放纵到这个地步！"韩夫人尤其喜好喝酒，每当她陪更始帝饮酒，看到中常侍来奏事，就生气地说："皇上正和我饮酒，恰好在这会儿拿事来上奏吗？"站起来用手拍破了书案。赵萌把持朝政，由他自己作威作福。郎吏中有来报告更始帝说赵萌放纵的，更始帝就发怒，拔剑刺他，此后再没人敢向更始帝说赵萌的不法事了。赵萌因私事忿恨一名侍中，要把他拉出去杀掉，更始帝为侍中讲情，赵萌也不答应。这时，李轶、朱鲔在山东地区专擅行事，王匡、张印在三辅地区横行残暴。更始帝所授予官爵的那些人，都是些小人、商贩，或者是屠夫厨子之类，他们中很多人身穿绣着花纹的外衣，锦缎裤子，有的穿着很短的上衣，或者穿上妇女穿的大襟上衣，在大道上高叫乱骂。长安给他们编的话是："灶下养，中郎将。烂羊胃，骑都尉。烂羊头，关内侯。"军帅将军豫章人李淑上书劝谏说："当前贼寇刚剿灭，帝王的教化还没有推行，各种官吏应慎重任命。三公上应天上的三台星宿，九卿下象地下的河海，上天的事情要由人代它完成。陛下建立大业，虽然曾借助于下江、平林的势力，这大概是临时利用，安定以

化未行，百官有司宜慎其任。夫三公上应台宿，九卿下括河海[③]，故天工人其代之。陛下定业虽因下江、平林之势，斯盖临时济用，不可施之既安。宜厘改制度，更延英俊，因才授爵，以匡王国。今公卿大位莫非戎陈，尚书显官皆出庸伍，资亭长，贼捕之用，而当辅佐纲维之任。唯名与器[④]，圣人所重。今以所重加非其人，望其毗益万分，兴化致理，譬犹缘木求鱼，升山采珠。海内望此，有以窥度汉祚。臣非有憎疾以求进也，但为陛下惜此举厝。败材伤锦，所宜至虑。惟割既往谬妄之失，思隆周文济济之美。”更始怒，系淑诏狱[⑤]。自是关中离心，四方怨叛。诸将出征，各自专置牧守，州郡交错，不知所从。

后就不能再用这个办法了。应改革制度，再招揽英明杰出之士，量才授给英俊之士爵位，用来匡正国家。现在公卿高位没有不是军人的，尚书这样的显要官职也都由平庸的军人担任，才能只够担任捕捉盗贼的亭长这种小官的人，却让他们担负辅佐朝廷纲纪这样的重任。名分和礼器是圣人最注重的。现在把名器这么重要的东西给予不合适的人，希望他们能有益于国家的万分之一，振兴教化，达到国家大治的目的，真好比是上树捉鱼，登山采珍珠。天下的人见到这种情况，就有窥视图谋汉朝天下的机会了。我并非有憎恨或妒忌的对象，也不是为了求得升官，只是为陛下的这些行为措施感到惋惜。匠人弄坏材料，织工损伤美锦，这种因人而误事的情况，是应该特别注意的。希望陛下根除以往谬误乱来的过失，想着振兴像周文王时的那种人才济济的景象。”更始帝非常生气，下令把李淑关进监狱。从此，关中地区人心离散，四面八方都发生了怨恨而背叛的事。将领们出征，各人擅自任命州牧郡守，不同人所设的州郡相互交错，地方上不知该听谁的。

注释 ①襜褕(chān yú):短衣。②灶下养:指掌炊烹的人。③九卿:河海贯通各地,九卿分掌各事,因此用把九卿比况地上的河海。④名与器:指表示不同等级的称号和车服形式等。⑤诏狱:皇帝亲自下令审理的案件,也用以指拘禁皇帝下令审理的罪犯的监狱。

原文

十二月,赤眉西入关。三年正月,平陵人方望立前孺子刘婴为天子。初,望见更始政乱,度其必败,谓安陵人弓林等曰:"前定安公婴,平帝之嗣,虽王莽篡夺,而尝为汉主。今皆云刘氏真人,当更受命,欲共定大功,何如?"林等然之。乃于长安求得婴,将至临泾立之。聚党数千人,望为丞相,林为大司马。更始遣李松与讨难将军苏茂等击破,皆斩之。又使苏茂拒赤眉于弘农,茂军败,死者千余人。三月,遣李松会朱鲔与赤眉战于蓩乡[①],松等大败,弃军走,死者三万余人。时王匡、张卬守河东,为邓禹

翻译

十二月,赤眉军往西进入关中。更始三年(25)正月,平陵人方望拥立被王莽废掉的刘婴为天子。起初,方望见更始帝政权混乱不堪,预计必然会失败,对安林人弓林等说:"以前的定安公刘婴,是汉平帝的后嗣,虽然被王莽篡了位。但曾经做过汉朝的皇帝。目前到处都说刘氏的嫡传要重新接受天命,我想和你们共同建立大功,你们觉得怎样?"弓林等都赞同。于是在长安找到刘婴,带到临泾立为天子。他们聚集了党羽数千人,方望任丞相,弓林任大司马。更始帝派遣李松和讨难将军苏茂等打败了他们,把几个人全杀了。更始帝又派苏茂到弘农阻止赤眉军西进,苏茂军被赤眉军打败,死了几千人。三月,更始帝派遣李松和朱鲔一起同赤眉军在蓩乡展开激战,李松等被打得大败,丢下军队独自逃跑了,这一仗战死的有三万多人。这时王匡、张卬守卫河东,被邓禹打败,逃回长安。张卬和将

所破，还奔长安。印与诸将议曰："赤眉近在郑、华阴间，旦暮且至。今独有长安，见灭不久，不如勒兵掠城中以自富，转攻所在，东归南阳，收宛王等兵。事若不集，复入湖池中为盗耳。"申屠建、廖湛等皆以为然，共入说更始。更始怒，不应，莫敢复言。及赤眉立刘盆子，更始使王匡、陈牧、成丹、赵萌屯新丰②，李松军掫以拒之③。张卬、廖湛、胡殷、申屠建等与御史大夫隗嚣合谋，欲以立秋日貙膢时共劫更始④，俱成前计。侍中刘能卿知其谋，以告之。更始托病不出，召张卬等。卬等皆入，将悉诛之，唯隗嚣不至。更始狐疑，使卬等四人且待于外庐。卬与湛、殷疑有变，遂突出，独申屠建在，更始斩之。卬与湛、殷遂勒兵掠东西市。昏时，烧门入，战于宫中，更始大

领们商议说："赤眉军已近在郑和华阴之间，早晚就会到达。现在只有长安在我们手里，被消灭是迟早的事，不如带兵抢劫城中来让自己富起来，然后转而进攻沿途经过的地方，向东回南阳，夺取宛王等人的军队。如果不能成功，我们就重新逃入湖泽中当强盗算了。"申屠建、廖湛等人都赞同张卬的计划，就一道进宫去劝说更始帝。更始帝听后大怒，一声不吭，没人敢再提这件事了。等赤眉军立刘盆子为天子之后，更始帝派王匡、陈牧、成丹、赵萌率军队驻扎在新丰，李松驻在掫地，共同抵抗赤眉军。张卬、廖湛、胡殷、申屠建等和御史大夫隗嚣共同策划，准备趁立秋那天更始帝祭祀时劫持他，实现他们以前的计划。侍中刘能卿知道了他们的阴谋，把消息报告了更始帝。更始帝装病不出宫，召见张卬等人。张卬等进了宫，更始帝准备把他们全杀了，只有隗嚣一人未到。更始帝犹豫了，让张卬等四人暂时在宫外的房子里等候召见。张卬、廖湛、胡殷怀疑情况有变化，就冲出了皇宫，只有申屠建在宫里，更始帝就杀了他。于是张卬和廖湛、胡殷就带兵抢劫了长安城里的东西二市。黄昏时，又放火焚烧宫门，冲入皇宫，与更始帝的警卫混战，

败。明旦，将妻子车骑百余东奔赵萌于新丰。更始复疑王匡、陈牧、成丹与张卬等同谋，乃并召入。牧、丹先至，即斩之。王匡惧，将兵入长安，与张卬等合。李松还从更始，与赵萌共攻匡、卬于城内。连战月余，匡等败走，更始徙居长信宫。赤眉至高陵，匡等迎降之，遂共连兵而进。更始守城，使李松出战，败，死者二千余人，赤眉生得松。时松弟泛为城门校尉，赤眉使使谓之曰："开城门，活汝兄。"泛即开门。九月，赤眉入城，更始单骑走，从厨城门出。诸妇女从后连呼曰："陛下当下谢城!"更始即下拜，复上马去。

更始帝的人马被打得大败。第二天一早，更始帝带着妻妾儿女乘着百余辆车子，往东到新丰投奔赵萌。更始帝又怀疑王匡、陈牧、成丹与张卬等同谋，便同时召见他们。陈牧、成丹先到，立即杀了二人。王匡害怕了，带兵进入长安和张卬等联合。李松从掫撤兵回来跟随着更始帝，和赵萌一起攻打长安城的王匡、张卬。连续战斗了一个多月，王匡等战败逃走，更始帝迁居到长信宫。赤眉军到了高陵，王匡等人迎上去投降了赤眉军，便联合向长安进攻。更始帝自己负责守卫长安城，派李松出城交战，被赤眉军击败，死了二千余人，赤眉军活捉了李松。这时李松的弟弟李泛任更始的城门校尉，赤眉军派人对他说："打开城门，就让你哥哥活下来。"李泛立即打开了城门。九月，赤眉军进入长安。更始帝只身骑马逃走，从厨城门跑出城。妇女们跟在后面连声高叫："陛下应该下马辞谢城池!"更始帝听后就下马对城池拜了拜，又马上逃走了。

注释 ① 蓩(mǎo)乡：在今河南灵宝境内。 ② 新丰：县治在今陕西临潼东北。 ③ 掫(zōu)：地名，在新丰境内。 ④ 貙膢(chū lóu)：立秋日的祭祀。

原文

初，侍中刘恭以赤眉立其弟盆子，自系诏狱；闻更始败，乃出，步从至高陵，止传舍。右辅都尉严本恐失更始，为赤眉所诛，将兵在外，号为屯卫而实囚之。赤眉下书曰："圣公降者，封长沙王。过二十日，勿受。"更始遣刘恭请降，赤眉使其将谢禄往受之。十月，更始遂随禄肉袒诣长乐宫，上玺绶于盆子。赤眉坐更始，置庭中，将杀之。刘恭、谢禄为请，不能得，遂引更始出。刘恭追呼曰："臣诚力极，请得先死。"拔剑欲自刎，赤眉帅樊崇等，遽共救止之，乃赦更始，封为畏威侯。刘恭复为固请，竟得封长沙王。更始常依谢禄居，刘恭亦拥护之。

三辅苦赤眉暴虐，皆怜更始，而张卬等以为虑，谓禄曰："今诸营长多欲篡圣

翻译

起初，侍中刘恭因为赤眉军立了他的弟弟刘盆子为天子，他就自己到诏狱去坐牢；听说更始帝失败了才出来，徒步追随更始到高陵，住在驿站里。右辅都尉严本害怕走失了更始帝，自己被赤眉军杀掉，就带兵驻在更始帝住处的外面，名义上说是保护更始帝，实际上是把他囚禁起来了。赤眉军给更始帝送书信说："你如果投降，封为长沙王。过了二十天就不接受了。"更始帝派刘恭前去请求投降，赤眉军派将军谢禄前往受降。十月，更始帝赤膊随谢禄到长乐宫，向刘盆子缴上皇帝印绶。赤眉军让更始帝坐下，把他安置在院子里，准备杀死他。刘恭、谢禄为更始帝求情，没有得到允许，于是更始帝被拉出去。刘恭追着喊道："我的确尽了最大努力，请让我先死。"拔剑就要自刎，赤眉军将领樊崇等赶快上去制止救护他，于是赦免了更始帝，封了畏威侯。刘恭又为更始帝坚决请求，终于得以封更始为长沙王。更始帝经常依靠谢禄，刘恭也保护着他。

三辅地区不堪忍受赤眉军的残暴，都同情更始帝，张卬等为此而担心，对谢禄说："现在各营将领，很多是想抢夺圣公的，我们一旦失去圣公，他们就将

公者。一旦失之，合兵攻公，自灭之道也。”于是禄使从兵与更始共牧马于郊下，因令缢杀之。刘恭夜往收藏其尸。光武闻而伤焉，诏大司徒邓禹葬之于霸陵。有三子：求、歆、鲤。明年夏，求兄弟与母东诣洛阳，帝封求为襄邑侯，奉更始祀；歆为谷孰侯，鲤为寿光侯。求后徙封成阳侯。求卒，子巡嗣，复徙封濩泽侯。巡卒，子姚嗣。

论曰：周武王观兵孟津，退而还师，以为纣未可伐，斯时有未至者也。汉起，驱轻黠乌合之众，不当天下万分之一，而旌旃之所㧑及[①]，书文之所通被，莫不折戈顿颡，争受职命。非唯汉人余思，固亦几运之会也。夫为权首，鲜或不及，陈、项且犹未兴，况庸庸者乎！

联合起来进攻您，这是自取灭亡之道。”于是谢禄派他的随从士兵与更始帝一起到郊外去牧马，下令趁机把更始帝勒死了。刘恭夜里收敛了更始帝的尸体。光武帝听到更始帝的死讯很悲伤，诏令大司马邓禹把他埋葬在霸陵。更始帝有三个儿子：刘求、刘歆、刘鲤。第二年夏天，刘求兄弟和母亲往东到了洛阳。光武帝封刘求为襄邑侯，供奉更始的祭祀，刘歆为谷孰侯、刘鲤为寿光侯。刘求后来又改封为成阳侯。刘求死后，儿子刘巡继承了爵位，又改封为濩泽侯。刘巡死后，儿子刘姚继承了爵位。

史官评论道：周武王在孟津大会诸侯检阅军队，然后还师，认为商纣还不能讨伐，时机还没有到来。汉代兴起时，驱使着一群轻佻狡黠的乌合之众，人数不到天下万分之一，可是旌旗所及之处，文书通达之地，无不放下武器伏地听命，争相接受委任。并不是汉人思考得久远，确实也是机会和时运都碰上了。首先发难的人很少有祸不及身的，陈胜、项羽这样的人都没有成就大事，何况平庸之辈呢！

注释 ① 㧑(huī)：同“麾”，指挥。

冯异传

导读

冯异(? —34),东汉初将领。他才能卓异,为刘秀所重用。他曾劝刘秀施行恩德,争取民心;继而审时度势,向刘秀劝进并拥立刘秀为帝。他善于用兵,恩威并施,累建大功。本篇记载了他的生平,特别称颂他的"谦退不自伐"的品德。(选自卷一七)

原文

冯异,字公孙,颍川父城人也[①]。好读书,通《左氏春秋》《孙子兵法》。

汉兵起,异以郡掾监五县,与父城长苗萌共城守,为王莽拒汉。光武略地颍川,攻父城不下,屯兵巾车乡。异间出行属县,为汉兵所执。时异从兄孝及同郡丁綝、吕晏,并从光武,因共荐异,得召见。异曰:"异一夫之用,不足为强弱。有老母在城中,愿归据五城,以效功报德。"光武曰:"善。"

翻译

冯异,字公孙,是颍川郡父城县人。爱好读书,通晓《左氏春秋》和《孙子兵法》。

汉兵起事,冯异以郡掾的身份督察五个县,和父城县县长苗萌一起守城,替王莽抗御汉军。光武帝攻打颍川各地,攻打父城没有攻下,在巾车乡驻扎。冯异改装便服出城,巡视所主管的县,被汉兵捉住。此时冯异的堂兄冯孝和本郡人丁綝、吕晏,都跟随着光武帝,因此一同荐举冯异,冯异得以被刘秀召见。冯异说:"我一个人的能力,不足以影响势力的强弱。我有老母亲还留在父城城中,我愿回去据守五城,用来报答您不杀我的恩德。"光武帝说:"好!"

异归，谓苗萌曰："今诸将皆壮士，屈起，多暴横，独有刘将军所到不虏掠。观其言语举止，非庸人也，可以归身。"苗萌曰："死生同命，敬从子计。"光武南还宛。更始诸将攻父城者前后十余辈，异坚守不下。及光武为司隶校尉，道经父城，异等即开门奉牛酒迎。光武署异为主簿，苗萌为从事。异因荐邑子铫期、叔寿、段建、左隆等，光武皆以为掾史，从至洛阳。

冯异回来，对苗萌说："如今各路将领都是勇士，突然兴起，大多凶狠残暴，唯独刘秀将军所到之处不掳人掠货。我观察他的言论行动，他不是一个平庸之辈，我们可以把身心交给他。"苗萌回答说："我和你生死在一块，我听从你的主意。"光武帝南归宛城。更始的将领攻打父城的前后十几批，冯异坚守，都没有攻下。等光武帝任司隶校尉时，路过父城，冯异等人马上打开城门，捧着牛肉美酒迎接他。刘秀任命冯异为主簿，苗萌任从事。冯异乘机推荐同乡人铫期、叔寿、段建、左隆等人，光武帝把他们都委任为属官，让他们随同到了洛阳。

更始数欲遣光武徇河北，诸将皆以为不可。是时左丞相曹竟子诩为尚书，父子用事，异劝光武厚结纳之。及度河北，诩有力焉。自伯升之败，光武不敢显其悲戚，每独居，辄不御酒肉，枕席有涕泣处。异独叩头宽譬哀情。光武止之曰："卿勿妄言。"异复因间进说曰："天下同苦王氏，思汉久

更始多次打算派遣刘秀巡行收抚河北之地，诸将都认为不能这么做。这个时候，左丞相曹竟的儿子曹诩任尚书，父子当权，冯异鼓动光武帝深深地与他们结交。后来光武帝渡过黄河到达河北，曹诩在中间起了很大的作用。自从兄长刘縯被杀，光武帝不敢表示自己的悲哀，每当独处的时候，就不吃酒肉，枕席上常有被泪水浸湿的痕迹。冯异只身前来叩头宽慰劝解，为他排遣悲哀的情绪。光武帝制止他说："你不要乱说！"冯异又乘机进言道："天下人都痛恨厌弃王莽，思念汉室已经很久了。

矣。今更始诸将从横暴虐，所至虏掠，百姓失望，无所依戴。今公专命方面，施行恩德。夫有桀纣之乱，乃见汤武之功；人久饥渴，易为充饱。宜急分遣官属，徇行郡县，理冤结，布惠泽。”光武纳之。至邯郸，遣异与铫期乘传抚循属县，录囚徒[②]，存鳏寡，亡命自诣者除其罪，阴条二千石长吏同心及不附者上之。

眼下更始的各位将领，肆无忌惮，暴虐残忍，所到之处抢人劫财，民众对他们失去了希望，没有可亲附拥戴的人。如今您在一个地区专权指挥，布施推行恩德。有了夏桀、商纣一类的混乱，才能显现商汤、周武王式的功业；人们长期地饥渴了，他们的要求容易满足。您应该急速地派遣手下属官，安抚巡行郡县，处理人民无处申诉的冤屈，向各地施布恩惠德泽。”光武帝采纳了这个建议。到达邯郸之后，派遣冯异和铫期乘着传车抚慰所辖各县，检查记录囚徒的罪状，慰问鳏夫寡妇，犯罪逃亡的人如果自己来投案就赦免他的罪过。还秘密地分类记下品秩为二千石的官员和长吏中与起义军同心者和离心者的名单报告给光武帝。

注释　① 父城：汉县名，治所在今河南宝丰东。 ② 录(lù)囚徒：省察记录囚徒的罪状。

原文

及王郎起，光武自蓟东南驰，晨夜草舍，至饶阳无蒌亭，时天寒烈，众皆饥疲，异上豆粥。明旦，光武谓诸将曰：“昨得公孙豆

翻译

到王郎起兵割据邯郸等地之时，光武帝从蓟县东往南疾行，早晚都露宿野外，到达饶阳无蒌亭。时值天寒地冻，士卒全都饥饿疲惫，冯异献上豆子煮的粥。第二天早晨，光武帝对诸将领说：“昨天吃了冯异的豆粥，饥饿寒冷全部

粥，饥寒俱解。”及至南宫，遇大风雨，光武引车入道傍空舍，异抱薪，邓禹爇火，光武对灶燎衣。异复进麦饭、菟肩。因复度虖沱河至信都，使异别收河间兵，还，拜偏将军。从破王郎，封应侯[①]。

解除了。”当到达南宫县时，遇上大风骤雨，光武帝赶着车进入路边的空房屋里，冯异抱来柴草，邓禹升火。光武帝对着灶烘干衣服。冯异又捧来麦饭和兔腿肉。接着又渡过滹沱河到达信都，光武帝派冯异另行收拢河间地区的军队。回来后，授为偏将军。他跟随光武帝打败王郎，被封为应侯。

注释 ①应：在今河南鲁山县东。

原文

异为人谦退不伐，行与诸将相逢，辄引车避道。进止皆有表识，军中号为整齐。每所止舍，诸将并坐论功，异常独屏树下，军中号曰“大树将军”。及破邯郸，乃更部分诸将，各有配隶。军士皆言愿属大树将军，光武以此多之。

别击破铁胫于北平，又降匈奴于林闟顿王[①]，因从平河北。时更始遣舞阴王李轶、廪丘王田立、大司马

翻译

冯异为人谦恭不自夸，在路上行走如果碰上了其他将领，往往赶着车让出路来。一举一动都有一定的准则，军队里称他做事井然有序。每到一个地方宿营，诸将坐在一块评论各人的功劳，冯异经常独自一人躲到大树底下，军中称他为“大树将军”。到攻下邯郸，汉军便变更编制，各将领各有分配给自己的官吏士兵。士兵都说愿意归大树将军统率，光武帝因此十分赞赏冯异。

冯异分兵在北平县打败了农民军铁胫，又降伏了匈奴于林闟顿王，接着跟随光武帝平定了河北。当时更始帝派遣舞阴王李轶、廪丘王田立、大司马

朱鲔、白虎公陈侨，将兵号三十万，与河南太守武勃共守洛阳。光武将北徇燕、赵，以魏郡、河内独不逢兵，而城邑完，仓廪实，乃拜寇恂为河内太守，异为孟津将军，统二郡军河上，与恂合势，以拒朱鲔等。异乃遗李轶书曰："愚闻明镜所以照形，往事所以知今。昔微子去殷而入周，项伯畔楚而归汉……今长安坏乱，赤眉临郊，王侯构难，大臣乖离[②]，纲纪已绝，四方分崩，异姓并起，是故萧王跋涉霜雪，经营河北。方今英俊云集，百姓风靡，虽邠岐慕周，不足以喻。季文诚能觉悟成败[③]，亟定大计，论功古人[④]，转祸为福，在此时矣，如猛将长驱，严兵围城，虽有悔恨，亦无及已。"初，轶与光武首结谋约，加相亲爱。及更始立，反共陷伯升。虽知长安已危，欲降又

朱鲔、白虎公陈侨，率领兵众号称三十万，和河南太守武勃一同守卫洛阳城。光武帝准备向北攻取燕、赵，由于魏郡、河内没有遭受战争，城邑完整，仓廪盈积，于是拜寇恂为河内太守，冯异为孟津将军，统辖两郡的军队驻防在黄河边上，同寇恂联合抵抗朱鲔等人。冯异便写信给李轶说："敝人听说明镜是用来观察形象的，往古的事件是用来认识今天的。古时微子离开殷朝进入周，项伯背叛西楚霸王归顺了汉……眼下长安衰败混乱，赤眉兵临近城郊，王侯们互相争战，大臣们离心离德，朝廷的纲纪已经中断，四方分裂，各路非刘姓的队伍一时起事，因此萧王刘秀跋山涉水，踏霜履雪，在河北一带苦心经营。现在他手下英雄俊杰云集，民众闻风相从，即使像古代邠、岐的民众仰慕周族古公亶父那样的情况，也不足以用来比喻现在。季文您真能从大事成败中觉悟过来，就请赶快定下大计，功劳可和微子、项伯相比，转祸为福，就在这个时候了。倘若猛将长途疾进，重兵围城，那时即使悔恨也来不及了！"当初，李轶和光武帝一道首先订立了盟约，彼此很亲爱。等到更始帝即位，李轶却回过头来同更始帝一块陷害了刘縯。他虽然知道长

不自安。乃报异书曰："铁本与萧王首谋造汉，结死生之约，同荣枯之计。今铁守洛阳，将军镇孟津，俱据机轴[⑤]，千载一会，思成断金[⑥]。唯深达萧王，愿进愚策，以佐国安人。"铁自通书之后，不复与异争锋，故异因此得北攻天井关，拔上党两城，又南下河南成皋已东十三县及诸屯聚，皆平之，降者十余万。武勃将万余人攻诸畔者，异引军度河，与勃战于士乡下，大破斩勃，获首五千余级，铁又闭门不救。异见其信效，具以奏闻。光武故宣露铁书，令朱鲔知之。鲔怒，遂使人刺杀铁。由是城中乖离，多有降者，鲔乃遣讨难将军苏茂将数万人攻温，鲔自将数万人攻平阴以缀异[⑦]。异遣校尉护军将兵，与寇恂合击茂，破之。异因度河击鲔，鲔走；异追至洛阳，环城一

安已岌岌可危，想投降刘秀，内心又很不安稳。于是回信给冯异说："我本来与萧王首先图谋中兴汉朝，结下生死之盟，共商成败之计。现在我守卫洛阳，你镇守孟津，都占据着要害之地，这是千载一时的好机会，希望我们同心不二。还望您详细禀报萧王，我愿意献上愚见，以佐助国家，安定民众。"李轶自从同冯异通信之后，不再同冯异交锋，因此冯异能够向北进攻天井关，攻克了上党郡的两城；又向南打下了河南成皋以东的十三个县，以及各处屯落土堡，都一一平定了，投降的人有十多万人。武勃统领一万多人讨伐那些投降冯异的人，冯异率军渡过黄河，在士乡亭同他交战，把他打得大败并将其杀死，杀死了五千多人。李轶又紧闭城门不援救武勃。冯异见李轶的诚意表现出来了，就将这些情况上奏给光武帝。光武帝故意泄露了李轶的信件，好让朱鲔知道。朱鲔大怒，于是派人刺杀了李轶。因此洛阳城中众人离心，有许多投降过来的人。朱鲔于是派讨难将军苏茂统率几万人马进攻温地，他自己带领几万人攻打平阴县，来与冯异军接战以牵制冯异。冯异派遣校尉护军带兵同寇恂一道夹击苏茂，打败了苏茂。冯异又乘

匝而归。移檄上状，诸将皆入贺，并劝光武即帝位。光武乃召异诣鄗，问四方动静。异曰："三王反畔[⑧]，更始败亡，天下无主，宗庙之忧在于大王。宜从众议，上为社稷，下为百姓。"光武曰："我昨夜梦乘赤龙上天，觉悟，心中动悸。"异因下席再拜贺曰："此天命发于精神。心中动悸，大王重慎之性也。"异遂与诸将定议，上尊号。

机渡过黄河攻打朱鲔，朱鲔逃跑，冯异追赶到洛阳，将城团团围住之后才回去。他将情况通报各官署，向刘秀上报，因此各路将领都来祝贺刘秀，并且劝说刘秀称帝即位。刘秀因此把冯异召到鄗，询问各地情势。冯异说："三王反叛，更始衰亡，天下没有君主，汉家宗庙的存亡就决定于大王您。大王应该听从众人的建议，对上是为了国家，对下是为了百姓。"刘秀说："我昨夜梦见自己乘坐赤龙上了天，醒来后内心惊恐害怕。"冯异于是离开座位行再拜之礼祝贺说："这是上天的意志反映在您的心里。内心惶恐不安，是大王您稳重谨慎的性格啊。"冯异于是同各位将领商量定，向刘秀奉上皇帝的尊号。

注释 ① 于林闟(tà)顿：匈奴王号。 ② 大臣：指张卬、申屠建、隗嚣等，因赤眉军入关，谋劫更始帝归南阳。 ③ 季文：李轶的字。 ④ 古人：指微子、项伯等人。 ⑤ 机轴：机，弩牙；轴，车轴，是弓弩和车辆起关键作用的部件，比喻二人所辖都是要害之地。 ⑥ 断金：《易·系辞》说："二人同心，其利断金。"李轶引用此语，表示愿意和冯异同心。 ⑦ 缀：连缀。 ⑧ 三王：指淮南王张卬、穰王廖湛、随王胡殷。

原文

建武二年春，定封异阳夏侯[①]，引击阳翟贼严终、赵根，破之。诏异归家上冢，

翻译

建武二年(26)春，光武帝正式封冯异为阳夏侯，冯异领兵攻击阳翟的盗贼严终、赵根并把他们打败。光武帝让冯

使太中大夫赍牛酒[②]，令二百里内太守、都尉已下及宗族会焉。时赤眉、延岑暴乱三辅，郡县大姓各拥兵众，大司徒邓禹不能定，乃遣异代禹讨之。车驾送至河南，赐以乘舆、七尺具剑[③]，敕异曰："三辅遭王莽、更始之乱，重以赤眉、延岑之酷，元元涂炭，无所依诉。今之征伐，非必略地屠城，要在平定安集之耳。诸将非不健斗，然好虏掠。卿本能御吏士，念自修敕，无为郡县所苦。"异顿首受命，引而西，所至皆布威信。弘农群盗称将军者十余辈，皆率众降异。异与赤眉遇于华阴，相拒六十余日，战数十合，降其将刘始、王宣等五千余人。

异回家乡扫墓，派太中大夫带着牛酒，命令方圆二百里之内的太守、都尉以下各级官员以及冯异同族的人在冯异家乡聚会。当时赤眉、延岑在三辅横行，各郡县豪族大姓都私自拥有兵卒，大司徒邓禹平定不了，因此光武帝派遣冯异替换邓禹讨伐他们。光武帝亲自送他到了黄河南岸，赐给他宝玉装饰的七尺剑。告诉冯异说："三辅遭受王莽、更始的祸害，加上赤眉、延岑的残暴蹂躏，百姓涂炭，没有地方依靠、诉说。今天你去征伐，不一定争夺土地攻占城池，关键在于平定地方，安抚收拢百姓而已。各位将领并非不勇猛善战，但是都喜好掠人劫财。你本来善于管束官吏士兵，希望你更加约束自己，不要让郡县觉得你是灾难。"冯异叩头接受命令，带领军队向西进发。凡是他所到的地方都广布威信。在弘农一带的盗贼自称将军的十多伙人，都率领他们的部众投降了冯异。冯异和赤眉军在华阴遭遇，相持六十多天，交战几十次，降服他们的将领刘始、王宣等和五千多士卒。

注释 ① 阳夏：今河南太康。 ② 赍（jī）：带着。 ③ 乘舆：指帝王坐的车。具剑：用宝玉装饰的剑，是帝王所用。

原文

三年春，遣使者即拜异为征西大将军。会邓禹率车骑将军邓弘等引归，与异相遇，禹、弘要异共攻赤眉。异曰："异与贼相拒且数十日，虽屡获雄将，余众尚多，可稍以恩信倾诱，难卒用兵破也。上今使诸将屯黾池要其东，而异击其西，一举取之，此万成计也。"禹、弘不从。弘遂大战移日，赤眉阳败，弃辎重走。车皆载土以豆覆其上，兵士饥，争取之。赤眉引还击弘，弘军溃乱。异与禹合兵救之，赤眉小却。异以士卒饥倦，可且休，禹不听，复战，大为所败，死伤者三千余人。禹得脱归宜阳。异弃马步走上回溪阪，与麾下数人归营。复坚壁，收其散卒，招集诸营保数万人，与贼约期会战。使壮士变服与赤眉同，伏于道侧。旦日，赤眉使万

翻译

三年(27)春，光武帝派使者到冯异那里授他为征西大将军。恰逢邓禹率领车骑将军邓弘等带兵归来，同冯异相遇，邓禹、邓弘邀请冯异一起攻打赤眉军。冯异说："我与赤眉军相持已经几十天了，虽然多次俘虏他们的勇将，但赤眉军剩下来的兵众还多，因此我们可以慢慢地用恩德信义争取他们，难以一下子用武力打败他们。皇上现在让诸位屯驻黾池拦击其东归之路，我则攻打他们西面，一举攻取他们，这是一定能成功的计划。"邓禹、邓弘却不听从冯异的意见。邓弘于是与赤眉军交战了一整天，赤眉军佯装失败，丢弃辎重逃跑，车里却全部装的是土块，土块上面盖了一层豆子，邓弘的兵士饥饿，争抢豆子吃。赤眉军回兵反攻邓弘，邓弘军溃败散乱。冯异与邓禹合兵援救邓弘，赤眉军稍稍退却。冯异认为士卒饥饿疲倦，可以暂时歇息一下。邓禹不听，再次进攻，被赤眉军打得大败，死伤的有三千多人，邓禹脱身逃回了宜阳。冯异丢下乘骑徒步逃跑，登上了回溪阪，和几个部下回到了军营，再次坚守壁垒，收集自己的散兵，并召集了各个营堡的兵卒几万人，同赤眉军约定了交战时间。冯

人攻异前部，异裁出兵以救之[①]，贼见势弱，遂悉众攻异，异乃纵兵大战。日昃，贼气衰，伏兵卒起，衣服相乱，赤眉不复识别，众遂惊溃。追击，大破于崤底，降男女八万人。余众尚十余万，东走宜阳降。玺书劳异曰："赤眉破平，士吏劳苦，始虽垂翅回溪[②]，终能奋翼黾池[③]，可谓失之东隅，收之桑榆[④]，方论功赏，以答大勋。"时赤眉虽降，众寇犹盛：延岑据蓝田，王歆据下邽，芳丹据新丰，蒋震据霸陵，张邯据长安，公孙守据长陵，杨周据谷口，吕鲔据陈仓，角闳据汧，骆延据盩厔，任良据鄠，汝章据槐里，各称将军，拥兵多者万余，少者数千人，转相攻击。异且战且行，屯军上林苑中，延岑既破赤眉，自称武安王，拜置牧守，欲据关中，引张邯、任良共攻异。异击破

异让勇猛的士卒穿上了同赤眉军一样的服装，埋伏在路旁。第二天，赤眉军让一万多人攻打冯异阵营的前部。冯异派出兵卒来援助。赤眉军见冯异兵力薄弱，于是出动全部人马围攻冯异，冯异这才出动大军大战。太阳西斜，赤眉军士气衰落，埋伏的士兵突然跃出，双方衣服相混，赤眉军不再能辨别敌我，全军于是惊慌溃逃。冯异率军追击，在崤底大败赤眉军，向冯异投降的男女有八万人。赤眉军余部还有十多万人，向东逃到宜阳也投降了。光武帝下诏书慰劳冯异说："打败平定赤眉军，士卒军吏辛勤劳苦。开始虽然你在回溪失利受挫，但你终能在黾池奏捷，真可以说是'失之东隅，收之桑榆'，我将要论功行赏，来酬答你的大功。"这时的赤眉军虽然投降，但是其他的割据势力依然很强大：延岑占据蓝田，王歆占据下邽，芳丹占据新丰，蒋震占据霸陵，张邯占据长安，公孙守占据长陵，杨周占据谷口，吕鲔占据陈仓，角闳占据汧地，骆延占据盩厔，任良占据鄠县，汝章占据隗里。他们都自称将军，拥兵多的超过万人，少的也有几千，相互展开攻击。冯异一边作战，一边行军，进驻上林苑中。延岑在打败赤眉军之后，自称武安

之，斩首千余级，诸营保守附岑者皆来降归异。岑走，攻析，异遣复汉将军邓晔、辅汉将军于匡要击岑，大破之，降其将苏臣等八千余人。岑遂自武关走南阳。时百姓饥饿，人相食，黄金一斤易豆五升，道路断隔，委输不至，军士悉以果实为粮。诏拜南阳赵匡为右扶风，将兵助异，并送缣谷，军中皆称万岁。异兵食渐盛，乃稍诛击豪杰不从令者，褒赏降附有功劳者，悉遣其渠帅诣京师，散其众归本业，威行关中。唯吕鲔、张邯、蒋震遣使降蜀，其余悉平。

王，委任州郡长官，打算占据关中，并引来张邯、任良一同进攻冯异。冯异打败了他们，斩杀了一千多人，那些依附延岑据守营堡的各部都来投降归附了冯异。延岑率兵逃遁，攻打析县，冯异派遣复汉将军邓晔、辅汉将军于匡拦截延岑部众，把他打得大败，收降了他的将领苏臣等八千多人。于是延岑从武关逃往南阳。当时民众饥饿，人吃人的事也出现了，一斤黄金只能换得五升豆子，道路阻隔不通，转运粮食没有到达，士兵们都以野果代替军粮。光武帝便下诏书，任命南阳人赵匡为右扶风，率兵协助冯异，并且给他们送来了缣帛和粮食，将士们都高呼万岁。冯异的士兵和粮食渐渐多了起来，他便渐渐向那些不服从政令的割据者发起进攻，奖励那些归降有功的部众，把他们的首领全部遣送到京师，并遣散他们的部下回到农桑本业，冯异的威名传遍关中。只有吕鲔、张邯、蒋震派遣使者向蜀地的公孙述投降，其余的割据势力全部平定了。

注释 ① 裁：同“才”，方才。 ② 垂翅：鸟翅下垂不能高飞。比喻受到挫折。 ③ 奋翼：鸟振翅高飞。比喻振作有为。 ④“失之”二句：意为早晨失败，晚上却又得到了胜利。东隅，日出之地；桑榆，日落之地。

原文

明年，公孙述遣将程焉将数万人就吕鲔出屯陈仓。异与赵匡迎击，大破之。焉退走汉川，异追战于箕谷，复破之。还，击破吕鲔，营保降者甚众。其后蜀复数遣将间出，异辄摧挫之。怀来百姓，申理枉结，出入三岁，上林成都。

异自以久在外，不自安，上书思慕阙廷，愿亲帷幄，帝不许。后人有章言异专制关中①，斩长安令，威权至重，百姓归心，号为"咸阳王"。帝使以章示异。异惶惧，上书谢。……诏报曰："将军之于国家，义为君臣，恩犹父子。何嫌何疑，而有惧意？"

六年春，异朝京师。引见，帝谓公卿曰："是我起兵时主簿也。为吾披荆棘，定关中。"既罢，使中黄门赐以珍宝、衣服、钱帛，诏曰："仓

翻译

第二年，公孙述派遣将领程焉带领几万人马前来吕鲔军中，进驻陈仓。冯异与赵匡率军迎击，把他们打得大败。程焉退兵逃往汉川，冯异追击到箕谷，又一次打败了他。冯异回师时攻破了吕鲔的营垒，向冯异投降的相当多。此后公孙述又多次派遣将领偷偷出击，冯异都将他们挫败。冯异招抚民众，为受冤屈者昭雪，冯异在当地往来三年，上林苑竟变成了一个城市。

冯异自认为长期领兵在外，心里很不踏实，上书诉说自己思念朝廷，希望在皇帝身边供职，光武帝却不同意。后来有人上书说冯异在关中独断专行，处死长安县令，权威极重，民众亲附，称他为"咸阳王"。光武帝派人将奏章拿给冯异。冯异读后极为惶恐，上书谢罪。……光武帝下诏说："将军对于国家，于义理上是君臣的关系，在情义上却如同父子。有什么嫌疑，而要心怀恐惧？"

建武六年(30)春，冯异赴洛阳朝见光武帝。接见时，光武帝对公卿大夫们说："冯异是我起兵时的主簿。他为我披荆斩棘，平定了关中。"散朝后派中黄门赏赐珍宝、衣服、钱帛给冯异，下诏说："困顿时无蒌亭的豆粥、滹沱河的麦饭，这深情厚意，

卒无蒌亭豆粥、虖沱河麦饭，厚意久不报。”异稽首谢曰：“臣闻管仲谓桓公曰：‘愿君无忘射钩，臣无忘槛车[②]。’齐国赖之。臣今亦愿国家无忘河北之难，小臣不敢忘巾车之恩。”后数引宴见，定议图蜀。留十余日，令异妻子随异还西。

久久没有报答。”冯异叩头谢恩说：“臣下我听说管仲对桓公说：‘希望君王您莫忘了我射中您带钩的事情，我也不忘您用槛车载我回齐国拜相的恩德。’齐国靠着他们君臣的这种想法而成就了霸业。我现在也希望陛下不忘在河北时的窘困，我自己也不敢忘却巾车乡的恩德。”以后光武帝还多次接见宴请冯异，讨论决定平蜀之事。留住十多天后，光武帝命令冯异的妻子儿女跟随冯异回到关中。

注释　① 章：奏章。 ② 槛车：囚禁罪犯的车子。春秋时齐国的管仲射中过齐桓公的带钩，后来齐桓公假意要杀他，而让鲁国用槛车把他押送回国，至齐即拜管仲为相。这里是说君不要忘记从臣下中发现人才，臣要不忘知遇之恩。

原文

夏，遣诸将上陇[①]，为隗嚣所败，乃诏异军栒邑。未及至，隗嚣乘胜使其将王元、行巡将二万余人下陇，因分遣巡取栒邑。异即驰兵，欲先据之。……潜往闭城，偃旗鼓。行巡不知，驰赴之。异乘其不意，卒击鼓建旗而出。巡军惊乱奔走，追击数十里，大破之。祭遵

翻译

夏季，光武帝派遣诸将进军陇山，被隗嚣打败，于是光武帝诏令冯异驻扎栒邑县。他还没有赶到，隗嚣就乘胜派自己的将领王元、行巡率领二万多人由陇山下来，分派行巡部夺取栒邑。冯异马上疾速行军，打算先占据栒邑。……秘密赶到后，关闭城门，放倒军旗，停击军鼓。行巡不知道，疾驱兵马奔来。冯异乘他没有思想准备，突然擂响战鼓，竖起军旗冲出城来。行巡的部队惊恐混乱，纷纷奔逃，冯异率军追击几十里，

亦破王元于汧。于是北地诸豪长耿定等悉畔隗嚣降。异上书言状，不敢自伐。诸将或欲分其功，帝患之，乃下玺书曰："……征西功若丘山，犹自以为不足。孟之反奔而殿[②]，亦何异哉！今遣太中大夫赐征西吏士死伤者医药，棺敛，大司马已下亲吊死问疾，以崇谦让。"于是使异进军义渠，并领北地太守事。青山胡率万余人降异。异又击卢芳将贾览、匈奴薁鞬日逐王，破之。上郡、安定皆降。异复领安定太守事。

大败行巡。祭遵也在汧地打败了王元。于是北地各路兵马的首领如耿定等人，都背叛隗嚣，投降了冯异。冯异上书皇帝报告情况，不敢自夸功绩。将领中有的人想分得冯异的功劳，光武帝为此忧虑，于是下诏说："……征西大将军的功绩如同高山，还自认为做得不够。这和孟之反在败军尾部断后而又谦逊不矜其功又有什么区别！现在派遣太中大夫将医药和棺材赏赐给征西士卒、军官中的死伤者，大司马以下的官员要亲自吊唁战死者、慰问伤病者，以崇扬征西大将军谦让的美德。"接着命令冯异向义渠进军，并兼管北地太守的职事。青山胡率领一万多人归顺了冯异。冯异又攻打卢芳的将领贾览、匈奴薁鞬日逐王，击败了他们。上郡、安定全部归降。冯异又兼管了安定太守的职事。

注释　① 陇：陇山，在今陕西陇县至甘肃平凉一带。因其地势高峻，所以说"上"。② 孟之反：春秋时鲁国大夫。此事见《论语·雍也》篇："孟之反不伐（夸耀），奔而殿（在最后），将入门（城门），策其马，曰：'非敢后也，马不进也。'"

原文

九年春，祭遵卒，诏异守征虏将军，并将其营。及隗嚣死，其将王元、周宗等

翻译

建武九年（33）春，祭遵去世，光武帝诏令冯异代理征虏将军，并统领祭遵的营垒。到隗嚣死去，他的将领王元、

复立嚣子纯，犹总兵据冀，公孙述遣将赵匡等救之。帝复令异行天水太守事，攻匡等，且一年，皆斩之。诸将共攻冀，不能拔，欲且还休兵。异固持不动，常为众军锋。明年夏，与诸将攻落门，未拔，病发，薨于军，谥曰节侯。长子彰嗣。明年，帝思异功，复封彰弟䜣为析乡侯。十三年，更封彰东缗侯，食三县。……

论曰[①]：中兴将帅立功名者众矣，唯岑彭、冯异建方面之号[②]。自函谷以西，方城以南，两将之功，实为大焉。若冯、贾之不伐[③]，岑公之义信，乃足以感三军而怀敌人，故能克成远业，终全其庆也。昔高祖忌柏人之名，违之以全福[④]；征南恶彭亡之地，留之以生灾[⑤]。岂几虑自有明惑，将期数使之然乎？

周宗等又拥立了隗嚣的儿子隗纯，仍带兵据守着冀地，公孙述派遣将领赵匡等人去援助他们。光武又命令冯异兼管天水太守的事务，攻打赵匡等人，将近一年时间，将他们全部斩杀了。各路将领一同围攻冀地，没能攻下，准备暂时撤退休整军队。冯异坚持不动摇，时常充任各支兵马的先锋。第二年夏天，冯异同诸将一同攻打落门，还没有攻下来，他的疾病发作，死在军中，谥号节侯。长子冯彰袭爵。建武十一年(35)，光武帝思念冯异的功勋，又封冯彰的弟弟冯䜣为析乡侯。建武十三年(37)，改封冯彰为东缗侯，食邑为三个县。……

史官评论说：东汉中兴时的将领建立功名的太多了，只有岑彭、冯异立了征战某一方面的称号。从函谷关往西，方城山往南，两位将军的功劳，实在是很大的。像冯异、贾复的不炫耀吹嘘，岑彭的信义，这都足以感化三军而招抚敌人，因此能够成就远大的事业，自始至终保全了他们的福分。昔日汉高祖忌讳“柏人”之名，离开该地方而免遭不测；岑彭厌恶“彭亡”之名，却留下来没有离开，因而遇刺身亡。难道是经过缜密思考也会有明白和迷惑的不同，还是命运决定要他们这样做的呢？

注释 ①《后汉书》以冯异与岑彭、贾复合传。这篇传论即就三人的合传而发。②建方面之号：冯异号征西大将军，岑彭号征南大将军，“西”“南”标出了他们领兵征战、建立功名的方位，和虎牙、建威、捕虏等将军称号不同，所以这样说。③贾：指贾复。④刘邦曾想留宿于柏人，但讨厌这个地名，说：“柏人者，迫于人也。”就离开了，因此免于被刺。详见《史记·张耳陈余列传》。⑤征南：即征南大将军岑彭。传载岑彭破公孙述时，“所营地名‘彭亡’，闻而恶之，欲徙，会日暮。蜀刺客诈为亡奴降，夜刺杀彭”。

杜诗传

导读

杜诗(? —38),字君公,河南汲县人。历任功曹、侍御史、成皋令、沛郡都尉、汝南都尉、南阳太守等职。由于他办事干练,有决断,很受汉光武帝刘秀的赏识。杜诗在南阳任职期间,执法严厉,打击了一些作恶多端、民愤很大的豪强地主。同时领导人民大搞水利,扩大耕地面积,使南阳郡日益富足。杜诗还在总结劳动人民经验的基础上,创造发明了水排,即水力鼓风机,将空气送入冶铁炉,铸造农具,用力少而见效多。由于他重视农业生产,为人民做了一些好事,所以受到当地人民的拥护,把他称作"杜母"。(选自卷三一)

原文

杜诗,字君公,河内汲人也①。少有才能,仕郡功曹,有公平称。更始时,辟大司马府②。建武元年,岁中三迁为侍御史,安集洛阳。时将军萧广放纵兵士,暴横民间,百姓惶扰,诗敕晓不改,遂格杀广,还以状闻。世祖召见,赐以棨戟③,复使之河东,诛降逆贼杨异

翻译

杜诗,字君公,河内郡汲县人。年轻时很有才能,任郡功曹,有办事公平的声誉。刘玄做皇帝时,被征召到大司马府中任职。建武元年(25),这一年他三次升迁担任了侍御史,负责安抚召回洛阳百姓的工作。这时将军萧广放纵兵士在民间暴虐横行,老百姓惶恐不安。杜诗命令并劝说萧广应加以制止,萧广坚持不改,于是杜诗杀掉了萧广,回去后写了报告向光武帝汇报。光武帝召见了他,赏赐他一套棨戟仪仗。又

等。诗到大阳[④]，闻贼规欲北度，乃与长史急焚其船，部勒郡兵，将突骑趁击，斩异等，贼遂翦灭。拜成皋令，视事三岁，举政尤异，再迁为沛郡都尉，转汝南都尉，所在称治。

派他前往河东郡诛杀、降服叛贼杨异等人。杜诗来到大阳，听说杨异等人正在谋划企图北渡黄河，于是与长史迅速烧毁了杨异北渡的船只，统率郡中的士兵，率领骑兵突击队袭击叛军，杀死杨异等人，叛军于是被全部消灭。杜诗被任为成皋县令，任职三年，政绩突出，再次升迁，为沛郡都尉，又调任汝南都尉，凡是他任职之处，都被认为治理得很好。

注释 ① 汲：今河南卫辉。 ② 辟：征召。 ③ 棨(qǐ)戟：有缯衣的戟，古时官吏出行的一种仪仗，汉代为王公以下通用。 ④ 大阳：汉县名，今山西平陆。

原文

七年，迁南阳太守。性节俭而政治清平，以诛暴立威，善于计略，省爱民役。造作水排[①]，铸为农器，用力少，见功多，百姓便之。又修治陂池，广拓土田，郡内比室殷足。时人方于召信臣[②]，故南阳为之语曰：“前有召父，后有杜母。”

翻译

建武七年(31)，杜诗升任南阳太守。他生性俭朴，理政时清廉公平，因为惩罚豪强在民众中树立起威信。他善于谋略，节省爱惜劳力。曾设计出水排，用以炼铁，铸造农具，使用劳力少，取得功效多，老百姓都认为很便利。他又整治池塘，扩大耕地面积，使得南阳郡内家家殷实富足。当时人们把他比作召信臣，因此，南阳人编了这样的话：“从前有个召父，现在有位杜母。”

注释 ① 水排：古代一种用水力推引鞴鞴(活塞)鼓风的器具。 ② 召信臣：字翁卿，西汉九江寿春(今安徽寿县)人。当南阳太守时，兴修水利，开通沟渠十数处，受到当地民众爱戴。

原文

诗自以无劳，不安久居大郡，求欲降避功臣，乃上疏曰："陛下亮成天工，克济大业，偃兵修文，群帅反旅，海内合和，万世蒙福，天下幸甚！唯匈奴未譬圣德，威侮二垂，陵虐中国。边民虚耗，不能自守，臣恐武猛之将虽勤，亦未得解甲櫜弓也[①]。夫勤而不息亦怨，劳而不休亦怨，怨恨之师，难复责功。臣伏睹将帅之情[②]，功臣之望，冀一休足于内郡，然后即戎出命，不敢有恨。臣愚以为'师克在和不在众'，陛下虽垂念北边，亦当颇泄用之。昔汤武善御众，故无忿鸷之师。陛下起兵十有三年，将帅和睦，士卒凫藻[③]。今若使公卿郡

翻译

杜诗认为自己没有什么功绩，不安于长期在南阳这个大郡为官，想要降为小郡，把职务让给功臣担任，于是上书给光武帝说："皇上辅助成就上天之功，能够完成汉室大业，停息武备，修明文治，将领们都班师回朝，四海之内实现了统一和平，千秋万代蒙受到您的恩德，普天之下是很幸运的。唯独匈奴不明白您圣明的德行，侵扰我西、北两面的边境，残害欺侮中原人民。边境人民消耗了人力财力，还是不能保卫自己，我担心即使勇猛的将领尽心竭力保卫边疆，也难以休战罢兵。大凡军队勤于作战而得不到休整也会怨恨，劳苦困顿而没有休整也会怨恨，怀着怨恨的军队是难以再次责成他们建立战功的。我观察将帅的心情和功臣的愿望，就是想回到内地休息一下，然后重服戎衣出兵完命就不会有怨恨了。我认为'军队获胜在于将士上下同心而不在兵力众多'，陛下即使十分关心北部边境，也应该交替采用攻战和休整两种策略。过

守出于军垒，则将帅自厉；士卒之复，比于宿卫，则戎士自百。何者？天下已安，各重性命，大臣以下，咸怀乐土，不雠其功而厉其用，无以劝也。陛下诚宜虚缺数郡，以俟振旅之臣，重复厚赏，加于久役之士。如此，缘边屯戍之师，竞而忘死，乘城拒塞之吏，不辞其劳，则烽火精明，守战坚固。圣王之政，必因人心。今猥用愚薄[4]，塞功臣之望，诚非其宜。臣诗伏自惟忖，本以史吏一介之才[5]，遭陛下创制大业，贤俊在外，空乏之间，超受大恩，牧养不称，奉职无效，久窃禄位，令功臣怀愠，诚惶诚恐。八年，上书乞避功德，陛下殊恩，未许放退。臣诗蒙恩尤深，义不敢苟冒虚请，诚不胜至愿，愿退大郡，受小职。及臣齿壮，力能经营剧事，如使臣诗必有补益，复受大

去商汤、周武王善于驾驭众人，所以没有残忍凶狠的军队。您起兵十三年，将帅和睦，士卒欢悦。现在如果从军队中选拔出公卿郡守，那么将帅们就会自勉；如果对士兵的优待能和中央的禁卫部队相当，那么战士们的勇气就会提高百倍。这是为什么呢？因为天下已经安定，人们都珍惜个人的性命，大臣以下的吏民，都留恋安乐之地。不按功行赏，而加以驱使，就无法鼓励他们。陛下确实应当空下几个郡守的名额，以待凯旋的将领；用多次丰厚的赏赐，施于长期服役的战士。这样，沿着边界屯戍的军队就会争相舍生忘死，登城守塞的官吏就会不辞辛劳，那么烽火报警就会精确无误，防御作战坚不可摧。圣明帝王的政策，一定要顺乎人心。现在陛下任用我这样愚昧浅陋的人，断绝了功臣们的希望，这是不合适的。我自己思量，我凭着一个郡功曹的才能，遇上陛下创立大业，贤能俊杰在外作战，人才匮乏之际，破例地让我受到陛下巨大的恩泽，而我治理民众并不称职，奉行职守也无成效，久久空占着郡守职位，致使功臣们心怀怨忿，我实在惶恐之极。建武八年(32)，我曾上书乞求让位于有功业、有德行的人，蒙陛下特殊恩典，没

位，虽析珪授爵[⑥]，所不辞也。惟陛下哀矜!”帝惜其能，遂不许之。

有允许我弃职退位。我受到的恩惠特别丰厚，按照义理，我不敢不负责任地假意请乞，又实在无法抑制迫切的愿望，希望从南阳太守的职位上退下来，接受低级的职务。等我年龄再大一些，能力胜任筹划办理繁难事务的时候，如果我对朝廷能有所补益，再接受高官，即使颁授列侯的珪玉和爵位，我也不辞让。请您哀怜我的苦衷吧!”光武帝爱惜他的才能，因而没有同意这一请求。

注释 ① 櫜(gāo)弓：收藏弓矢。 ② 伏：伏地，下对上常用伏字表示对对方的尊敬。 ③ 士卒凫藻：士卒非常欢悦，如野鸭一样游于水藻中。 ④ 猥：辱，敬辞，表示这样做使对方受辱。 ⑤ 史吏：等于说下层官吏，指杜诗出身郡功曹。一介：一个。⑥ 析珪：古时封诸侯，按爵位高低，颁赐珪玉，称为析珪。析，分。

原文

诗雅好推贤，数进知名士清河刘统及鲁阳长董崇等。

初，禁网尚简，但以玺书发兵[①]，未有虎符之信[②]。诗上疏曰：“臣闻兵者国之凶器，圣人所慎。旧制发兵，皆以虎符，其余征调，竹使而已[③]。符第合会[④]，取

翻译

杜诗平素喜爱推荐贤人，多次推荐过知名人士清河人刘统和鲁阳县长董崇等人。

当初，法规崇尚简易，发兵只用玺印加封的公文，还没有虎符这样的凭信。杜诗上书说：“我听说军队是国家的能够杀伤人的工具，是圣人审慎对待的东西。过去的制度，调发军队都用虎符为凭据，其余征发调遣用竹使符而已。只要虎符竹策相合，就能取得对方

为大信,所以明著国命,敛持威重也。间者发兵,但用玺书,或以诏令,如有奸人诈伪,无由知觉。愚以为军旅尚兴,贼虏未殄,征兵郡国,宜有重慎,可立虎符,以绝奸端。昔魏之公子,威倾邻国,犹假兵符,以解赵围,若无如姬之仇[5],则其功不显。事有烦而不可省,费而不得已,盖谓此也。”书奏,从之。

完全的信任,这样做是为了突出地宣明国家的命令,慎重地维护朝廷的权威。近来调遣军队,只用玺印加封的公文,或用皇帝的诏令。如果有奸人弄虚作假,就无法察觉出来。我认为现在战争还方兴未艾,内外敌人没有灭绝,向各州郡封国征兵,应当格外慎重,可采用虎符的制度,以阻止奸邪之事的发生。从前,魏公子信陵君的威望能使邻国折服,还得借助虎符调兵来解邯郸之围,如果没有如姬的杀父之仇使如姬盗得虎符,那么信陵君就难以有救赵之功了。事情有些是麻烦而不可简省、费难而不得不如此的,大概说的就是发兵制度这类的事情吧。”奏书呈上后,光武帝采纳了他的建议。

注释 ① 玺书:古代封口处盖有印信的文书,秦以后专指皇帝诏书。 ② 虎符:虎形兵符,用来发兵。 ③ 竹使:即竹使符,用于一般征发。 ④ 第:但,只要。合会:把符分为两半,左在地方官,右在朝廷,遇有调遣,要双方合符方为有效。 ⑤ 如姬:战国时魏安釐王的宠姬,其父为仇人所杀,欲求报仇而不能得。魏信陵君曾遣刺客代为报仇。后秦国围赵,信陵君欲救赵,请她窃得发兵虎符,得以夺取魏军指挥权,因而击败秦兵,解赵围。

原文

诗身虽在外,尽心朝廷,谠言善策,随事献纳。

翻译

杜诗虽在地方上做官,却为朝廷的事情费尽心思,正直的言论和有益的谋视事七年，政化大行。十四年，坐遣客为弟报仇，被征，会病卒。司隶校尉鲍永上书言诗贫困无田宅，丧无所归。诏使治丧郡邸，赙绢千匹[①]。

略，遇事便奉献出来。在职七年，政治和教化普遍推行。建武十四年(36)，因派宾客为弟弟报仇，被朝廷征召进京，恰逢他生病去世了。司隶校尉鲍永上书说杜诗生前贫困，没有田宅，遗体无处安葬。光武帝命令在郡守官邸里治丧，并赐绢绸千匹作为治丧费用。

注释 ① 赙(fù)：以财物助丧事。

梁 冀 传

导读

梁冀(?—159),两妹为顺帝、桓帝皇后。顺帝时他以外戚身份出任大将军,专断朝政达二十年,骄奢横暴,穷凶极恶。公元159年,桓帝与宦官合谋诛灭梁氏,官府没收其财产,价值达三十余万万钱,相当于当时全国租赋收入之半。本文对梁冀的发迹直至灭亡作了翔实的描写,绘出了一幅外戚专权政治混乱的图卷,勾勒了一个栩栩如生的权奸形象。(选自卷三四)

原文

冀字伯卓[①],为人鸢肩豺目[②],洞精矘眄[③],口吟舌言,裁能书计。少为贵戚,逸游自恣。性嗜酒,能挽满、弹棋、格五、六博、蹴鞠、意钱之戏[④],又好臂鹰走狗,骋马斗鸡。初为黄门侍郎,转侍中、虎贲中郎将、越骑、步兵校尉、执金吾。

翻译

梁冀字伯卓,长得肩如老鹰双翅上耸,目似豺狼两眼倒竖,深目无神,茫然直视,口齿不清,只能抄抄写写记记账。从小就是高贵的皇家姻戚,游手好闲,任意放纵。生性喜欢喝酒,擅长射箭、弹棋、格五、六博、蹴球、猜钱等玩艺,还喜爱架鹰驱犬狩猎,跑马斗鸡。梁冀初任黄门侍郎,后来迁调侍中、虎贲中郎将、越骑校尉、步兵校尉、执金吾。

注释 ① 据《后汉书·梁统传》,梁冀为安定乌氏(今甘肃平凉西北)人。 ② 鸢(yuān):老鹰。 ③ 矘眄(tǎng miǎn):眼睛无神、茫然直视的样子。 ④ 格五:又称簺,古代两人同玩的一种博戏,用棋子十二枚,分塞、白、乘、五四采,至五格即不得行,故名。意钱:亦称摊钱,即猜测预先所藏的钱数以赌输赢。

原文

永和元年,拜河南尹。冀居职暴恣,多非法。父商所亲客洛阳令吕放,颇与商言及冀之短,商以让冀,冀即遣人于道刺杀放,而恐商知之,乃推疑于放之怨仇,请以放弟禹为洛阳令,使捕之,尽灭其宗亲、宾客百余人①。商薨未及葬,顺帝乃拜冀为大将军,弟侍中不疑为河南尹②。

翻译

汉顺帝永和元年(136),梁冀任京都地区的行政长官。他在任期间,暴虐妄为,有很多违法行为。他父亲梁商的密友洛阳令吕放,向梁商略微谈及梁冀的短处,梁商用吕放所说的内容责备了梁冀,梁冀就派人在路上把吕放刺杀了,又怕梁商知道,就把吕放被杀的嫌疑推到吕放的仇人身上,请求委任吕放的弟弟吕禹为洛阳令,要他去缉拿凶手。结果把吕放仇家的宗族、亲戚和宾客一百多人全部杀光了。梁商去世,还没有等到下葬,顺帝就任命梁冀为大将军,其弟弟侍中梁不疑为京师地区行政长官。

注释 ① 宾客:东汉世家豪族对依附人口的一种称谓。 ② 依礼,父死应即去官,服满复出,更不能在父死未葬时升迁。

原文

及帝崩,冲帝始在襁褓,太后临朝,诏冀与太傅赵峻、太尉李固参录尚书事。冀虽辞不肯当,而侈暴滋甚。

翻译

到汉顺帝死时,汉冲帝方才两岁,还在襁褓之中,由梁太后临朝执政。她诏令梁冀与太傅赵峻、太尉李固共同参与掌管尚书事宜,处理朝政。梁冀虽然推辞不肯担当,却更加奢侈暴虐。

原文

冲帝又崩，冀立质帝。帝少而聪慧，知冀骄横，尝朝群臣，目冀曰："此跋扈将军也。"冀闻，深恶之，遂令左右进鸩加煮饼，帝即日崩。

复立桓帝，而枉害李固及前太尉杜乔，海内嗟惧，语在《李固传》。建和元年，益封冀万三千户，增大将军府举高第茂才，官属倍于三公。又封不疑为颍阳侯，不疑弟蒙西平侯，冀子胤襄邑侯，各万户。和平元年，重增封冀万户，并前所袭合三万户。

弘农人宰宣，素性佞邪，欲取媚于冀，乃上言大将军有周公之功，今既封诸子，则其妻宜为邑君。诏遂封冀妻孙寿为襄城君，兼食阳翟租，岁入五千万；加赐赤绂[①]，比长公主。寿色美而善为妖态，作愁眉，啼妆，

翻译

没过多久，汉冲帝又死了，梁冀迎立汉质帝。质帝时年八岁，却很聪明，知道梁冀骄横。曾有一次朝见群臣，他注视着梁冀，说："这是位跋扈将军啊！"梁冀听了恨之入骨，就叫亲信将毒药放入汤饼送给质帝，质帝当天死去。

梁冀又迎立汉桓帝，并陷害李固和前任太尉杜乔，天下人人叹息自危，这件事记在《李固传》中。建和元年(147)，桓帝给梁冀加封食邑一万三千户，增加大将军府推荐优异者和保荐茂才的名额，大将军府的官员，人数比三公府多一倍。又封他的弟弟梁不疑为颍阳侯，梁不疑的弟弟梁蒙为西平侯，梁冀的儿子梁胤为襄邑侯，每人封邑一万户。和平元年(150)，又加封梁冀食邑一万户，加上以前继承的封邑，合计三万户。

弘农人宰宣，生性奸佞，他想以谄媚讨得梁冀的喜欢，就向朝廷上书说：大将军梁冀有周公辅弼成王那样的功绩，如今既然封了诸梁，那么他的妻子就应该封为邑君。桓帝于是诏令封梁冀的妻子孙寿为襄城君，并享用邻县阳翟的租赋，每年收入共五千万；加赐赤色印绶，和长公主相等。孙寿姿色美艳，善于装出一副妖冶的样子，描出的

堕马髻，折腰步，龋齿笑，以为媚惑。冀亦改易舆服之制，作平上軿车[2]，埤帻[3]，狭冠[4]，折上巾[5]，拥身扇[6]，狐尾单衣[7]。寿性钳忌，能制御冀，冀甚宠惮之。

眉毛又弯又细，脸颊淡抹粉妆像是泪痕，发髻偏垂一旁，走起路来腰肢扭捏作态，像是双脚不能支撑体重似的，扮出一脸巧笑，用这一套来媚惑梁冀。梁冀也改变自己应享受的舆服样式，制作了平上軿车，埤帻，狭冠，折上巾，拥身扇，狐尾单衣。孙寿生性忌害，能制服掌握梁冀。梁冀非常宠爱她，也非常怕她。

注释 ① 赤绂(fú)：赤色的系印授带。汉制：公主仪仗服饰同公侯，紫绂。长公主仪仗服饰同诸王，赤绂。 ② 平上軿车：一种顶平帷幕车。 ③ 埤帻(bèi zé)：一种比较宽而低下的发巾。 ④ 狭冠：狭小的帽子。 ⑤ 折上巾：上角折起来的头巾。 ⑥ 拥身扇：大扇。 ⑦ 狐尾单衣：形似狐尾曳地的单衣。

原文

初，父商献美人友通期于顺帝，通期有微过，帝以归商。商不敢留而出嫁之，冀即遣客盗还通期。会商薨，冀行服，于城西私与之居。寿伺冀出，多从仓头，篡取通期归，截发刮面，笞掠之，欲上书告其事。冀大恐，顿首请于寿母，寿亦不得已而止。冀犹复与私通，生子伯玉，匿不敢出。寿寻

翻译

起初，梁冀的父亲梁商献了一个名叫友通期的美女给顺帝，后来友通期有一点过错，顺帝把她还给梁商。梁商不敢留她而将她嫁了出去，梁冀随即派人把她偷了回来。恰逢梁商去世，梁冀在居丧守孝期间，暗中与她在城西同居。一次，孙寿伺探到梁冀外出，就带了许多奴仆，把友通期抢回家来，剪去头发，划破脸皮，痛加鞭打，准备向朝廷上书告发这件事。梁冀十分恐惧，就向孙寿的母亲叩头求情，孙寿也不得已而作罢。梁冀仍继续和她私通，生下了儿子

知之，使子胤诛灭友氏。冀虑寿害伯玉，常置复壁中。冀爱监奴秦宫，官至太仓令，得出入寿所。寿见宫，辄屏御者，托以言事，因与私焉。宫内外兼宠，威权大震，刺史、二千石皆谒辞之。

冀用寿言，多斥夺诸梁在位者，外以谦让，而实崇孙氏宗亲。冒名而为侍中、卿、校尉、郡守、长吏者十余人，皆贪叨凶淫，各遣私客籍属县富人，被以它罪，闭狱掠拷，使出钱自赎，赀物少者至于死徙。扶风人士孙奋居富而性吝，冀因以马乘遗之，从贷钱五千万，奋以三千万与之，冀大怒，乃告郡县，认奋母为其守臧婢，云盗白珠十斛、紫金千斤以叛，遂收考奋兄弟，死于狱中，悉没赀财亿七千余万。

其四方调发，岁时贡献，皆先输上第于冀，乘舆

梁伯玉，藏着而不敢让他露面。不久，孙寿知道了，就指派儿子梁胤把友氏一家统统杀光。梁冀担心孙寿害死梁伯玉，经常把他藏在夹墙中。梁冀宠爱一个叫秦宫的奴仆总管，秦宫官至太仓令，可以自由出入孙寿的住所。孙寿见秦宫一来，就把身边的人支开，推托要和秦宫商量事情，乘机与他通奸。秦宫得到孙寿和梁冀的宠爱，名声权势大振，刺史和郡守赴任，都要前去拜见，向他辞行。

梁冀采用孙寿的意见，把梁家许多当权在位的人罢免，表面上是谦让，实际上是抬高孙氏宗族和亲友的地位。孙家冒名担任侍中、卿、校尉、郡守和长吏的，竟有十余人，这些人都贪得无厌、凶暴荒淫成性。他们各自派遣亲信把所辖县内富户记录在案，加以其他罪名，关进监狱，严刑拷打，叫他们出钱赎罪。拿出的钱少的人，多被处死和流放。扶风人士孙奋，家里富有而生性吝啬，梁冀便赠给他车乘马匹，跟他借五千万钱。士孙奋只拿出三千万给他，梁冀大怒，就告诉郡县官府，诬指士孙奋的母亲是他家中管财物的奴婢，并说她盗窃了白珠十斛、紫金千金出逃。于是就将士孙奋兄弟逮捕拷问，害死在狱中，把他家的

乃其次焉。吏人赍货求官请罪者，道路相望。冀又遣客出塞，交通外国，广求异物。因行道路，发取伎女御者，而使人复乘势横暴，妻略妇女，殴击吏卒，所在怨毒。

冀乃大起第舍，而寿亦对街为宅，殚极土木，互相夸竞。堂寝皆有阴阳奥室，连房洞户。柱壁雕镂，加以铜漆；窗牖皆有绮疏青琐，图以云气仙灵。台阁周通，更相临望；飞梁石蹬，陵跨水道。金玉珠玑，异方珍怪，充积臧室。远致汗血名马[①]。又广开园囿，采土筑山，十里九坂，以像二崤[②]，深林绝涧，有若自然，奇禽驯兽，飞走其间。冀、寿共乘辇车，张羽盖，饰以金银，游观第内，多从倡伎，鸣钟吹管，酣讴竟路。或连继日夜，以骋娱恣。客到门不得通，皆请谢门者，门者累千

资财一亿七千多万全没收了。

那些从各地征调来的物资，以及一年四季进贡的东西，都得先把上等的送给梁冀，皇帝所得的是次一等的。官吏和百姓携带财物到梁家求官请罪的，络绎不绝。梁冀还派遣门客出使塞外，与外国联系，大肆搜求珍奇异物。借着行路向各处索取歌伎僮仆，而派去的人又倚仗权势、横行霸道，掠夺污辱民家妇女，殴打当地官吏和役卒，所过之处，人们无不痛恨。

梁冀于是大建府第房舍，孙寿也在梁府街对面修造宅院。都极尽土木之盛，互相夸耀竞赛。行礼待客和寝卧之处都有幽深邃密的房间，房屋相连，门户相通。房柱墙壁镂刻着花纹，涂着金漆；大小窗户上都有青色的镂空花纹连环图案，描绘着云气仙人。亭台楼阁通道相连，可以登临互相眺望。拾级而上的石桥，飞架在河上。金玉珍珠和异邦的珍奇之物，堆满仓库。从遥远的大宛弄来了有名的汗血马。又大辟园林，取土筑成假山，十里九坡，以仿效东西崤山。森林幽深，山涧险绝，有如天然真景。奇异的飞禽和驯化了的兽类，在园内飞来跑去。梁冀和孙寿一同坐着人力推挽的小车，车上张挂着羽饰的车盖、镶饰着金银，在府第园林中游览，带

金。又多拓林苑，禁同王家，西至弘农，东界荥阳，南极鲁阳，北达河淇[3]，包含山薮，远带丘荒，周旋封域，殆将千里。又起兔苑于河南城西[4]，经亘数十里，发属县卒徒，缮修楼观，数年乃成。移檄所在，调发生兔，刻其毛以为识，人有犯者，罪至刑死。尝有西域贾胡，不知禁忌，误杀一兔，转相告言，坐死者十余人。冀二弟尝私遣人出猎上党，冀闻而捕其宾客，一时杀三十余人，无生还者。冀又起别第于城西，以纳奸亡。或取良人，悉为奴婢，至数千人，名曰"自卖人"。

着很多歌妓，鸣钟磬吹管箫，一路歌声酣畅。有时通宵达旦，纵情逸乐。客人前去拜访，守门人不予通报，客人只得用财物贿赂他们，守门人的积累多达千金。梁冀又扩大园林苑囿，有关林苑的蕃卫和皇室的一样。西面达到弘农，东面达到荥阳，南面达到鲁阳，北面达到黄河、淇水，包揽山林泽地，远衔丘陵荒野，周围疆界近千里。又在河南城西兴修兔苑，纵横几十里，调发所辖各县士兵民夫去修建楼阁，营建了几年才完工。然后向地方发出文告，征调活兔子，剪去一撮兔毛作为标记，如果有人违犯禁令，伤害了这些兔子，定罪重的能判死刑。曾经有位从西域来的异邦商人，不知这里的禁令，误杀了一只兔子，人们辗转告发，株连而死的达十余人。梁冀的二弟曾私下派人到上党一带打猎，梁冀听说后就捉拿了他二弟的宾客，一下子杀了三十多人，没有一个活着回来的。梁冀又在城西另建府第，用来收容逃亡的奸民。有时把无辜的百姓抓去，全部沦为奴婢，达数千人之多，给他们起名叫"自卖人"。

注释 ①汗血名马：西域大宛国的一种千里马，又名天马。 ②二崤：即崤山，分东崤和西崤。 ③河：黄河。淇：淇水，古为黄河支流。 ④河南：汉县名，治所在现河南洛阳西郊涧河东岸。

原文

元嘉元年，帝以冀有援立之功，欲崇殊典，乃大会公卿，共议其礼，于是有司奏冀入朝不趋，剑履上殿，谒赞不名，礼仪比萧何；悉以定陶、成阳余户增封为四县，比邓禹；赏赐金钱、奴婢、彩帛、车马、衣服、甲第，比霍光：以殊元勋。每朝会，与三公绝席[①]。十日一入，平尚书事。宣布天下，为万世法。冀犹以所奏礼薄，意不悦。专擅威柄，凶恣日积，机事大小，莫不咨决之。宫卫近侍，并所亲树，禁省起居，纤微必知。百官迁召，皆先到冀门笺檄谢恩，然后敢诣尚书。下邳人吴树为宛令，之官辞冀，冀宾客布在县界，以情托树。树对曰："小人奸蠹，比屋可诛。明将军以椒房之

翻译

元嘉元年(151)，桓帝因为梁冀有帮助自己立为皇帝的功劳，想用特殊恩典来尊崇他，就大范围地召集朝臣，共同商讨给梁冀的礼遇。于是主管官员奏请梁冀上朝时可以不趋拜，上殿可以穿靴带剑，拜见皇帝、赞礼时都不称其名，同当年汉高祖给予萧何的礼遇一样；把定陶、成阳封赐梁冀剩下的户数，全部加封给他，共增加为四县，同东汉初年邓禹的封邑一样；赏赐的金钱、奴婢、绸缎、车马、衣服、住宅，与霍光同例：用这些办法以显示元勋梁冀与其他功臣不同。每次参加朝会，不与三公同座，独占一席。十天上一次朝，评议尚书省事务。把这些向天下宣布，作为千秋万代的制度。梁冀还嫌所奏的礼遇菲薄，心里很不高兴。他把持权柄，放肆地行凶作恶日甚一日，国家的大小事情，没有不请示他而由他决断。宫廷的侍卫近臣，都是他亲自安插的，宫禁中的生活情况，不论多么细小他准能知道。百官调动职务和受皇帝召见，都要先到梁冀府中投书谢恩，然后才敢到尚书省接受命令。下邳县人吴树出任宛县令，赴任时去向梁冀辞行，梁冀的亲戚朋友有很多在宛县境内，梁冀就代他们说情，托吴

重[②]，处上将之位，宜崇贤善，以补朝阙。宛为大都，士之渊薮[③]，自侍坐以来，未闻称一长者，而多托非人，诚非敢闻！"冀默然不悦。树到县，遂诛杀冀客为人害者数十人，由是深怨之。树后为荆州刺史，临去辞冀，冀为设酒，因鸩之，树出，死车上。又辽东太守侯猛，初拜不谒，冀托以它事，乃腰斩之。

树照应。吴树回答说："小人为非作歹，一个个都应该诛杀。将军您凭借皇后的尊威，担任了大将军的职位，应当奖掖贤良之士出来裨补朝政的缺失。宛城是个大都会，士人荟萃之地，自从我陪坐聆教以来，没有听您称赞过一位忠厚长者，而托给我很多不该照应的人。我确实不敢听命！"梁冀听了，默不作声，心里很不高兴。吴树到任后，就把梁冀门客当中危害百姓的几十人杀了。梁冀由此十分怨恨吴树。后来吴树调任荆州刺史，临行前去向梁冀辞行，梁冀设宴替他饯行，乘机在酒中放了毒药，吴树一出梁冀家门，就死在车上。又有辽东太守侯猛，刚接到任命时没有去拜见梁冀，梁冀借口别的事情，就把他腰斩了。

注释 ① 绝席：不同席，即独坐一席，表示尊贵。 ② 椒房：汉代皇后居住的宫室，在未央宫中，这里指皇后。 ③ 渊薮：鱼和兽类聚居的地方，这里比喻人物聚集之处。

原文

时郎中汝南袁著[①]，年十九，见冀凶纵，不胜其愤，乃诣阙上书曰[②]："臣闻仲尼叹凤鸟不至，河不出图[③]，自伤卑贱，不能致也。今陛下居得致之位，又有能致之

翻译

当时任郎中的汝南人袁著，十九岁，他见梁冀凶横不法，抑制不住愤慨之情，就到宫门向皇帝上书说："我听说孔子感叹凤凰不飞来，黄河也没有八卦图出来，而自己有德行而无职位，不能造成政局的清明。现在陛下处于能够使政局清明的地位，有能使政局清明的

资，而和气未应，贤愚失序者，势分权臣，上下壅隔之故也。夫四时之运，功成则退，高爵厚宠，鲜不致灾。今大将军位极功成，可为至戒，宜遵悬车之礼④，高枕颐神。传曰：'木实繁者，披枝害心'。若不抑损权盛，将无以全其身矣。左右闻臣言，将侧目切齿，臣特以童蒙见拔，故敢忘忌讳。昔舜、禹相戒无若丹朱，周公戒成王无如殷王纣，愿除诽谤之罪，以开天下之口。"书得奏御，冀闻而密遣掩捕著，著乃变易姓名，后托病伪死，结蒲为人，市棺殡送。冀廉问知其诈，阴求得笞杀之，隐蔽其事。

天赋才能，然而人间还没有和气以应天命，贤者和愚者失去应有的次序地位的原因，是由于权势被权臣分掉，君臣上下、朝野内外政令阻塞不通造成的。四季更替，寒暑季节之功成则退去，人世间爵位高、宠禄厚，很少有不招致灾祸的。现在梁冀地位达到极点，功成业就，可以深为鉴戒，应让梁冀遵照致仕之礼，辞职告退，高枕而卧不问世事，调养精神。古书上说：'树木果实累累，就容易压折树枝，危害树心。'如果不降低梁冀的权势，将无法保全他的身家性命。皇上您身边的人听到我这些话，将会对我怒视侧目、咬牙切齿。只是我以年轻无知受到提拔，所以敢于不计较这些忌讳。当初舜、禹互相劝诫说：'不要像丹朱那样傲慢只知娱乐。'周公告诫成王说：'不要像商纣王那样荒淫。'希望陛下废除诽谤之罪，以便让天下人都能讲话。"袁著上书送到了皇帝手中，梁冀知道后就暗中派人去秘密逮捕袁著。袁著于是改名换姓，后又假装病死，叫家人用蒲草扎成尸体，买棺材殡葬。梁冀察问得知袁著的骗局，暗中捕获了袁著，将他鞭打致死，又把事情隐瞒起来。

注释 ①郎中：宫廷中主管车骑的侍卫官。②阙：宫门前两边的楼观建筑，用作宫门的代称。③河出图被认为是圣王贤者接受天命的象征。④悬车之礼：即致仕之礼。汉宣帝时御史大夫薛广德告老回家，宣帝赐给他安车驷马，薛广德便把安车在家中挂起来传给子孙。这里是说梁冀应该辞官。

原文

学生桂阳刘常，当世名儒，素善于著，冀召补令史以辱之[①]。时太原郝洁、胡武，皆危言高论，与著友善。先是洁等连名奏记三府，荐海内高士，而不诣冀。冀追怒之。又疑为著党，敕中都官移檄捕前奏记者并杀之[②]，遂诛武家，死者六十余人。洁初逃亡，知不得免，因舆榇奏书冀门。书入，仰药而死，家乃得全。及冀诛，有诏以礼祀著等。冀诸忍忌，皆此类也。

翻译

太学生桂阳人刘常，是当时名儒，一向与袁著关系友善，梁冀召他来补令史的缺额，有意侮辱他。那时太原人郝洁、胡武等，都爱发表正直的议论、高深的见解，也和袁著要好。在这之前郝洁等人联名上书向三公府举荐天下德行高洁之士，却不向大将军府推荐，梁冀这时追忆起来非常恼怒。又怀疑他们是袁著的同党，命令中都从事发出公文，要各地捉拿先前向三公府上书荐贤的这批人，一起杀掉他们。于是杀害了胡武全家，共死六十多人。郝洁起初逃走了，自知不能幸免，就用车拉着棺材到梁冀家门上书，书信送进去后，他就服毒自杀了，这样，他家才得以保全。等到梁冀被处死后，朝廷下诏按礼仪祭奠袁著等人。梁冀干的种种残忍刻毒之事，都差不多。

注释 ①令史：官俸在百石以下的文书小吏。②中都官：两汉京师官署的统称，这里指司隶校尉所属纠察违法官吏的中都从事。

原文

不疑好经书，善待士，冀阴疾之，因中常侍白帝[1]，转为光禄勋[2]。又讽众人共荐其子胤为河南尹。胤一名胡狗，时年十六，容貌甚陋，不胜冠带，道路见者，莫不蚩笑焉。不疑自耻兄弟有隙，遂让位归第，与弟蒙闭门自守。冀不欲令与宾客交通，阴使人变服至门，记往来者。南郡太守马融，江夏太守田明，初除，过谒不疑，冀讽州郡以它事陷之，皆髡笞徙朔方[3]。融自刺不殊，明遂死于路。

永兴二年，封不疑子马为颍阴侯，胤子桃为城父侯。冀一门前后七封侯[4]，三皇后[5]，六贵人，二大将军，夫人、女食邑称君者七人，尚公主者三人，其余卿、将、尹、校五十七人。在位二十余年，穷极满盛，威行内外，百僚侧目，莫敢违命，

翻译

梁不疑喜好儒家经典，对待士人友善，梁冀暗中嫉恨他，就通过中常侍报告桓帝，调任他为光禄勋。又暗示众臣一起推荐梁冀的儿子梁胤任河南尹。梁胤又名胡狗，当时年仅十六岁，相貌十分丑陋，戴不了官帽穿不了官服，路上见到他的人，没有不嗤笑的。梁不疑以兄弟间的怨隙为耻辱，便辞官让位回家，和弟弟梁蒙关起门来不问外事。梁冀不愿让他们与宾客交往，暗中派人化了装到他们家门口，把和梁不疑、梁蒙来往的客人记下来。南郡太守马融和江夏太守田明，刚接到任命就去拜会梁不疑，梁冀便暗示州郡用别的事情诬陷他们，把他们都处以髡形，加以鞭打，流放到朔方郡。马融自杀未遂，田明死在路上。

永兴二年(154)，封梁不疑的儿子梁马为颍阴侯，梁胤的儿子梁桃为城父侯。总计梁冀一家前后有七人封侯，三人为皇后，六人为贵人，二人为大将军，妇人和女儿有食邑和“君”封号的七人，娶公主为妻的三人，其余担任卿、将、尹、校等职位的五十七人。梁冀在位二十余年，权势达到无以复加的地步，在朝廷内外大施淫威，所有官员都不敢正

天子恭己而不得有所亲豫。

帝既不平之。延熹元年，太史令陈授因小黄门徐璜[6]，陈灾异日食之变，咎在大将军。冀闻之，讽洛阳令收考授，死于狱，帝由此发怒。

面而视，没有谁敢违背他的命令，皇帝也只得对他恭敬，一切政务都不能亲自过问。

桓帝对梁冀早就不满。延熹元年，太史令陈授通过小黄门徐璜向皇帝报告，发生灾害和日蚀等变异现象，罪过在于大将军。梁冀知道此事，就暗示洛阳令将陈授逮捕拷问，害死在狱中。桓帝由此发怒。

注释　① 中常侍：侍从皇帝、传达诏令、掌理文书的官。东汉时专由宦官充任。② 光禄勋：即郎中令，掌领宫殿门卫和侍从的高级官职。③ 朔方：汉郡名，治所在现在内蒙古杭锦旗西北。④ 七封侯：梁冀及梁冀祖父梁雍，弟梁不疑、梁蒙，子梁胤，侄梁马，孙梁桃共七人，均封侯。⑤ 三皇后：章帝梁贵人，生和帝，追尊为恭怀皇后；梁冀妹纳为顺帝皇后；妹女梁莹为桓帝皇后。⑥ 小黄门：在皇帝左右掌理文书，传达诏令的宦官。

原文

初，掖庭人邓香妻宣生女猛[1]，香卒，宣更适梁纪。梁纪者，冀妻寿之舅也。寿引进猛入掖庭，见幸，为贵人，冀因欲认猛为其女以自固，乃易猛姓为梁。时猛姊婿邴尊为议郎，冀恐尊沮败宣意，乃结刺客于偃城，刺杀尊，而又欲杀宣。宣家在

翻译

当初，在掖庭供职的邓香的妻子宣，生了个女儿邓猛。邓香死后，宣改嫁给梁纪。梁纪是梁冀妻子孙寿的舅父。孙寿将邓猛送进后宫，得到桓帝的宠幸，尊为贵人。因此梁冀想认邓猛做女儿，来巩固自己的地位，就把邓猛改姓为梁。当时邓猛的姐夫邴尊任议郎之职，梁冀怕邴尊阻止宣让女儿改姓，于是在偃城结交了一个刺客，将邴尊刺

延熹里，与中常侍袁赦相比。冀使刺客登赦屋，欲入宣家。赦觉之，鸣鼓会众以告宣。宣驰入以白帝，帝大怒，遂与中常侍单超、具瑗、唐衡、左悺、徐璜等五人成谋诛冀，语在《宦者传》。

死，又想把宣也杀掉。宣家住延熹里，与中常侍袁赦为邻，梁冀派刺客登上袁家的房屋，打算从那里进入宣家。袁赦发觉了这件事，就击鼓集合众人，把事情告诉了宣。宣立即赶进宫向桓帝报告。桓帝大怒，于是同宦官单超、具瑗、唐衡、左悺、徐璜等五人共同商定计谋，诛杀梁冀。这件事记载在《宦者传》里。

注释 ① 掖庭：宫中旁舍。掖庭人，即供职掖庭的小官员。邓香：和帝妻邓皇后堂兄之子，其女猛为桓帝贵人，邓香也被追尊为车骑将军、安阳侯。

原文

冀心疑超等，乃使中黄门张恽入省宿，以防其变。具瑗敕吏收恽，以辄从外入，欲图不轨。帝因是御前殿，召诸尚书入，发其事，使尚书令尹勋，持节勒丞郎以下皆操兵守省阁，敛诸符节送省中。使黄门令具瑗将左右厩驺、虎贲、羽林、都候剑戟士，合千余人，与司隶校尉张彪共围冀第。使光禄勋袁盱持节收冀大将军印绶，徙封比景都乡侯。冀

翻译

梁冀疑心单超等人，于是派中黄门张恽进宫值宿，以防单超等发动事变。具瑗就命令宫中小吏将张恽逮捕，罪名是擅入宫禁，图谋不轨。桓帝因此来到前殿，把尚书们都召进来，公布了这件事，派尚书令尹勋拿着符节总领尚书丞和尚书郎以下官员，都手持武器守卫宫中各官署。集中所有的符节，送进宫中。派黄门令具瑗率领左右厩的骑士、虎贲勇士、羽林军和都候剑戟士等，合计有千余人，会同司隶校尉张彪，一起包围了梁冀的府第。派光禄勋袁盱持符节前去收回梁冀的大将军印绶，降封他为比景都乡侯。梁冀和妻子孙寿当

及妻寿即日皆自杀。悉收子河南尹胤、叔父屯骑校尉让，及亲从卫尉淑、越骑校尉忠、长水校尉戟等，诸梁及孙氏中外宗亲送诏狱，无长少皆弃市。不疑、蒙先卒。其它所连及公卿、列校、刺史二千石，死者数十人，故吏、宾客免黜者三百余人，朝廷为空，唯尹勋、袁盱及廷尉邯郸义在焉。是时，事卒从中发，使者交驰，公卿失其度。官府市里鼎沸，数日乃定，百姓莫不称庆。

收冀财货，县官斥卖，合三十余万万，以充王府，用减天下税租之半。散其苑囿，以业穷民。录诛冀功者，封尚书令尹勋以下数十人。

天都自杀了。悉数逮捕了梁冀的儿子河南尹梁胤、叔父屯骑校尉梁让，以及他的亲族卫尉梁淑、越骑校尉梁忠、长水校尉梁戟等梁氏官员，以及孙氏在朝廷内外的宗族和亲戚，把他们都关进诏狱，不论老少全部处死。梁不疑和梁蒙早已去世。其他牵连的公卿、列校、刺史和郡守等被杀的共几十人，梁冀过去的属吏和宾客罢官和免职的三百多人，朝廷因此都空了，只有尚书令尹勋，光禄勋袁盱和廷尉邯郸义三人还在任上。当时，因为事变是突然由宫中爆发的，因此使者急速地往来通报，朝廷重臣都不知所措。官府和民间为之轰动，几天后才安定下来，天下百姓同声称快。

没收了梁冀的财产，由朝廷变卖，共值三十余亿钱，用来充实国库，因此减免当年天下租税的一半。拆除梁家所有的园林，交给贫穷的百姓耕种放牧。评定诛灭梁冀有功的人，封赏了尚书令尹勋以下几十人。

郑玄传

导读

郑玄(127—200),东汉著名经学家、教育家。郑玄出身于一个没落的封建士大夫家庭,他自幼聪颖好学,无意仕途,不慕名利,一心向往寻师问道,研究学问。他学无常师,既师于今文经学家,又师于古文经学家。他以古文经学为主,兼采今文经学之长,使二者糅合为一,集汉学之大成,而形成一种新的经学——郑学,千年来对历代学术都有重大影响。

郑玄从四十多岁回到故乡时起,即开门授徒。二十多年中,他的学生近万人。经历了三国、魏晋、南北朝的动乱,而儒学、注释之学并没有断绝,跟郑玄及其传人很有关系。应该说他是一位了不起的教育家。

本篇用赞扬的笔调叙述了郑玄的生平和学术成就。从史料选择到文字表达都有许多优点和长处,反映了范晔在史学、文学上的精深造诣。(选自卷三五)

原文

郑玄,字康成,北海高密人也①。八世祖崇,哀帝时尚书仆射。玄少为乡啬夫②,得休归,常诣学官,不乐为吏。父数怒之,不能禁。遂造太学受业,师事京

翻译

郑玄,字康成,北海国高密县人。他的八世祖郑崇,在西汉哀帝时曾任尚书仆射。郑玄年轻时在乡里做啬夫,每逢休假回家,总要到学校里读书,不喜欢做小吏。父亲为此多次发火,也制止不了他。于是他到京城太学里从师学

兆第五元先[3]，始通《京氏易》《公羊春秋》《三统历》《九章算术》。又从东郡张恭祖受《周官》《礼记》《左氏春秋》《韩诗》《古书尚书》。以山东无足问者，乃西入关，因涿郡卢植，事扶风马融。

融门徒四百余人，升堂进者五十余生。融素骄贵，玄在门下，三年不得见，乃使高业弟子传授于玄。玄日夜寻诵，未尝怠倦。会融集诸生考论图纬，闻玄善算，乃召见于楼上。玄因从质诸疑义，问毕辞归。融喟然谓门人曰："郑生今去，吾道东矣！"

习，拜京兆人第五元先为师，开始时掌握《京氏易》《公羊春秋》《三统历》及《九章算术》。又从东郡人张恭祖学习《周官》《礼记》《左氏春秋》《韩诗》《古文尚书》等。因为在山东没有值得求教的人了，于是他往西入关，经过涿郡卢植的介绍，拜扶风马融为师。

马融有门徒四百多人，而能够登堂入室听他亲自讲课的仅五十余人。马融的性情一向骄贵，郑玄拜在门下，三年都不能见他一面，马融只是让自己的高材生给郑玄授课。郑玄日夜寻究诵习，从未有过丝毫懈怠厌倦。有一次遇上马融召集门生研讨图谶纬书，听说郑玄精通算术，于是在楼上召见他。郑玄就趁这个机会向马融请教平时学习中发现的疑难问题，问完了问题就告辞回到山东故乡。马融很有感慨地对学生们说："郑玄现在离去，我的学问到东方去了。"

注释 ① 北海高密：汉北海国高密县，今山东高密。 ② 乡啬夫：乡中小吏，掌管诉讼和征税。 ③ 第五元先：姓第五，元先是名。一说名元，"先"字属下句，下句的"始"字不当有。

原文

玄自游学，十余年乃归

翻译

郑玄自从出外游学，十多年才回家

乡里。家贫，客耕东莱，学徒相随已数百千人。及党事起，乃与同郡孙嵩等四十余人俱被禁锢，遂隐修经业，杜门不出。时任城何休好《公羊》学，遂著《公羊墨守》《左氏膏肓》《穀梁废疾》。玄乃发《墨守》、针《膏肓》、起《废疾》，休见而叹曰："康成入吾室，操吾矛，以伐我乎！"初，中兴之后，范升、陈元、李育、贾逵之徒争论古今学，后马融答北地太守刘瓌及玄答何休，义据通深，由是古学遂明。

乡。家境贫穷，郑玄到东莱为人佣耕，这时跟随他学习的学生已有成百上千人了。等到党锢之祸发生，他和同乡孙嵩等四十余人都被禁锢终身，不许做官。于是他埋头研习经学，闭门不出。当时任城人何休喜好《公羊春秋》的学说，于是写了《公羊墨守》《左氏膏肓》《穀梁废疾》，郑玄就撰写了驳正《墨守》《膏肓》和《废疾》的文章。何休见到后感叹道："郑康成简直是走进我的屋里，拿了我的矛来攻击我呀！"东汉初年，范升、陈元、李育、贾逵等曾经争论过今、古文经学，到后来马融回答北地太守刘瓌和郑玄回答何休，由于理论畅达精深，因此古文经学才开始昌明起来。

灵帝末，党禁解，大将军何进闻而辟之。州郡以进权戚，不敢违意，遂迫胁玄，不得已而诣之。进为设几杖①，礼待甚优。玄不受朝服，而以幅巾见②。一宿逃去。时年六十，弟子河内赵商等自远方至者数千。后将军袁隗表为侍中，以父丧不行。国相孔融深敬于

汉灵帝末年，党禁解除，大将军何进听说郑玄的名声便征召他。州郡长官因为何进是当权的外戚，不敢违背他的意旨，于是胁迫郑玄，郑玄不得已前去应召。何进为他准备了几案和手杖，礼遇十分优厚。郑玄没有收下送来的朝服，只戴头巾来见何进。住了一夜便逃走了。这时郑玄年已六十，从远方来的门徒，如河内人赵商等有数千人。后来将军袁隗上表推荐他担任侍中，他因父亲去世没有就任。北海相孔融对他非常敬重，急急忙忙地到他家拜访。他

玄，屣履造门[③]。告高密县为玄特立一乡，曰："昔齐置'士乡'[④]，越有'君子军'[⑤]，皆异贤之意也。郑君好学，实怀明德。昔太史公、廷尉吴公、谒者仆射邓公，皆汉之名臣。又南山四皓有园公、夏黄公，潜光隐耀，世嘉其高，皆悉称公。然则公者仁德之正号，不必三事大夫也。今郑君乡宜曰'郑公乡'。昔东海于公仅有一节，犹或戒乡人侈其门闾，矧乃郑公之德，而无驷牡之路！可广开门衢，令容高车，号为'通德门'。"

还指示高密县令，为郑玄特别设立一个乡，他说："从前齐国设置过'士乡'，越国设立过'君子军'，都是优待贤人的意思。郑玄君好学，具有完美的德性。从前太史公司马谈、廷尉吴公、谒者仆射邓公都是前汉的名臣。还有南山四位长者园公、夏黄公等，才德隐伏不露，世人敬重他们超世脱俗，把他们都称为'公'。既然如此，那么，'公'的意义应当是那些具有仁义道德的人的正当名号，不必做过太尉、司徒、司空的大夫才称'公'。现在郑玄这个乡应该叫作'郑公乡'。过去东海人于定国之父仅有一个断狱公平的好德行，他还要告诫乡人扩大自己里巷的大门以备后世子孙任高官，何况郑玄这样美好的品德，却没有可以行走驷马高车的道路！应扩大郑玄里巷的大门和加宽他家门前的道路，让它容得下高盖大车，称为'通德门'。"

注释 ① 几杖：几案和手杖，以供老人坐时依倚和行路扶持之用。古代设几杖为敬老之礼。 ② 幅巾：不戴冠，只戴头巾，是儒者未仕的服饰。 ③ 屣履：鞋子没穿好，拖着。这里表示心情急迫。 ④ 春秋时，齐相管仲制国为二十一乡，工商乡六，士乡十五，使士和工商分别居住。 ⑤ 春秋时，越王勾践以其私卒君子六千人为中军，称为"君子军"。

原文

董卓迁都长安，公卿举

翻译

董卓迁都长安，大臣们荐举郑玄出

玄为赵相，道断不至。会黄巾寇青部，乃避地徐州，徐州牧陶谦接以师友之礼。建安元年，自徐州还高密，道遇黄巾贼数万人，见玄皆拜，相约不敢入县境。玄后尝疾笃，自虑，以书戒子益恩曰：

“吾家旧贫，为父母群弟所容[①]。去厮役之吏，游学周、秦之都，往来幽、并、兖、豫之域，获觐乎在位通人、处逸大儒，得意者咸从捧手[②]，有所受焉。遂博稽六艺，粗览传记，时睹秘书纬术之奥。年过四十，乃归供养，假田播殖，以娱朝夕。遇阉尹擅势，坐党禁锢，十有四年，而蒙赦令，举贤良方正有道，辟大将军三司府。公车再召[③]，比牒并名，早为宰相。惟彼数公，懿德大雅，克堪王臣，故宜式序。吾自忖度，无任于此，但念述先圣之元意，思整百家之

任赵国相，因道路不通没有赴任。赶上黄巾军进攻青州地区，郑玄到徐州躲避战乱，徐州牧陶谦用师友之礼接待他。汉献帝建安元年（196），由徐州回高密家乡，路上遇到黄巾军好几万人，他们见了郑玄都下拜，大家约定不侵犯高密县境。后来郑玄曾经病重，恐怕自己一病不起，于是写信告诫儿子郑益恩说：

“我们家过去贫困，我得到父母诸弟的宽容和支持，辞掉了贱役一般的小吏职务，在周、秦旧都访师求学，往来于幽、并、兖、豫各州，得见那些在位的博通古今的大师和隐居的著名学者，得意的是这些通儒都接受了我的请教，对我有所传授。于是我广泛稽考儒家经典著作，浏览各家注释，还不时阅览珍贵图书籍谶纬图箓的深奥秘之处。年过四十，才回家供养父母，租赁田地耕种来欢度时日。遇到宦官独揽权力，我被党人案件牵连而遭禁锢，十四年后才得到赦免。后来多次被推举为贤良、方正、有道诸种人才，被大将军、三司府征召任职。两次被朝廷直接征召，和我同列征召名牒的其他人，有些早已做了宰相。想到这几位都有美德和高才，能够胜任皇帝大臣的职责，因此应当任用。而我估量自己没有能力担任这类职务，

不齐，亦庶几以竭吾才，故闻命罔从。而黄巾为害，萍浮南北，复归邦乡。入此岁来，已七十矣。宿素衰落，仍有失误，案之礼典，便合传家。今我告尔以老，归尔以事，将闲居以安性，覃思以终业。自非拜国君之命，问族亲之忧，展敬坟墓，观省野物，胡尝扶杖出门乎！家事大小，汝一承之。咨尔茕茕一夫，曾无同生相依。其勖求君子之道，研钻勿替，敬慎威仪，以近有德。显誉成于僚友，德行立于己志。若致声称，亦有荣于所生，可不深念邪！可不深念邪！吾虽无绂冕之绪，颇有让爵之高。自乐以论赞之功，庶不遗后人之羞。末所愤愤者，徒以亡亲坟垄未成，所好群书率皆腐敝，不得于礼堂写定，传与其人。日西方暮，其可图乎！家今差多于昔，勤力务时，无恤

只想阐述孔子儒学的本来意旨，统一各家的歧异，也希望发挥自己在这方面的才智，所以接到征召的命令也没有应命。黄巾造反，使我奔走南北、行踪不定，现在才重返故土。到了这一年，我已经七十岁了。旧时的学业素养已经荒疏，还有一些失误之处；根据礼典规定，人到七十岁就应当把家事传给儿子管理了。今天我告诉你我老了，家务事要交给你承担，我将闲适家居来安定心性，深入思考来完成事业。除非接受国君的命令，慰问同族亲属的疾病，察看祭拜坟墓，观览省视野物，我何曾拄着拐杖出过门哩！大小家事，由你全部承担。可叹你独自一人，竟没有兄弟姐妹可以依靠。一定要奋勉力求君子的修养，钻研不懈，慎重地注意态度仪表，亲近那些有德的人。显赫的荣誉是由同事朋友促成的，建立德行要靠自己的志向，若有了好的名声，父母也是有光的，这些能不深入地想想吗！能不深入地想想吗！我虽然没有高官的事业，却有多次辞让官爵的清高，以评论总结整理经典的功业自乐，希望不会落得后人的讥笑。最后，我所忧虑的，只是死去的双亲坟墓未修成，我所喜爱的群书大都腐烂了，不能在讲学习礼的堂内写成定

饥寒。菲饮食，薄衣服，节夫二者，尚令吾寡恨。若忽忘不识，亦已焉哉！”

稿，传给应当传授的人。我就像太阳西下将近迟暮，还能做成这些事吗！我们家境现在比过去稍好一些，只要勤奋努力，珍惜时光，就不须害怕饥寒。粗茶淡饭、简衣素服，若能在衣食两方面有所节制，还算是让我没有什么遗憾了。如果你忘记这些话，体会不到我的苦心，那也就算了吧！”

注释 ① 今本“为”上有“不”字，当为衍文。 ② 捧手：古代见长者或向长者提问之礼。 ③ 公车：汉官署名，属卫尉，负责皇宫的警卫工作，征召士人也由公车负责。

原文

时大将军袁绍总兵冀州，遣使要玄，大会宾客，玄最后至，乃延升上坐。身长八尺，饮酒一斛，秀眉明目，容仪温伟。绍客多豪俊，并有才说，见玄儒者，未以通人许之，竞设异端，百家互起。玄依方辩对[①]，咸出问表，皆得所未闻，莫不嗟服。时汝南应劭亦归于绍，因自赞曰：“故太山太守应中远，北面称弟子，何如？”玄笑

翻译

这时，大将军袁绍在冀州统领大军，派使者邀请郑玄。袁绍大会宾客，郑玄最后到，将他迎入上座。郑玄身材高大，酒量过人，眉目清秀，容貌温和且仪表伟岸。袁绍的客人大都是俊秀豪杰，各有才气而善辩，他们看见郑玄是一个儒者，不认为郑玄是个博通的人。于是大家竞相设置一些古怪的问题，各种学派的观点交替提出。郑玄依据儒学要旨答辩应对，内容都超出了问题的范围，大家都得到了闻所未闻的知识，没有人不慨叹敬服。当时汝南人应劭也归附了袁绍，他自我引荐道：“前泰山郡守应仲远，想作为您的学生，怎么

曰："仲尼之门考以四科，回、赐之徒不称官阀。"劭有惭色。绍乃举玄茂才，表为左中郎将，皆不就。公车征为大司农，给安车一乘[②]，所过长吏送迎。玄乃以病自乞还家。

样？"郑玄笑着说道："孔子的弟子，要考德行、言语、政事、文学四种科目，颜渊、子贡这些学生向来不称自己的官衔和门第。"应劭面露惭愧神色。于是，袁绍荐举郑玄为茂才，上书推荐他出任左中郎将，郑玄都没有就任。后来朝廷征召他为大司农，又供给他一辆安车，并规定郑玄经过之处，主管官员必须迎送。郑玄却称病请求回家。

注释 ① 方：法，指儒家正统学说。 ② 安车：可以坐乘的一种马拉小车。高官告老或征召有重望的人，往往赐乘安车。

原文

五年春，梦孔子告之曰："起，起，今年岁在辰，来年岁在巳。"既寤，以谶合之，知命当终，有顷寝疾。时袁绍与曹操相拒于官渡，令其子谭遣使逼玄随军。不得已，载病到元城县，疾笃不进，其年六月卒，年七十四。遗令薄葬。自郡守以下尝受业者，缞绖赴会千余人[①]。

门人相与撰玄答诸弟

翻译

建安五年（200）春，郑玄梦见孔子告诉他说："起来，起来，今年是庚辰年，明年就是辛巳年。"醒后，根据谶纬推算，知道自己性命将要终尽。不久，郑玄便卧病不起。这时袁绍和曹操正在官渡对峙，叫他的儿子袁谭派人去强迫郑玄随军任职。郑玄不得已，带病到了元城县，病势加重，不能继续前进，当年六月便去世了，终年七十四岁。郑玄临终嘱咐从简办理丧事。届时，曾经从郑玄学习过，任郡守以下职务的官员，都穿着丧服来会葬，共有一千多人。

郑玄的学生联合起来，就郑玄生前

子问《五经》，依《论语》作《郑志》八篇。凡玄所注《周易》《尚书》《毛诗》《仪礼》《礼记》《论语》《孝经》《尚书大传》《中候》《乾象历》，又著《天文七政论》《鲁礼禘祫义》《六艺论》《毛诗谱》《驳许慎五经异义》《答临孝存周礼难》，凡百余万言。玄质于辞训，通人颇讥其繁。至于经传洽孰，称为纯儒，齐鲁间宗之。

其门人山阳郗虑至御史大夫，东莱王基、清河崔琰著名于世。又乐安国渊、任嘏时并童幼，玄称渊为国器，嘏有道德，其余亦多所鉴拔，皆如其言。玄唯有一子益恩，孔融在北海，举为孝廉；及融为黄巾所围，益恩赴难陨身。有遗腹子，玄以其手文似己，名之曰小同。

解答学生们提出的有关《五经》上面的问题，依照《论语》的体例，编辑为《郑志》，共八篇。总计郑玄注释过的书有《周易》《尚书》《毛诗》《仪礼》《礼记》《论语》《孝经》《尚书大传》《中候》《乾象历》；郑玄自著的有《天文七政论》《鲁礼禘祫义》《六艺论》《毛诗谱》《驳许慎五经异义》《答临孝存周礼难》，共一百多万字。郑玄对于经典辞义训释的务求质朴实在，博通的人多讥刺这种做法太繁琐。至于说到经典传注的丰富熟悉，他可以称为纯正的儒者，而被齐鲁一带的人们奉为宗师。

他的学生山阳人郗虑，官至御史大夫，东莱人王基、清河人崔琰，都是当世名人。另外乐安人国渊、任嘏当时都还年幼，郑玄称许国渊为国家栋梁之材，任嘏有高尚的品质，对其他的人也多有评定和引荐，后来的事实都像他说的那样。郑玄只有一个儿子名郑益恩，孔融在北海任职时，推举他为孝廉；后来孔融遭遇黄巾军围困时，郑益恩趋救危难而身亡。郑益恩有一个遗腹子，郑玄因为他手上的纹理与自己的相似，取名叫郑小同。

注释 ① 缞绖（cuī dié）：丧服中最重的一种，本来是臣为君、子为父所服，自汉代起弟子为老师也服缞绖。

班 固 传

导读

班固(32—92),是继司马迁之后杰出的史学家,所撰《汉书》,是我国第一部纪传体断代史,开创了史学著作新例。后世论史书,必举《史》《汉》,论史家,必举班、马,就是这个道理。这篇传记详叙了班固修《汉书》的曲折经历,比较全面地反映了班固的生平事迹。班固擅长辞赋,以《两都赋》闻名于世。章帝时,曾在白虎观召集博士儒生讨论五经异同,班固据以编成《白虎通义》,其书为中国经学史要籍之一。

值得注意的是,范晔在此传中,对历史名家班固的赞许是极有限度的。(选自卷四〇)

原文

固字孟坚[①],年九岁,能属文诵诗赋。及长,遂博贯载籍[②],九流百家之言[③],无不穷究。所学无常师,不为章句[④],举大义而已。性宽和容众,不以才能高人,诸儒以此慕之。

永平初,东平王苍以至戚为骠骑将军辅政,开东阁[⑤],延英雄。时固始弱

翻译

班固字孟坚,九岁的时候就会写文章,背诵诗赋。长大后,便广泛研读群书,对于诸子百家的各种学术观点,无不加以深入的探讨。班固的学问不是固定师事某一学派,不在分章析句上下功夫,只是了解文章大义而已。他性情宽厚容人,从来不自恃才能而凌于人上,因此儒生们都敬慕他。

东汉明帝永平初年,东平王刘苍,因为是皇帝的至亲而任骠骑将军,辅佐朝政,在东阁招纳英雄。这时班固刚二

冠[⑥]，奏记说苍曰："……令远近无偏，幽隐必达。期于总揽贤才，收集明智，为国得人，以宁本朝。……"苍纳之。

十多岁，上书东平王，建议他："……使远近亲疏都受到公平对待，隐居之人，只要贤能，都应选用。目的是广罗贤才，收集明哲智士，希望国家获得人才，以使本朝长治久安。……"刘苍接受了班固的意见。

注释 ①据《后汉书·班彪传》，班固是扶风安陵人（今陕西咸阳）。②载籍：书籍。③九流：即道、儒、墨、名、法、阴阳、农、杂、纵横等九家，此指诸子百家。④章句：分章摘句之学。汉代经师把经书分章断句加以解释。⑤东平王苍：刘苍，光武帝之子。东阁：宰相招揽、款待宾客的地方。⑥弱冠：古代贵族男子二十岁行冠礼，从此戴冠，就算成人了，才行冠礼称为弱冠。

原文

父彪卒，归乡里。固以彪所续前史未详，乃潜精研思，欲就其业。既而有人上书显宗，告固私改作国史者。有诏下郡，收固系京兆狱[①]，尽取其家书。先是，扶风人苏朗伪言图谶事，下狱死。固弟超恐固为郡所核考，不能自明，乃驰诣阙上书，得召见。具言固所著述意，而郡亦上其书。显宗甚奇之，召诣校书部[②]，除兰台令史[③]。与前睢阳令陈宗、

翻译

父亲班彪去世，班固回到家乡居丧。班固认为父亲续写《史记》的《史记后传》记叙史事不详备，于是他潜心细密地研究、思考，想要完成父亲的事业。不久有人向汉明帝上书，告发他私修"国史"。因而朝廷下达诏书给地方官，逮捕班固关进京兆狱中，全部查抄走他家中的书稿。在此之前，扶风人苏朗因为用假话妄谈图谶，入狱而死。班固的弟弟班超担心班固被郡守严刑逼供，而无法自己澄清事实，于是驰马来到宫门，给皇帝上书为兄辩白，得到汉明帝的召见。班超详尽地讲了班固修史的意图，这时地方官也把班固的书稿送到

长陵令尹敏、司隶从事孟异,共成世祖本纪。迁为郎,典校秘书。固又撰功臣、平林、新市、公孙述事,作列传、载记二十八篇,奏之。帝乃复使终成前所著书。

朝廷。明帝对班固的史学才能很惊异,就召他到京师校书部,任命为兰台令史。他与前睢阳县令陈宗、长陵县令尹敏、司隶从事孟异共同修成了汉武帝的本纪。以后,班固被提升为郎官,负责校订宫禁藏书。接着班固又撰述功臣,平林、新市、公孙述等的事迹,写作了列传和载记二十八篇,奏上明帝。明帝于是又命令他完成他过去撰述的史书。

注释 ① 京兆:即京兆尹,治所在长安(今西安西北)。 ② 校书部:校勘藏书之处,其中设有校书之官,东汉时多以兰台令史担任。 ③ 除:免去旧官,拜授新职。兰台令史:汉代宫中藏书的地方称兰台,初由御史中丞掌管,后又置兰台令史,专事校勘及管理文籍图书。

原文

固以为汉绍尧运[①],以建帝业,至于六世,史臣乃追述功德,私作本记。编于百王之末,厕于秦、项之列[②],太初以后,阙而不录,故探撰前记,缀集所闻,以为《汉书》。起元高祖,终于孝平王莽之诛,十有二世,二百三十年。综其行事,傍贯五经,上下洽通,为《春秋》考纪、表、志、传凡百

翻译

班固认为汉王朝是直接继承尧的天命,来建立帝王的基业,到了第六代汉武帝时,司马迁才追述汉王朝的历史功业,一人撰写了《史记》。但司马迁把汉王朝编在前代一系列王朝的最末尾,和秦朝、项羽等相提并论,而且汉武帝太初年以后的历史,也空缺着没有记载,所以班固搜求编撰前人的记载,缀集他所听说的史实,著成《汉书》。《汉书》上起汉高祖,下止于汉平帝、王莽被诛,记述了十二代皇帝,共二百三十年的历史。这本书综述了西汉一朝的业

篇[③]。固自永平中始受诏，潜精积思二十余年，至建初中乃成。当世甚重其书，学者莫不讽诵焉。

迹，博通儒家经典的旨趣，前后融会贯通，写成帝王本纪、表、志、传一共一百篇。班固从永平年间接受汉明帝诏令开始，潜心积虑，历时二十余年，一直到建初年间，才写完了《汉书》。当时，人们很重视班固的《汉书》，读书人没有不诵读这本书的。

注释　①汉绍尧运：这是当时阴阳五行的无稽之论，认为汉代继承尧的天命，尧为火德，所以汉也是火德。②《史记》所载，起自黄帝，汉为最末，所以班固这样说。③《春秋》考纪：即帝王本纪，因其按年代先后，依四时顺序记载当世大事，仿《春秋经》，故称"《春秋》考纪"。

原文

自为郎后，遂见亲近。时京师修起宫室，浚缮城隍，而关中耆老犹望朝廷西顾。固感前世相如、寿王、东方之徒造构文辞，终以讽劝[①]，乃上《两都赋》，盛称洛邑制度之美，以折西宾淫侈之论[②]。……及肃宗雅好文章，固愈得幸，数入读书禁中，或连日继夜。每行巡狩，辄献上赋颂，朝廷有大议，使难问公卿，辩论于前，赏赐恩宠甚渥。固自以二

翻译

班固自从做了郎官以后，便为明帝所亲幸接近。当时，京师洛阳正在修筑兴建宫殿，疏浚整治城壕，但关中的父老还是希望朝廷建都长安。班固有感于西汉司马相如、吾丘寿王、东方朔等人虚构文辞，最后对皇帝进行讽谏的办法，就奏上自己撰写的《两都赋》，盛赞国都洛阳建筑规模法度的得体，来驳倒"西宾"浮夸长安的说法。……到东汉章帝即位，他素来喜好文辞，班固更加得到恩宠，好几次进入宫中给皇帝读书，有时竟一连数日昼夜不歇。章帝每逢外出视察，班固就献赋和颂。朝廷有大事需要商讨，章帝就让班固向大臣们

世才术，位不过郎，感东方朔、扬雄自论[③]，以不遭苏、张、范、蔡之时，作《宾戏》以自通焉，后迁玄武司马[④]。天子会诸儒，讲论《五经》，作《白虎通德论》[⑤]，令固撰集其事。

提出问题和不同见解，在御前辩论，章帝对班固的赏赐、恩宠都十分丰厚。班固自认为他父子两代人都有才学，可是职位却没有超过郎官，有感于东方朔、扬雄用没有碰上苏秦、张仪、范雎、蔡泽的时代因而不得骋其才学的思想写文章自述、自嘲，就写了《宾戏》来自我解愁。后来班固升任为玄武门司马。建初四年(79)，章帝召集儒者，讨论《五经》，写《白虎通德论》，命令班固把这件事著录下来。

注释 ①“固感”二句：司马相如、吾丘寿王、东方朔都是西汉有名的辞赋家，他们的赋多寓意讽谏。 ② 西宾：班固以东汉都洛阳，故称东都为“主”，而称《两都赋》中虚构的长安人为“西宾”。 ③“感东方朔”句：东方朔作《答客难》，扬雄作《解嘲》。都自诉生不逢时、胸臆难平的心情。 ④ 玄武司马：玄武门的司马。汉时官庭中每门设司马一人，秩比千石。 ⑤《白虎通德论》：又称《白虎通义》，简称《白虎通》，凡四卷。记录东汉章帝建初四年儒家各学派在白虎观进行经学辩论，议五经同异的结果。

原文

时北单于遣使贡献，求欲和亲，诏问群僚。议者或以为：“匈奴变诈之国，无内向之心，徒从畏汉威灵，逼惮南虏，故希望报命，以安其离叛。今若遣使，恐失南虏亲附之欢，而成北狄猜诈

翻译

当时北匈奴单于派遣使者向章帝进贡，打算请求与东汉和亲，皇帝下诏征求群臣的意见。有些人以为：“匈奴是善变、诡诈的国家，没有归附汉王朝的真心，仅仅是因为害怕汉朝的声威，挨近和畏惧南匈奴，因此希望汉朝遣使回访，借以平定他们内部众叛亲离的局

之计，不可。”固议曰：“窃自惟思，汉兴已来，旷世历年，兵缠夷狄，尤事匈奴。绥御之方，其涂不一：或修文以和之，或用武以征之，或卑下以就之[①]，或臣服而致之[②]。虽屈申无常，所因时异，然未有拒绝弃放，不与交接者也。……臣愚以为宜依故事，复遣使者。上可继五凤、甘露致远人之会[③]，下不失建武、永平羁縻之义[④]。……”固又作《典引篇》述叙汉德。以为相如《封禅》[⑤]，靡而不典；扬雄《美新》[⑥]，典而不实。盖自谓得其致焉。……固后以母丧去官。

面。现在如果派遣使者回访北匈奴，恐怕会失去南匈奴得以亲附我们的欢悦，而促成了北匈奴诡诈的打算，不能这样办。”班固建议说：“我私下考虑，汉朝立国以来，历世经年，军事上一直被夷狄所缠绕，尤其是对匈奴用兵更为频繁。安抚或抵御他们的方略途径却不一样：有时讲究教化来与他们和平相处；有时使用武力去征伐他们；有时低三下四地去迎合他们；有时使他们俯首称臣，送来人质。尽管政策方略的强硬或软弱没有一定，那是据以制定政策的形势不同，但从来没有断绝联系，放弃他们，任其自然，不和他们往来的。……臣以为应该依照过去的事例，再次派出使者。这样，最好的结果是接续五凤、甘露年间招致匈奴称臣朝贺的业迹；最坏也不违背建武、永平年间羁縻匈奴的道理。……”班固又写了《典引篇》来表述汉朝的功德。班固认为司马相如的《封禅》，文章虽然华丽，但体制不符古典；扬雄的《美新》体制虽然古奥，但不符合事实。他自以为他的《典引》达到了靡而典、典而实的境界。……班固后来因母亲死去而去职。

注释 ① 卑下以就之：指西汉文帝时与匈奴贸易，嫁女和亲，并厚赠礼物，以迁就匈奴。 ② 臣服而致之：指匈奴在西汉宣帝时稽首称臣，遣子入侍。 ③ 五凤：指宣帝五凤三年(前55)，匈奴单于、名王率五万余人来降，对汉称臣朝贺。甘露：指宣帝甘露元年(前53)，匈奴呼韩邪单于遣子右贤王入汉作为人质。 ④ 羁縻之义：指光武帝与明帝厚赂南匈奴，利用南匈奴打北匈奴的政策。羁縻，维系，牵制。 ⑤《封禅》：指司马相如的《封禅书》。 ⑥《美新》：指扬雄颂扬王莽的《剧秦美新》。

原文

永元初，大将军窦宪出征匈奴[1]，以固为中护军，与参议。北单于闻汉军出，遣使款居延塞[2]，欲修呼韩邪故事[3]，朝见天子，请大使。宪上遣固行中郎将事，将数百骑与虏使俱出居延塞迎之。会南匈奴掩破北庭[4]，固至私渠海，闻虏中乱，引还。及窦宪败，固先坐免官。

翻译

永元初年，大将军窦宪出征匈奴，任命班固为中护军，得以参赞军机。北单于听到汉朝军队出征的消息，派遣使者到居延塞联系，想仿效以前呼韩邪单于的旧例，对汉称臣，到洛阳朝见皇帝，请求汉朝派使节到北匈奴去。窦宪上书请求朝廷派遣班固以代理中郎将的职务，班固率领几百名骑兵和北匈奴使者一起出居延塞迎接北单于。正在此时，南匈奴偷袭攻占了北匈奴王的居地，班固到达私渠海，听到匈奴内乱的消息，就带领军队返回。等到窦宪叛乱的阴谋败露，班固由于受牵连被第一批论罪罢官。

注释 ① 事在和帝永元元年(89)。 ② 款：同“叩”。 ③ 呼韩邪故事：西汉宣帝神爵年间，匈奴五单于争立，后呼韩邪单于为击败对手郅支单于，对汉称臣。 ④ 永元二年(90)南匈奴击北匈奴于河云，大胜。

原文

固不教学诸子，诸子多不遵法度，吏人苦之。初，洛阳令种兢尝行，固奴干其车骑，吏椎呼之，奴醉骂，兢大怒，畏宪不敢发，心衔之。及窦氏宾客皆逮考，兢因此捕系固，遂死狱中，时年六十一。诏以谴责兢，抵主者吏罪。

固所著《典引》、《宾戏》、《应讥》、诗、赋、铭、诔、颂、书、文、记、论、议、六言，在者凡四十一篇。

翻译

班固平素对儿子不加管教，他的几个儿子大多不遵守国家法度，地方官吏对他们毫无办法。起先，洛阳令种兢一次出行，班固的家奴冲犯了他的车马，种兢左右的小吏捶打、呵斥班固的家奴，那个家奴由于喝醉了酒便张嘴大骂，种兢非常恼怒，因为畏惧窦宪而不敢发作，但心中对班固十分怀恨。等到窦宪的门客都被逮捕拷问，种兢乘机逮捕了班固，于是班固死在狱中，时年六十一岁。和帝下诏谴责种兢，把主办此案的小吏办了罪，以抵偿害死班固的过失。

班固的著述有《典引》、《宾戏》、《应讥》、诗、赋、铭、诔、颂、书、文、记、论、议、六言，保存下来的总计有四十一篇。

仲长统传

导读

仲长统(180—220),东汉末政治家。在当时动荡纷乱的政局下,他对时政多所评论,反映了当时社会矛盾的激烈和统治阶级的腐朽;而在用人、刑罚、税制、俸禄、外戚干政、宦官弄权等方面提出的兴革主张,有许多卓越的见解是前人未曾言及的。作为研究东汉社会的珍贵材料的《昌言》,赖范晔收录于这篇传记中,才得以流传至今。(选自卷四九)

原文

仲长统,字公理,山阳高平人也①。少好学,博涉书记,赡于文辞。年二十余,游学青、徐、并、冀之间,与交友者多异之。并州刺史高干,袁绍甥也,素贵有名,招致四方游士,士多归附。统过干,干善待遇,访以当时之事。统谓干曰:"君有雄志而无雄才,好士而不能择人,所以为君深戒也!"干雅自多,不纳其言,统遂去之。无几,干以并州

翻译

仲长统,字公理,山阳高平人。从小喜爱学习,博览群书,富于文辞。二十余岁时,他在青州、徐州、并州、冀州一带四处求学。与他交往的很多人觉得他不同凡响。并州刺史高干是袁绍的外甥,一向很高贵,有名望,招纳各地往来的士人,士人大多也归附于他。仲长统拜访了高干,高干很好地款待了他,向他咨询当时天下大事。仲长统对高干说:"您有高远的志向,但是缺乏杰出的才智;喜爱士人,但是不能识别贤愚好坏。这番话的意思,就是想用来使您深为鉴戒。"高干自认为很了不起,不接受仲长统的意见,仲长统就离开了高干。没有

叛，卒致于败。并、冀之士皆以是异统。

多久，高干在并州叛乱，最终身败名裂。并、冀两州的士人都因为这件事。认为仲长统的鉴识能力很不一般。

注释 ① 山阳高平：今山东邹城西南。

原文

统性俶傥，敢直言，不矜小节，默语无常，时人或谓之狂生。每州郡命召，辄称疾不就。……

尚书令荀彧闻统名[①]，奇之，举为尚书郎[②]。后参丞相曹操军事。每论说古今，及时俗行事，恒发愤叹息。因著论，名曰《昌言》，凡三十四篇，十余万言。献帝逊位之岁，统卒，时年四十一。友人东海缪袭常称统才章足继西京董、贾、刘、扬。今简撮其书有益政者，略载之云。

翻译

仲长统性格豪放，敢于直言，不拘小节，时而缄默无言，时而高谈阔论，当时有人称他为狂生。每逢州郡官员召他，他总是称病不去。……

尚书令荀彧听说了仲长统的名声，认为他是非凡的人，推荐他做了尚书郎，后来又参与了丞相曹操的军事谋划。每当他谈古论今，评论当时人们的所作所为，总是情绪激动，惋叹不已。于是写了一部论述社会政治的书，名为《昌言》，一共三十四篇，十多万字。汉献帝让位给曹魏那一年，仲长统去世，时年四十一岁。他的朋友东海人缪袭，常称赞他的才能文章足以继承西汉的董仲舒、贾谊、刘向、扬雄。这里选择他的著作当中有益于政事的篇目，简略地刊载于下。

注释 ① 尚书令：官名。东汉光武帝刘秀加强王权，命尚书总揽朝政，成为最高决策者。 ② 尚书郎：东汉尚书令、仆射，有尚书六人，任满一年，称尚书郎。

原文

《理乱篇》曰:“豪杰之当天命者,未始有天下之分者也。无天下之分,故战争者竞起焉。于斯之时,并伪假天威,矫据方国,拥甲兵与我角才智,程勇力与我竞雌雄,不知去就,疑误天下,盖不可数也。角知者皆穷,角力者皆负;形不堪复伉,势不足复校,乃始羁首系颈,就我之衔绁耳。夫或曾为我之尊长矣,或曾与我为等侪矣,或曾臣虏我矣,或曾执囚我矣。彼之蔚蔚[①],皆匈詈腹诅,幸我之不成,而以奋其前志,讵肯用此为终死之分邪!

翻译

《理乱篇》说:“那些能够上承天命的豪杰,是并非一开始就有当皇帝的名分的。由于没有当皇帝的名分,所以争夺天下的人一个个地出现了。在那个时候,他们都欺诈地借用上天的权威割据天下的郡国,率军队和我们较量才智,显示武力和我们争比高低,他们不知道该对抗谁、归顺谁,让人们怀疑动摇误入歧途,这一类事情是太多了。较量才智的智尽技穷了,较量武力的纷纷失败了;形势不足以再来抗衡较量,这才开始把自己捆绑起来,接受我们的制约。其中有的曾经是我们的尊长,有的曾经和我们是同辈,有的曾经把我们当作奴隶和俘虏,有的曾经囚禁过我们。他们忧愁苦闷,都暗暗咒骂,希望我们不能成就大业,以便他们重展往日的宏图,难道肯把这种臣属他人的地位作为终老至死的名分吗!

注释 ① 蔚蔚:同“郁郁”,忧愁苦闷的样子。

原文

“及继体之时，民心定矣。普天之下，赖我而得生育，由我而得富贵，安居乐业，长养子孙，天下晏然，皆归心于我矣。豪杰之心既绝，士民之志已定。贵有常家，尊在一人。当此之时，虽下愚之才居之，犹能使恩同天地，威侔鬼神。暴风疾霆不足以方其怒，阳春时雨不足以喻其泽。周、孔数千，无所复角其圣；贲、育百万[①]，无所复奋其勇矣。

翻译

“等到第二代天子继位之时，民心已经安定下来了。普天之下的民众，仰仗我朝廷得以生育、富贵，安居乐业，抚养子孙，天下太平，所有的人都归心于我朝廷。那些豪杰们的非分之念已经断绝，士人及民众的心也已经定于一尊。高贵有固定的人家，尊严属于天子一人。在这种情况下，即使是一个异常愚笨的人坐在皇帝的宝座上，仍能使他的恩泽如同天地，威严等同鬼神。暴风和迅雷不足以比喻他的愤怒，阳春三月的及时雨不足以比喻他的恩泽。周公、孔子之类的圣贤哪怕有好几千，也无法再与他较量圣明；孟贲、夏育那样的勇士即令有百万之众，也无处再施展他们的勇力了。

注释 ① 贲、育：孟贲、夏育，相传为古之勇士。后代即以“贲育”或“孟贲”“虎贲”指勇武之人。

原文

“彼后嗣之愚主，见天下莫敢与之违，自谓若天地之不可亡也，乃奔其私嗜，骋其邪欲。君臣宣淫，上下

翻译

“那些继承皇位的愚蠢君主，看见天下没有人敢违抗他，自以为他和天地一样永恒，于是放纵他自己的癖好和邪恶的欲望。君臣公开地淫乱，上下同样

同恶；目极角觝之观，耳穷郑卫之声；入则耽于妇人，出则驰于田猎；荒废庶政，弃亡人物，澶漫弥流，无所底极。信任亲爱者，尽佞谄容说之人也；宠贵隆丰者，尽后妃姬妾之家也。使饿狼守庖厨，饥虎牧牢豚，遂至熬天下之脂膏，斫生人之骨髓。怨毒无聊，祸乱并起，中国扰攘，四夷侵叛，土崩瓦解，一朝而去。昔之为我哺乳之子孙者，今尽是我饮血之寇仇也。至于运徙势去，犹不觉悟者，岂非富贵生不仁，沉溺致愚疾邪？存亡以之迭代，政乱从此周复，天道常然之大数也。

“又政之为理者，取一切而已，非能斟酌贤愚之分，以开盛衰之数也。日不如古，弥以远甚，岂不然邪？汉兴以来，相与同为编户齐民，而以财力相君长者，世无数焉，而清洁之士，徒自

地干坏事；看尽了各种摔跤角力游戏，听遍了郑音卫音这些淫佚乐曲；入宫就沉溺在女人的欢爱之中，出宫就驰骋打猎作乐；各项政务都被荒废，贤者被抛弃，纵情逸乐越加放荡，完全没有止境。他所信任亲近的，都是些奸佞谄媚和当面奉承的小人；他所特别宠幸尊崇的，尽是后宫妃嫔的娘家人。就像让饿狼看守厨房、饥虎放牧牲畜，竟然达到煎熬民脂民膏，对老百姓敲骨吸髓的地步。人们怨恨惧怕而没有依靠，结果灾祸战乱都发生了，中原地区混乱不堪，周边的少数民族或侵或叛，政权土崩瓦解，片刻分离。从前被朝廷哺育的臣民，今天全都成了要饮我们血的仇敌。至于那些直到天命改易、权势消亡，仍然不觉悟的后继君主，难道不是富贵的环境让他们养成不仁之心，沉迷不悟导致他们产生愚病的吗？国家的存与亡因此而交替出现，政治的治乱由此周而复始，这是天命每每所呈现的规律啊。

“此外，后继的君主对于政事的处理，往往采取权宜之计，他们不能区别贤愚好坏来掌握有关国家盛衰的规律。结果一天天地不如古代，差距一天比一天大，难道不是这种情形吗？汉朝建立以来，本来同是普通老百姓的人，而凭

苦于茨棘之间，无所益损于风俗也。豪人之室，连栋数百，膏田满野，奴婢千群，徒附万计[①]。船车贾贩，周于四方，废居积贮，满于都城。琦赂宝货，巨室不能容；马牛羊豕，山谷不能受。妖童美妾，填乎绮室；倡讴伎乐，列乎深堂。宾客待见而不敢去，车骑交错而不敢进。三牲之肉，臭而不可食；清醇之酎[②]，败而不可饮。睇盼则人从其目之所视，喜怒则人随其心之所虑。此皆公侯之广乐，君长之厚实也。苟能运智诈者，则得之焉；苟能得之者，人不以为罪焉。源发而横流，路开而四通矣。求士之舍荣乐而居穷苦，弃放逸而赴束缚，夫谁肯为之者邪！夫乱世长而化也短；乱世则小人贵宠，君子困贱。当君子困贱之时，局高天，蹐厚地[③]，犹恐有镇压之祸也。逮至清

借财富和武力做他人君长的，每一代都是数也数不清，而清贫廉洁的士人徒然在草野荆棘之间自取忧苦，不能对社会风气习俗产生任何影响。富豪人家房屋鳞次栉比，数以百计，肥沃的田地遍布原野，奴婢成千上万，依附他们的户口以万数。他们拥有的船车以及为他们经营商业的商贩遍布四方，他们囤积居奇的货物在都城堆得满满的。那些珍奇的财宝，再大的房间也收藏不下；马、牛、羊、猪，多得连山坡、谷地也容纳不了。艳美妖娆的男童、女妾，充塞于绮丽的房间；表演歌舞及演奏乐曲的各色艺人，排列在深邃的厅堂内。宾客等待主人接见而不敢随意离开，门前的车马错杂但不敢随便前行。猪、牛、羊的肉多到放臭了而不能吃；清澈的醇酒多到放坏了不能饮用。主人的目光盼顾到什么地方，人们就跟着张望；主人对什么事物喜爱或恼怒，人们也跟着喜怒。这一切都是公侯的巨大乐趣，君长拥有的优厚利益。假若有谁能够运用智谋和欺诈，就可以得到这一切；而得到这一切的人，世人不会认为是罪过。这真是源头一通，水能到处流淌；大路一开，四面八方都通达了。希望士人舍弃荣乐而甘居穷苦，抛弃安逸而甘就束

也，则复入于矫枉过正之检。老者耄矣，不能及宽饶之俗；少者方壮，将复困于衰乱之时。是使奸人擅无穷之福利，而善士挂不赦之罪辜。苟目能辩色，耳能辩声，口能辩味，体能辩寒温者，将皆以修洁为讳恶，设智巧以避之焉。况肯有安而乐之者邪？斯下世人主一切之愆也。

缚，又有谁愿意这样干呢！天下政治混乱的时间长，得到治理的时间短。乱世之中小人就尊贵得宠，而君子则困顿贫贱。当君子困顿、贫贱之时，即使头戴高天脚踩厚地，也总觉得局促不安，还怕遭遇到被镇压的祸患。到了政治清明的时代，则又受到矫枉过正的限制。老的老了，赶不上宽松富庶的社会；年轻的正当盛年，又将重新困顿于衰乱的时代。这就使得奸人独占了无穷的福利，而善良的士人则背上不赦的罪名。无论是谁，只要眼睛能辨别颜色，耳朵能辨别声音，口舌能辨别味道，身体能辨别冷暖的人，都将会认为修养高洁的品行是为了掩盖丑恶，而运用智谋来避开那些高洁的品行，难道还有安于并且乐于修养品行成为善士的人吗？这就是后继君主在政治上采取权宜之计造成的恶果。

注释 ①徒附：依附于豪门的人。徒，徒众。附，依附。 ②酎（zhòu）：醇酒。 ③局：伛偻着身子。蹐（jí）：小步。语出《诗经·小雅·正月》："谓天盖高，不敢不局；谓地盖厚，不敢不蹐。"

原文

“昔春秋之时，周氏之乱世也。逮乎战国，则又甚

翻译

“过去春秋时代，是周王朝的乱世，到了战国，越发乱得不可收拾。秦始皇

矣。秦政乘并兼之势[①]，放虎狼之心，屠裂天下，吞食生人，暴虐不已，以招楚汉用兵之苦，甚于战国之时也。汉二百年而遭王莽之乱，计其残夷灭亡之数，又复倍乎秦、项矣。以及今日，名都空而不居，百里绝而无民者，不可胜数，此则又甚于亡新之时也。悲夫！不及五百年，大难三起，中间之乱，尚不数焉。变而弥猜[②]，下而加酷，推此以往，可及于尽矣。嗟乎！不知来世圣人救此之道，将何用也？又不知天若穷此之数，欲何至邪？”

利用各国互相吞并的形势，放纵虎狼般的心肠，宰割天下，吞食老百姓，他的残暴没有止境，结果导致了楚汉战争的苦难，更超过了战国之时。汉王朝经过二百年遇上了王莽之乱，算起来，百姓的伤残死亡的数字，又超过秦朝项羽那个时候一倍了。而到今天，名城空无居民，百里不见人迹的状况多得无法统计，这就又超过了王莽新朝那时。可悲可叹啊！不到五百年，政治上的大混乱闹了三次，中等程度的动乱还没有计算在内。天下形势的变化让人心更加不定，越往后越严重，如此发展下去，可以达到极点。唉！不知以后的圣明君主治理这种混乱局面的方法将要怎么用？又不知道上天如果要了结这个劫数要到什么时候？”

注释 ① 秦政：指秦始皇嬴政。 ② 猜：疑惧，憎恨。

原文

《损益篇》曰：“作有利于时，制有便于物者，可为也。事有乖于数，法有玩于时者，可改也。故行于古有

翻译

《损益篇》说：“创制有利于当时，制度对于事物有所便利，是可以干的。事情违背法律，法制被时俗所轻视，可以加以改动。所以在古代有过实行的记

其迹，用于今无其功者，不可不变。变而不如前，易而多所败者，亦不可不复也。汉之初兴，分王子弟，委之以士民之命，假之以杀生之权。于是骄逸自恣，志意无厌。鱼肉百姓，以盈其欲；报、蒸骨血[①]，以快其情。上有篡叛不轨之奸，下有暴乱残贼之害。虽借亲属之恩，盖源流形势使之然也。降爵削土，稍稍割夺，卒至于坐食奉禄而已。然其洿秽之行[②]，淫昏之罪，犹尚多焉。故浅其根本，轻其恩义，犹尚假一日之尊，收士民之用。况专之于国，擅之于嗣，岂可鞭笞叱咤，而使唯我所为者乎？时政凋敝，风俗移易，纯朴已去，智惠已来。出于礼制之防，放于嗜欲之域久矣。固不可授之以柄，假之以资者也。是故收其奕世之权[③]，校其纵横之势，善者早登，否者早

载，但在今天执行没有功效的，不能不改变。经过变革而效用不如以往，经过改易而结果大都失败的，也不能不恢复原来的做法。汉朝刚刚建立的时候，分封子弟为王，委任他们统治老百姓，给予他们以生杀大权。于是这些人骄奢淫逸，肆意妄为，心志贪得无厌。他们鱼肉百姓，来满足自己的欲望；他们亲属间上下淫乱，来使自己的情欲得到满足。这些人对中央王朝有篡叛不轨的奸邪，对百姓有暴虐残杀的危害。虽然他们凭借皇室宗亲所享受的恩德，但到今天这个地步，大概是他们逐渐产生和发展的权力地位让他们这样的。于是朝廷不得不降低他们的爵位，削减他们的封地，逐渐分割取消他们的一部分权力，最后直到让他们只能坐食俸禄而已。但是他们的污秽行为，淫乱昏庸的罪过，还是多得很。因此，对诸侯王使他们的土地和权力少些，降低施给他们的恩德，他们还能凭借暂时的显贵，获取士民的效劳。何况是在一个封国里专权，能传位于子孙，哪能鞭打斥责，使他们只听朝廷的指挥呢？政治衰败，风气改变，人们的单纯和朴素已不复存在，而智谋巧诈已经到来。人们越出了礼制的范围，恣肆于嗜好和欲望的境地

去，故下土无壅滞之士，国朝无专贵之人。此变之善，可遂行者也。

已经很久了。当然不能交给诸侯王们权力，给予他们为非作歹的资本。因此收缴他们累世相传的权力，考核他们错综复杂的势力，好的尽快选拔重用，坏的尽早革去爵禄，这样民间就不会有贤能而不被任用的士人，国家也不会出现永远尊贵的人。这是变革中的好现象，可以就此加以推行的事。

注释 ① 报：上辈奸淫下辈。蒸：下辈奸淫上辈。 ② 洿：即“污”。 ③ 奕：次序，奕世即累世。

原文

“井田之变，豪人货殖，馆舍布于州郡，田亩连于方国。身无半通青纶之命[①]，而窃三辰龙章之服[②]，不为编户一伍之长，而有千室名邑之役。荣乐过于封君，势力侔于守令。财赂自营，犯法不坐，刺客死士，为之投命。至使弱力少智之子，被穿帷败，寄死不敛，冤枉穷困，不敢自理[③]。虽亦由网禁疏阔，盖分田无限使之然也[④]。令欲张太平之纪纲，

翻译

“井田制被改变，富人经商，房屋田地遍布州郡藩国，这些人不曾受到最低级的乡吏的任命，但他们却僭制越礼穿着高官贵胄的三辰龙服，他们连编户中的小小伍长都不是，却和公侯一样有千家大邑供他们役使。这些人的荣耀、快乐超过了受封的贵族，势力和郡县长官相当。他们的财物自己经营，犯法不被判罪，刺客死士为他们卖命效力。结果弄得那些势单力薄、智短计穷的人倾家荡产，抛尸荒野，冤枉困顿，也不敢自己申诉。虽然这是由于国家法令不严造成的，但也是因为每个人的份地没有限制让他们发展到这一步。现在要想光

立至化之基趾，齐民财之丰寡，正风俗之奢俭，非井田实莫由也。此变有所败，而宜复者也。

大太平时代的纲要法纪，建立天下大治的基础，平均百姓财产的多寡，匡正奢俭两极分化的社会风气，除了恢复井田制，实在没有他途可走。恢复井田制这一变革，即使有所失败也应该重新恢复的。

注释 ① 通：文书一道，古称一通。青纶：汉时乡吏有秩、啬夫佩戴的青丝绶带的章印。② 三辰：日、月、星。龙章：龙的图案。二者都是高官衣服上的装饰。③ 自理：自己申诉。④ 分田：即份地。

原文

“肉刑之废，轻重无品。下死则得髡钳[①]，下髡钳则得鞭笞。死者不可复生，而髡者无伤于人，髡笞不足以惩中罪，安得不至于死哉？夫鸡狗之攘窃，男女之淫奔，酒醴之赂遗，谬误之伤害，皆非值于死者也。杀之则甚重，髡之则甚轻。不制中刑以称其罪，则法令安得不参差，杀生安得不过谬乎？今患刑轻之不足以惩恶，则假臧货以成罪，托疾病以讳杀。科条无所准，名实不相应，恐非帝王之通

翻译

“肉刑的废除，使刑法的轻重没有定则。比死刑低一等的是髡钳，比髡钳低一等的是鞭笞。被判死刑的人死了不能复生，但被罚髡刑的人却无损于人的肌体，髡钳和鞭笞这两种刑罚都不足以惩治中等的罪行，那些犯有极大罪恶的人怎能不判到死刑呢？那些偷鸡摸狗，男女淫奔，少量的贿赂以及误伤等罪行，都是不能与死刑相当的。对于这些罪犯，把他们杀掉则量刑过重，判为髡刑则又过轻。不制定中等程度的刑罚来和这些罪行相称，那么法令怎会不出偏差，使用生杀大权又怎会不产生错误呢？现在人们担心刑罚太轻，不能够用来惩治坏人，就假称罪犯贪赃来构成他的罪名，假托罪犯病死而隐瞒把他杀掉的实情。法律条文没有一定之规，罪

法，圣人之良制也。或曰：‘过刑恶人，可也；过刑善人，岂可复哉？’曰：若前政以来，未曾枉害善人者，则有罪不死也，是为忍于杀人，而不忍于刑人也。今令五刑有品[②]，轻重有数，科条有序，名实有正，非杀人逆乱鸟兽之行甚重者，皆勿杀。嗣周氏之秘典[③]，续吕侯之祥刑[④]，此又宜复之善者也。

行的名称与实际处置不适应，这恐怕不是历代帝王通用的刑法，圣贤们制定的良好制度。有人说：‘要加重刑罚来惩治恶人，是可以的；但加重刑罚处置好人，躯体难道还能恢复吗？’我的回答是：如果说朝廷以前的政治未曾枉死‘好人’，那么就是有犯了死罪也未处死刑的，这就是忍心杀人，但不忍心使用肉刑惩治罪犯。现在要使五种刑法都有等级，刑罚的轻重可以衡量，法律的条文有条不紊，罪行和刑罚有正确的标准，不是杀人谋反，乱伦而罪行极为严重的都不要杀。继承《周礼》未曾公开的法典，延续吕侯完善的刑律，这又是应该恢复的良好制度。

注释 ① 髡（kūn）钳：古代刑法名。剃掉须发叫髡；用铁圈束颈叫钳。② 五刑：指墨、劓、剕、宫、辟五种古代刑罚。③ 周氏之秘典：《周礼·大司寇》：“一曰刑新国，用轻典；二曰刑平国，用中典；三曰刑乱国，用重典。”④ 吕侯之祥刑：周穆王时，制定祥刑，王以告吕侯，见《尚书·吕刑》。祥，善。

原文

“《易》曰：‘阳一君二臣，君子之道也；阴二君一臣，小人之道也。’然则寡者，为人上者也；众者，为人下者也。一伍之长，才足以

翻译

“《易》说：‘阳一君二臣，这是君子之道；阴二君一臣，这是小人之道。’那么少数人是在众人之上的；多数人是居于少数人之下的。一伍的伍长，他的才能足够来管理一伍的人；一国的君主，

长一伍者也；一国之君，才足以君一国者也；天下之王，才足以王天下者也。愚役于智，犹枝之附干，此理天下之常法也。制国以分人，立政以分事，人远则难绥，事总则难了。今远州之县，或相去数百千里，虽多山陵洿泽，犹有可居人种谷者焉。当更制其境界，使远者不过二百里，明版籍以相数阅，审什伍以相连持，限夫田以断并兼，定五刑以救死亡，益君长以兴政理，急农桑以丰委积，去末作以一本业，敦教学以移情性，表德行以厉风俗，核才艺以叙官宜，简精悍以习师田①，修武器以存守战，严禁令以防僭差，信赏罚以验惩劝，纠游戏以杜奸邪，察苛刻以绝烦暴。审此十六者以为政务，操之有常，课之有限，安宁勿懈堕，有事不迫遽，圣人复起，不能易也。

他的才能足够来统治一国民众；天下的帝王，他的才能足够来统治天下百姓。愚笨的人被聪明的人所役使，就好像树枝依附在树干上，这是治理天下的永恒的法则。建立国家来安排百姓，建立政权来安排事务，距离中央政权遥远的地方就难以安抚，事情都汇总在一处就难以处理清楚。现在边远州郡的县和别的县之间相距几百里甚至上千里，即使那里大多为山陵和沼泽，还是有可以居住百姓、种植粮食的地方。现在应当重新划定县的管辖范围，使县与县距离最远的不超过二百里。搞清楚户口的登记用来互相检查；仔细检查居民的基层组织以相互联接；限定男丁占田数量，来断绝兼并；规定五种刑罚来拯救那被判死罪的人；增加各级官吏来把政务处理好；首先发展农业来增加粮食的积蓄；去掉商贾等职业，使农桑成为唯一的本业；督促教化来改变百姓的情欲、个性；表彰有德行的人，来改变社会风气；考核士人的才艺，并给以相称的官职；选拔精兵强将来进行军事演习；整治武器，来准备军事行动；严格制定禁令，来防备越轨的行为；赏罚讲究信用使奖惩得到证明；纠正那些不务正业的活动来杜绝奸邪事情的发生；督察各级官吏是否执法苛刻来防止他们的烦法暴政。仔细研究以上十六条作为政治的要务，运用起来有稳定的制度，督察起来有条文的范围，局势安宁时不要松懈、怠慢，发生变故时不必窘迫、惶惧。即使圣人再度复出，也不会改变这些措施。

注释 ① 师田：军事演习。田，田猎。

原文

“向者，天下户过千万，除其老弱，但户一丁壮，则千万人也。遗漏既多，又蛮、夷、戎、狄居汉地者尚不在焉。丁壮十人之中，必有堪为其什伍之长，推什长已上，则百万人也。又十取之，则佐史之才已上十万人也。又十取之，则可使在政理之位者万人也。以筋力用者谓之人，人求丁壮、以才智用者谓之士，士贵耆老。充此制以用天下之人，犹将有储，何嫌乎不足也？故物有不求，未有无物之岁

翻译

“过去，天下户数超过一千万，除掉老弱，仅按每户一名成年男子计算，就有一千万人了。何况遗漏的人口已经很多，再加之住在汉朝地界的少数民族也不计算在内。十个丁壮之中，一定有能够胜任什长、伍长的人，这样推算什长以上的人就有一百万了。又在他们当中十个人取一个，那么堪任属吏的人才就有十万了。再十个取一个，那么可以让他居于治理政事的位置的就有一万人。靠劳力供使用的人叫作民，作为民的要选取少壮男子。靠才智供使用的人叫作士，士人以年老阅历深为贵。充分运用这种选才制度来任用天下的人，还会有多的人可供储备，怎么会嫌不够呢？所以从来只有物类不被选用的时代，而不存在没有物类的时代。从

也；士有不用，未有少士之世也。夫如此，然后可以用天性，究人理，兴顿废，属断绝，网罗遗漏，拱柙天人矣[①]！

来只有士人不被任用的情况，而没有缺乏士人的社会。像这样，然后可以根据自然的规律，推究人事的治理，恢复以往遭到废弃的事务，延续断绝了的事物，网罗被遗忘的东西，才能做到顺天应人，天人合一。

注释 ① 拱柙天人：即天人合一。拱柙，抱合。

原文

“或曰：‘善为政者，欲除烦去苛，并官省职，为之以无为，事之以无事，何子言之云云也?’曰：若是，三代不足摹，圣人未可师也。君子用法制而至于化，小人用法制而至于乱。均是一法制也，或以之化，或以之乱，行之不同也。苟使豺狼牧羊豚，盗跖主征税[①]，国家昏乱，吏人放肆，则恶复论损益之间哉！夫人待君子然后化理，国待蓄积乃无忧患。君子非自农桑以求衣食者也，蓄积非横赋敛以取

翻译

“有人说：‘善于处理政事的人，打算除去烦法苛政，合并机构、减少官职，用无为当为之，用使天下无事来给天下做事。为什么你说了上边的这一套呢?’我认为：如果这样的话，那么三代也不值得模仿，圣人也不值得学习了。君子运用法制使国家得到治理，小人运用法制而使国家陷于混乱。同样是一个法制，有的人用它达到了治理，有的人用它使国家混乱，这是由于施行时的不同。假若让豺狼放牧羊猪，让盗跖主管征税，弄得国家混乱，官吏肆意胡为，那还讨论什么政治的减损增益问题呢！老百姓需要君子来管然后才会得到治理，国家依赖积蓄才能没有忧患。君子不是自耕自织来求取衣食的，国家的蓄积不是强行征敛来取得富足的。官吏

优饶者也，奉禄诚厚，则割剥贸易之罪乃可绝也；蓄积诚多，则兵寇水旱之灾不足苦也。故由其道而得之，民不以为奢；由其道而取之，民不以为劳。天灾流行，开仓库以禀贷，不亦仁乎？衣食有余，损靡丽以散施，不亦义乎？彼君子居位为士民之长，固宜重肉累帛，朱轮四马。今反谓薄屋者为高，藿食者为清，既失天地之性，又开虚伪之名，使小智居大位，庶绩不咸熙，未必不由此也。得拘洁而失才能，非立功之实也。以廉举而以贪去，非士君子之志也。夫选用必取善士，善士富者少而贫者多，禄不足以供养，安能不少营私门乎？从而罪之，是设机置阱以待天下之君子也。

的俸禄确实优厚，那么剥削百姓，营私舞弊的罪行就可以杜绝；国家的蓄积确实丰厚，那么兵祸天灾，就不足以使国家困顿，人民痛苦。所以官吏的优厚俸禄由正道获得，老百姓也不认为是奢侈；国家的丰厚积蓄由正道获取，老百姓也不认为劳苦。天灾流行，开仓赈济，不就是仁政吗？衣食有多余的，减少浪费来散发给老百姓，不也是义举吗？那些君子当政，作为士人和老百姓的长官，本来就应该享用多种肉食和各色丝绸，乘四匹马拉的华贵车子。今天反而说住简陋的房屋，吃粗粮素食是清高，这已经失去了天地赋予人的本性，又造就了虚伪的声名，使得耍小聪明的人爬上高位，国家各项事业不能都兴盛起来，未必不是因为这个原因。得到了洁身自好的隐士却失去了有才能的人，这不是建功立业所该做的。因为廉洁而被推荐为官，但结果因贪赃而去职，这并非士人君子的志愿。选用人才一定要选拔善士。善士富有的少，贫穷的多，他们的俸禄不够供养父母妻子，哪能不稍稍经营私门财产呢？因为营私而紧接着办他们的罪，这是设置机关陷阱来等候天下的君子啊。

注释 ① 盗跖：古代传说中的强盗。

原文

“盗贼凶荒，九州代作[1]，饥馑暴至，军旅卒发，横税弱人，割夺吏禄，所恃者寡，所取者猥，万里悬乏[2]，首尾不救，徭役并起，农桑失业，兆民呼嗟于昊天，贫穷转死于沟壑矣。今通肥饶之率，计稼穑之入，令亩收三斛，斛取一斗，未为甚多。一岁之间，则有数年之储，虽兴非法之役，恣奢侈之欲，广爱幸之赐，犹未能尽也。不循古法，规为轻税，及至一方有警，一面被灾，未逮三年，校计骞短，坐视战士之蔬食，立望饿殍之满道，如之何为君行此政也？二十税一，名之曰貊[3]，况三十税一乎？夫薄吏禄以丰军用，缘于秦征诸侯，续以四夷，汉承其业，遂不改更，危国乱家，此之由也。

翻译

“盗贼和凶年饥荒，在全国各地此起彼伏地发生，饥馑突然地到来，战争猝然发生，向弱小的百姓横征暴敛，侵夺官吏的俸禄，国家所能凭借的东西很少，而国家要收取的很多；路途悬远，供应不继，首尾难以相救，徭役一同征发，农民失去了农桑本业，亿万百姓只有向天哀号，贫困流离，辗转惨死在沟壑中。现在统计土地肥沃的程度，计算农业生产的收入，假使每亩收三斛粮食，每斛收一斗为税，不算太多。这样，一年收下来，就有几年的粮食积蓄，即使国家兴起了不合法度的劳役，放纵了奢侈的欲望，扩大给嫔妃、宠臣的赏赐，仍旧不能用光这些积蓄。不按照古代的法令制度，订立轻税，等到一方有了军事事变，一处遭受天灾，不到三年，查核计划就会发现亏损、短缺，只有眼看着军队吃草咽菜，干望着路上到处是饿死的人，做君王的怎么能实行这种政策呢？按收入征二十分之一的轻税，叫作貊道，更何况三十税一呢？那种减少官吏俸禄来增加军队用度的做法，缘起于秦国征伐诸侯时，后又用在对少数民族的

今田无常主，民无常居，吏食日稟，班禄未定。可为法制，画一定科，租税十一，更赋如旧[④]。今者土广民稀，中地未垦；虽然，尤当限以大家，勿令过制，其地有草者，尽曰官田，力堪农事，乃听受之。若听其自取，后必为奸也。”

方面。汉朝承继这样的制度，便不加更改，危乱国家，是从这里开始的。现在田地没有固定的主人，老百姓没有固定居住的地方，官吏每日按天领取口粮，分配官吏俸禄的等级没有确定。现在可以确立法令制度。统一规章条文，租税十分之一，还是像以往那样交纳更赋。现在土地多民众稀少，中等肥沃的土地还未被开垦；即使是这种情况，也还是要限制皇室勋臣等世家大族强占土地，不要使他们超过规定。凡属荒地都是官田，有能力承担农事的人，才能同意给他一块地。如果听任人们随意占有土地，以后一定会干奸轨之事。”

注释　①代：交替。作：发生。②悬乏：因两地悬隔，粮食物资供应不上。③貊（mò）：旧时对东北方少数民族的贬称。④更赋：汉代的一种代役税。凡不服役，则需出钱由政府雇人代替，故名。

原文

《法诫篇》曰：“周礼六典[①]，冢宰贰王而理天下。春秋之时，诸侯明德者，皆一卿为政。爰及战国，亦皆然也。秦兼天下，则置丞相，而贰之以御史大夫。自

翻译

《法诫篇》说：“《周礼》有六种典制，冢宰辅佐君主治理天下。春秋时候，有德的诸侯，都是用一名卿来总理政务。到战国，也都是这样。秦王朝兼并天下以后，则设置丞相，而以御史大夫为丞相的副手。这个制度从汉高祖到汉成帝，一直沿袭不改，有很多人是任职终

高帝逮于孝成，因而不改，多终其身。汉之隆盛，是惟在焉。夫任一人则政专，任数人则相倚。政专则和谐，相倚则违戾。和谐则太平之所兴也，违戾则荒乱之所起也。光武皇帝愠数世之失权，忿强臣之窃命，矫枉过直，政不任下，虽置三公，事归台阁[②]。自此以来，三公之职，备员而已；然政有不理，犹加谴责，而权移外戚之家，宠被近习之竖，亲其党类，用其私人，内充京师，外布列郡，颠倒贤愚，贸易选举，疲驽守境，贪残牧民，挠扰百姓，忿怒四夷，招致乖叛，乱离斯瘼[③]。怨气并作，阴阳失和，三光亏缺，怪异数至，虫螟食稼，水旱为灾，此皆戚宦之臣所致然也。反以策让三公，至于死免[④]，乃足为叫呼苍天，号咷泣血者也[⑤]。又中世之选三公也，务于清悫谨慎，循常

身。汉朝的兴盛，原因就在这里。任命一个人来总理政务则权力集中，任命几个人处理政事则相互依赖。权力集中，意见就一致；权力分散，意见就有不同。相互协调处理政务，就是天下出现太平的保证；意见牴牾，就是产生政局荒乱的原因。光武帝对西汉末几代皇帝大权旁落十分不满，对王莽擅权篡位大为愤怒，于是矫枉过正，政务不交给臣下处置，虽然设置了三公的职务，日常的政务都交给尚书台处理。从此，三公的职务，只是形式上的充数；然而一旦政事处理失误，仍要遭受谴责。然而国家的大权却旁落于外戚之门，君主的宠幸都给了身边的宦官。这些人亲近他们的同类，任用自己的党羽；他们的人在内则充斥首都，在外则遍布各郡；致使贤者愚人地位颠倒，选拔推举人才时贿赂公行，用愚钝无能的人守卫国家疆界，用贪婪残酷的人治理老百姓，他们骚扰百姓，激怒四方的少数民族，招致反叛四起，而人民流亡逃难，备受忧苦。怨声四起，阴阳失调，日、月、星发生亏蚀，怪异的现象频频出现，虫螟危害农作物，水旱成灾，这都是外戚、宦官之类的权臣所招致的。结果皇帝反而因为天象变异与自然灾害下诏斥责三公，甚

习故者，是妇女之检柙[⑥]，乡曲之常人耳，恶足以居斯位邪？势既如彼，选又如此，而欲望三公勋立于国家，绩加于生民，不亦远乎？昔文帝之于邓通，可谓至爱，而犹展申屠嘉之志[⑦]。夫见任如此，则何患于左右小臣哉？至如近世，外戚宦竖请托不行，意气不满，立能陷人于不测之祸，恶可得弹正者哉！曩者任之重而责之轻，今者任之轻而责之重。昔贾谊感绛侯之困辱，因陈大臣廉耻之分，开引自裁之端。自此以来，遂以成俗。继世之主，生而见之，习其所常，曾莫之悟。呜呼，可悲夫！左手据天下之图，右手刎其喉，愚者犹知难之，况明哲君子哉！光武夺三公之重，至今而加甚；不假后党以权，数世而不行，盖亲疏之势异也。母后之党，左右之人，有此至亲之势，

至将他们罢官处死，这真是足以使人呼叫苍天，嚎哭泣血的。另外，东汉中期选任三公的时候，是努力选择清廉、诚实、谨慎，循照常规办事和熟悉旧例的人。这些不过像规矩的妇女、乡间的平常人罢了，哪里配占据这么重要的职位呢？国家的形势已经那样了，选拔出来的人又是这样子，却要指望三公为国家建立功勋，为人民干出劳绩，目标和措施不是相距太远了吗？过去汉文帝对于邓通，可以说是宠爱极了，但是还能让丞相申屠嘉责罚邓通的想法得以实现。丞相被皇帝如此信任，哪里会怕皇帝左右亲信小臣呢？到了近代，外戚、宦官们的请求和人情达不到目的，愿望没有满足，马上能把人置于无法想象的祸患之中，这又如何能弹劾而匡正呢？过去对三公等大臣，皇帝赋予他们的权力大，而责怪轻，现在他们的权力小而受到的呵责重。过去，贾谊有感于绛侯周勃被困辱，所以上书陈说大臣廉耻的大节，开了大臣有罪自杀不受刑罚的先例。从那以后，相沿成了习惯。后继的君主，一出生就看到这些成例，习以为常，竟没有谁悟出其中的弊端。啊，可悲呀！让人左手握着天下大权，却要他右手刎其颈，即使是一个愚蠢的人尚且认为这是一件难以接受的事情，何况明

故其贵任万世。常然之败，无世而无之，莫之斯鉴，亦可痛矣。未若置丞相自总之。若委三公，则宜分任责成。夫使为政者，不当与之婚姻；婚姻者，不当使之为政也。如此，在位病人，举用失贤，百姓不安，争讼不息，天地多变，人物多妖，然后可以分此罪矣。

察事理的君子呢！光武帝剥夺了三公的重任，到现在越发变本加厉；然而不给外戚以大权这一点，隔了若干代就行不通了，这是因为外戚毕竟是皇帝的亲戚，而三公等大臣终究是外人，二者亲疏关系有所不同啊。母后的亲族及皇帝周围的宦官，由于有和皇帝这样至亲的关系，所以他们任职显贵，传之久远。国家经常出现的这种败亡，没有哪个朝代不发生，但是后世君主没有谁能引为鉴戒，这是值得痛心的！不如设置丞相由他自己总理政务。如果还要委任三公当政，则应该分职任事，督责完成。应该使当政的大臣不与皇帝结为婚姻关系，和皇帝有婚姻关系的人则不应当由他主持国家大政。如果这样，谁在位时误国误民，荐举的人遗弃了贤能，百姓不安定，刑狱案件层出不穷，天地屡生灾变，人事和自然界大量出现妖异现象，然后可以分别降罪了。

注释 ① 六典：谓治典、教典、礼典、政典、刑典、事典六种典制。 ② 台阁：指尚书。 ③ 瘼：病。 ④ 死：指处死。免：指免职。东汉遇有天象变异、自然灾害，常常策免三公，甚至处死。 ⑤ 泣血：这是说眼泪流尽，继之流血。 ⑥ 检柙：即规矩。 ⑦ 汉文帝时，邓通怠慢文帝于朝堂，丞相申屠嘉上奏时见状，欲斩之。邓通顿首谢罪，头部流血。文帝于是召见邓通，并向申屠嘉求情，免其死罪。

原文

“或曰：政在一人，权甚重也。曰：人实难得，何重之嫌？昔者霍禹、窦宪、邓骘、梁冀之徒，籍外戚之权[①]，管国家之柄；及其伏诛，以一言之诏，诘朝而决[②]，何重之畏乎？今夫国家漏神明于媟近[③]，输权重于妇党，算十世而为之者八九焉。不此之罪而彼之疑，何其诡邪！”

翻译

“有人说：‘把政事集中在一个人身上，权过重了。’我认为：人才实在难得，权重又有什么可猜疑的呢？过去霍禹、窦宪、邓骘、梁冀这些人，凭借外戚的权力，掌握国家的权柄，可是等到他们伏法被杀，不过靠的是一纸诏书，第二天一早就把他们处决了，担心什么权力过重呢？现在国家把朝廷大政轻易地交给亲幸宦官，把行政大权交给外戚妇党，算起来十代皇帝中这样做的有八九代。不责备这些宦官、贵戚，却怀疑那些丞相、三公们，这是多么荒唐和违背事理啊！”

注释 ① 籍：同“借”。 ② 诘朝：第二天早上。 ③ 媟(xiè)近：左右轻狎之人。

张衡传

导读

张衡(78—139)是我国古代大科学家，东汉著名的文学家。他的一生成就很高，著有《浑天仪图注》和《灵宪》等。他认识到宇宙的无限性，注意到行星运动的快慢，并解释这与距离地球的远近有关，他还解释了月食的原因。张衡精于制作，创制了水动浑天仪和候风地动仪，对我国乃至世界科技文化作出了重要贡献，产生了深远的影响。他还是一位文学巨匠，所作《二京赋》《思玄赋》《怨篇》等诗赋，批评了统治阶级的骄奢，抒发了他不愿同流合污和抱负难以施展的苦闷心情。张衡潜心学术，淡泊名利，但对国家大事十分关心。他批评谶纬无根之学，打击豪强势力，在当时有一定的积极作用。(选自卷五九)

原文

张衡，字平子，南阳西鄂人也[①]。世为著姓。祖父堪，蜀郡太守[②]。衡少善属文，游于三辅，因入京师，观太学，遂通《五经》，贯六艺[③]。虽才高于世，而无骄尚之情。常从容淡静，不好交接俗人。永元中，举孝廉不行，连辟公府不就。时天

翻译

张衡，字平子，南阳郡西鄂县人。世代为有名望的大族。祖父张堪，做过蜀郡太守。张衡青少年时代擅长写文章，他曾游历三辅，因而来到京都，在太学访学，于是通晓了《五经》，贯通了六艺。虽然才能高于世人，但他没有骄傲自负的意思。总是从容恬静，不喜欢结交庸俗之人。和帝永元年间，被举荐为孝廉，他没有去，屡次被三公的府署征召，都未就职。当时国家长期和平安

下承平日久，自王侯以下莫不逾侈。衡乃拟班固《两都》，作《二京赋》[④]，因以讽谏。精思傅会，十年乃成。文多，故不载。大将军邓骘奇其才，累召不应。

定，自王侯以下没有不越制奢侈的。张衡便模仿班固的《两都赋》，写作了《西京赋》《东京赋》，以此来进行讽谏。经过精密构思，排比组合，花了十年时间才写成。因字数太多，这里就不载录了。大将军邓骘认为他的才能非同一般，多次召聘，他都没有接受。

注释 ①南阳西鄂：南阳郡西鄂县，今河南南阳。②蜀郡：郡名，今四川成都附近。③六艺：即礼、乐、射、御、书、数六种才能和技艺。④"衡乃拟"二句：《两都》，指《西都赋》《东都赋》。二京，指洛阳、长安东西两京。

原文

衡善机巧，尤致思于天文、阴阳、历算。常耽好《玄经》[①]，谓崔瑗曰："吾观《太玄》，方知子云妙极道数，乃与《五经》相拟，非徒传记之属，使人难论阴阳之事，汉家得天下二百岁之书也。复二百岁，殆将终乎？所以作者之数，必显一世，常然之符也。汉四百岁，《玄》其兴矣。"安帝雅闻衡善术学，公车特征拜郎中，再迁为太史令。遂乃研核阴阳，妙尽

翻译

张衡擅长机械和工艺技巧，尤其精心钻研天文、阴阳、历算方面的学问。平素特别爱好《太玄经》，他曾对崔瑗说："我研读《太玄经》，才知道扬雄极尽了天道术数之妙，价值竟可与《五经》相比拟，并非只是传记之类，使人难以探讨有关阴阳的问题，这是汉家取得天下二百年后才产生的著作。从扬雄写《太玄》到现在又二百年了，《太玄经》的学问会过时吗？之所以作者的命运必然显于一世，这是由于永恒不变的符验。因此，汉家天下四百年时，玄学定要兴起。"安帝素来听说张衡擅长术数的学问，派公车特例征召他，授予郎中官职，

璇机之正[②]，作浑天仪，著《灵宪》《算罔论》，言甚详明。

又升任太史令。于是他就研究阴阳，精妙地掌握了天文历法的制订方法，创制了浑天仪，写出了《灵宪》《算罔论》二部著作，道理阐述得十分详明。

注释 ①《玄经》：即西汉扬雄《太玄经》。仿《易经》，混合儒、道、阴阳三家思想，是一部研究宇宙自然现象的哲学著作。 ② 璇机：指北斗七星，古人依斗柄方向定四时、月份。一说是古代用美玉装饰的测天文的仪器。

原文

顺帝初，再转，复为太史令。衡不慕当世，所居之官辄积年不徙。自去史职，五载复还，乃设客问，作《应间》以见其志云。……

阳嘉元年，复造候风地动仪。以精铜铸成，员径八尺，合盖隆起，形似酒尊，饰以篆文山龟鸟兽之形。中有都柱[①]，傍行八道[②]，施关发机。外有八龙，首衔铜丸，下有蟾蜍，张口承之。其牙机巧制[③]，皆隐在尊中，覆盖周密无际。如有地动，尊则振龙，机发吐丸，而蟾蜍衔之。振声激扬，伺者因

翻译

汉顺帝初年，两次转任之后，他又当上了太史令。张衡不羡慕掌权做官，所任职务往往是多年不升迁。从太史令任上调离后五年，他又重任太史令，便以答客问的方式，作了《应间》一文，以表达自己的志向。……

阳嘉元年，张衡又创制了候风地动仪。它用精铜铸造而成，直径八尺，顶盖突起，形状像酒尊，用篆文以及山龟鸟兽的图形装饰。中间有根中心柱，旁边伸出八条横杆，设置枢纽发动机件。仪器外部有八条龙，龙嘴里各衔一颗铜丸，下面与龙首相对的地方各有一只蛤蟆，张着嘴巴仰承龙首。那些枢纽机件制作得很巧妙，都隐藏在尊腹中，顶盖周密无一丝缝隙。如果发生地震，铜尊中的机件就使龙振动，机关发动，龙嘴

此觉知。虽一龙发机[④]，而七首不动，寻其方面，乃知震之所在。验之以事，合契若神。自书典所记，未之有也。尝一龙机发而地不觉动，京师学者咸怪其无征。后数日驿至，果地震陇西，于是皆服其妙。自此以后，乃令史官记地动所从方起。

里吐出铜丸，由蛤蟆嘴接住。振动的声音清亮，值班的人凭着响声察觉地震的发生。只有一条龙发动了机关，而其他七条龙的龙首不动，察看机关发动铜丸下落的方向，就知道地震发生在何方。拿事实来检验，完全准确，灵验如神。自从有文献典籍记载以来，没有过这样的事情。曾经有一次一条龙的机关发动了，但人们没有感觉到地面震动，京城中的学者，都奇怪地动仪没有征验。过了几天，驿使前来报告，果然在陇西发生了地震，于是大家都叹服这个仪器的妙处。从此以后，朝廷就命史官根据它来记录地震发生的方向。

注释 ① 都柱：地动仪中间一根能摆动的中心柱。 ② 傍行八道：指旁边八条横杆。各横杆连接都柱和龙头。 ③ 牙：齿轮。 ④ 虽：只。用法同“唯”。

原文

时政事渐损，权移于下，衡因上疏陈事曰：“伏惟陛下宣哲克明，继体承天，中遭倾覆，龙德泥蟠[①]。今乘云高跻，磐桓天位，诚所谓将隆大位，必先倥偬之也。亲履艰难者知下情，备

翻译

当时政治日益衰败，权柄旁落，张衡因此上疏皇帝，陈述政事说：“伏念陛下通达明智，继承皇位，承受天命，中途遭到倾覆，如龙陷入泥潭，未能升天。现在凌云登高，徘徊天位，真是所谓将升大位，必先受困顿的磨难啊！亲自经历过艰难的人了解下情，备受危难的人洞悉事情的真伪。所以能用一种道理

经险易者达物伪。故能一贯万机，靡所疑惑，百揆允当，庶绩咸熙。宜获福祉神祇，受誉黎庶，而阴阳未和，灾眚屡见。神明幽远，冥鉴在兹。福仁祸淫，景响而应。因德降休，乘失致咎，天道虽远，吉凶可见。近世郑、蔡、江、樊、周广、王圣，皆为效矣。故恭俭畏忌，必蒙祉祚；奢淫谄慢，鲜不夷戮。前事不忘，后事之师也。夫情胜其性，流遁忘反，岂唯不肖，中才皆然。苟非大贤，不能见得思义，故积恶成衅，罪不可解也。向使能瞻前顾后，援镜自戒，则何陷于凶患乎？贵宠之臣，众所属仰，其有愆尤，上下知之。褒美讥恶，有心皆同。故怨讟溢乎四海，神明降其祸辟也。顷年雨常不足，思求所失，则《洪范》所谓'僭恒阳若'者也[②]。惧群臣奢侈，昏逾典式，自下

贯穿于纷繁的政事之中，没有什么疑惑的事，各种处置平允适当，各种业绩都很完美。本应该获得天地的福禄，受到百姓的称誉，可现在却阴阳不和，灾祸多次出现。神明固然幽远，但暗示的鉴戒就在眼前。仁而致福，淫乱成祸，就像影与形、回响和声音一样，相随而至。因有德而降美善，借有错而致灾祸，天道虽然遥远，吉凶仍可显见。近世郑众、蔡伦、江京、樊丰、周广和王圣的事迹，都是证明。因而为人恭谨节俭、敬畏戒忌，一定蒙受福禄；为人奢侈淫逸，谄谀傲慢，很少有不被杀戮的。前事不忘，后事之师。大凡情欲胜过了天性，就会陷于荒淫而不知回头，岂只是不肖之人如此，中等才能的人也都是这样。如果不是杰出的贤能之人，就不能够见到所得的而考虑到道义，所以积恶成祸，罪责难消。假如能瞻前顾后，引前事为镜而自戒，那怎么会陷于祸患中呢？贵宠的大臣，大家都注目仰视他们，如有过失，上下就都知道了。褒扬美好，讥讽丑恶，在人们的心里都一样。因而一有怨言就会到处流传，神明则降下灾难与刑罚。近年雨水经常不足，寻思所犯的过失，就是《洪范》所谓的'君王的行为超越本分，就会出现久旱不

逼上，用速咎征。又前年京师地震土裂，裂者威分，震者人扰也。君以静唱，臣以动和。威自上出，不趣于下，礼之政也。窃惧圣思厌倦，制不专己，恩不忍割，与众共威。威不可分，德不可共。《洪范》曰：'臣有作威、作福、玉食，害于而家，凶于而国。'天鉴孔明，虽疏不失，灾异示人，前后数矣，而未见所革，以复往悔。自非圣人，不能无过，愿陛下思惟所以稽古率旧，勿令刑德八柄不由天子[3]。若恩从上下，事依礼制，礼制修则奢僭息，事合宜则无凶咎。然后神望允塞[4]，灾消不至矣。"

雨'的例子。我担心群臣奢侈，昏乱地超越法度，由下逼上，因而招致祸殃的征兆。另外，前年京都发生地震，土地崩裂，崩裂是由于权力分散于群臣，震动是由于人心被扰乱。君主以静来感召，臣下以行动来应和。威权出自君主，不能下移旁落，这是按照礼的准则建立的政体。我怕圣上的心绪有所厌倦，制度政令不能由自己专擅，恩惠不忍割舍，与大家共享权威。君威不能分散，君德不可共享。《洪范》说：'臣下独占威权、福禄和美食，就会对于你的国家带来危害和凶丧。'上天的鉴察非常分明，虽然疏略但无缺漏，用灾异告示人间，前后已有好多次了，但没有见到皇上有所改变，来表示对过去的追悔。不是圣人，就不会没有过错，但愿陛下稽考古事、遵循旧制，不要让赏罚的八种权柄由别人来掌握。如能根据上下的行事赐以恩惠，依靠礼制办事，那么礼制修备了，奢侈僭伪的事就会停止，办事合乎情理，就会使凶祸消失。然后神明的愿望成为现实，灾祸消弥不会再降临了。"

注释 ①"中遭倾覆"二句：指顺帝为太子时，被废为济阴王之事。 ②《洪范》：《尚书》中的一篇。 ③ 八柄：据《周礼》说，即爵、禄、予、置、生、夺、废、诛八种权柄。 ④ 塞：实。

原文

初，光武善谶[①]，及显宗、肃宗，因祖述焉。自中兴以后，儒者争学图纬，兼复附以妖言。衡以图纬虚妄，非圣人之法，乃上疏曰："臣闻圣人明审律历以定吉凶，重之以卜筮，杂之以九宫[②]，经天验道，本尽于此。或观星辰逆顺，寒燠所由，或察龟策之占，巫觋之言[③]，其所因者，非一术也。立言于前，有征于后，故智者贵焉，谓之谶书。谶书始出，盖知之者寡。自汉取秦，用兵力战，功成业遂，可谓大事。当此之时，莫或称谶。若夏侯胜、眭孟之徒[④]，以道术立名，其所述著，无谶一言。刘向父子领校秘书，阅定九流，亦无谶录。成、哀之后，乃始闻之。《尚书》尧使鲧理洪水，九载绩用不成，鲧则殛死，禹乃嗣兴，而《春秋谶》云'共工理水'。

翻译

当初，汉光武帝刘秀喜好谶纬，到了明帝、章帝相继效法继承。自从东汉建立以后，儒生争相学习图谶纬书，又与蛊惑人心的邪说相附会。张衡认为图谶纬书虚假荒谬，不是圣人的规范准则，就上疏给皇帝说："我听说圣人明确审察推算阴阳历法，用来确定吉凶，再加上采用卜筮占验，混杂以九宫推算，测度天命，检验事理，所依据的都在这里。有人观察星辰运行的逆顺，寒冷湿暖的变化原因，有人察看龟策占卜，男女巫人的言论，他们所依据的，不止一种方法。他们预言在前，符验在后，所以聪明有识之人认为这些记载可贵，把它们称作谶书。谶书开始出现时，大概知道的人极少。自从汉朝取代秦朝，使用军队奋力攻战，功成业就，可以说是件大事情。在那个时候，并没有人用谶纬来预言。像夏侯胜、眭孟之类，以道术建立声名，可他们的著述，却没有一句谶语。刘向父子领衔校勘中秘藏书，汇集写定诸子百家著作，也没有谶纬载录。成帝和哀帝之后，才开始听说谶纬之学。《尚书》中说尧派鲧治理洪水，经过九年，功业效用未达到，鲧被处死，大禹便继承并完成了鲧的事业，可是《春

凡谶皆云黄帝伐蚩尤，而《诗谶》独以为‘蚩尤败，然后尧受命’。《春秋元命包》中有公输班与墨翟，事见战国，非春秋时也。又言‘别有益州’。益州之置，在于汉世[⑤]。其名三辅诸陵，世数可知，至于图中讫于成帝。一卷之书，互异数事，圣人之言，势无若是，殆必虚伪之徒，以要世取资。往者侍中贾逵摘谶互异三十余事，诸言谶者皆不能说。至于王莽篡位，汉世大祸，八十篇何为不戒？则知图谶成于哀平之际也。且《河洛》《六艺》[⑥]，篇录已定，后人皮傅，无所容篡。永元中，清河宋景遂以历纪推言水灾，而伪称洞视玉版[⑦]。或者至于弃家业，入山林，后皆无效。而复采前世成事，以为证验。至于永建复统，则不能知。此皆欺世罔俗，以昧势位，情伪较然，莫

秋谶》说‘共工治理洪水’。凡是谶纬都说黄帝征伐蚩尤，但是，只有《诗谶》认为‘蚩尤失败，然后尧受命即位’。《春秋元命包》中有公输班和墨翟，他们的事见于战国，不是春秋时代的。此谶书又说‘另有益州’。可是益州的设置实际在汉代。书中有关三辅的各个陵墓的记载，世系可以知道，而在此书图中，仅到汉成帝为止。只有一卷的书，互相歧异的有好几件事情，圣人的言论，肯定不会像这个样子的，大概是虚妄作伪的人，用这些取得世人的信任而骗取钱财。以前侍中贾逵摘出谶书中互相歧异的三十多件事，每个讲说谶纬的人都不能解答。至于像王莽篡位这样的事，是汉王朝的大祸患，《河洛》《六艺》八十篇中为什么不提出警戒呢？由此就可以知道图谶形成于哀帝、平帝时期。况且《河洛》《六艺》，篇目已经确定，后人以肤浅的见解来附会，是无法增减篡改的。永元年间，清河人宋景，竟拿历纪预言水灾，而假称洞察了玉版。有些信以为真的人，甚至抛弃家业，逃入山林，后来却没有效验。于是又采录前代已发生的事情，来说明谶纬的灵验。至于顺帝废而复立得以继位，就不能知道了。这都是欺骗世人、罔害民俗，用来

之纠禁。且律历、卦候、九宫、风角[8]，数有征效，世莫肯学，而竞称不占之书。譬犹画工恶图犬马而好作鬼魅，诚以实事难形，而虚伪不穷也。宜收藏图谶，一禁绝之，则朱紫无所眩[9]，典籍无瑕玷矣[10]。”

蒙蔽有权势有地位的人的事情，真伪很明显，却没有人举报禁止它。再说律历、卦候、九宫、风角的占卜，符合数术又有征验，世人却不肯学习，反而竞相称扬这些不可信的纬书。这正像画工不喜欢画犬马而喜欢画鬼魅一样，确实是因为实际存在的事物难以描绘它们的样子，而虚幻的东西不容易被人穷究啊。现在应该收缴封藏图谶，把它们全部禁绝，那么正邪不会混淆，典籍图书不会再有污点了。”

注释 ① 谶：又称谶纬，是汉代流行的作为吉凶的符验和征兆的隐语、预言。② 九宫：指中央宫和八卦八宫。 ③ 觋(xí)：男巫。 ④ 夏侯胜、眭(suī)孟：都是西汉今文经学家，讲阴阳灾异。 ⑤ 益州：据《汉书》记载，武帝始置益州。 ⑥《河洛》：四十五篇。《六艺》：三十六篇。 ⑦ 玉版：据王子年《拾遗记》，神人拿玉简给禹，以度量天地，禹用此简平定水土。 ⑧ 风角：古代用五音占候的方法之一。如宫风似空中牛吼，商风像离群鸟声，角风像千人言语，徵风像奔马的声音，羽风像打湿鼓的声音。 ⑨ 朱紫：古以朱为正色，紫为间色，这里指正、邪。 ⑩ 瑕玷：都是玉石上的疵点。

原文

后迁侍中，帝引在帷幄，讽议左右。尝问衡天下所疾恶者。宦官惧其毁己，皆共目之，衡乃诡对而出。阉竖恐终为其患，遂共

翻译

后来张衡升任侍中，顺帝将他引进宫廷，在身边劝谏和议事。顺帝曾经问张衡天下人所痛恨的是什么人。宦官们惧怕张衡讲他们的坏话，都瞪眼注视着他，于是张衡敷衍回答之后便退了出

谗之。

衡常思图身之事，以为吉凶倚伏，幽微难明，乃作《思玄赋》[①]，以宣寄情志。……

来。宦官们害怕他最终还将成为自己的祸害，于是一齐说他的坏话。

张衡经常考虑自己的未来，认为祸福相因，幽微深妙，难以弄明白，就作了《思玄赋》来抒发和寄托自己的感情志趣。……

注释 ①《思玄赋》：该赋表现了张衡想远游避世而又不能的矛盾心情。

原文

永和初，出为河间相[①]。时国王骄奢，不遵典宪，又多豪右，共为不轨。衡下车，治威严，整法度，阴知奸党名姓，一时收禽，上下肃然，称为政理。视事三年，上书乞骸骨，征拜尚书。年六十二，永和四年卒。

翻译

汉顺帝永和初年，张衡离开京城，担任河间王的相。当时河间王骄横奢侈，不遵守典章法度，再加上很多豪门大族，一起干着违法犯禁的坏事。他一上任，就树立起典章制度的威严，整顿法律禁令，暗中摸清邪僻奸恶的那一类人的姓名，同时捉拿归案，地方上下都肃然起敬，齐声称赞政事走上了轨道。在职三年，张衡上书皇帝请求退休还乡，征召拜授他尚书职务。永和四年(139)，张衡六十二岁，去世。

注释 ① 河间：当时为河间王刘政的封地，故治在今河北献县东。

原文

著《周官训诂》，崔瑗以为不能有异于诸儒也。又欲继孔子《易》说《彖》《象》

翻译

张衡著的《周官训诂》，崔瑗认为不能区别于其他儒生的说解。他又曾打算补充孔子研究《易经》所作的《彖》

残缺者，竟不能就。所著诗、赋、铭、七言、《灵宪》、《应间》、《七辩》、《巡诰》、《悬图》凡三十二篇。

永初中，谒者仆射刘珍、校书郎刘騊駼等著作东观，撰集《汉记》，因定汉家礼仪，上言请衡参论其事。会并卒，而衡常叹息，欲终成之。及为侍中，上疏请得专事东观，收捡遗文，毕力补缀。又条上司马迁、班固所叙与典籍不合者十余事。又以为王莽本传但应载篡事而已，至于编年月，纪灾祥，宜为《元后本纪》。又更始居位，人无异望，光武初为其将，然后即真，宜以更始之号建于光武之初。书数上，竟不听。及后之著述，多不详典，时人追恨之。

论曰：崔瑗之称平子曰："数术穷天地，制作侔造化"。斯致可得而言欤！推其围范两仪[①]，天地无所蕴

《象》的残缺部分，但最终没有能够完成。他写作的诗、赋、铭、七言诗、《灵宪》、《应间》、《七辩》、《巡诰》、《悬图》等共三十二篇。

安帝永初年间，谒者仆射刘珍、校书郎刘騊駼等人在东观著述，撰集《汉记》，并顺便确定汉家礼仪，就向皇帝请求让张衡参加讨论此事。恰巧这二人一齐去世了，为此，张衡常常叹惜，打算把它最后完成。到做了侍中时，他上疏请求专门在东观办事，收捡遗文，尽量补缀。又条列奏上司马迁、班固二书所记述的与典籍不相符合的十多件史事。并认为王莽本传只应载篡位的事情而已，至于编年记事和载录灾异的内容，应该作为《元后本纪》。又更始帝刘玄即位，当时人们没有寄期望于他人，光武帝最初是更始的部将，后来才即位为帝，应该将更始的年号列在光武之前。他为此几次上书，最终未被采纳。等到后来的著述，大多不详备不符合典章，当时的人们都为当初张衡的主张未能实现感到遗憾。

史官评论说：崔瑗称赞张衡说："数术上的造诣能穷究天地的奥妙，制作上的技巧与自然造化同工。"这种境界可以用来评价张衡吧！推究他比着天地

其灵；运情机物，有生不能参其智。故知思引渊微，人之上术。《记》曰："德成而上，艺成而下。"量斯思也，岂夫艺而已哉？何德之损乎！

制造出的浑天仪，竟使得天地难以隐藏自己的奥秘；他在研制地动仪时用了他的巧思，活着的人不能有所改进而加入自己的智慧。因此可知他的智慧思维已经进入事物的深邃奥妙之处，是人间最好的技术。《礼记》说："以德行成就居上位，以技艺成就居下位。"衡量张衡这样的才智思维，难道只是技艺而已吗？这样的技艺对德行有什么减损呢！

注释　① 两仪：天与地。

陈 蕃 传

导读

陈蕃(? —168),桓帝时任太尉,灵帝初年任太傅。

东汉中后期,政治日趋黑暗,宦官外戚争权夺利,交替把持朝政,政治陷入一片混乱中。到桓帝时,形成了宦官专权的局面,由此引起了一部分在朝官吏和在野知识分子的强烈不满,他们展开了前赴后继的斗争。陈蕃作为一名崇尚气节、标榜德操的政治领袖,团结了李膺等士大夫官僚和太学士郭泰、贾彪等一大批人,猛烈抨击宦官专权,褒贬人物,批评朝政,打击宦官及其党羽的贪赃枉法行为。在党锢之祸中,不惜性命,直言犯谏,据理力争,保护正直廉洁的士大夫官僚,为把日暮途穷的东汉政权从宦官手中拯救出来,作了艰苦卓绝的努力。在同大将军窦武合谋诛灭宦官的事情泄露之后,他以七十多岁的高龄率领八十多名属官和学生冲进宫内援救窦武,失败被执,不屈而死。陈蕃后来也成为正直的士大夫仰慕的人物。(选自卷六六)

原文

陈蕃,字仲举,汝南平舆人也[①]。祖河东太守。蕃年十五,尝闲处一室,而庭宇芜秽。父友同郡薛勤来候之,谓蕃曰:“孺子何不洒扫以待宾客?”蕃曰:“大丈

翻译

陈蕃,字仲举,汝南郡平舆县人。祖父做过河东太守。陈蕃十五岁时,曾经闲居在家,独处一室,但庭院脏乱不堪。有一天,父亲的朋友同郡人薛勤来看他们,对陈蕃说:“小孩子家为什么不打扫庭院招待客人呢?”陈蕃说:“大丈

夫处世，当扫除天下，安事一室乎！”勤知其有清世志，甚奇之。

夫处世，应当清扫天下，哪能清扫一室啊！”薛勤知道他有澄清天下的志向，认为他很不寻常。

注释 ① 平舆：县名，治所在今河南平舆西北。

原文

初仕郡，举孝廉，除郎中。遭母忧，弃官行丧。服阕[1]，刺史周景辟别驾从事。以谏争不合，投传而去[2]。后公府辟举方正，皆不就。太尉李固表荐，征拜议郎，再迁为乐安太守。时李膺为青州刺史，名有威政，属城闻风，皆自引去，蕃独以清绩留。郡人周璆，高洁之士，前后郡守招命莫肯至，唯蕃能致焉。字而不名，特为置一榻，去则悬之。……大将军梁冀威震天下，时遣书诣蕃，有所请托，不得通。使者诈求谒，蕃怒，笞杀之。坐左转修武令。稍迁，拜尚书。

翻译

开始时陈蕃在郡中做官，被推荐为孝廉，任命为郎中。遇上母亲去世，按例离官服丧守制。守丧期满后，刺史周景征辟他为别驾从事。因谏争引起意见不合，陈蕃弃官离去。以后三公府署推举他为方正，他都不接受。太尉李固上表推荐，征召他担任议郎，又迁官为乐安太守。当时李膺正做青州刺史，以执政威严著名，下属郡县的官员听说李膺威严，都自行离官而去，唯独陈蕃因廉洁清明的治绩被留任。同郡人周璆，是位品德高尚的人，历任郡守招请他去，他都不肯去，只有陈蕃能延请他来。陈蕃只尊称他的字，而不直呼其名，还特意为他专设一个床榻，他离开后，就把榻悬挂起来。……大将军梁冀威势赫赫，名震天下，派人送信给陈蕃，托他办事，陈蕃拒绝会见使者。信使用欺骗的办法得以拜见，陈蕃非常恼怒，把信使鞭打死了。因此被降职为修武县令。以后渐渐提升，拜为尚书。

注释 ①服阕：守制三年期到，脱去丧服。②投传：投，弃。传，符信。投弃符信，即弃职。

原文

时零陵、桂阳山贼为害，公卿议遣讨之，又诏下州郡，一切皆得举孝廉、茂才。蕃上疏驳之曰："昔高祖创业，万邦息肩，抚养百姓，同之赤子。今二郡之民，亦陛下赤子也。致令赤子为害，岂非所在贪虐，使其然乎？宜严敕三府，隐核牧守令长，其有在政失和、侵暴百姓者，即便举奏，更选清贤奉公之人，能班宣法令情在爱惠者，可不劳王师，而群贼弭息矣。又三署郎吏二千余人，三府掾属过限未除，但当择善而授之，简恶而去之。岂烦'一切'之诏，以长请属之路乎？"以此忤左右，故出为豫章太守。性方峻，不接宾客，士民亦畏其高。征为尚书令，

翻译

当时零陵、桂阳山地的盗贼，为害地方，公卿们商议派兵围剿。皇帝又给州郡长官下诏令，暂时各州郡都可以向中央推荐孝廉、茂才等人才。陈蕃上疏反驳道："从前高祖创立大业，天下如释重负，官吏抚养百姓，如同爱护自己的儿子。现在零陵、桂阳两郡的百姓，也都是您的赤子。导致赤子们为害的原因，难道不是当地官吏贪污暴虐造成的吗？应该严厉责成三府，暗中审核州牧太守县令等官，那些为政不当、残害百姓的人，立即向朝廷揭发，另选清正贤明、廉洁奉公、能宣扬法令、爱护百姓的人去代替他们，那么可以不必烦劳大军，盗贼就自动解散平息了。又，三署中的郎官有二千多人，三府里的属官超过规定限额还未加任用，只应选择符合标准的人授予官职，挑出那些昏庸不法者去掉他们。这样，哪里还要烦劳您下暂时推举人才的诏书，来助长请托的风气呢？"陈蕃因此得罪了皇帝身边的人，所以被外放为豫章太守。陈蕃性情严峻方正，不接待宾客，士民也敬畏他的

送者不出郭门。

迁大鸿胪。会白马令李云抗疏谏，桓帝怒，当伏重诛。蕃上书救云，坐免归田里。

清高。征召他为尚书令，送行的人都没走出外城门。

升为大鸿胪。正遇上白马县令李云上疏直言劝谏，桓帝大为震怒，李云将要被处决。陈蕃上书救李云，因此获罪被罢免而回到家乡。

原文

复征拜议郎，数日迁光禄勋。时封赏逾制，内宠猥盛，蕃乃上疏谏曰："……高祖之约，非功臣不侯。而闻追录河南尹邓万世父遵之微功，更爵尚书令黄俊先人之绝封①，近习以非义授邑②，左右以无功传赏，授位不料其任，裂土莫纪其功，至乃一门之内，侯者数人。故纬象失度，阴阳谬序，稼用不成，民用不康。臣知封事已行，言之无及，诚欲陛下从是而止。又比年收敛，十伤五六，万人饥寒，不聊生活，而采女数千，食肉衣绮，脂油粉黛，不可赀计。鄙谚言'盗不过五女门'，以

翻译

又征聘他担任议郎，几天之后，升任光禄勋。当时封爵赏赐超过既定的制度，皇宫里的宠臣外戚权势很盛，陈蕃于是上疏劝谏说："……汉高祖约法，不是功臣不得封侯。可是，听说您追记河南尹邓万世父亲邓遵的微小功劳，重新授给尚书令黄俊的先人已绝封的爵位，内侍们通过不正当的途径得到封邑，左右的宠臣无功受赏，授予官职不考虑实际能力，裂土分封不考核实际功勋，以至于一家之中，封侯的有好几个人。所以日月失度，阴阳错乱，稼禾不熟，民财不丰。我知道封赏已经进行，规劝此事已无法挽回，但衷心希望陛下就此为止。又近年征税，百姓十之五六受到伤害，万人饥寒交迫，没有生活依靠，而皇家宫女数千，吃肉穿绮，油脂粉黛等各项开销，难以计量。俗谚说'强盗不过五女之门'，是因为女儿多使得

女贫家也。今后宫之女，岂不贫国乎？……陛下宜采求失得，择从忠善，尺一选举[③]，委尚书三公，使褒责诛赏，各有所归，岂不幸甚！”帝颇纳其言，为出宫女五百余人，但赐俊爵关内侯，而万世南乡侯。

家境贫穷。现在后廷宫女，难道不会把国家搞穷吗？……您应该审视得失，择忠从善，下诏将选举人才这类事交给尚书、三公办理，使奖赏处罚，有主管部门，这难道不是很值得庆幸的吗！”桓帝采纳了他的不少意见，放出了五百多名宫女，只赐封黄俊为关内侯，邓万世为南乡侯。

注释　① 绝封：已经中断、后代不再享用的封号。 ② 近习：指宦官。 ③ 尺一：指诏书。古代诏版，长一尺一寸。

原文

延熹六年，车驾幸广成校猎[①]，蕃上疏谏曰：“臣闻人君有事于苑囿，唯仲秋西郊。顺时讲武，杀禽助祭，以敦孝敬。如或违此，则为肆纵。……况当今之世，有‘三空’之厄哉！田野空、朝廷空、仓库空，是谓‘三空’。加兵戎未戢，四方离散，是陛下焦心毁颜、坐以待旦之时也。岂宜扬旗耀武，骋心舆马之观乎？又秋前多雨，

翻译

延熹六年（163），桓帝驾临广成苑围猎，陈蕃上疏劝谏说：“我听说帝王到苑囿狩猎，只在仲秋祭祀天地的时候。顺应时节，操演武备，射杀禽兽，有助祭祀，用来增添孝敬之情。如果违背了这些，就算是放纵无羁了。……何况现在有‘三空’的困厄呢！田野空、朝廷空、仓库空，就是所谓的‘三空’。加上用兵不止，四方百姓流离失散，这正是您伤心憔悴、夜不能寐的时候。怎么可以耀武扬威，醉心于车驰马奔的场面呢？又，初秋多雨，是百姓开始播种麦子的时节，您现在坐失鼓励百姓播种的时

民始种麦，今失其劝种之时，而令给驱禽除路之役，非贤圣恤民之意也。……”书奏不纳。

机，反而让他们从事驱赶禽兽、开辟道路的劳役，这不是贤明圣君体恤百姓的心啊。……”奏书递上后，桓帝没有采纳。

注释 ① 校(jiào)猎：用木栅栏阻拦野兽，然后猎取。

原文

自蕃为光禄勋，与五官中郎将黄琬共典选举，不偏权富，而为势家郎所谮诉，坐免归。顷之，征为尚书仆射，转太中大夫。八年，代杨秉为太尉。……

中常侍苏康、管霸等复被任用，遂排陷忠良，共相阿媚。大司农刘祐、廷尉冯绲、河南尹李膺，皆以忤旨，为之抵罪。蕃因朝会，固理膺等，请加原宥，升之爵任。言及反覆，诚辞恳切。帝不听，因流涕而起。时小黄门赵津、南阳大猾张氾等，奉事中官，乘势犯法，二郡太守刘瓆、成瑨考案其罪，虽

翻译

自从陈蕃做了光禄勋后，他同五官中郎将黄琬共同掌管官吏的选举，他们不偏袒权贵，因而被豪门子弟诬陷控告，获罪罢官回乡。不久，被征拜为尚书仆射，转调太中大夫。延熹八年，代替杨秉任太尉。……

中常侍苏康、管霸等人再次被皇帝起用，他们排挤诬陷忠良大臣，彼此阿谀勾结。大司农刘祐、廷尉冯绲、河南尹李膺，都因违背皇上的意旨而受到惩罚。陈蕃借朝会之机，坚决地替李膺等人申诉，请求皇上宽免他们，提升他们的官爵。反复敦请，词意恳切。桓帝不理睬，陈蕃因此痛惜流泪，起身出朝。当时小宦官赵津、南阳大恶霸张氾等人，侍奉宦官们，仗着他们的权势作恶犯法，太原、南阳二郡的太守刘瓆、成瑨审讯他们，虽有皇帝赦免他们的命令，但仍然讯问到底，处死了他们。宦官们

经赦令，而并竟考杀之。宦官怨恚，有司承旨，遂奏瓆、瑨罪当弃市。又山阳太守翟超，没入中常侍侯览财产，东海相黄浮诛杀下邳令徐宣，超、浮并坐髡钳，输作左校。蕃与司徒刘矩、司空刘茂共谏请瓆、瑨、超、浮等，帝不悦。有司劾奏之，矩、茂不敢复言。蕃乃独上疏曰："……今寇贼在外，四支之疾；内政不理，心腹之患。臣寝不能寐，食不能饱，实忧左右日亲，忠言以疏，内患渐积，外难方深。……前梁氏五侯，毒遍海内，天启圣意，收而戮之，天下之议，冀当小平。明鉴未远，覆车如昨，而近习之权，复相扇结。小黄门赵津、大猾张汜等，肆行贪虐，奸媚左右，前太原太守刘瓆、南阳太守成瑨，纠而戮之。虽言赦后不当诛杀，原其诚心，在乎去恶。至于陛

对刘瓆、成瑨怀恨在心，有关部门秉承意旨，于是上奏说刘瓆、成瑨罪当处死。又，山阳太守翟超没收了中常侍侯览的财产，东海相黄浮处决了下邳县令徐宣，翟超、黄浮都受了髡钳之刑，被押往左校服役。陈蕃和司徒刘矩、司空刘茂一起向皇帝劝谏，请求宽免刘瓆、成瑨、翟超、黄浮等人，桓帝不高兴。有关衙门弹劾他们，刘矩、刘茂不敢再说什么了。陈蕃独自一人上疏说："……现在贼寇在外猖獗，是四肢上的病痛；但内政紊乱，是心腹的祸患。我睡觉睡不着，吃饭吃不饱，实在担心您身边的人一天比一天亲近，进献忠言者日益被疏远，内部祸患越来越严重，外部灾难正在加深。……从前梁冀一门五侯，祸害遍及天下，上天启发您圣明的思想，把他们收捕处死，天下的舆论是希望社会稍得平安。那些明显的鉴戒才过去不久，覆车的教训就像在昨天似的，可是宦官中的权势者们又相互鼓动勾结。小宦官赵津、大恶霸张汜等人任意贪污暴虐，阿谀逢迎您左右的宠臣，前太原太守刘瓆、南阳太守成瑨，收捕处决了他们。虽说在您下赦令之后不该这样做，然而推求他们的诚心在于为您除去暴虐。那么您又有什么可生气的呢？……又，前山阳太守翟超、东海相黄浮，

下，有何悁悁？……又前山阳太守翟超、东海相黄浮，奉公不桡，疾恶如仇，超没侯览财物，浮诛徐宣之罪，并蒙刑坐，不逢赦恕。览之从横，没财已幸；宣犯衅过，死有余辜。昔丞相申屠嘉召责邓通，洛阳令董宣折辱公主，而文帝从而请之，光武加以重赏，未闻二臣有专命之诛。而今左右群竖，恶伤党类，妄相交构，致此刑谴。闻臣是言，当复啼诉。陛下深宜割塞近习豫政之源，引纳尚书朝省之事，公卿大官，五日一朝，简练清高，斥黜佞邪。如是天和于上，地洽于下，休祯符瑞，岂远乎哉？陛下虽厌毒臣言，凡人主有自勉强，敢以死陈。”帝得奏愈怒，竟无所纳。朝廷众庶莫不怨之。宦官由此疾蕃弥甚，选举奏议，辄以中诏谴却，长史已下多至抵罪。犹以蕃名臣，

刚正奉公，疾恶如仇，翟超没收侯览的财产，黄浮处决徐宣，两人都因此获罪受刑，得不到您的赦免宽恕。侯览为非作歹，只被没收钱财已属万幸；徐宣犯有罪过，死有余辜。从前丞相申屠嘉叫来文帝宠臣邓通加以斥责，洛阳令董宣当面斥责光武帝的姐姐湖阳公主，而文帝向申屠嘉请求免杀邓通，光武帝重赏董宣，没有听说两位大臣因独断专行而被处罚。现在您身边的那些小臣们，恶意伤害党人，勾结起来罗织捏造罪名，导致刘瓆、成瑨专命抗旨的罪名。听到我的这些话，您的宠信们又要号哭申诉了。您应该断绝堵塞内侍宠臣们干预政事之源，接受尚书们到朝廷和尚书省办公，公卿大官每五天朝会一次，选用清正高尚的人，罢免斥退谄媚邪恶的人。这样，天在上和顺，地在下润洽，美好的符瑞，难道会遥远吗？您虽厌恶憎恨我的话，但凡是做君主的，都有自强的心，所以敢冒死陈奏。”桓帝看了他的奏章后更加恼怒，竟然一点也没有采纳他的意见。朝廷上的众人没有不以此为恨的。宦官们因此更痛恨陈蕃，他选举出人才送上奏章，宦官们立即借皇帝的名义加以斥责退回，他属下的长史以下许多官吏多被借故治罪，但因为陈蕃是当代名臣，还不敢加害于他。……

不敢加害。……

原文

九年，李膺等以党事下狱考实，蕃因上疏极谏曰：“臣闻贤明之君，委心辅佐；亡国之主，讳闻直辞。……伏见前司隶校尉李膺、太仆杜密、太尉掾范滂等，正身无玷，死心社稷，以忠忤旨，横加考案，或禁锢闭隔，或死徙非所。杜塞天下之口，聋盲一世之人，与秦焚书坑儒，何以为异？昔武王克殷，表闾封墓。今陛下临政，先诛忠贤。遇善何薄？待恶何优？……人君者，摄天地之政，秉四海之维，举动不可以违圣法，进退不可以离道规。谬言出口，则乱及八方，何况髡无罪于狱、杀无辜于市乎！……又青、徐炎旱，五谷损伤，民物流迁，茹菽不足。而宫女积于房掖，国用尽于罗纨，外戚

翻译

延熹九年(166)，李膺等人由于党人事件被关进监狱受审，陈蕃因而上书尽力劝谏：“我听说贤明之君，信赖辅佐大臣；亡国之主，不愿听别人直言。……我看到前司隶校尉李膺、太仆杜密、太尉掾范滂等人刚正清白，死心塌地地为国家，因为他们的忠直违背了您的意旨，横遭拷打审讯，有的被禁锢隔绝，有的或死去或被流放到不该他们去的地方。堵住天下人的嘴，将世人变成聋子瞎子，这与秦朝焚书坑儒有什么区别？从前周武王灭了商朝，在商朝忠臣的家门树立标志，为他们培修坟墓。现在您执掌大政，首先杀害贤明忠诚的大臣。对待好人为何那么刻薄？对待恶人为何那么优厚？……国君，统管天地之间的大政，执掌四海之内的纲纪，举止进退不能违背先圣的法度和道德的规范。错话出口，就会扰乱到四面八方，何况在狱中用髡刑治那些无罪的人、在街市上处决无辜的人呢！……又，青州、徐州炎热干旱，五谷不收，百姓背井离乡，连粗粮都不够充饥。然而宫女充满后廷，国家财富耗尽在她们身

私门，贪财受赂，所谓‘禄去公室，政在大夫’。……天之于汉，悢悢无已[①]，故殷勤示变，以悟陛下。除妖去孽，实在修德。臣位列台司，忧责深重，不敢尸禄惜生，坐观成败。如蒙采录，使身首分裂，异门而出，所不恨也。”帝讳其言切，托以蕃辟召非其人，遂策免之。

上，外戚私门，贪财受贿，这就是孔子所说的‘国家政权离开了国君，政权掌握在大夫手中’。……上天对于汉家天下，不断地眷眷念顾，所以频频显示灾变，以使陛下醒悟。铲除妖人孽种，关键在您培养自身的道德。我居三公之位，担心自己责任重大，不敢空受俸禄，贪生保命，坐观汉朝天下失败。我的建议如蒙采纳，我即使被杀，身首异处，也不感到遗憾。”桓帝不喜欢陈蕃说话的直切，借口陈蕃辟举选用的人才不适当，罢免了他。

注释　① 悢(liàng)悢：眷恋。

原文

永康元年，帝崩，窦后临朝，诏曰：“夫民生树君，使司牧之，必须良佐，以固王业。前太尉陈蕃，忠清直亮，其以蕃为太傅，录尚书事。”时新遭大丧，国嗣未立，诸尚书畏惧权官，托病不朝。蕃以书责之曰：“古人立节，事亡如存。今帝祚未立，政事日蹙，诸君奈何

翻译

永康元年(167)，桓帝去世，窦皇后执掌朝政，下诏书说：“上天降生民众，为他们立君主，让他管理他们，还必须有贤良的辅佐大臣，来巩固王家大业。前太尉陈蕃，忠诚清正，为人坦荡，现在命陈蕃为太傅并管理尚书事宜。”当时刚遭国丧，还没有确立皇位继承人，各尚书害怕触怒朝中权臣，都托病不上朝办事。陈蕃写信责备他们：“古人讲究节操，侍奉去世君主的态度如同他还活着时一样。现在皇嗣还没有确立，政事

委荼蓼之苦[①]，息偃在床？于义不足，焉得仁乎？”诸尚书惶怖，皆起视事。

日益紧迫，诸君为什么抛弃国家的苦难不管，在家躺着休息呢？在义这方面都很欠缺，哪谈得上仁呢？”各位尚书惶惶不安，都上朝去办公。

注释 ① 荼：苦菜。蓼（liǎo）：辛辣的野菜。“荼蓼”在这里指艰难。

原文

灵帝即位，窦太后复优诏蕃：“……今封蕃高阳乡侯，食邑三百户。”蕃上疏让。……章前后十上，竟不受封。初，桓帝欲立所幸田贵人为皇后，蕃以田氏卑微，窦族良家，争之甚固。帝不得已，乃立窦后。及后临朝，故委用于蕃。蕃与后父大将军窦武，同心尽力，征用名贤，共参政事，天下之士，莫不延颈想望太平。而帝乳母赵娆，旦夕在太后侧，中常侍曹节、王甫等与共交构，谄事太后。太后信之，数出诏命，有所封拜，及其支类，多行贪虐。蕃常疾

翻译

灵帝即皇位后，窦太后再次下诏加意表彰陈蕃：“……现在封陈蕃为高阳乡侯，给食邑三百户。”陈蕃上书辞让。……递上的奏章多达十次，终于没受封。起先，桓帝想立宠爱的田贵人为皇后，陈蕃认为田氏出身卑微，窦氏是良家大族，争立窦氏很坚决。桓帝不得已立窦氏为皇后。所以窦太后执掌朝政后，任用陈蕃。陈蕃和窦太后的父亲大将军窦武同心尽力，起用名流贤士，共同参与国家政治，天下士人无不伸长脖子盼望天下太平。然而灵帝的乳母赵娆，早晚都在窦太后身边，中常侍曹节、王甫等同她勾结，讨好太后。太后信任他们，多次下诏令，给他们封爵、任官，而他们的爪牙，大都贪婪暴虐。陈蕃常恨这帮人，决心消灭宦官，正好窦武也有同样的想法。陈蕃认为自己既顺从人们的心愿，又对太后有过功德，

之，志诛中官，会窦武亦有谋。蕃自以既从人望而德于太后，必谓其志可申，乃先上疏曰："臣闻言不直而行不正，则为欺乎天而负乎人。危言极意，则群凶侧目，祸不旋踵。钧此二者，臣宁得祸，不敢欺天也。今京师嚣嚣，道路喧哗，言侯览、曹节、公乘昕、王甫、郑飒等与赵夫人诸女尚书并乱天下，附从者升进，忤逆者中伤。方今一朝群臣，如河中木耳，泛泛东西，耽禄畏害。陛下前始摄位，顺天行诛，苏康、管霸并伏其辜。是时天地清明，人鬼欢喜，奈何数月复纵左右？元恶大奸，莫此之甚。今不急诛，必生变乱，倾危社稷，其祸难量。愿出臣章宣示左右，并令天下诸奸知臣疾之。"太后不纳。朝廷闻者，莫不震恐。

认定自己的计划一定能实现，于是先向太后上疏说："我听说说话不正直，行为不端正，就会欺瞒上天，亏负世人。直言尽意，会受到那群凶恶坏蛋的仇视，马上招致大祸。掂量这两者，我宁愿选择后者得祸，而不敢欺瞒上天。现在京师中、道路上，舆论沸腾喧哗，在说侯览、曹节、公乘昕、王甫、郑飒等人同赵娆夫人等各位宫中女官一起扰乱天下，追随他们的人得到升迁，违背他们意志的人要受到惩罚。现在一朝大臣，如同河中的浮木，东西漂浮，贪图禄位，惧怕被害。您不久前开始摄政的时候，顺应天意，实行诛罚，苏康、管霸等人都被治罪伏法。当时天地清明，人、鬼都高兴，为什么才过几个月您又放纵左右侍从？元凶巨奸，没有比您身边那些人更厉害的。如果现在不马上处决他们，一定会发生变乱，危害国家，祸害难以估量。希望把我的奏章给您的侍从们看，并让天下那些为非作歹的恶棍知道，我陈蕃痛恨他们。"窦太后没有采纳，朝中凡听到的人没有不震惊的。

原文

蕃因与窦武谋之，语在武传。及事泄，曹节等矫诏诛武等。蕃时年七十余，闻难作，将官属诸生八十余人，并拔刃突入承明门，攘臂呼曰："大将军忠以卫国，黄门反逆，何云窦氏不道邪？"王甫时出，与蕃相迕，适闻其言，而让蕃曰："先帝新弃天下，山陵未成，窦武何功，兄弟父子，一门三侯？又多取掖庭宫人，作乐饮宴，旬月之间，资财亿计。大臣若此，是为道邪？公为栋梁，枉桡阿党，复焉求贼？"遂令收蕃。蕃拔剑叱甫，甫兵不敢近，乃益人围之数十重，遂执蕃送黄门北寺狱。黄门从官驺蹋踧蕃曰[①]："死老魅！复能损我曹员数、夺我曹禀假不[②]？"即日害之。徙其家属于比景，宗族、门生、故吏皆斥免禁锢。蕃友人陈留朱震，时为

翻译

陈蕃于是同窦武合谋消灭宦官，内容记载在窦武的传记中。到事情泄露时，曹节等人伪造太后的命令杀了窦武等人。陈蕃当时七十多岁，听说变乱发生，率领属官和学生八十多人，一起拔刀冲进承明门，挥臂高喊："大将军忠诚卫国，宦官造反叛乱，怎么说窦氏不守臣道呢？"王甫当时从宫里出来，同陈蕃相逢，正听到他的话，就斥责陈蕃说："先帝刚刚去世，陵墓还未修成，窦武有什么功劳，而兄弟父子一门三人封侯？另外，他弄走很多宫女，饮酒作乐，一月之内，搜刮财富以亿计。大臣这样，算得上是臣道吗？你是国家栋梁，却徇私枉法结成朋党，还到哪里去捉贼子？"于是命令逮捕陈蕃。陈蕃拔剑大声喝叱王甫，王甫的兵士不敢靠近他，于是增兵，把陈蕃等人围了几十层，捕住陈蕃，把他关进了宦官掌管的北寺狱中。宦官的随从骑士对陈蕃又踢又踩，骂陈蕃说："老死鬼！你还能裁减我们的人员、剥夺我们的额外收入吗？"当天就杀害了他。把他的家属流放到比景，宗族、门生、旧部属都免职禁锢。陈蕃的朋友陈留人朱震当时做铚县县令，听到消息后，弃官哭祭陈蕃，收葬陈蕃的尸体，并

铚令，闻而弃官哭之，收葬蕃尸，匿其子逸于甘陵界中。事觉系狱，合门桎梏。震受考掠，誓死不言，故逸得免。后黄巾贼起，大赦党人，乃追还逸，官至鲁相。震字伯厚，初为州从事，奏济阴太守单匡臧罪，并连匡兄中常侍车骑将军超。桓帝收匡下廷尉以谴超，超诣狱谢。三府谚曰："车如鸡栖马如狗，疾恶如风朱伯厚。"

把陈蕃的儿子陈逸藏在甘陵境内。事情被发觉后，朱震被捕入狱，全家也被关押起来。朱震受到严刑拷打，但他宁死不说出陈逸的去向，所以陈逸能够逃脱搜捕。后来黄巾发难起事，朝廷大赦党人，陈逸便被追寻回来，他后来官至鲁相。朱震字伯厚，当初做州从事的时候，上书揭发济阴太守单匡贪赃罪，而且牵涉单匡的哥哥中常侍车骑将军单超。桓帝下令逮捕单匡，交给廷尉审理，并斥责单超，单超到监狱认罪道歉。三府有谚语说："车像鸡笼马像狗，疾恶如风朱伯厚。"

注释　① 驺(zōu)：骑士，侍从。 ② 禀假：俸禄和借贷，这里指宦官们的非法收入。

原文

论曰：桓、灵之世，若陈蕃之徒，咸能树立风声，抗论惛俗。而驱驰险厄之中，与刑人腐夫同朝争衡[1]，终取灭亡之祸者，彼非不能洁情志，违埃雾也[2]，愍夫世士以离俗为高，而人伦莫相恤

翻译

史官评论道：桓帝、灵帝时期，像陈蕃这类人都能树立好的风气名声，直言评论沉闷的现实。在艰难险阻中奔走，和宦官同朝较量高低，终于招来杀身大祸，他们不是不能洁身自守，避世隐居，是担忧世人以远离尘俗为高尚，而人伦道德却没有人去关心。他们认为逃离尘世是不义之举，所以多次被罢免仍然

也。以遁世为非义，故屡退而不去；以仁心为己任，虽道远而弥厉。及遭际会，协策窦武，自谓万世一遇也。懔懔乎伊、望之业矣！功虽不终，然其信义足以携持民心。汉世乱而不亡，百余年间，数公之力也。

不离开尘世；以倡导仁德之心为己任，尽管道路漫长却更加坚定。到遇上桓帝和窦太后交替之际，为窦武出谋划策，自称这是万世一遇的机会。他们严正地要成就伊尹、太公望那样的辅佐君王的大业！尽管事情没有成功，但他们的信义，足以引导扶持民心。汉代大乱，但没有很快灭亡，一百多年之内，靠的就是陈蕃等人的力量。

注释 ① 刑人腐夫：指宦官。 ② 埃雾：指现实社会。

张俭传

导读

张俭(115—198),仗义执言,冒死弹劾大宦官侯览及其家属的罪行,受到太学生们的敬仰。建宁二年(169),党锢之祸再次发生,他离家出逃,所到之处,人们不惜身家性命,掩护隐藏他,足见当时当政者的不得人心。本篇传记是东汉末年纷繁复杂社会历史的一个缩影。(选自卷六七)

原文

张俭,字元节,山阳高平人①,赵王张耳之后也②。父成,江夏太守。俭初举茂才,以刺史非其人,谢病不起。延熹八年,太守翟超请为东部督邮。时中常侍侯览家在防东,残暴百姓,所为不轨。俭举劾览及其母罪恶,请诛之。览遏绝章表,并不得通,由是结仇。乡人朱并,素性佞邪,为俭所弃,并怀怨恚③,遂上书告俭与同郡二十四人为党,于是刊章讨捕④。俭得亡命,

翻译

张俭,字元节,山阳郡高平县人,赵王张耳的后代。父亲张成,曾为江夏太守。张俭最初被地方推荐为茂才,因为刺史不是与职位相称的人,称病推辞不就。延熹八年(165),太守翟超请他做东部督邮。当时的中常侍大宦官侯览家住在防东县,残害百姓,为非作歹。张俭弹劾侯览和他母亲的罪行,请求诛灭他们。侯览截留了张俭上递的奏章,使他的建议都不能上达到皇帝那里,二人因此结仇。同乡人朱并,品行一向邪恶奸猾,为张俭所鄙弃,朱并对他怀恨在心,于是上书控告张俭和同郡二十四人结成朋党,朝廷于是根据删除朱并姓名的告密奏章搜捕张俭等人。张俭得

困迫遁走，望门投止，莫不重其名行，破家相容。后流转东莱，止李笃家。外黄令毛钦操兵到门，笃引钦谓曰："张俭知名天下，而亡非其罪。纵俭可得，宁忍执之乎？"钦因起抚笃曰："蘧伯玉耻独为君子[⑤]，足下如何自专仁义？"笃曰："笃虽好义，明廷今日载其半矣[⑥]。"钦叹息而去。笃因缘送俭出塞，以故得免。其所经历，伏重诛者以十数，宗亲并皆殄灭，郡县为之残破。

以逃亡，困窘得东躲西藏，四处逃命，望见人家，就去投奔歇脚，各家没有不敬重他的名声和品行的，都不惜破家灭族来掩护隐藏他。后来流落到东莱境内，藏在李笃家里。外黄县令毛钦率兵围住李笃家门，李笃拉着毛钦，对他说："张俭天下知名，他逃亡不是因为他真有罪。即使你可以得到张俭，难道你忍心抓他吗？"毛钦便起身拍拍李笃说："蘧伯玉以独做君子为耻，你怎么把君子之德的仁义当作自己的专有呢？"李笃说："我虽然喜欢义举，您今天也已经分走其中一半了。"毛钦叹息着离去了。李笃因此得以护送张俭出塞，张俭也因此免受逮捕。他所经过的地方，受他的牵连而被重刑处死者数以十计，他们的亲族也都被诛灭，所在郡县为此而遭残破。

注释 ① 高平：县名，在今山东微山西北。 ② 张耳（？—前202）：楚汉之际诸侯王。秦末起义，武臣为赵王，张耳任丞相。项羽分封诸侯王时被封为常山王。后投奔刘邦，又改立为赵王。 ③ 恚（huì）：恨、怒。 ④ 刊章：在诏令上删除告密者的名字。刊，删除。 ⑤ 蘧（qú）伯玉：春秋时卫国大夫。 ⑥ 明廷：汉代人们对县令的敬称。

原文

中平元年，党事解，乃还乡里。大将军、三公并辟，又举敦朴，公车特征，起家拜少府，皆不就。献帝

翻译

中平元年（184），党锢解除，张俭才回到故乡。大将军、三公同时征聘他，又推荐为敦朴，朝廷派公车特别征聘，一起用就让他任少府，张俭都没有接

初，百姓饥荒，而俭资计差温[①]，乃倾竭财产，与邑里共之，赖其存者以百数。建安初，征为卫尉，不得已而起。俭见曹氏世德已萌，乃阖门悬车[②]，不豫政事。岁余，卒于许下。年八十四。

受。献帝初年，百姓闹饥荒，张俭家里的财产还比较多，于是拿出所有的财产和同乡人共同享用，靠这些财产活命的人有几百。建安初年，朝廷征聘他为卫尉，万不得已他才接受。后来张俭观察曹操已有取代汉朝的打算，于是闭门隐居，不再参与政事。一年多以后，他在许州去世，终年八十四岁。

注释 ① 差温：比较宽裕。 ② 悬车：把车悬挂起来，表示不再外出。

原文

论曰：昔魏齐违死，虞卿解印；季布逃亡，朱家甘罪[①]。而张俭见怒时王，颠沛假命，天下闻其风者，莫不怜其壮志，而争为之主。至乃捐城委爵，破族屠身，盖数十百所，岂不贤哉！然俭以区区一掌，而欲独堙江河，终婴疾甚之乱[②]，多见其不知量也[③]。

翻译

史官评论道：从前魏齐避死，虞卿离职同他一起逃亡；季布逃命，朱家甘冒隐匿之罪。而张俭触怒了当朝天子，颠沛流离，到处逃命，天下人听到他的消息的，都喜爱他的壮志，争着做收留他的东道主。以至于弃城丢官，灭身破族的事情，大概发生了几十上百起，难道张俭还不是个贤人吗！然而张俭单凭自己的一只手掌，想独自堵塞江河，最终惹出了痛恨不仁之人过分而引起的祸乱，只是表示他不自量力罢了。

注释 ① 魏齐：战国时魏国国相。虞卿：赵国国相。季布：刘邦的仇人。朱家：季布的朋友。虞卿救魏齐，朱家藏季布，事均见《史记》。 ② 疾甚之乱：语出《论语·泰伯》："人而不仁，疾之已甚，乱也。"意思是对于不仁的人，痛恨太甚，也是一种祸害。 ③ 多见其不知量也：语出《论语·子张》。

董 卓 传

导读

董卓(? —192)本是凉州豪强,自东汉中期以来,朝廷中的宦官、外戚、权臣之争连续不断,而镇压黄巾起义过程中膨胀起来的豪强势力,割据一方,同朝廷分庭抗礼,形成了危及东汉王朝的又一股政治力量。在这种局面下,董卓的势力迅速扩张,后来趁何进同宦官争权而召他入朝增援之机,以武力废立皇帝,挟持天子,控制朝廷,独揽大权。董卓残暴无道,他的统治把东汉社会引向最黑暗的时期,使社会经历了一场空前的浩劫,使人民饥寒交迫,流离失所,饱尝了战争带来的灾难。他是中国古代邪恶凶暴势力的典型代表之一。(选自卷七二)

原文

董卓,字仲颖,陇西临洮人也[①]。性粗猛有谋。少尝游羌中,尽与豪帅相结。后归耕于野,诸豪帅有来从之者,卓为杀耕牛,与共宴乐。豪帅感其意,归相敛得杂畜千余头以遗之[②]。由是以健侠知名。为州兵马掾,常徼守塞下[③]。卓膂力过人,双带两鞬,左右驰射,为羌胡所畏。

翻译

董卓,字仲颖,陇西郡临洮县人。性情粗暴勇猛而有谋略。年轻时曾漫游羌族各地,同羌族头领都有结交。后来回家种地,头领们有来到他这里来的,董卓为他们杀了耕牛,和他们一同宴饮作乐。豪帅们被他的情意感动,回去后搜集到各种牲畜一千多头赠送给他。从此,他以刚健侠勇而闻名。任凉州的兵马掾,曾经在边塞巡防。董卓臂力过人,身上两边都挂弓袋,能在马上左右开弓,羌族人都害怕他。

注释 ① 临洮：县名，秦置。治所在今甘肃岷县。 ② 遗(wèi)：赠与。 ③ 徼(jiào)：巡逻。

原文

桓帝末，以六郡良家子为羽林郎[①]，从中郎将张奂为军司马[②]，共击汉阳叛羌[③]，破之，拜郎中，赐缣九千匹。卓曰："为者则己，有者则士。"乃悉分与吏兵，无所留。稍迁西域戊己校尉，坐事免。后为并州刺史，河东太守。

翻译

桓帝末年，董卓以六郡大户子弟的资格任羽林郎，跟随中郎将张奂任军司马，和张奂一起进攻汉阳造反的羌族，打败了他们，被任命为郎中，赏赐细绢九千匹。董卓说："立功的虽然是自己，和自己共有财物的是士兵。"于是把赏赐全分给官兵，无所保留。渐渐升到西域戊己校尉，因事被免职。后担任并州刺史、河东太守。

注释 ① 六郡：指汉阳、陇西、安定、北地、上郡、西河。羽林郎：皇帝的宿卫侍从官，常以上述六郡良家子充任。 ② 中郎将：这里指羽林中郎将，为羽林郎的统帅。 ③ 汉阳：东汉永平年间以天水郡改汉阳郡，治所在今甘肃甘后东。

原文

中平元年，拜东中郎将，持节[①]，代卢植击张角于下曲阳，军败抵罪。其冬，北地先零羌及枹罕、河关群盗反叛，遂共立湟中义从胡北宫伯玉、李文侯为将军，

翻译

中平元年(184)，担任东中郎将，持天子符节接替卢植，在下曲阳进击张角，战败，以服罪抵偿失误。这年冬天，北地先零羌和枹罕、河关两县的盗贼们反叛朝廷，共同推举湟中地区"义从胡"北宫伯玉、李文侯为将军，杀害了护羌校尉泠征。北宫伯玉等人劫持了金城

杀护羌校尉泠征。伯玉等乃劫致金城人边章、韩遂，使专任军政；共杀金城太守陈懿，攻烧州郡。明年春，将数万骑入寇三辅，侵逼园陵，托诛宦官为名。诏以卓为中郎将，副左车骑将军皇甫嵩征之。……时众军败退，唯卓全师而还，屯于扶风，封斄乡侯[②]，邑千户。……六年，征卓为少府，不肯就。……及灵帝寝疾[③]，玺书拜卓为并州牧[④]，令以兵属皇甫嵩。卓复上书言曰："臣既无老谋，又无壮事，天恩误加，掌戎十年。士卒大小相狎弥久，恋臣畜养之恩，为臣奋一旦之命。乞将之北州，效力边垂。"于是驻兵河东，以观时变。及帝崩，大将军何进、司隶校尉袁绍谋诛阉宦，而太后不许，乃私呼卓将兵入朝，以胁太后。卓得召，即时就道，并上书曰："中常侍张让

人边章、韩遂，让他们专管军政事务；他们又一起杀害了金城太守陈懿，进攻焚烧州郡。第二年春天，率几万骑兵侵犯三辅地区，进逼皇帝的陵园，借口是要消灭宦官。朝廷下诏令董卓为中郎将，协助左车骑将军皇甫嵩讨伐他们。……当时讨伐大军各部都败退，只有董卓部没有受损失，顺利归来，驻扎在扶风，封为斄乡侯，食邑千户。……中平六年(189)征召董卓为少府，他不肯就职。……到灵帝病重时，皇帝用玺书授命董卓为并州牧，命令他带领军队归属皇甫嵩麾下。董卓又上书说："我既不老谋深算，又没有惊天动地的功绩，蒙皇上错爱，误给恩惠，让我掌管兵权十年。我同大小官兵亲密相处很久，他们留恋我育养的恩情，关键时刻能够为我献出生命。请让我带领他们驻守北部州郡，在边疆效力。"于是驻扎河东，来观望时局的变化。等到灵帝去世，大将军何进、司隶校尉袁绍策划消灭宦官，而太后不允许，于是他们暗中招呼董卓带兵入朝，来胁迫太后。董卓受到召唤，马上出发，同时上书说："中常侍张让等人窃得宠幸，搞乱了天下。我听说用舀起来再倒回去的办法使开水不滚，不如撤去锅下的柴薪；烂疮虽

等窃幸承宠，浊乱海内。臣闻扬汤止沸，莫若去薪；溃痈虽痛，胜于内食。昔赵鞅兴晋阳之甲以逐君侧之恶人，今臣辄鸣钟鼓如洛阳，请收让等，以清奸秽。”卓未至，而何进败，虎贲中郎将袁术乃烧南宫，欲讨宦官，而中常侍段珪等劫少帝及陈留王夜走小平津。卓远见火起，引兵急进，未明到城西，闻少帝在北芒，因往奉迎。帝见卓将兵卒至，恐怖涕泣。卓与言，不能辞对；与陈留王语，遂及祸乱之事。卓以王为贤，且为董太后所养，卓自以与太后同族，有废立意。

疼，但要比痈毒侵蚀内脏轻得多。从前赵鞅发动晋阳的军队来驱除国君身边的坏人，现在我就鸣钟击鼓声讨宦官们的罪行，进军洛阳，请求逮捕张让等，来扫除朝中的奸邪污秽。”他还没赶到洛阳，何进失败了，虎贲中郎将袁术等人就放火烧了南宫，想讨伐宦官，但中常侍段珪等人劫持少帝和陈留王夜里逃到小平津。董卓远远望见火起，带兵迅速进发，天没亮时到了城西，听说少帝在北芒山，于是前往迎接。少帝看到董卓带兵突然到来，害怕得哭泣。董卓与他谈话，他一句也答不上；又与陈留王交谈，陈留王就叙述了祸乱发生的情形。董卓认为陈留王贤明，而且是董太后抚养的，董卓自认为和董太后同族，这时就有了废少帝立陈留王的想法。

注释 ① 持节：负有朝廷使命出行，持符节作为凭信。 ② 斄(tái)乡：在今陕西扶风东南。 ③ 寝疾：卧病不起，即病重。 ④ 玺书：用皇帝玺印加封的公文。

原文

初，卓之入也，步骑不过三千，自嫌兵少，恐不为远近所服。率四五日辄夜

翻译

当初，董卓进入京师的时候，步兵、骑兵不超过三千，他对于兵少不满意，担心京城和地方上的官员和将领不服

潜出军近营，明旦乃大陈旌鼓而还，以为西兵复至，洛中无知者。寻而何进及弟苗先所领部曲皆归于卓，卓又使吕布杀执金吾丁原而并其众。卓兵士大盛，乃讽朝廷策免司空刘弘而自代之。……遂胁太后策废少帝，曰："皇帝在丧，无人子之心，威仪不类人君，今废为弘农王。"乃立陈留王，是为献帝。又议太后蹙迫永乐太后[①]，至令忧死，逆妇姑之礼，无孝顺之节，迁于永安宫，遂以弑崩。

他。于是大约每隔四五天，就在夜间悄悄地率军出城就近安营，第二天早上便大张旗鼓回洛阳，假装西部军队又到了，洛阳没有人知道其中的奥秘。不久，何进及其弟弟何苗原先所率领的军队都归他统领，他又派吕布杀了执金吾丁原，吞并了他的军队。这样，董卓的兵力十分强大，他便授意朝廷罢免了司空刘弘，自己取而代之。……于是董卓威逼太后，策令废除少帝，说："皇帝在居丧期间，没有做儿子的心情，威仪也不像一个国君，现在废除他的皇位，封为弘农王。"于是立了陈留王为帝，这就是汉献帝。董卓又提出建议：太后逼迫永乐太后，致使永乐太后郁郁而死，违背了媳妇对婆婆的礼仪，没有孝顺的品德，把她移居到永安宫，接着杀了她。

注释 ① 蹙(cù)：这里有逼的意思。

原文

卓迁太尉，领前将军事，加节传、斧钺、虎贲[①]，更封郿侯。卓乃与司徒黄琬、司空杨彪俱带铁锧诣阙上书[②]，追理陈蕃、窦武及诸党人，以从人望。于是悉复蕃

翻译

董卓升任太尉，兼管以前所任将军的事务，受到赐予节传、斧钺、虎贲勇士的待遇，改封为郿侯。董卓于是同司徒黄琬、司空杨彪一起带上刑具铁锧到宫门上书，为陈蕃、窦武以及党人们申诉平反，来顺从人们的愿望。于是全部恢复了陈蕃等人的爵位，起用他们的子

等爵位，擢用子孙。寻进卓为相国，入朝不趋，剑履上殿，封母为池阳君，置令丞。是时洛中贵戚室第相望，金帛财产，家家殷积。卓纵放兵士，突其庐舍，淫略妇女，剽虏资物，谓之“搜牢”。人情崩恐，不保朝夕。及何后葬，开文陵[③]，卓悉取藏中珍物。又奸乱公主，妻略宫人，虐刑滥罚，睚眦必死[④]，群僚内外莫能自固。卓尝遣军至阳城，时人会于社下，悉令就斩之，驾其车重，载其妇女，以头系车辕，歌呼而还。又坏五铢钱，更铸小钱，悉取洛阳及长安铜人、钟虡、飞廉、铜马之属[⑤]，以充铸焉。故货贱物贵[⑥]，谷石数万。又钱无轮郭文章，不便人用。……卓素闻天下同疾阉官诛杀忠良，及其在事，虽行无道，而犹忍性矫情，擢用群士。乃任吏部尚书汉阳周珌、侍中汝南

孙。不久，董卓升为相国。上朝时他不必向皇帝趋拜，上殿时不解剑、不脱鞋，封他的母亲为池阳君，下面设有令、丞等官员。当时洛阳城中贵戚们的府第一个挨一个，金帛财产，家家聚集很多。董卓放纵士兵，冲进他们的房屋，奸淫抢掠妇女，劫夺财物，称为“搜牢”。人心极为混乱恐惧，朝不保夕。到何太后下葬时，董卓挖开文陵，把墓里的珍宝全部掠走了。又奸淫公主，抢劫污辱宫女，滥施刑罚，对他有一点怨恨的人必定身死，朝廷的内外官员没有人能自保。董卓曾派兵到阳城，当时人们正在社坛下聚会，他便命令士兵上去把聚会的人全杀了，驾起装着财货的车，装上抢来的妇女，把被害者的头系在车辕上，狂歌呼号着返回洛阳。又销毁五铢钱，改铸小钱，把洛阳和长安的铜人、钟架、铜制飞廉、铜马之类全部拿来销熔铸钱。因此，钱贱物贵，一石谷值几万钱。另外，钱面没有边轮、花纹，不便人们使用。……董卓平时听说天下人一致痛恨宦官杀害忠良，等到他掌权，虽然施行残暴无道的统治，但仍耐着性子、违背本心地提拔任用士人。于是他任用吏部尚书汉阳人周珌、侍中汝南人伍琼、尚书郑公业、长史何颙等人。以

伍琼、尚书郑公业、长史何颙等。以处士荀爽为司空,其染党锢者陈纪、韩融之徒,皆为列卿。幽滞之士,多所显拔。以尚书韩馥为冀州刺史,侍中刘岱为兖州刺史,陈留孔伷为豫州刺史,颍川张咨为南阳太守。卓所亲爱,并不处显职,但将校而已。

隐士荀爽做司空,那些跟党锢之祸有瓜葛的陈纪、韩融等人,都做了九卿。被埋没的人才,很多被重用。让尚书韩馥做冀州刺史,侍中刘岱做兖州刺史,陈留人孔伷做豫州刺史,颍川人张咨做南阳太守。董卓所亲近喜爱的人,并不居要职,只做个将、校罢了。

注释 ① 加:指加礼,比常礼优厚的待遇。节传(zhuàn):身份凭证。节,玺节印章。传,符信。 ② 铁锧:铁是铡刀,一说是斧,锧是木椹,为腰斩刑具的两部件。"带铁锧"表示自己冒死而来,准备受刑。 ③ 文陵:汉灵帝陵墓。 ④ 睚眦(yá zì):怒目而视。借指小怨忿。 ⑤ 飞廉:传说中的神鸟,这里指铜铸的飞廉。 ⑥ 货:货币。

原文

初平元年,馥等到官,与袁绍之徒十余人各兴义兵,同盟讨卓,而伍琼、周珌阴为内主。初,灵帝末,黄巾余党郭太等复起西河白波谷,转寇太原,遂破河东,百姓流转三辅,号为"白波贼",众十余万。卓遣中郎

翻译

初平元年(190),韩馥等到任,同袁绍之徒十余人各自发动义兵,结盟声讨董卓,而伍琼、周珌暗中做他们的内应。起初,灵帝末年,黄巾余部郭太等人又在西河白波谷起事,转而攻打太原,接着攻占了河东,百姓流亡到三辅地区,称他们为"白波贼",郭太等有十余万人。董卓派中郎将牛辅进攻白波军,不

将牛辅击之,不能却。及闻东方兵起,惧,乃鸩杀弘农王,欲徙都长安。会公卿议,太尉黄琬、司徒杨彪廷争不能得,而伍琼、周珌又固谏之。卓因大怒曰:“卓初入朝,二子劝用善士,故相从,而诸君到官,举兵相图。此二君卖卓,卓何用相负!”遂斩琼、珌。……旋亦悔之,故表彪、琬为光禄大夫。于是迁天子西都。

能打退他们。等到听说东部起兵反他的消息后,很害怕,于是用鸩酒毒死了弘农王,想迁都长安。召集公卿讨论,太尉黄琬、司徒杨彪在朝廷上和董卓争辩,没有达到目的,而伍琼、周珌又坚持劝谏。董卓因此大怒说:“我当初入朝主政时,你们二人劝我任用德才兼备的人,所以我听从了你们,但各位到任后,起兵反对我。这是你们两位出卖了我,我又何必辜负你们!”于是杀了伍琼、周珌。……随后又后悔了,所以上表请求任命杨彪、黄琬为光禄大夫。于是他就把汉献帝迁移到西都长安。

原文

初,长安遭赤眉之乱,宫室营寺焚灭无余,是时唯有高庙、京兆府舍,遂便时幸焉,后移未央宫。于是尽徙洛阳人数百万口于长安,步骑驱蹙,更相蹈藉,饥饿寇掠,积尸盈路。卓自屯留毕圭苑中,悉烧宫庙官府居家,二百里内无复孑遗。又使吕布发诸帝陵及公卿已下冢墓,收其珍宝。

翻译

起先,长安经历了赤眉战乱,宫室衙门焚毁无余,这时残存的只有高祖庙和京兆府衙门,于是选择吉日住进去,后来皇帝移居未央宫。在这种情形下,把洛阳百万人口全部迁往长安。军队驱赶追逼,人们相互拥挤践踏,饥寒交困,又受到抢劫,所以沿途满布尸体。董卓自己驻扎在毕圭苑中,焚烧了所有的宫庙、官府和民房,洛阳周围二百里内一无所有了。又派吕布挖掘皇帝们的陵墓以及公卿以下官吏的坟墓,收罗墓中的珍宝。

原文

时长沙太守孙坚亦率豫州诸郡兵讨卓。卓先遣将徐荣、李蒙四出虏掠。荣遇坚于梁，与战，破坚，生禽颍川太守李旻，亨之①。卓所得义兵士卒，皆以布缠裹，倒立于地，热膏灌杀之。时河内太守王匡屯兵河阳津，将以图卓。卓遣疑兵挑战，而潜使锐卒从小平津过津北，破之，死者略尽。明年，孙坚收合散卒，进屯梁县之阳人②，卓遣将胡轸、吕布攻之。布与轸不相能，军中自惊恐，士卒散乱。坚追击之，轸、布败走。卓遣将李傕诣坚求和，坚拒绝不受，进军大谷，距洛九十里。卓自出与坚战于诸陵墓间，卓败走，却屯黾池，聚兵于陕。坚进洛阳宣阳城门，更击吕布，布复破走。坚乃扫除宗庙，平塞诸陵，分兵出函谷关，至新安、黾池间，以

翻译

当时长沙太守孙坚也率领豫州各郡的士兵讨伐董卓。董卓先前派将领徐荣、李蒙四处抢劫。徐荣在梁县同孙坚遭遇，和孙坚交战，孙坚被打败，徐荣活捉了颍川太守李旻，烹杀了他。董卓把俘获的讨伐他的士兵，都用布裹起来，倒竖在地上，用热油浇灌的办法杀死。当时河内太守王匡驻兵河阳津，准备起兵反对董卓。董卓派出疑兵进行挑战，暗中派出精锐士卒从小平津过河到达北岸，打败了王匡，王匡部死亡殆尽。第二年，孙坚收集残部，进驻梁县的阳人聚，董卓派将领胡轸、吕布进攻孙坚。吕布和胡轸互不相容，部队中无缘无故地惊恐，士兵散乱。孙坚追击，胡轸、吕布败逃。董卓派将领李傕向孙坚求和，孙坚拒绝了，并进军大谷，距离洛阳有九十里路。董卓亲自出马与孙坚在各皇陵之间交战，董卓失利败逃，退驻黾池，在陕县聚集兵力。孙坚攻入洛阳的宣阳城门，再攻打吕布，吕布又败逃。孙坚于是清扫宗庙，填平皇帝们的陵墓，分出兵力从函谷关出击到新安、黾池一带，来截断董卓的后路。董卓对长史刘艾说：“关东诸将多次败在

截卓后。卓谓长史刘艾曰："关东诸将数败矣，无能为也。唯孙坚小戆，诸将军宜慎之。"乃使东中郎将董越屯黾池，中郎将段煨屯华阴，中郎将牛辅屯安邑，其余中郎将、校尉布在诸县，以御山东。

我手下，他们干不成什么事。只有孙坚这小呆子，各位将军应谨慎地对付。"于是让东中郎将董越驻守黾池，中郎将段煨驻守华阴，中郎将牛辅驻守安邑，其余的中郎将、校尉分布在各县，以抵御来自山东的进攻。

注释 ① 亨：即烹，古代的一种酷刑。 ② 阳人：聚落名，在今河南汝州。

原文

卓讽朝廷使光禄勋宣璠持节拜卓为太师，位在诸侯王上。乃引还长安，百官迎路拜揖。卓遂僭拟车服，乘金华青盖[①]，爪画两轓[②]，时人号"竿摩车"[③]，言其服饰近天子也。以弟旻为左将军，封鄠侯[④]，兄子璜为侍中、中军校尉，皆典兵事。于是宗族内外，并居列位。其子孙虽在髫龀[⑤]，男皆封侯，女为邑君。数与百官置酒宴会，淫乐纵恣。乃结垒

翻译

董卓示意朝廷让光禄勋宣璠持皇帝符节任命他为太师，地位在诸侯王之上。于是他率军回长安，百官半路叩拜迎接。董卓接着僭越等级，使用仿照皇帝的舆马服饰，车上立有金花装饰的青色车盖，车盖有爪形的弓头，当时人称为"竿摩车"，是说他的服饰同皇帝接近。让弟弟董旻为左将军，封鄠侯，哥哥的儿子董璜做侍中、中军校尉，都掌握兵权。于是他家亲族男女，都在朝廷任职受封。他的子孙尽管年龄幼小，但男的都封了侯，女的都是邑君。他多次同百官设酒宴会，淫乐放纵。在长安城东建造城堡供自己居住。又在郿县建

于长安城东以自居。又筑坞于郿，高厚七丈，号曰“万岁坞”。积谷为三十年储。自云：“事成，雄据天下；不成，守此足以毕老。”尝至郿行坞，公卿已下祖道于横门外[⑥]。卓施帐幔饮设，诱降北地反者数百人，于坐中杀之。先断其舌，次斩手足，次凿其眼目，以镬煮之。未及得死，偃转杯案间。会者战栗，亡失匕箸，而卓饮食自若。诸将有言语蹉跌[⑦]，便戮于前。又稍诛关中旧族，陷以叛逆。时太史望气，言当有大臣戮死者。卓乃使人诬卫尉张温与袁术交通，遂笞温于市，杀之，以塞天变。……

筑坞堡，墙壁高和宽各七丈，号称“万岁坞”。里面储存的粮食够用三十年。他自己说：“事情成功，我就雄据天下；不成功，就退守此地，足可以直到老死。”董卓曾经到郿县巡视坞堡，公卿以下官员都聚在横门外设宴为他饯行。董卓设置幔帐和酒宴，在席间杀了他诱降的北地反叛者几百人。先割他们的舌头，其次砍手脚，接着挖眼睛，然后用煮肉的大锅烹煮。人还没死，卧在杯案之间辗转抽搐。与会者心惊肉跳，吓得筷子和汤匙都掉了，可是董卓却饮酒吃菜，神情自如。诸将说话稍有失误，便被当面处死。董卓又逐步把关中一些原先的官宦家族，定为叛逆罪名加以迫害。当时太史观望云气，说有大臣要被杀。董卓于是指使人诬陷卫尉张温与袁术勾结，在街市上杖击张温，杀了他，以此应对天象变化所预示的凶兆。……

注释 ① 金华：用金做成的花。 ② 爪：车盖弓头为爪形。 ③ 竿摩：相逼近。 ④ 鄠(hù)：县名，在今陕西鄠邑。 ⑤ 髫龀(tiáo chèn)：童年。髫，儿童下垂的发。龀，儿童换齿。 ⑥ 祖道：古人在出行前祭祀路神称祖道，后指送行的宴会。 ⑦ 蹉跌：失足。喻意外失误。

原文

越骑校尉汝南伍孚忿

翻译

越骑校尉汝南人伍孚，痛恨董卓凶

卓凶毒，志手刃之，乃朝服怀佩刀以见卓。孚语毕辞去，卓起送至阁，以手抚其背，孚因出刀刺之，不中。卓自奋得免，急呼左右执杀之，而大诟曰："虏欲反耶?"孚大言曰："恨不能磔裂奸贼于都市，以谢天地!"言未毕而毙。时王允与吕布及仆射士孙瑞谋诛卓。有人书"吕"字于布上，负而行于市，歌曰："布乎!"有告卓者，卓不悟。

三年四月，帝疾新愈，大会未央殿。卓朝服升车，既而马惊堕泥，还入更衣。其少妻止之，卓不从，遂行。乃陈兵夹道，自垒及宫，左步右骑，屯卫周匝，令吕布等捍卫前后。王允乃与士孙瑞密表其事，使瑞自书诏以授布，令骑都尉李肃与布同心勇士十余人，伪著卫士服于北掖门内以待卓。卓将至，马惊不行，怪惧欲还。吕布劝令进，遂入门。肃以

狠毒辣，决心亲手杀了他，便穿上朝服怀揣佩刀来见董卓。伍孚说完话告辞，董卓起来送他到小门，用手拍他的肩臂，伍孚乘机抽刀刺他，没有刺中。董卓奋力得以脱身，急忙喊侍卫捉住杀掉伍孚，大骂他："你想造反吗?"伍孚大声说："恨不得把你在市上碎尸万段，告慰天地!"话还没说完就死了。当时王允和吕布以及仆射士孙瑞合谋诛杀董卓。有人把"吕"字写在布上，背着在市场上走，唱道："布啊!"有人把这件事告诉董卓，他没有领悟。

初平三年(192)四月，献帝病刚好，召集群臣在未央殿朝会。董卓穿上朝服上车，不久马受惊，他掉进泥里，回去换衣服。小妾劝他不要去，董卓不听，于是走了。董卓把士兵列在路的两侧，从他的城堡到未央宫，左边是步卒右边是骑兵，防守周密，命令吕布等人前后保卫。王允就同士孙瑞把他们的计划密奏给皇帝，让士孙瑞写诏令交给吕布，派骑都尉李肃和吕布的十几个心腹勇士，穿上卫士服，在北掖门内等董卓。董卓快要到时，马受惊不走，董卓感到奇怪，心里害怕，打算回去。吕布劝他进去，于是进了北掖门。李肃用戟刺他，董卓外衣里面穿着贴身护甲，刺不

戟刺之，卓衷甲不入，伤臂堕车，顾大呼曰："吕布何在？"布曰："有诏讨贼臣。"卓大骂曰："庸狗敢如是邪？"布应声持矛刺卓，趣兵斩之。主簿田仪及卓仓头前赴其尸，布又杀之。驰赍赦书，以令宫陛内外。士卒皆称万岁，百姓歌舞于道。长安中士女卖其珠玉衣装市酒肉相庆者，填满街肆。使皇甫嵩攻卓弟旻于郿坞，杀其母妻男女，尽灭其族。乃尸卓于市。天时始热，卓素充肥，脂流于地，守尸吏燃火置卓脐中，光明达曙，如是积日。诸袁门生又聚董氏之尸，焚灰扬之于路。坞中珍藏有金二三万斤，银八九万斤，锦绮、缋縠、纨素、奇玩，积如丘山。……

进去，仅仅伤了手臂，从车上掉了下来，他回头大喊："吕布在哪里？"吕布说："有诏令讨伐你这贼臣。"董卓大骂："你这癞皮狗敢这样吗？"在董卓喊的同时吕布用矛刺他，急唤士兵们杀了他。董卓的主簿田仪和董卓的奴仆往前跑向董卓尸体，吕布又杀了他们。吕布带着大赦的诏书，骑马奔跑在皇宫内外，宣布皇帝的命令。士兵们都高呼万岁，百姓们在路上载歌载舞。长安城中，男人女子卖掉珠玉服装来买酒肉互相庆贺的，填满了街市。朝廷派皇甫嵩攻打驻守郿坞的董旻，杀了董卓的母亲、妻妾、儿女，灭了他的宗族。于是把董卓的尸体陈列在市上。当时天开始热起来，董卓向来肥胖，油流了一地，守尸的官吏点火放在他的肚脐里，从晚上亮到天明，这样过了有好几天。袁绍、袁术的门生，又把董卓家族的尸体堆在一起，用火焚烧，把骨灰抛洒在路上。郿坞中珍藏有黄金二三万斤，白银八九万斤，锦绮、缋縠、白绢以及珍奇玩物，堆积如山。……

张 鲁 传

导读

张鲁，东汉末五斗米道首领，天师道创立者张道陵之孙。初平二年（191），任益州牧刘焉的督义司马，率徒众攻取汉中，称师君。东汉统治者无力镇压张鲁，便封他为镇民中郎将，领汉宁太守，通过他对劳动人民进行统治。这样，张鲁实际上成为一个封建统治者了。曹操对张鲁的战争，同样是统治阶级内部的斗争，不是对农民起义的镇压。张鲁所建政权持续约三十年，汉中成为东汉末年相对安定的地区。（选自卷七五）

原文

鲁，字公旗[①]。初，祖父陵，顺帝时客于蜀，学道鹤鸣山中，造作符书，以惑百姓。受其道者辄出米五斗，故谓之“米贼”。陵传子衡，衡传于鲁，鲁遂自号“师君”。其来学者，初名为“鬼卒”，后号“祭酒”。祭酒各领部众，众多者名曰“理头”。皆校以诚信，不听欺妄，有病但令首过而已。诸

翻译

张鲁，字公旗。当初汉顺帝时，他的祖父张陵客居蜀地，在鹤鸣山中学道，撰写符书来迷惑百姓。凡是接受他的道的就交纳五斗米，所以人们称他们为“米贼”。张陵把道首的地位传给儿子张衡，张衡又传给张鲁，张鲁便自称是“师君”。那些来学道的人，最初称为“鬼卒”，以后称为“祭酒”。各个祭酒都率领部众，部众多的叫“理头”。对教徒都要考核他们的诚信，不允许欺哄蒙骗，有了病不进行治疗，只让病人说出自己的罪过而已。各位祭酒都在路边

祭酒各起义舍于路，同之亭传，县置米肉以给行旅。食者量腹取足，过多则鬼能病之。犯法者，先加三原，然后行刑。不置长吏，以祭酒为理，民夷信向。朝廷不能讨，遂就拜鲁镇夷中郎将，领汉宁太守，通其贡献。

造起义舍，与驿站相同，义舍内挂着米肉供给来往客人。取食的人根据自己的饭量吃饱，吃得过多鬼就会使他生病。犯法的道徒，先赦免三次，以后再犯才加以处罚。不设官长，由祭酒进行管理，民众都心悦诚服归附他。朝廷无法征讨，于是差人前往，任命张鲁为镇夷中郎将，兼任汉宁太守，允许他向朝廷进贡。

注释 ① 旗：一作“祺”。据《后汉书・刘焉传》，张鲁是沛国丰(今江苏丰县)人。

原文

韩遂、马超之乱，关西民奔鲁者数万家。时人有地中得玉印者，群下欲尊鲁为汉宁王。鲁功曹阎圃谏曰：“汉川之民，户出十万，四面险固，财富土沃。上匡天子，则为桓、文；次方窦融[1]，不失富贵。今承制署置，势足斩断；遽称王号，必为祸先。”鲁从之。

翻译

韩遂、马超发动变乱的时候，关西民众因避乱而投奔张鲁的有好几万家。当时有人从地下挖出一块玉印，众人便想推举张鲁为汉宁王。张鲁的功曹阎圃进谏道：“汉川的民众，超出十万户，四面地形险固，物产丰富，土地肥沃。作为上策，我们如果辅佐天子，就会成就齐桓公、晋文公的霸业；次一等的策略，仿效窦融，也少不了享受富贵。现在接受诏命任太守之职，你的权势足以决定人的生死、处理一方事务；如果急着称王，那一定是大祸的开端。”张鲁采纳了他的建议。

注释 ① 窦融：新莽时任将军，后割据河西五郡。光武即位，归汉，累进大司空，封安丰侯。

原文

鲁自在汉川垂三十年，闻曹操征之，至阳平，欲举汉中降。其弟卫不听，率众数万，拒关固守。操破卫，斩之。鲁闻阳平已陷，将稽颡归降。阎圃说曰："今以急往，其功为轻；不如且依巴中，然后委质，功必多也。"于是乃奔南山。左右欲悉焚宝货仓库，鲁曰："本欲归命国家，其意未遂。今日之走，以避锋锐，非有恶意。"遂封藏而去。操入南郑，甚嘉之，又以鲁本有善意，遣人慰安之。鲁即与家属出逆。拜镇南将军，封阆中侯，邑万户。将还中国，待以客礼。封鲁五子及阎圃等皆为列侯。鲁卒，谥曰原侯。子富嗣。

翻译

张鲁在汉川将近三十年，听说曹操大军来征讨，已到阳平，就想以汉中之地向曹操投降。他的弟弟张卫不听从张鲁的计划，率领几万军队御关坚守。曹操击败张卫，将他斩首。张鲁听说阳平已经陷落，便打算叩头称臣，投降曹操。阎圃劝他说："眼下因为形势危急去降曹，这功劳太小了；不如暂且凭依巴中之地，然后出降，功劳一定就大了。"于是张鲁率众奔往南山。张鲁左右的人想把宝货仓库全部烧光，张鲁说："我本来就想归顺国家，这愿望没能实现。现在出逃来避避曹军的锋芒，并非有恶意。"于是封好仓库离开了。曹操进入南郑后看到这种情况，对张鲁很赞赏，又因为张鲁本来就有归降之意，便派人去安慰他。张鲁和家人马上出来迎接曹操的使者。曹操任命张鲁为镇南将军，封他为阆中侯，食邑万户。曹操把张鲁带到中原，以宾客之礼相待。封张鲁的五个儿子与阎圃为列侯。张鲁死，赠谥号为原侯。他的儿子张富承袭了他的爵位。

王景传

导读

王景，东汉水利专家。汉平帝时，黄河决口，在汴渠一带泛滥了六十余年，兖、豫二州多遭水患。永平十二年(69)由王景指挥治理黄河。他与助手王吴勘察地势，开凿山阜，采取筑堤、修渠、建水门等措施，使“河、汴分流”，收到防洪、航运和稳定河道等巨大效益。此后，黄河八百年间没再决堤，使黄河两岸人民免受洪水之苦，生活得以长期安定。这篇传记介绍了这位水利专家的生平事迹，是我国水利史上的一篇重要文献。(选自卷七六)

原文

王景，字仲通，乐浪詽邯人也①。八世祖仲，本琅邪不其人②，好道术，明天文。诸吕作乱，齐哀王襄谋发兵，而数问于仲。及济北王兴居反，欲委兵师仲，仲惧祸及，乃浮海东奔乐浪山中，因而家焉。父闳，为郡三老。更始败，土人王调杀郡守刘宪，自称大将军、乐浪太守。建武六年，光武遣

翻译

王景，字仲通，是乐浪郡詽邯县人。他的八世祖王仲，原是琅邪郡不其县人，爱好道术，精通天文。西汉初吕氏作乱，齐哀王刘襄谋划发兵，多次向王仲征询意见。到了济北王刘兴居起兵反吕时，刘襄想把军队交给王仲率领，王仲害怕遭祸，便乘船渡海东奔乐浪山中，从此在那里安了家。王景的父亲王闳任乐浪郡的三老。更始政权失败后，当地人王调杀死郡守刘宪，自称大将军、乐浪太守。建武六年(30)，光武帝派太守王遵率兵进攻王调。军队到了

太守王遵将兵击之。至辽东,闳与郡决曹史杨邑等共杀调迎遵,皆封为列侯,闳独让爵。帝奇而征之,道病卒。

辽东,王闳和郡功曹史杨邑等人共同杀死王调迎接王遵,王闳与杨邑等人都被封为列侯,王闳却偏偏推辞不受爵位。光武帝觉得王闳很不一般,便征召他到京师来,王闳走到半路上病死了。

注释 ① 讲(rǎn)邯:东汉县名,地在今朝鲜平壤西北。 ② 不其(jī):古县名,在今山东崂山西北。

原文

景少学《易》,遂广窥众书,又好天文术数之事[①],沉深多伎艺,辟司空伏恭府。时有荐景能理水者,显宗诏与将作谒者王吴共修作浚仪渠[②]。吴用景墕流法,水乃不复为害。

翻译

王景年少学《易》,后又博览群书,并喜好天文术数一类的知识,性格沉稳,多才多艺,被征召到司空伏恭府内任职。当时有人荐举他能治理水患,汉明帝便下诏命他与将作谒者王吴共修浚仪渠。王吴采用王景的"堰流法",使黄河不再构成灾害。

注释 ① 术数:指用阴阳五行生克制化的数理,来推断人事吉凶。 ② 浚仪渠:在今河南开封。

原文

初,平帝时,河汴决坏,未及得修。建武十年,阳武令张汜上言:"河决积久,日月侵毁,济渠所漂数十许

翻译

起初,在西汉平帝时,黄河、汴水决口,没来得及修治。建武十年(34),阳武县令张汜上书说:"黄河决口这么久了,一天天地侵蚀毁坏堤岸,济渠所淹

县。修理之费，其功不难，宜改修堤防，以安百姓。”书奏，光武即为发卒，方营河功，而浚仪令乐俊复上言：“昔元光之间，人庶炽盛，缘堤垦殖，而瓠子河决[1]，尚二十余年，不即拥塞。今居家稀少，田地饶广，虽未修理，其患犹可。且新被兵革，方兴役力，劳怨既多，民不堪命。宜须平静，更议其事。”光武得此遂止。后汴渠东侵，日月弥广，而水门故处，皆在河中。兖、豫百姓怨叹，以为县官恒兴他役，不先民急。永平十二年，议修汴渠，乃引见景，问以理水形便。景陈其利害，应对敏给，帝善之。又以尝修浚仪，功业有成，乃赐景《山海经》《河渠书》《禹贡图》，及钱帛衣物。夏，遂发卒数十万，遣景与王吴修渠筑堤，自荥阳东至千乘海口千余里。景乃商度地势，凿山

没的有几十个县。修理的花费和操办并不困难，应当改筑和修理堤防，来安定百姓。”张汜的上书送达朝廷，光武帝立即为此调集民工，将要进行治理黄河的工程，浚仪县令乐俊又上书说：“从前在汉武帝元光年间，黄河两岸人口众多，沿堤开垦种植，然而瓠子地段的黄河决口长达二十多年，也没有立即兴工堵塞。现在黄河沿岸住家稀少，田地宽广，即使河堤没有加以修理，目前水患也还过得去。况且国家刚刚遭受战乱，正在动用民工，老百姓的忧苦和怨恨多得很，难以忍受朝廷征发的命令。应该等到社会安定了以后，再商议这件事情。”光武帝采纳了他的建议，便中止了修治黄河的计划。后来汴渠向东溢流，被洪水淹没的地方越来越多，原来设水闸的地方，如今已淹没在黄河中了。兖州、豫州的老百姓忧怨叹息，认为皇家总是征发其他劳役，而不以民众急需的黄患治理为首要的事。永平十二年(69)，朝廷商议修治汴渠之事，汉明帝就召见了王景，向他询问了治理水患的形势和利弊得失。王景便陈述了治河的利与害，对答如流，明帝大为赞赏。又因为王景曾经负责修治浚仪渠，取得很大成绩，于是赐给他《山海经》《河渠

阜，破砥绩[②]，直截沟涧，防遏冲要，疏决壅积，十里立一水门，令更相洄注，无复溃漏之患。景虽简省役费，然犹以百亿计。明年夏，渠成。帝亲自巡行，诏滨河郡国置河堤员吏，如西京旧制。景由是知名。王吴及诸从事掾史皆增秩一等。景三迁为侍御史。十五年，从驾东巡狩，至无盐[③]，帝美其功绩，拜河堤谒者，赐车马缣钱。

书》《禹贡图》以及钱帛衣物。这年夏天，征发民工数十万，派王景与王吴负责从荥阳以东到千乘海口一千多里的修渠筑堤的工程。王景勘察地形，开凿山阜，破除河心的石头和淤沙，径直截断沟涧支流，筑堤阻遏冲要之处，疏通河道中堵塞之处，每隔十里立一个闸门，使河水回旋灌注，不再有堤岸决口、渗漏的祸患。王景虽然尽量节省民工和费用，但是开支还是数以百亿计。第二年夏天，水渠修成。明帝亲自巡行汴渠，命令沿河郡国，按照西汉旧制设置守堤官吏。王景由此而闻名天下。王吴和一起治河的官吏们，都增加一级俸禄。王景则连升三级为侍御史。永平十五年(72)，王景随从明帝向东巡狩到达无盐县，明帝对王景治河的功绩大加赞赏，任命他为河堤谒者，赐给他车马、细绢、钱币。

注释　① 瓠子：黄河一段堤岸名，在今河南滑县境内。 ② 绩：应作“碛”字。砥碛，指河中的沙堆、石头。 ③ 无盐：汉县名，在今山东东平东。

原文

建初七年，迁徐州刺史。先是杜陵杜笃奏上《论都赋》，欲令车驾迁还长安。耆老闻者，皆动怀土之心，

翻译

建初七年(82)，王景升任徐州刺史。在这之前，杜陵人杜笃奏上《论都赋》，想让明帝把国都迁回长安。许多听到这篇赋的老人，都产生了怀念故土

莫不眷然伫立西望。景以宫庙已立,恐人情疑惑。会时有神雀诸瑞,乃作《金人论》,颂洛邑之美,天人之符,文有可采。

明年,迁庐江太守。先是,百姓不知牛耕,致地力有余而食常不足。郡界有楚相孙叔敖所起芍陂稻田①,景乃驱率吏民,修起芜废,教用犁耕。由是垦辟倍多,境内丰给。遂铭石刻誓,令民知常禁。又训令蚕织,为作法制,皆著于乡亭,庐江传其文辞。卒于官。

之心,没有不满怀眷念、长久站立西望长安的。王景则认为宫殿宗庙已经在洛阳建立,迁都恐怕会引起民众的疑惑。恰逢这时有神雀等祥瑞出现,他便写作《金人论》,歌颂洛阳的美丽,议论天人感应的道理,文章有很多可取之处。

第二年,王景迁庐江太守。在他到任前,那地方的老百姓不懂得用牛耕地,致使土地肥沃,而粮食却总是不足。该郡境内有从前楚相孙叔敖所开辟的芍陂稻田,王景便率领官吏百姓,把荒废了的蓄水池修理好,教民用犁耕种。从此,被开垦的荒地成倍增长,庐江境内富饶充足。然后,王景又让人在石碑上刻下诫辞,使老百姓了解法典禁令。又下令让老百姓学习养蚕织丝,为大家制定了技术规章,均在各乡亭公布。于是庐江郡到处流传着王景的文辞。王景最后死于任上。

注释 ① 芍陂(què bēi):蓄水地名,在今安徽寿县安丰塘以东。

原文

初,景以为《六经》所载,皆有卜筮,作事举止,质

翻译

起初,王景认为《六经》所载的内容,都有卜筮,兴办事业一举一动,都要

于蓍龟。而众书错糅，吉凶相反。乃参纪众家数术文书、冢宅禁忌、堪舆日相之属适于事用者，集为《大衍玄基》云。

进行占卜来征问。但是众书错乱，所言吉凶相反。他便参考诸家数术文书、修墓建房的禁忌，天地风水、日辰禁忌等等比较实用的项目，编集成《大衍玄基》一书。

阳 球 传

导读

本篇简要地记述了酷吏阳球的生平。阳球自幼就喜欢申韩之学。他历任县令、郡守，执法严苛。他不满意当时宦官专权的局面，曾对宦官进行过惩治。但东汉末年宦官权势炽盛，皇帝也受其控制。因此在与宦官的斗争中，阳球难免成为失败者，最后死于宦官之手。（选自卷七七）

原文

阳球，字方正，渔阳泉州人也[①]。家世大姓冠盖。球能击剑，习弓马。性严厉，好申韩之学[②]。郡吏有辱其母者，球结少年数十人，杀吏，灭其家，由是知名。初举孝廉，补尚书侍郎，闲达故事，其章奏处议，常为台阁所崇信。出为高唐令，以严苛过理，郡守收举，会赦见原。辟司徒刘宠府，举高第。九江山贼起，连月不解。三府上球有理

翻译

阳球，字方正，是渔阳郡泉州县人。他家世代为官，是豪族。他善于剑术，精于骑射。他生性严厉，喜欢申不害、韩非的学说。有个郡府官吏侮辱了他母亲，阳球就聚集了几十个青年，杀了那个官吏并灭了他全家，阳球因此出了名。最初他被荐举为孝廉，补缺为尚书侍郎，他熟悉往事，所以他的章奏和对事情处理的建议，常常得到尚书们的推崇和信任。调到地方上任高唐县令，因为严厉苛刻不合情理，被郡守抓起来办罪，恰好遇赦被宽恕。后来又被征聘到司徒刘宠的官府任职，经考核列为优秀。九江郡山中盗贼起事，几个月都没

奸才，拜九江太守。球到，设方略，凶贼殄破，收郡中奸吏尽杀之。迁平原相，出教曰："相前莅高唐，志扫奸鄙，遂为贵郡所见枉举。昔桓公释管仲射钩之仇，高祖赦季布逃亡之罪。虽以不德，敢忘前义？况君臣分定③，而可怀宿昔哉？今一蠲往愆，期诸来效。若受教之后而不改奸状者，不得复有所容矣。"郡中咸畏服焉。

有平息。太尉、司徒、司空三府上奏阳球有处理奸徒贼行的才能，朝廷任命他为九江太守。阳球到任，设下计谋，很快就把盗贼击破消灭了，又将郡中犯法作奸的官吏逮捕，全部处死。调他做平原国相，到任就发布命令说："我以前做高唐县令，志在扫除奸邪，于是受到贵郡的推举。从前齐桓公不计较管仲射中他带钩的仇恨，汉高祖赦免季布逃亡的罪过。我虽然没有德行，岂敢忘记前人的大义？况且我们上下的名分已定，怎么能老计较过去的错误呢？如今我把你们过去的罪恶一概免除，寄希望于今后的效验。如果接到我的命令后，仍不改正邪恶行为的人，我就不再容忍宽待了。"郡中上下都害怕而服从他。

注释 ① 泉州：古县名。故城在今天津武清东南。 ② 申韩之学：即申不害、韩非的法家学说。 ③ 君臣分定：汉人认为，太守为一郡之长，对下属是君臣关系。

原文

时天下大旱，司空张颢条奏长吏苛酷贪污者，皆罢免之。球坐严苦，征诣廷尉，当免官。灵帝以球九江时有功，拜议郎。迁将作大

翻译

当时天下大旱，司空张颢上奏列出苛刻、残酷、贪污的官吏，将他们一律免官。阳球因为严猛苛刻，被召到廷尉那里，应当受到免职的处分。汉灵帝因他任九江太守时有功，授予议郎之职。后升为将作大匠，因事被弹劾。不久又任

匠，坐事论。顷之，拜尚书令。奏罢鸿都文学，曰：“伏承有诏敕中尚方为鸿都文学乐松、江览等三十二人，图象立赞，以劝学者。臣闻《传》曰：‘君举必书。书而不法，后嗣何观？’案松、览等皆出于微蔑，斗筲小人，依凭世戚，附托权豪，俯眉承睫，徼进明时。或献赋一篇，或鸟篆盈简，而位升郎中，形图丹青；亦有笔不点牍，辞不辩心，假手请字，妖伪百品，莫不被蒙殊恩，蝉蜕滓浊。是以有识掩口，天下嗟叹。臣闻图象之设，以昭劝戒，欲令人君动鉴得失。未闻竖子小人诈作文颂而可妄窃天官，垂象图素者也。今太学、东观足以宣明圣化，愿罢鸿都之选，以消天下之谤。”书奏不省。

尚书令。他上奏要求罢去鸿都文学，说“有诏书命令中尚方给鸿都文学乐松、江览等三十二人画像配上赞语，用以勉励学者。我听说《左传》上有这样的话：‘国君做事情一定要记下来。记载却不足以效法，后代子孙看些什么呢？’据查乐松、江览等人，都出身寒微，是不值一顾的小人物，他们依附外戚权贵，俯首低眉，察颜观色，在清明的时代企求步步晋升。他们中有的献赋一篇，有的在简册上写满花哨的篆文，就升官为郎中，还要给他们画像、留名史册；也有的人字都不会写，说话词不达意，请别人代写文章献上，妖异怪谬，形形色色，没有哪个不蒙受皇上的特别恩宠，就像蝉从污泥中脱壳一样，由庶民百姓当了大官。因而有识之士掩口而笑，四面八方惊讶感叹。臣下听说图像的设立，是用来昭示勉励和惩戒的，想让帝王每有举动就从中看到自己的得失。没听说过小人虚伪地作了几篇歌颂的文字，就可以窃取朝廷的官职，在洁白的绢上留下画像。现在太学、东观足以宣扬彰明圣贤的教化，希望废除鸿都学士的选拔，来消除天下的议论。”奏章送上，汉灵帝没有理会。

原文

时中常侍王甫、曹节等奸虐弄权，扇动外内。球尝拊髀发愤曰：“若阳球作司隶，此曹子安得容乎？”光和二年，迁为司隶校尉。王甫休沐里舍，球诣阙谢恩，奏收甫及中常寺淳于登、袁赦、封羽，中黄门刘毅，小黄门庞训、朱禹、齐盛等，及子弟为守令者，奸猾纵恣，罪合灭族。太尉段颎谄附佞幸，宜并诛戮。于是悉收甫、颎等送洛阳狱，及甫子永乐少府萌、沛相吉。球自临考甫等，五毒备极。萌谓球曰：“父子既当伏诛，少以楚毒假借老父。”球曰：“若罪恶无状，死不灭责，乃欲求假借邪？”萌乃骂曰：“尔前奉事吾父子如奴，奴敢反汝主乎？今日困吾，行自及也！”球使以土窒萌口，棰朴交至，父子悉死杖下。颎亦自杀。乃僵磔甫尸于夏城门，大署榜曰

翻译

当时，中常侍王甫、曹节等人奸邪暴虐，玩弄权柄，宫廷内外莫不受其煽动、怂恿。阳球曾拍着大腿气愤地说：“如果我阳球当司隶校尉，哪里容得下这帮家伙？”光和二年(179)，阳球升为司隶校尉。一次王甫回私宅休假，阳球到皇宫里向顺帝谢恩，奏请逮捕王甫和中常侍淳于登、袁赦、封羽，中黄门刘毅，小黄门庞训、朱禹、齐盛等人，以及他们担任郡守县令的子弟，说他们奸邪狡猾，恣意妄为，罪该灭族。太尉段颎谄谀阿附佞幸的宦官，应当一并诛戮。于是把王甫、段颎及王甫的儿子永乐少府王萌、沛国的相国王吉一块关进了洛阳监狱。阳球亲自前去审讯王甫等人，五种刑具全用到极点了。王萌对阳球说：“我们父子既然该杀头，请宽待我的老父，少对他用肉刑。”阳球说：“你罪大恶极，无法形容，死有余辜，还想求得宽待吗？”王萌便骂道：“你从前侍奉我们父子像奴仆一样，你这个奴仆竟敢反抗主子吗？今天你考讯我，不久将要轮到你自己了！”阳球命人用土堵住王萌的口，棍棒交加，父子都死在杖下。段颎也自杀了。于是阳球在夏城门车裂了王甫的尸体，在榜上大字写着“贼臣王

“贼臣王甫”。尽没入财产，妻子皆徙比景。

甫”。没收了王甫的全部家产，妻子儿女全都被迁徙到比景县。

原文

球既诛甫，复欲以次表曹节等，乃敕中都官从事曰：“且先去大猾，当次案豪右。”权门闻之，莫不屏气。诸奢饰之物，皆各缄縢，不敢陈设。京师畏震。

时顺帝虞贵人葬，百官会丧还，曹节见磔甫尸道次，慨然抆泪曰：“我曹自可相食，何宜使犬舐其汁乎？”语诸常侍，今且俱入，勿过里舍也。节直入省，白帝曰：“阳球故酷暴吏，前三府奏当免官，以九江微功，复见擢用。愆过之人，好为妄作，不宜使在司隶，以骋毒虐。”帝乃徙球为卫尉。时球出谒陵，节敕尚书令召拜，不得稽留尺一。球被召急，因求见帝，叩头曰：“臣无清高之行，横蒙鹰犬之

翻译

阳球杀了王甫以后，又想逐个劾奏曹节等人，便命令中都官从事说：“暂且先除掉大坏蛋，其次就该审讯豪强。”权门豪族听到后，都不敢吭声了。赶忙把各种奢侈华丽的装饰品，都封存起来藏好，不敢再摆设出来。整个京城都畏惧震动了。

当时顺帝的虞贵人下葬，百官参加葬礼后回城，曹节看见道旁王甫被车裂的尸体，愤慨地抹着眼泪说：“我辈可以自相残杀，哪能让狗舐他的血呢？”对一起去参加葬礼的宦官们说，现在权且一道回宫，不要到自己的宅第。曹节径直进宫，报告灵帝说：“阳球原是个残暴的官吏，以前三司奏劾他应免官，因为在九江的微小功劳，又被提拔任用。有罪过的人，喜欢肆意妄为，不适合让他担任司隶校尉、任意推行残酷暴虐。”于是灵帝贬谪阳球为卫尉。这时，阳球正外出拜谒皇陵，曹节指示尚书令把他召回授官，不许拖延诏书的下达。阳球被紧急召回，便求见皇帝，向灵帝叩头说：

任。前虽纠诛王甫、段颎，盖简落狐狸，未足宣示天下。愿假臣一月，必令豺狼鸱枭，各服其辜。”叩头流血。殿上呵叱曰：“卫尉扞诏邪?”至于再三，乃受拜。其冬，司徒刘郃与球议收案张让、曹节，节等知之，共诬白郃等。语已见陈球传。遂收球送洛阳狱，诛死，妻子徙边。

“臣下没有清高的德行，突然被委以打击邪恶的重任。以前虽纠治诛杀了王甫、段颎，但漏掉了曹节这些狐狸，不足以向天下表明朝廷的圣明。请给我一个月的时间，必定让豺狼鸱枭都得到应有的处罚。”阳球叩头叩得头破血流。殿上传来呵叱声：“卫尉阳球要违抗诏命吗?”呵叱了好几次，阳球才接受了卫尉的任命。这年冬天，司徒刘郃与阳球商议，准备逮捕、审讯张让、曹节，曹节等知道后，共同诬告刘郃等人。此事已见于陈球的传记。于是逮捕了阳球，把他关进洛阳监狱，处死，妻子儿女被流放到边疆。

宦者传序

导读

宦官是寄生在我国封建社会统治阶级内部的一个怪瘤。他们凭借与皇帝亲近的特殊奴才地位,逐渐发展成为一种势力。

到东汉中后期,继位的皇帝多为幼主,致使母后临朝,外戚执政。幼帝成年后要收回权柄,只有依靠朝夕相伴的宦官。于是,宦官得以全面干预军国大事,甚至裂土封侯,达到了我国封建社会中宦官专权的第一个高峰。他们操纵皇帝,结党营私,残害忠良,鱼肉百姓,弄得朝廷黑暗,社会动乱,是导致东汉王朝衰败的重要因素之一。

这篇序对我国宦官的由来和发展作了简单的回顾,并着重评述了东汉宦官干政所造成的国家衰落的史实。(选自卷七八)

原文

《易》曰:"天垂象,圣人则之。"宦者四星,在皇位之侧,故《周礼》置官,亦备其数。阍者守中门之禁,寺人掌女宫之戒。又云:"王之正内者五人。"《月令》:"仲冬,命阉尹审门闾,谨房室。"《诗》之《小雅》,亦有《巷伯》刺谗之篇。然宦人

翻译

《周易》中说:"天上垂示征象,圣人就效法它。"天上有四颗名为宦者的星,在帝座星的旁边,所以《周礼》设宦官,也符合这个数目。阍者担任王宫内各门的守卫,寺人掌管宫中的内侍和女官的戒命。《周礼》还说:"王的卧室有五人侍候。"《月令》记载说:"仲冬十一月,命令主管阉人的官检查门闾、谨守房室的出入开闭。"《诗经·小雅》里也有宦者所作的讽刺周幽王过失的《巷伯》一

之在王朝者，其来旧矣。将以其体非全气，情志专良，通关中人，易以役养乎？然而后世因之，才任稍广。其能者，则勃貂、管苏有功于楚、晋[①]，景监、缪贤著庸于秦、赵[②]。及其敝也，则竖刁乱齐[③]，伊戾祸宋[④]。汉兴，仍袭秦制，置中常侍官。然亦引用士人，以参其选，皆银珰左貂，给事殿省。及高后称制，乃以张卿为大谒者，出入卧内，受宣诏命。文帝时，有赵谈、北宫伯子，颇见亲幸。至于孝武，亦爱李延年。帝数宴后庭，或潜游离馆，故请奏机事，多以宦人主之。至元帝之世，史游为黄门令，勤心纳忠，有所补益。其后弘恭、石显以佞险自进，卒有萧、周之祸[⑤]，损秽帝德焉。

诗。可见宦官在朝廷上任事由来已久了。这是因为他们身体中的阳气不健全，所以性情专一而心无邪念，既能和宫内的人接触，又便于使唤吧？然而后世沿袭使用宦者的制度，宦者的才能和所承担的任务较前代有所扩大。他们中有才能的，如勃貂、管苏有功于晋国和楚国，景监、缪贤分别在秦国和赵国因为推荐了商鞅和蔺相如而立功。至于宦者中那些造成弊害的，就有竖刁祸乱齐国、伊戾祸乱宋国等。汉朝建国，沿用秦朝制度，设了中常侍这一官职。但也选用士人来参加中常侍官的选拔，他们都戴着上面装饰有银珰、左边垂着貂尾的帽子，在宫中和台省供职。到了吕后临朝称制，便用张卿为大谒者，出入她的住处，接受和传达诏命。文帝时有赵谈、北宫伯子很得宠信。到汉武帝，他也宠爱李延年。武帝多次在后宫宴饮，或是悄悄地到离宫别馆游玩，所以上奏机密大事，多由宦者主持其事。到元帝时期，史游为黄门令，办事勤恳忠心，对政事多有帮助。后来弘恭、石显靠着阴险奸猾得以升迁，终于导致了萧、周之祸，损害和玷污了天子的美德。

注释 ① 勃貂：即寺人披，春秋时晋国的宦官，曾使晋文公免于吕甥、郤芮之难。管苏：春秋时楚国宦官，常以道义谏楚共王。 ② 景监：战国时秦孝公的宦官，荐商鞅于孝公。缪贤：战国时赵国宦官，推荐蔺相如出使秦国。 ③ 竖刁：春秋时齐国宦官，齐桓公死后，他杀群臣，立公子无亏，酿成变乱。 ④ 伊戾：春秋时宋国宦官，曾陷害宋国的太子。 ⑤ 萧、周之祸：萧望之和周堪，因建议罢中常侍官，忤石显而遭害，萧望之自杀，周堪被禁锢。

原文

中兴之初，宦官悉用阉人，不复杂调他士。至永平中，始置员数，中常侍四人，小黄门十人。和帝即祚幼弱，而窦宪兄弟专总权威，内外臣僚，莫由亲接，所与居者，唯阉宦而已。故郑众得专谋禁中，终除大憝[1]。遂享分土之封，超登宫卿之位，于是中官始盛焉。

翻译

东汉重建王朝之初，宦官全部使用阉人，不再杂用其他士人。到永平年间，开始定下人员数额，中常侍四人，小黄门十人。和帝即位年幼，窦宪兄弟把持朝政，朝廷内外的官员没有能接近和帝的，跟和帝在一块生活的只有宦官而已。因此宦官郑众得以在禁宫中独自与皇帝谋划，终于诛除了大奸臣窦宪。郑众便被封为鄛乡侯，和帝又破格提拔他为管理宫中事宜的大长秋，于是宦官的势力开始强盛起来。

注释 ① 憝（duì）：奸恶。

原文

自明帝以后，迄乎延平，委用渐大，而其员稍增。中常侍至有十人，小黄门二十人，改以金珰右貂，兼领

翻译

从明帝以后直到延平年间，对宦官的委派任用范围逐渐扩大，而宦官的员额渐渐增加。中常侍达到十人，小黄门二十人，帽子上的装饰全部改为金珰右

卿署之职。邓后以女主临政，而万机殷远，朝臣国议，无由参断帷幄；称制下令，不出房闱之间，不得不委用刑人[①]，寄之国命。手握王爵，口含天宪，非复掖廷永巷之职，闺牖房闼之任也。其后孙程定立顺之功，曹腾参建桓之策，续以五侯合谋，梁冀受钺。迹因公正，恩固主心，故中外服从，上下屏气。或称伊、霍之勋无谢于往载；或谓良、平之画复兴于当今。虽时有忠公，而竟见排斥。举动回山海，呼吸变霜露。阿旨曲求，则光宠三族；直情忤意，则参夷五宗[②]。汉之纲纪大乱矣。

貂，兼任九卿等外朝官的职务。邓太后以女主身份主持朝政时，政事纷繁，朝臣议处国家大事，无法到内宫去参与谋划；下达诏令，不超出皇后所居的宫室，不得不任用宦者，把国家政令托给他们。这样，宦官就手操封爵大权，口含王法诏命，不再只是担任掖廷、永巷之类的职务，执行守卫皇宫门户的任务了。到后来宦官孙程立下拥立顺帝的大功，曹腾参与拥立桓帝的谋划，紧接着靠后来封为五个侯爵的单超、徐璜、具瑗、左悺、唐衡的合谋，使外戚梁冀受到诛杀。他们的这些功绩靠的是公允正大，他们的恩情被皇帝牢牢记在心中，因此朝廷内外都服帖顺从，上上下下不敢非议。有的人称赞他们有伊尹、霍光一样的功勋，无愧于前代；有的人说张良、陈平那样高明的谋划，现在又出现了。虽然当时也有忠心为公之臣，却竟然遭到排斥。这些宦官们的举动能移山倒海，呼吸能改变人间的冷暖。对他们的旨意百般顺从，对他们的索求想方设法满足的，就光耀三族；直抒情怀、违背他们心意的，则远近亲族都要遭到夷灭。汉代的朝纲法纪乱到了极点。

注释 ① 刑人：指宦官。因为宦官都经过阉割，与受刑相近，所以称之为刑人。② 参夷：夷灭三族。夷，灭。

原文

若夫高冠长剑，纡朱怀金者，布满宫闱；苴茅分虎，南面臣人者，盖以十数。府署第馆，棋列于都鄙；子弟支附，过半于州国。南金和宝、冰纨雾縠之积，盈仞珍藏；嫱媛侍儿、歌童舞女之玩，充备绮室。狗马饰雕文，土木被缇绣。皆剥割萌黎，竞恣奢欲。构害明贤，专树党类。其有更相援引、希附权强者，皆腐身熏子，以自衒达[①]。同敝相济[②]，故其徒有繁，败国蠹政之事，不可单书[③]。所以海内嗟毒，志士穷栖，寇剧缘间，摇乱区夏。虽忠良怀愤，时或奋发，而言出祸从，旋见孥戮。因复大考钩党，转相诬染，凡称善士，莫不离被灾毒[④]。窦武、何进，位崇戚

翻译

那戴高冠挂长剑，佩朱绶带金印的宦官，布满宫庭之中；封列侯拜郡守，南面统治他人的宦官，恐怕数以十计。他们的府署馆第，在大小城市星罗棋布；子弟宗族及依附者，分布在超过半数的郡国。南方的黄金、和氏璧一样的美玉、细薄透明的绢纱的储藏，装满了宝库；姬妾侍女、歌童舞女一类的玩物，充斥着华丽的屋室。狗马饰有彩绘花纹，建筑用锦绣绸缎装饰。他们都掠夺戕害黎民百姓，争相放纵奢侈的欲望。他们诬蔑陷害贤良，专门树立党羽。甚至有相互拉扯攀引、希图趋炎附势的，都不惜自阉其身，或刑割子弟，以求显贵。他们臭味相投相互帮衬，所以党羽众多，败坏国家、祸害朝政的罪行罄竹难书。所以全国到处叹息怨恨，志士仁人无法安身，寇盗剧贼趁机而起，动摇扰乱了华夏。虽然忠良之人心怀愤恨，时而有人奋不顾身地痛斥宦官，但言出祸及，立即遭到杀害。宦官趁机又大肆掀起党锢之狱，获罪者转相诬告牵引，大凡被称为好人的，没有不遭到迫害的。

近，乘九服之嚣怨[⑤]，协群英之势力，而以疑留不断，致于殄败。斯亦运之极乎！虽袁绍龚行，芟夷无余，然以暴易乱，亦何云及！自曹腾说梁冀，竟立昏弱，魏武因之，遂迁龟、鼎[⑥]。所谓"君以此始，必以此终"[⑦]，信乎其然矣！

窦武、何进地位崇高，是很亲近的外戚，乘天下对宦官专横日益不满之机，联合了各路英豪的力量，却因迟疑不决，反被宦官杀害而失败。这也是汉朝国运下降到极点了吧！虽然袁绍恭行天罚，将宦官斩杀罄尽，然而以暴虐取代祸乱，哪里说得上是达到了安定汉室的目的！自从曹腾劝说梁冀最终立了个昏弱的桓帝，魏武帝曹操袭用此法，挟制昏弱的天子，终于使皇帝的传国宝器为曹魏所有。所谓"你由这里开始，也必定在这里结束"，汉朝开始宠信宦官，终因宦官而灭的情况确实就是如此！

注释　① 衒(xuàn)达：显贵。② 敝：恶。③ 单：同"殚"，尽。④ 离：同"罹"，遭。⑤ 九服：指服从天子的全部地域。从都城郊区之外算起，由近及远，有侯服、甸服等九个等级。⑥ 龟、鼎：宝器，这里喻指帝位。⑦ 语出《左传》。

蔡 伦 传

导读

蔡伦(？—121)，东汉宦官。他考察、总结西汉以来用麻质纤维造纸的经验，创造用树皮、麻头及破布、渔网造纸之法，在技术上也作了改进，使造纸原料来源扩大，纸质提高。造纸是我国古代的四大发明之一，对人类社会的文明有着深远的影响，蔡伦在这方面作出了巨大的贡献。(选自卷七八)

原文

蔡伦，字敬仲，桂阳人也①。以永平末始给事宫掖，建初中，为小黄门。及和帝即位，转中常侍，豫参帷幄。伦有才学，尽心敦慎，数犯严颜，匡弼得失。每至休沐，辄闭门绝宾，暴体田野。后加位尚方令②。

翻译

蔡伦，字敬仲，桂阳郡人。汉明帝永平末年，开始在皇宫内廷供职，章帝建初年间，升为小黄门。和帝即位，蔡伦成为传达诏令和掌理文书的中常侍，参与政令的制定。蔡伦很有才学，尽心公事，笃厚谨慎，多次冒犯皇帝的意旨，辅助匡正皇帝的得失。每到休假日，他就闭门在家，不接待宾客，或者去郊外出游。后来升任尚方令。

注释 ① 桂阳：郡名，治所在今湖南郴州。 ② 尚方令：为尚方的主官，尚方是主造皇室所用刀剑及玩好器物的机构。

原文

永元九年，监作秘剑及诸器械，莫不精工坚密，为后世法。自古书契多编以竹简，其用缣帛者谓之为纸。缣贵而简重，并不便于人。伦乃造意，用树肤、麻头及敝布、鱼网以为纸。元兴元年，奏上之，帝善其能。自是莫不从用焉，故天下咸称“蔡侯纸”。

元初元年，邓太后以伦久宿卫，封为龙亭侯，邑三百户，后为长乐太仆。四年，帝以经传之文多不正定，乃选通儒谒者刘珍及博士良史诣东观[①]，各雠校家法，令伦监典其事。

翻译

和帝永元九年(97)，蔡伦监督制作皇室丧葬所用的刀剑和其他器物，都很精良坚固，为后世所效法。自古以来的文字，多刻写在竹简上，然后编成册；那些使用缣帛的，叫纸。缣帛昂贵而竹简笨重，对人都不方便。蔡伦于是创新设计，用树皮、麻头和破布、渔网造纸。和帝元兴元年(105)，他将造出的纸奏上和帝，和帝很赞赏蔡伦的才干。从此以后，大家都跟着使用这种纸，因此天下都把它称作“蔡侯纸”。

汉安帝元初元年(114)，邓太后以蔡伦在内廷日久，封他为龙亭侯，赏赐封地三百户，后又任长乐宫太仆。元初四年(117)，安帝因经传文字有很多错乱，没有写定，于是选派精通儒学的谒者刘珍和博士良史到东观，各以自家经师的学说校勘典籍，命令蔡伦去监管此项工作。

注释 ① 东观：洛阳宫殿名，是国家藏书和修史的地方。按，根据《刘珍传》和《安帝纪》，此事在永初年间。

原文

伦初受窦后讽旨，诬陷安帝祖母宋贵人。及太后

翻译

当初，蔡伦接受窦太后暗示的旨意，诬陷汉安帝的祖母宋贵人。等到窦

崩，安帝始亲万机，敕使自致廷尉[①]。伦耻受辱，乃沐浴整衣冠，饮药而死，国除。

太后去世，安帝开始亲自掌管朝政，敕命蔡伦自己到廷尉那里去认罪。蔡伦耻于遭受狱吏的侮辱，沐浴后，把衣服帽子穿戴整齐，服毒自尽，所封的侯国被除名。

注释 ① 廷尉：秦汉官名，九卿之一，掌刑狱。

单超等传

导读

单超、徐璜、具瑗、左悺、唐衡，都是东汉著名的宦官，因辅佐汉桓帝除掉外戚权臣梁冀，得以封侯。从此，他们左右皇帝，把持权柄，结党营私，无恶不作，与官僚集团争权夺利，势同水火，造成了十分黑暗的政治局面。

宦官专权是东汉中后期政治腐败的重要因素，为非作歹的宦官是人们深恶痛绝的对象。范晔在这篇传记中，对以单超为首的宦官集团给予了无情的揭露。（选自卷七八）

原文

单超，河南人；徐璜，下邳良城人①；具瑗，魏郡元城人②；左悺，河南平阴人③；唐衡，颍川郾人也④。桓帝初，超、璜、瑗为中常侍，悺、衡为小黄门史。初，梁冀两妹为顺、桓二帝皇后，冀代父商为大将军，再世权戚，威振天下。冀自诛太尉李固、杜乔等，骄横益甚，皇后乘势忌恣，多所鸩毒。上下

翻译

单超，河南人；徐璜，下邳国良城县人；具瑗，魏郡元城县人；左悺，河南平阴县人；唐衡，颍川郡郾县人。桓帝初年，单超、徐璜、具瑗为中常侍，左悺、唐衡为小黄门史。先前，梁冀的两个妹妹分别为顺帝和桓帝的皇后，他接替父亲梁商为大将军，两代都是执掌大权的外戚，威震天下。梁冀自从诛杀了太尉李固、杜乔等以后，更加骄横。梁皇后也仗着父兄之势，忌妒之心更加发展，很多妃嫔被她用毒酒害死。朝廷上下闭口沉默，没有人敢说话。桓帝被梁家势

钳口，莫有言者。帝逼畏久，恒怀不平，恐言泄，不敢谋之。

力胁迫得很久了，心中常怀不平，但又害怕走漏风声，不敢策划除掉梁冀。

注释 ① 良城：汉县名，在今江苏邳州东南。 ② 元城：汉县名，在今河北大名东。 ③ 平阴：汉县名，在今河南洛阳孟津东北。 ④ 鄢：汉县名，在今河南鄢城南。

原文

延熹二年，皇后崩。帝因如厕，独呼衡问："左右与外舍不相得者皆谁乎[①]？"衡对曰："单超、左悺，前诣河南尹不疑，礼敬小简，不疑收其兄弟送洛阳狱，二人诣门谢，乃得解。徐璜、具瑗常私忿疾外舍放横，口不敢道。"于是帝呼超、悺入室，谓曰："梁将军兄弟专固国朝，迫胁外内，公卿以下，从其风旨。今欲诛之，于常侍意何如？"超等对曰："诚国奸贼，当诛日久。臣等弱劣，未知圣意何如耳。"帝曰："审然者，常侍密图之。"对曰："图之不难，但恐陛下

翻译

汉桓帝延熹二年(159)，梁皇后去世。一天，桓帝趁着上厕所的机会，单独把唐衡一人叫过来，问道："我身边的人与外戚有矛盾的都有谁？"唐衡回答："单超、左悺，以前去见河南尹梁不疑，礼节上稍有简慢，梁不疑就捉拿了单超、左悺的兄弟，送到洛阳监狱处置，单超、左悺二人登门道歉，事情才算了结。徐璜、具瑗常常暗中忿恨外戚放纵专横，只是口头上不敢说罢了。"于是桓帝叫单超、左悺进屋，对他们说："梁将军兄弟牢固地把持国家大权，胁迫朝廷内外的官员，大臣自公卿以下都唯其旨意是听。现在准备杀掉梁冀，常侍意下如何？"单超等回答说："梁冀确实是国家的奸贼，早该诛杀。但我们力量单薄，地位低下，不知陛下意思怎样。"桓帝说："如果真是这样，你们就秘密地筹划这件事。"单超回答："诛杀梁冀不难，只

复中狐疑。”帝曰：“奸臣胁国，当伏其罪，何疑乎？”于是更召璜、瑗等五人，遂定其议。帝啮超臂出血为盟。于是诏收冀及宗亲党与，悉诛之。棺、衡迁中常侍。封超新丰侯，二万户；璜武原侯，瑗东武阳侯，各万五千户，赐钱各千五百万；棺上蔡侯，衡汝阳侯，各万三千户，赐钱各千三百万。五人同日封，故世谓之“五侯”。又封小黄门刘普、赵忠等八人为乡侯。自是权归宦官，朝廷日乱矣。

恐怕陛下又中途犹豫退缩。”桓帝说：“奸臣威胁国家，应受到惩罚，有什么犹豫的？”于是又召集徐璜、具瑗等五人商议，做出诛杀梁冀的决定。桓帝把单超的手臂咬破出血，作为誓约。于是下诏逮捕梁冀及其宗亲党羽，全部诛杀。事后，左棺、唐衡升为中常侍。单超被封为新丰侯，食邑两万户；徐璜被封为武原侯、具瑗被封为东武阳侯，每人食邑一万五千户，赏钱每人一千五百万；左棺被封为上蔡侯、唐衡被封为汝阳侯，每人食邑一万三千户，各得赏钱一千三百万。五人同日受封为侯，所以世人称他们为“五侯”。小黄门刘普、赵忠等八人也被封为乡侯。从此以后，朝廷大权落于宦官手中，东汉朝政日益混乱。

注释 ① 外舍：外戚。

原文

超病，帝遣使者就拜车骑将军。明年薨，赐东园秘器、棺中玉具[①]，赠侯、将军印绶，使者理丧。及葬，发五营骑士、侍御史护丧，将作大匠起冢茔。其后四侯

翻译

单超患病，桓帝派遣使者到他家中任他为车骑将军。次年，单超去世，桓帝赏赐棺木、棺中玉器，赠予侯爵、将军印绶，又派使者料理丧事。到下葬的时候，派遣五营骑士、侍御史护送丧葬，命将作大匠修建坟茔。这以后，徐璜、具瑗、左棺、唐衡四侯变得专横起来，天下

转横，天下为之语曰："左回天，具独坐，徐卧虎，唐两堕[②]。"皆竞起第宅，楼观壮丽，穷极伎巧。金银罽毦施于犬马[③]。多取良人美女，以为姬妾，皆珍饰华侈，拟则宫人。其仆从皆乘牛车而从列骑。又养其疏属，或乞嗣异姓，或买苍头为子，并以传国袭封。兄弟姻戚，皆宰州临郡，辜较百姓[④]，与盗贼无异。超弟安为河东太守，弟子匡为济阴太守，璜弟盛为河内太守，悺弟敏为陈留太守，瑗兄恭为沛相，皆为所在蠹害。璜兄子宣为下邳令，暴虐尤甚。先是求故汝南太守下邳李暠女，不能得。及到县，遂将吏卒至暠家，载其女归，戏射杀之，埋著寺内。时下邳县属东海，汝南黄浮为东海相，有告言宣者，浮乃收宣家属，无少长悉考之。掾史以下固谏争[⑤]，浮曰："徐宣

的人为此编出谚语说："左悺力能回天，具瑗骄贵无比，徐璜是只卧虎，唐衡任性胡为。"他们争相营建宅第，高楼观阁壮观华丽，极尽装饰技巧之能事。他们的狗马，也穿金戴银，用毡子、羽饰装扮。他们掠取很多良家美女，充当姬妾，把她们打扮得奢侈华丽，都是仿效宫人的装束规格。外出时，他们的仆从也乘坐牛车，率领着马队行进。又把他们的一些远房亲属养在身边，或者请求皇帝准许他们以异姓作为继嗣，或者买来私家的奴隶当儿子，都用他们来继承封地和爵位。他们的兄弟、姻亲，都当上了州郡长官，鱼肉百姓，与盗贼没有两样。单超的弟弟单安任河东太守，单安的儿子单匡任济阴太守，徐璜的弟弟徐盛任河内太守，左悺的弟弟左敏任陈留太守，具瑗的哥哥具恭任沛国的相，这些人都是当地的大害。徐璜哥哥的儿子徐宣任下邳县令，暴虐更加厉害。在他任下邳令以前想娶原汝南太守下邳人李暠的女儿，没有达到目的。等他到下邳县任职后，就带领吏卒到李暠家，用车载回他的女儿，戏耍着将她活活射死，尸体就埋在官衙内。当时下邳县属于东海郡，汝南人黄浮是东海国的相，有人向黄浮告徐宣的状，黄浮就逮

国贼，今日杀之，明日坐死，足以瞑目矣！”即案宣罪弃市，暴其尸以示百姓，郡中震栗。璜于是诉怨于帝，帝大怒，浮坐髡钳，输作右校。五侯宗族宾客虐遍天下，民不堪命，起为寇贼。

捕了徐宣及其家属，不管老少都进行拷问。东海掾史以下的官吏都十分坚决地劝告黄浮不能这样做，黄浮说：“徐宣是国家的盗贼，今天杀了他，即使明天我因此而获罪身死，也足以瞑目了！”即刻判处徐宣死刑，陈尸街头示众，整个东海郡为之震惊战栗。于是，徐璜在桓帝面前诉说对黄浮的怨恨，桓帝大怒，将黄浮处以削发钳颈的刑罚，押送将作大匠属下的右校去服役。五侯的宗族宾客虐毒遍天下，老百姓无法忍受，纷纷啸聚山林，进行反抗。

注释　① 东园秘器：汉有官署称东园，掌王公贵族墓内器物的制作，故称棺木为东园秘器。 ② 两堕：随意而为，没有准则。 ③ 罽(jì)：用毛织成的毡子。毦(ěr)：以羽毛作饰物。罽毦在当时是高贵的东西。 ④ 辜较：垄断，剥夺他人。 ⑤ 掾(yuàn)史：分曹治事的属吏、胥吏。

原文

七年，衡卒，亦赠车骑将军，如超故事。璜卒，赙赠钱布，赐冢茔地。

明年，司隶校尉韩演因奏悺罪恶及其兄太仆南乡侯称请托州郡、聚敛为奸、宾客放纵、侵犯吏民。悺、称皆自杀。演又奏瑗兄沛

翻译

延熹七年(164)，唐衡去世，也赠封车骑将军，丧事安排一如单超先例。徐璜去世，桓帝赠送大量钱帛财物以助丧事，赐给墓葬地。

次年，司隶校尉韩演向桓帝上奏左悺罪恶，并上奏他的兄长太仆南乡侯左称打通州郡长官的关节，聚敛货财，为非作歹，门下宾客也非法妄为，侵犯一

相恭臧罪，征诣廷尉。瑗诣狱谢，上还东武侯印绶，诏贬为都乡侯，卒于家。超及璜、衡袭封者，并降为乡侯，租入岁皆三百万，子弟分封者悉夺爵土。刘普等贬为关内侯。

般官吏和百姓。左悺、左称都畏罪自杀。韩演又上奏具瑗的哥哥沛相具恭贪赃纳贿罪，于是征召具恭到廷尉听审。具瑗亲自去监狱请罪，奉还东武侯的印绶，桓帝下诏贬具瑗为东乡侯，后来死在家中。承袭单超、徐璜、唐衡三人爵位的，一起被降为乡侯，每年的田租收入都为三百万钱，子弟中凡是分封了爵位、食邑的，都被剥夺。刘普等也被贬为关内侯。

许 慎 传

导读

许慎(约 58—约 147),东汉经学家、文字学家,是汉代学术的代表人物之一。所著《说文解字》,为我国第一部说解文字结构及考究字源的文字学专著,对后世影响颇大。这篇选自《后汉书·儒林列传》的小传,简明地概括了许慎的一生。(选自卷七九)

原文

许慎,字叔重,汝南召陵人也[①]。性淳笃,少博学经籍,马融常推敬之。时人为之语曰:"五经无双许叔重。"为郡功曹,举孝廉。再迁,除洨长。卒于家。初,慎以五经传说臧否不同,于是撰为《五经异义》,又作《说文解字》十四篇,皆传于世。

翻译

许慎,字叔重,是东汉汝南郡召陵县人。生性朴实厚重,年轻时博览群经典籍,当代大经学家马融曾对他表示推崇和敬重。当时的人有这样的说法:"在五经的学问上,没有哪一个比得上许叔重。"许慎先做过汝南郡佐吏功曹,郡里又把他举荐为孝廉。经过两次升擢,担任洨县长。许慎晚年死于家中。当初,许慎认为儒家五部经典的注释、说解是非标准不一致,于是撰写了《五经异义》一书,后又著《说文解字》十四篇,都传于后世。

注释

① 召陵:今河南郾城。

严光传

导读

严光，东汉初隐士。这篇载于《后汉书·逸民列传》的严光生平，在人物形象的刻画上很成功。短短数百字，将一个隐逸高士对封建统治阶级的权威所表示出的藐视，生动地展现出来，充溢着奇情壮采。（选自卷八三）

原文

严光，字子陵，一名遵，会稽余姚人也[①]。少有高名，与光武同游学。及光武即位，乃变名姓，隐身不见。帝思其贤，乃令以物色访之。后齐国上言："有一男子披羊裘钓泽中。"帝疑其光，乃备安车玄纁[②]，遣使聘之。三反而后至。舍于北军，给床褥，太官朝夕进膳。司徒侯霸与光素旧，遣使奉书。使人因谓光曰："公闻先生至，区区欲即诣造，迫于典司，是以不获，愿因日

翻译

严光，字子陵，又名遵，会稽郡余姚县人。年轻时，就有很大的名气，曾和光武帝刘秀在一起游历求学。刘秀做了皇帝后，严光改变了自己的姓名，隐居起来不去见刘秀。光武帝想到严光的贤能，于是下令按他的形貌特征四处察访。不久，齐国来报告："有一个男子，身披羊裘，在湖泽中钓鱼。"光武帝怀疑这个人就是严光，马上准备好安车、币帛，派使者去征召严光。使者往返三次，严光才应召到了京师洛阳。住在屯守京师的军营中，由朝廷赐给床褥，由太官早晚给他送饭。司徒侯霸与严光是旧交，派人送来书信。使者趁便对严光说："司徒闻知先生来到京师，他

暮自屈语言。”光不答，乃投札与之，口授曰：“君房足下[③]，位至鼎足，甚善。怀仁辅义天下悦，阿谀顺旨要领绝。”霸得书封奏之。帝笑曰：“狂奴故态也！”车驾即日幸其馆。光卧不起，帝即其卧所，抚光腹曰：“咄咄子陵！不可相助为理邪？”光又眠不应。良久，乃张目熟视曰：“昔唐尧著德，巢父洗耳。士故有志，何至相迫乎！”帝曰：“子陵，我竟不能下汝邪？”于是升舆叹息而去。复引光入，论道旧故，相对累日。帝从容问光曰：“朕何如昔时？”对曰：“陛下差增于往。”因共偃卧，光以足加帝腹上。明日，太史奏客星犯御坐甚急。帝笑曰：“朕故人严子陵共卧耳。”除为谏议大夫，不屈。乃耕于富春山[④]，后人名其钓处为严陵濑焉。建武十七年，复特征，不至。年八十，终于

本想立即登门拜访，迫于主管的事务繁杂，因此不能亲来，希望在傍晚时，委屈你到他那里叙谈。”严光没有回答，却把笔札丢给来人记录，口授回信道：“君房先生，您做了三公这样的大官，很好。心怀仁德，辅佐大义，天下就会高兴；一味阿谀皇帝的意旨，就应该处死。”侯霸得到严光的书信，就密封起来呈送光武帝看。光武帝笑着说：“狂家伙还是以前那个样子！”光武帝当天亲乘车驾去严光的住地。严光睡在床上不起身，光武帝来到他的卧房，摸着严光的腹部说：“唉，子陵！不能帮助我治理国家吗？”严光还是睡着不回答。过了一会儿，才睁开眼睛，认真地看着光武帝说：“从前唐尧圣德昭著，要让天下给巢父，巢父听到之后，马上去水边洗自己的耳朵，表示不愿听这种话。士人本有自己的志向，何必相逼呢！”光武帝说：“子陵，我终究不能让你屈就我吗？”于是光武帝上车感叹而去。后来，又召严光进宫，叙说旧事，一连几天对坐谈话。光武帝随便地问严光：“我比以前怎样？”严光回答说：“比过去稍稍高大了一点。”接着，两人同床而卧，严光把脚压在光武帝的肚子上。第二天，太史奏报天象，客星侵犯了天上的紫微垣，离帝星非常近。光武帝笑着说：“我和老友

家。帝伤惜之，诏下郡县赐钱百万、谷千斛。

严子陵同床共卧而已。”光武帝任命严光为谏议大夫，严光坚辞不受，随后归隐躬耕于富春山，后人把他钓鱼的地方起名叫严陵濑。建武十七年(41)，又特别征召严光，但他不来。严光八十岁时死在家中。光武帝很伤感惋惜，下诏郡县赏赐严家钱百万、谷千斛。

注释 ① 会稽余姚：今浙江余姚。 ② 玄纁(xūn)：玄，黑色。纁，浅红色。这种衣料颜色复杂，要经过六次漂染方成。古帝王征召处士用玄纁，后世因以玄纁作为币帛的代词。 ③ 君房：侯霸字君房。 ④ 富春山：在今浙江富阳。

曹世叔妻传

导读

本文选自《后汉书·列女传》。标题为译者所加。

曹世叔妻，即班昭(49—约 120)，东汉史学家、文学家。封建社会男尊女卑，妻从夫称，所以《后汉书·列女传》首先称她为曹世叔妻。这篇传记叙述了班昭在文学、史学上的成就。

《后汉书》的《列女传》是为有特殊表现的妇女创设的，不仅注意节操，而且尤其重视才行品德的各个方面，与后世的《列女传》只讲封建礼教的“节烈”迥然不同。在一千多年前的封建社会中，范晔能在史书中为妇女单独立传，洵为卓见特识之举。(选自卷八四)

原文

扶风曹世叔妻者，同郡班彪之女也，名昭，字惠班，一名姬。博学高才。世叔早卒，有节行法度。兄固著《汉书》，其八表及《天文志》未及竟而卒。和帝诏昭就东观藏书阁踵而成之。帝数召入宫，令皇后诸贵人师事焉，号曰大家[①]。每有贡献异物，辄诏大家作赋颂。

翻译

扶风人曹世叔的妻子，是同郡班彪的女儿，名叫班昭，字惠班，又叫姬。学问广博，才智高超。曹世叔很年轻就去世了，班昭气节品行很好，一举一动都合法度。班昭的哥哥班固，写了一部《汉书》，但书中的八表和《天文志》没有来得及写完就去世了。汉和帝下诏，令班昭进入东观藏书阁，继续完成《汉书》。和帝还经常召班昭进宫，让皇后和宫中贵人们把她当作老师，称她为“大家”。每当有珍异物品贡献入朝时，

及邓太后临朝，与闻政事。以出入之勤，特封子成关内侯，官至齐相。时《汉书》始出，多未能通者，同郡马融伏于阁下，从昭受读，后又诏融兄续继昭成之。永初中，太后兄大将军邓骘以母忧，上书乞身。太后不欲许，以问昭。昭因上疏曰："伏惟皇太后陛下，躬盛德之美，隆唐虞之政，辟四门而开四聪，采狂夫之瞽言，纳刍荛之谋虑。妾昭得以愚朽，身当盛明，敢不披露肝胆，以效万一？妾闻谦让之风，德莫大焉，故典坟述美，神祇降福。昔夷、齐去国，天下服其廉高；太伯违邠，孔子称为三让，所以光昭令德，扬名于后者也。《论语》曰：'能以礼让为国，于从政乎何有？'由是言之，推让之诚，其致远矣。今四舅深执忠孝，引身自退，而以方垂未静，拒而不许；如

和帝就诏令班昭作赋作颂。到邓太后当朝处理国事时，班昭也参与了政事的计议。由于班昭辛勤地为朝廷与皇宫服务，她的儿子曹成被破格封为关内侯，官做到齐国的相。当时，《汉书》刚刚问世，很多人读不懂，她的同乡马融在藏书阁跟她学习诵读，后来朝廷又命令马融的哥哥马续接替班昭完成《汉书》。汉安帝永初年间，邓太后的哥哥大将军邓骘因为母亲去世，上书要求辞官还乡。邓太后不想同意，向班昭征求意见。班昭因此上疏说："臣下认为皇太后陛下，自身具备盛大美好的恩德，尊崇光大唐尧虞舜般的政治，敞开明堂四门向天下传布政教，倾听四方意见，狂妄者的无知之见、鄙陋者的平凡想法，也加以采纳。我能够凭浅拙朽钝的能力，遇上这样光明的盛世，哪能不表白自己的忠诚，用来报效朝廷万分之一的恩德？我听说谦让的风格，是品德中最高尚的，所以古代的典籍称颂它，神灵降福保佑谦让的人。从前，伯夷、叔齐争让君位，一起离开故国，天下都佩服他们廉洁高尚；吴太伯因为让弟弟季历继承父位，自己离开了邠，孔子称赞他三让天下，这都是他们的美德光照当代、传播名声于后世的原因。《论语》

后有毫毛加于今日，诚恐推让之名，不可再得。缘见逮及，故敢昧死竭其愚情。自知言不足采，以示虫蚁之赤心。”太后从而许之，于是骘等各还里第焉。

说：‘能够用礼让治理国家，让他从政做官有什么困难呢？’这样说来，推让的真诚，所能达到的效果就很深远了。现在四位国舅坚持忠孝的节操，主动要求辞官回乡，然而陛下因为边境还未安宁，拒不同意他们的请求；如果今后发生了细小的过错，掩盖了今日的德行，实在令人担心推让的美名就不能够再得到了。根据我的见识所知，冒死表尽我愚昧的心迹。我自知我的话不足采取，不过是为了显示我微不足道的赤诚之心。”邓太后听从班昭的意见，同意了邓骘等的请求，于是邓骘等人都各自回归家乡。

注释 ① 大家(gū)：家，同“姑”。大家，女之尊称。

原文

作《女诫》七篇[①]，有助内训。……马融善之，令妻女习焉。昭女妹曹丰生亦有才惠，为书以难之，辞有可观。昭年七十余卒，皇太后素服举哀，使者监护丧事。所著赋、颂、铭、诔、问、注、哀辞、书、论、上疏、遗

翻译

班昭写了一部《女诫》，共七篇，它有助于对妇女进行教育训诫。……马融认为《女诫》很好，叫自己的妻子女儿都学习这本书。班昭丈夫的妹妹曹丰生也很有才慧，写书对《女诫》进行驳难，文中的言词有些是值得一看的。班昭活到七十多岁去世，皇太后穿上素服表示哀悼，并派使者督察料理班昭的丧事。班昭所写的赋、颂、铭、诔、问、注、

令,凡十六篇。子妇丁氏为撰集之,又作《大家赞》焉。

哀辞、书、论、上疏、遗令,共十六篇。她的儿媳丁氏把班昭的作品汇为一集,还写了一篇《大家赞》。

注释 ①《女诫》七篇:一《卑弱》,二《夫妇》,三《敬慎》,四《妇行》,五《专心》,六《曲从》,七《和叔妹》。

乐羊子妻传

导读

此篇载于《列女传》的小传，通过乐羊子妻规劝丈夫和临难守节的事迹，表彰了一个平民妇女的嘉言懿行和贞义节操。本文标题为译者所加。（选自卷八四）

原文

河南乐羊子之妻者，不知何氏之女也。羊子尝行路，得遗金一饼，还以与妻。妻曰："妾闻志士不饮盗泉之水[①]，廉者不受嗟来之食[②]，况拾遗求利以污其行乎！"羊子大惭，乃捐金于野，而远寻师学。一年来归，妻跪问其故。羊子曰："久行怀思，无它异也。"妻乃引刀趋机而言曰："此织生自蚕茧，成于机杼，一丝而累[③]，以至于寸，累寸不已，遂成丈匹。今若断斯织也，则捐失成功，稽废时月。

翻译

河南人乐羊子之妻，不知她是姓什么的人家的女儿。乐羊子曾经在路上行走，拾到一块别人丢失的金子，回家后，把它交给妻子。妻子说："我听说有志向的人不喝盗泉的水，廉洁的人不接受他人轻蔑施与的食物，何况拾路上的遗物占便宜来玷污自己的品行呢！"乐羊子十分惭愧，于是把拾来的金子丢弃到田野里，远离家乡去寻师求学。一年以后，乐羊子回家来了，妻子跪着问他回来的原因。乐羊子说："出去长久了，想念家里的人，没有其它特殊原因。"于是，妻子拿起刀来走向织机，说道："这些织物是从蚕茧抽出丝，再由机杼织成的，一梭子一梭子地积累，才能织到一寸长，一寸一寸不停地积累而不停歇，

夫子积学，当日知其所亡④，以就懿德。若中道而归，何异断斯织乎?”羊子感其言，复还终业，遂七年不反。

终于织成一丈一匹。现在如果把这织物割断了，就会失去将要取得的成功，耽搁、浪费时间。君子积累学识，应当‘每天都知道自己所缺乏的知识’，来造就美德。如果你学到半路就回来，与割断这织物有什么两样呢?”乐羊子被她的这番话感动了，又回去修完了学业，竟然有七年没有回家。

注释 ① 盗泉：在今山东泗水。 ② 嗟来之食：《礼记·檀弓》：“齐大饥，黔敖为食于路，以待饿者而食之。有饿者蒙袂辑屦，贸贸然来。黔敖左奉食，右执饮，曰：‘嗟，来食!’扬其目而视之，曰：‘予唯不食嗟来之食，以至于斯也。’从而谢焉，终不食而死。” ③ 筦(guàn)：纺织丝绸的过程中，将细丝贯入机杼称筦。 ④ 日知其所亡：这是孔子的话。见《论语·子张》。

原文

妻常躬勤养姑，又远馈羊子。尝有它舍鸡谬入园中，姑盗杀而食之，妻对鸡不餐而泣。姑怪问其故，妻曰：“自伤居贫，使食有它肉。”姑竟弃之。后盗欲有犯妻者，乃先劫其姑。妻闻，操刀而出，盗人曰：“释汝刀，从我者可全；不从我者，则杀汝姑。”妻仰天而

翻译

乐羊子妻时常亲自奉养婆婆，十分殷勤，还要给远方的乐羊子送去物品。一次，邻居家的鸡误入她家的园子，婆婆把鸡偷偷捉住杀了做菜吃，乐羊子妻看着鸡，不吃饭，流下眼泪。婆婆感到奇怪，问她是什么原因，她说：“我伤感我们贫穷，以致让饭菜中有别家的鸡肉。”婆婆终于把鸡肉倒了。后来，强盗想欺辱乐羊子妻，就先把她的婆婆抓住。她听到后提着刀走出来，强盗说：

叹,举刀刎颈而死。盗亦不杀其姑。太守闻之,即捕杀贼盗,而赐妻缣帛,以礼葬之,号曰贞义。

"放下你的刀,听从我,你们可以保全;不听从我,就杀你婆婆。"她仰起头来长叹,举刀自刎而死。强盗也没有杀她婆婆。太守知道这件事后,马上派吏捕捉强盗,将他处死,同时赐予绢帛为乐羊子妻办丧事,按照礼仪安葬她,赠号为贞义。